Prof. Dr. Chris Dorn | Shi Yan Lu

BE**WATER**

Prof. Dr. Chris Dorn | Shi Yan Lu

BEWATER

OHNE TUN IST ALLES KÖNNEN NICHTS

Innerlich stark und entschlossen
wie ein Shaolin-Meister

MOMANDA

Wichtige Hinweise

Die im Buch veröffentlichten Empfehlungen wurden von den Verfassern und dem Verlag sorgfältig erarbeitet und geprüft. Eine Garantie kann dennoch nicht übernommen werden. Ebenso ist die Haftung der Verfasser bzw. des Verlages und seiner Beauftragten für Personen-, Sach- und Vermögensschäden ausgeschlossen.
Die Empfehlungen ersetzen keine ärztliche Konsultation, und deren Anwendung erfolgt auf eigene Verantwortung der Leserinnen und Leser.
Der Inhalt dieses Buches gibt die Meinungen der Autoren wieder, die nicht unbedingt mit der Ansicht des Verlages und seines Teams übereinstimmen.
Die Publikation kann Links zu externen Webseiten Dritter enthalten, auf deren Inhalte wir keinen Einfluss haben; für diese fremden Inhalte können wir keine Gewähr übernehmen. Rechtswidrige Inhalte waren zum Zeitpunkt dieser Veröffentlichung nicht erkennbar.
Auch wenn eine gendergerechte Sprache wünschenswert ist, gibt es aus Sicht des Verlages bisher keine befriedigende, gut lesbare Lösung. Der leichteren Lesbarkeit zuliebe haben wir zumeist von der Doppelung männlicher und weiblicher Formen nach dem Muster »der … oder die …«, »er bzw. sie« usw. Abstand genommen. Selbstverständlich liegt es uns fern, dadurch jemanden zu benachteiligen.

---

www.momandaverlag.de

1. Auflage 2023
Lektorat: Ruth Kalmund
Satz: Satzwerk Huber, Germering, Katja Gluch
Cover: Guter Punkt, München, unter Verwendung eines Motivs von © kickimages / iStock / Getty Images Plus und Canva Pro
Quellennachweis für Abbildungen: LuS © Leben, Lernen, Leistung unter Selbstkontrolle; Univ. Prof. Dr. G. Guttmann; adaptiert von Prof. Dr. Dipl. Soz.-Päd. Ch. Dorn
Foto der Autoren: Eliah Rödl
Gesamtherstellung: Bernhard Keller
Druck: Florjančič tisk d.o.o. – Printed in the EU

ISBN: 978-3-95628-058-0

Für André & Robin

»Die Liebe hat euch überlebt.
Sie war, ist und wird immer sein.
Ohne eure Liebe wäre ich nichts.
Ihr seid mein Qi, und so Buddha will,
werde ich auch bald wieder das eure sein.«

– Kè lì sî –

»Letztendlich zählen nur drei Dinge:
Wie sehr du geliebt hast, wie sanft du gelebt hast
und wie anmutig du loslassen konntest,
was nicht für dich bestimmt war.«

– Gautama Buddha –

Unser herzlichster Dank gilt insbesondere
unserer so menschlichen und liebevollen Lektorin, Ruth Kalmund,
und unserem Mentor und Verleger, Bernhard Keller,
der uns eine Bühne gibt.

Einzig dem ENTSCHLUSS und dem
TUN dieser beiden Menschen
ist es zu verdanken, dass aus dem Traum von BE**WATER**
ein so wunderbares Buch werden konnte.

Mach dir das bitte bei jeder Zeile von BE**WATER** bewusst, die du liest …

Es kommt nicht darauf an, jemand zu werden oder jemand zu sein. Es kommt nur darauf an, glücklich – und du selbst – zu sein. Denn alles, was du werden kannst und werden sollst, bist du bereits. Um das erkennen zu können, müssen wir lernen, BESSER zu DENKEN*!*

Wasser bleibt stets Wasser, egal welche Form das Gefäß hat, in das es gefüllt wird. Wasser verändert sein Wesen nur dann, wenn ihm zu viel Energie entzogen oder zugeführt wird. Dann wird es entweder zu sprödem, zerstörerischem Eis oder aber zu geschmeidigem, flüchtigem Dampf.

Auch Bruce Lee hat es so treffend formuliert:

»Empty your mind …
Be formless, shapeless, like water.
Be water, my friend.«

Wenn es dir gelingt, durch konsequentes Üben zu lernen, wie du deine Energie lenken und deinen Aggregatzustand beherrschen kannst, dann ist jeder Reibungsverlust und jede Blockade ein hoch angesehener und höchst willkommener Lehrer, der es dir ermöglichen wird, über dich selbst hinauszuwachsen. Das ist es, was du mit BE**WATER** erreichen kannst …

少林寺博登湖
SHAOLIN TEMPEL
Bodensee

— *Amituofo* —

WIR GRÜSSEN DEN BUDDHA IN DIR UND IN UNS

Wir freuen uns sehr, dass du dir die Zeit für dieses Buch nimmst. Es wird für dich vor allem dann von großem Nutzen sein, wenn du nicht nur bereit bist, Neues zu lernen, sondern – und vor allem – Altes zu vergessen. Denn es ist völlig sinnlos und unmöglich, ein bereits volles Gefäß noch mehr zu füllen. Dies ist eine Weisheit, die du wahrscheinlich schon aus zahlreichen Kampfkunst-Filmen, von *Karate Kid* bis *Karate Tiger* kennst. Wir alle glauben, dass wir wahnsinnig viele Dinge wissen, was uns dazu verleitet, ebenfalls zu glauben, dass wir auch viele Dinge können. Und vielleicht ist das bisweilen auch so. Allerdings berichten uns seit Jahren immer mehr Menschen, dass es ihnen dennoch zunehmend schwerfallen würde, diese Dinge auch zu tun. Dinge, von denen sie wissen, dass sie sie erledigen müssten, und von denen sie wissen, dass sie sie auch erledigen könnten – eigentlich. Sie berichten uns von *inneren Schweinehunden* und davon, dass sie ihren *Hintern nicht mehr hochbekämen.* Sie erzählen von *zunehmenden Reibungsverlusten,* die unglaublich viel Energie kosten, und von *Blockaden,* die sie sich nicht erklären und die sie nicht aus dem Weg räumen können. Sie sagen uns, dass es vor allem das *nicht tun können* ist, das sie *stresst und krank macht* und dass sie bereits *alles versucht* haben und *nichts etwas nützt.*

Da wir als Shaolin (mit wissenschaftlicher Zusatzausbildung 😉) grundsätzlich keine aussichtslosen Situationen akzeptieren, haben wir genauer hingesehen, über die Jahre mit hunderten betroffenen Menschen gesprochen und dabei Erstaunliches entdeckt. Auf dem Fundament dieser Erfahrungen und Erkenntnisse haben wir dann auf Basis der westlichen Neurowissenschaften, der 1500 Jahre alten Lehren der Shaolin-Meister und jener der buddhistischen Psychologie eine Methode entwickelt, die jeder Mensch praktizieren kann, um zu heilen, nachhaltig gesund und (wieder) leistungsfähig zu werden. BE**WATER** basiert auf all diesen Erfahrungen, den Erkenntnissen und schlussendlich auf dieser Methode, geht auf dem Weg aber noch einen entscheidenden Schritt weiter, denn – so sagt Buddha:

»Entstehen kann nur, was auch gedacht werden kann.«

BE**WATER** hilft dir, dein Leben auf eine völlig neue Art zu denken, und zwar nicht irgendwie spirituell oder gar esoterisch, sondern so, dass du damit völlig selbstbestimmt das Ziel erreichen kannst, das DU erreichen willst oder vielleicht sogar erreichen musst. Du fragst dich nun, wie das konkret funktioniert? Ganz einfach, indem wir dir beibringen, wie du deinen Maßstab, den du an dein Leben und die Menschen darin anlegst, die Motivation, die du deinem Verhalten zugrunde legst, und darüber hinaus auch den Standpunkt, den du einnimmst und von dem aus du die Dinge nur aus einer einzigen, nämlich deiner völlig subjektiven Perspektive wahrnehmen kannst, gedeihlich verändern kannst. Dass man dieses Ziel erreichen kann, haben wir bewiesen. Und wie man es erreicht, haben wir dokumentiert – denn wir beide sind diesen Weg gegangen.

Es ist dieser *mittlere Weg*, der die Shaolin-Meister übermenschlich erscheinen lässt und sie befähigt, scheinbar Unmögliches zu leisten. Der mittlere Weg ist ihr Geheimnis! Sie haben bereits vor über 1500 Jahren ein Potenzial erkannt, verstanden und genutzt, das sich die westlichen Wissenschaften (insbesondere die Neuro- und Gesundheitswissenschaften) erst allmählich zu erschließen beginnen. Sie haben erkannt, dass wir alle viel *BESSER* sind, als wir *DENKEN!*

Shaolin-Meister Shi Yan Lu & Professor Dr. Chris Dorn (Kè lì sî)

BITTE BEACHTE

Mehr hilfreiche Tipps, wie du von deinem *WISSEN* und *KÖNNEN* auch in ein selbstbestimmtes *TUN* kommst, umfassende Übungsanleitungen und weiterführende Online-Kurse findest du auf
→ www.bewater.jetzt

Unsere Methode soll dir helfen, Widerstandskraft zu entwickeln und persönlich zu wachsen. Sie soll es dir aber auch ermöglichen, dich von einer Erkrankung, einer belastenden Situation oder einer fordernden Lebensphase nachhaltig zu erholen.

Solltest du aktuell akut erkrankt sein, insbesondere bei Angststörungen, schwereren Depressionen und wiederholtem Burn-out, konsultiere bitte zunächst den Arzt oder die Ärztin deines Vertrauens, bevor du mit BE**WATER** *startest!*

Manchmal muss ein schädlicher Status medikamentös durchbrochen werden, oder es bedarf einer bestimmten Medikation oder Therapie. Hat der Arzt dich durch die Akutphase der Erkrankung begleitet, dann stabilisiere dich zunächst, gönne dir Ruhe, sammle Kraft, stimme dich mit deinem Arzt ab – und dann kannst auch du dich auf den Weg nach Shaolin machen ...

INHALTSVERZEICHNIS

— Verstehen —

WIR ALLE SIND NUR MENSCHEN

Wir möchten gerne, dass du nicht nur verstehst, was wir machen, sondern vor allem, dass du verstehst, warum wir machen, was wir machen. Wir lehren diesen Weg, weil wir beide selbst den Weg gegangen sind und seinen großen Nutzen erfahren haben. Gar nicht, weil wir das unbedingt wollten, sondern weil es der einzig verbleibende Weg war und wir nur noch diesen Weg gehen konnten! So wie man auch nicht aus reinem Spaß zum Zahnarzt geht oder weil man das so cool findet. Man geht zum Zahnarzt, weil man ein Problem mit seinen Zähnen hat oder vielleicht unter höllischen Schmerzen leidet.

Es ist wichtig, das zu verstehen, weil der Weg bisweilen doch sehr fordernd sein kann und uns möglicherweise einiges abverlangt. Oder wie Arnold Schwarzenegger zu mir gesagt hat, als ich ihn mit 15 Jahren beim Mr. Olympia in München zum ersten Mal getroffen habe:

»Boy, you're already a bodybuilder, you've proven that. But always remember, there is no such thing as free food in this life – every decision you make, has its price!«

Wie recht er hatte, sollte ich bald darauf erfahren, aber erst einmal der Reihe nach.

Viele Publikationen dieser Art haben ein zentrales Problem. Es wird oft hingebungsvoll von *Bewusstsein* und *Achtsamkeit* gesprochen, vom *ins Hier und Jetzt kommen* und von der *inneren Mitte*, um nur einige Beispiele für Worthülsen der immer heftiger anbrandenden Spiritualitätswelle zu nennen. Bei der Erklärung wird dann allerdings selten die nötige Tiefe – bei gleichzeitig mangelnder Praktikabilität – erreicht, um auch tatsächlich selbstbestimmt und zielführend üben und praktizieren zu können. Das macht viele Bücher, die im Grunde sehr gut sind, völlig nutzlos, denn sie wollen uns nur glauben machen, dass wir noch mehr Wissen bräuchten, um etwas zu können, und über die oberflächliche Freude darüber vergessen wir völlig, dass wir praktisch nichts davon selbst erfahren haben und noch weniger davon auch tatsächlich TUN. Damit du dies besser greifen kannst, hier ein paar Beispiele:

- Könntest du *Bewusstsein* erklären?
  Falls nicht, wie willst du es dann gedanklich greifen können, um damit zu arbeiten?
- Kennst du die Dimensionen der *Achtsamkeit* und ihre Bedeutung?
  Wenn nicht, wie willst du sie dann kontinuierlich und zielführend praktizieren?
- Weißt du, was konkret mit *ins Hier und Jetzt kommen* gemeint ist?
  Wie willst du dann dort hinkommen, geschweige denn, dort bleiben, wenn du es nicht weißt?
- Kannst du erklären, was unter *innerer Mitte* zu verstehen ist?
  Wie willst du sie dann finden, wenn du keine Ahnung hast, wonach du suchst?

Wir möchten deinem Verständnis gerne ein paar dieser Begrifflichkeiten zugänglich machen, weil es sonst nicht funktionieren kann!

Begleitend zu diesem Buch biete ich dir eine kostenfreie Videoserie an. Im fünften Video dieser Serie spreche ich über Achtsamkeit, die innere Mitte und das Hier und Jetzt. Du findest die Videoserie unter www.bewater.jetzt

Du brauchst nicht viel zu wissen. Du musst nur das, was du weißt, verstehen und vor allem praktizieren. Ayya Khema, eine sehr bekannte, wunderbare buddhistische Lehrerin und Nonne, die hier bei uns im Allgäu gewirkt hat (und leider schon 1997 verstorben ist), sagte im Rahmen ihrer so menschlichen Unterweisungen und Meditationskurse stets:

»Der Buddha hat weit über 40 Meditationspraktiken gelehrt.
Es genügt völlig, wenn wir davon drei tief durchdringen,
zwei tatsächlich erlernen, und wenigstens eine davon täglich –
zumindest morgens und abends – gewissenhaft praktizieren.«

Und genau deshalb liebe ich Ayya Khema. Sie bringt die Dinge mit einfachsten Worten auf den Punkt, macht keine große Sache daraus und tut einfach die Dinge, die gedeihlich sind! An ihr möchte ich mir ein Beispiel nehmen und in diesem Buch zeigen, wie man ins TUN kommt und wie man tatsächlich üben und praktizieren kann. Und zwar so, dass es auch den individuell gewünschten Erfolg für ein selbstbestimmtes Leben in Frieden, Glück und Wohlbefinden zeitigt.

Dafür benötige ich allerdings deine Hilfe! Bitte beachte ab jetzt bei allem, was du hier liest, aber auch allgemein in deinem täglichen Leben, zwei sehr wichtige Shaolin-Prinzipien.

- Erfasse das Wesen der Dinge und gib den Dingen DEINE Form!
- Wenn du etwas TUST, dann tue es mit ganzem Herzen – oder tue es nicht!

Wenn wir verstehen möchten, warum wir sind, wie wir sind, und warum wir so geworden sind, dann müssen wir uns zunächst einmal klarmachen, welche Faktoren bei der Ausbildung unseres individuellen Selbst, also beim Prozess des Aufbaus des *Personseins*, der *Personwerdung* (Personalisation), in dessen Verlauf der Mensch lernt, sich als Individuum zu begreifen und sich selbst zu akzeptieren, wirksam werden. Denn vielen Menschen ist die Tatsache nicht klar, dass dieser Prozess bereits lange vor der Zeugung beginnt und dass *Erziehung* (Enkulturation, Sozialisation, Personalisation) und *Bildung* (von fast allen wesentlichen Bildungstheorien als »ein reflektiertes Verhältnis zu sich selbst, zu anderen und zur Welt …« definiert) bereits Einfluss auf die Qualität von Samen- und Eizelle haben. Überhaupt ist das mit der Zeugung so eine Sache. Hatte ich schon erwähnt, dass es unsere eigenen Eltern sind, die uns bereits durch die Zeugung zum Tode verurteilen? Das ist kein schwarzer Humor; diese Erkenntnis ist vielmehr das Fundament der *vier edlen Wahrheiten*, die dir noch von sehr großem Nutzen sein werden! Bei den vier edlen Wahrheiten handelt es sich um die Grundlagen und die Essenz der Lehren des Buddha.

Alles beginnt, wenn Samen- und Eizelle verschmelzen und anfangen, sich zu teilen. Sowohl die Samenzelle als auch die Eizelle weisen bereits eine ureigene Qualität (im Sinne einer bestimmten Beschaffenheit und Güte) auf, die unter anderem auch vom biopsychosozialen Status des *Spenders* beziehungsweise der *Spenderin* abhängt. Einfach gesagt: Es kommt darauf an, ob die Spender physisch gesund sind, in welchem emotionalen Zustand sie sich befinden und wie sie sozial eingebunden sind (s. o. Erziehung und Bildung). Diese drei Dimensionen, die biologische, die psychologische und die soziale, werden wiederum jeweils durch die nachfolgenden Faktoren definiert:

- Biologische Dimension
  - Genetik
    (Erbgut von Samenzelle und Eizelle)

- Neurobiochemie
  (Botenstoff- und Neurotransmitter-Management)
- Funktionelle Neuroanatomie
  (biologische Struktur und Verschaltung des Gehirns)

- Psychologische Dimension
  (Psychologie = Lehre vom Erleben und Verhalten)
  - Emotionsregulation
  - Konfliktbewältigung
  - Beziehungsgestaltung
- Soziale Dimension
  - Familie
    (als Lebenskonzept zunehmend auf dem Rückzug)
  - Peer-Group
    (medial sozialisiert und verlagert in den digitalen Raum)
  - Schule/Ausbildung
    (ideologisierte *Wissensvermittlung* für fremdbestimmtes Funktionieren ohne echte Bildungsintention)
  - Medien
    (Medialität = potenteste und zugleich schädlichste Sozialisationsinstanz)

Vereinfacht ausgedrückt: Leben der Spender der Samenzelle und die Spenderin der Eizelle in einer harmonischen, liebevollen, handhabbaren, verstehbaren und sinnhaften (kohärenten) Lebenswelt, entstehen Samenzelle und Eizelle in einem stresshormonarmen Organismus (Körper des jeweiligen Spenders). Leben sie dagegen in einer disharmonischen, feindseligen, überfordernden, irrationalen und sinnleeren Lebenswelt, entstehen Samenzelle und Eizelle in einem stresshormonreichen Organismus. Damit sollte deutlich werden, dass der jeweilige biopsychosoziale Status des Samenzellen-Spenders und der Eizellen-Spenderin einen immensen Einfluss auf die Qualität der Grundbausteine des neuen Lebens hat. Damit aber nicht genug.

Sind Samenzelle und Eizelle erst einmal verschmolzen, ist der Spender der Samenzelle zunächst raus aus der Nummer. Er hat auf die Qualität des neu entstehenden Zellhaufens keinen unmittelbaren Einfluss mehr. Völlig anders sieht es hingegen bei der Spenderin der Eizelle aus. Hier wiederholt sich der oben beschriebene Prozess, nur auf einer anderen Ebene. Solange die werdende Mama nicht weiß, dass sie schwanger ist, wirkt ihr Organismus entsprechend ihrer jeweiligen aktuellen Lebenswelt. Je nach ihrem biopsychosozialen Status kommt der Zellhaufen entweder gut oder weniger gut zurecht. Lässt ihr Organismus sie wissen, dass sie schwanger ist, kommt es nun auf ihre Reaktion an:

- Freut sich die werdende Mama über die Schwangerschaft, werden sogenannte Glückshormone oder, genauer gesagt, Botenstoffe und Neurotransmitter wie Dopamin, Serotonin, Oxytocin, Endorphine oder Phenylethylamin ausgeschüttet, die ihren Organismus, mit all seinen Funktionen, auf *Schutz* und *Verteidigung* schalten. In diesem physiologischen Umfeld fühlt sich der Zellhaufen herzlich willkommen.
- Bricht jedoch für die werdende Mama die Welt zusammen, sobald sie erfährt, dass sie schwanger ist, werden sogenannte Stresshormone, wie Adrenalin, Noradrenalin und Cortisol, ausgeschüttet, die ihren Organismus, mit all seinen Funktionen, auf *Flucht* oder *Angriff* schalten. In diesem physiologischen Umfeld erfährt der Zellhaufen eine grundsätzliche Ablehnung, die er kompensieren muss.

Dadurch entsteht, stark vereinfacht ausgedrückt, so etwas wie Zell-Psychologie, die die weitere Entwicklung des Zellhaufens bis hin zum voll entwickelten Kind mitbestimmt. Kommt das Kind nun zur Welt, ist es mit Anlagen ausgestattet, die von den drei vorgenannten biologischen Dimensionen (Genetik, Neurobiochemie und funktionelle Neuroanatomie) definiert werden, aber eben auch von den

Erfahrungen, die der ursprüngliche Zellhaufen gemacht hat, also von der Zell-Psychologie. Man könnte sagen, dass das Kind bereits eine Vielzahl von Intrusionen und Impressionen anderer Leben in sein eigenes mitbringt. Worüber du dir jetzt gerade Gedanken machst, wird später noch sehr wichtig, denn, so lehrt uns die buddhistische Psychologie:

»Alles ist mit allem verbunden und es gilt das Prinzip von Ursache und Wirkung!«

Gedanken**E**xperiment

Nun wird das Kind, mit seinen jeweiligen Anlagen, in diese eine Lebenswelt hineingeboren und entwickelt sich gedeihlich, wird erfolgreich und lebt ein glückliches und erfülltes Leben. Wird aber das exakt gleiche Kind in eine andere Lebenswelt hineingeboren, entwickelt es sich womöglich nicht gedeihlich, scheitert und lebt in vielerlei Hinsicht ein mangelbehaftetes Leben.

Jetzt möchte ich dir eine wichtige Frage stellen und ich bitte dich, nicht sofort zu antworten, sondern alles bisher Gesagte noch einmal in Ruhe zu überdenken: Wenn das gleiche Kind sich in der einen Lebenswelt gedeihlich entwickelt, und in der anderen Lebenswelt scheitert, wie kann das Kind dann entweder gut genug oder nicht gut genug sein?

Warum glaubst du, habe ich dich gebeten, all das bisher Gesagte nochmals in Ruhe zu überdenken? Kannst du dich noch an die obigen Shaolin-Prinzipien erinnern? Eines davon mahnt an, das Wesen der Dinge zu erfassen, und den Dingen DEINE Form zu geben! Hast du das Wesen des Gesagten erfasst? Bist du dir sicher? Könntest du ihm DEINE Form geben?

GE → **Antwort**

Das Kind ist weder ›gut genug‹ noch ist es ›nicht gut genug‹. Das Kind ist einfach genau so, wie es ist. Dass eine Bewertung des Kindes keinen Sinn macht, wird in diesem Zusammenhang und vor diesem Hintergrund sofort klar. Diese Erkenntnis wird für dich noch sehr wichtig sein!

Übertragen auf dich, bedeutet das nämlich: Hör sofort auf, bei jedem Reibungsverlust davon auszugehen, dass es doch bestimmt an dir liegen muss und du sicher nicht gut genug bist. Wenn etwas nicht so großartig funktioniert, wie du es dir vorstellst, liegt es – öfter als du denkst – nicht am aufgeführten Stück, sondern an der Bühne oder am Publikum. Und das soll ausdrücklich keine Ausrede für Versagen sein! Eines sollte dir aber jetzt klar geworden sein: Wenn dir jemand sagt, wie er dich wahrnimmt, wie er dich beurteilt oder wie er die Dinge sieht, ist all das – beeinflusst durch seine Sozialisation – in SEINEM Kopf entstanden. Das muss mit dir oder mit dem, was tatsächlich ist, absolut nichts zu tun haben.

Und einen sehr wesentlichen Aspekt haben wir bisher noch völlig außer Acht gelassen. Dabei handelt es sich um die Art der Wahrnehmung und des Erlebens deiner Lebenswelt. Im Rahmen deiner Sozialisation, also im Rahmen deines Heranwachsens, wenn du mit den Sozialisationsinstanzen mittels Erziehung und Bildung konfrontierst wirst, entstehen in deiner Psyche – wieder stark vereinfacht – individuelle *Filter* und *Katalysatoren*. Sie entscheiden darüber, wie du deine Lebenswelt erlebst und wie du dich, darauf basierend, in ihr verhältst (Lehre vom Erleben und Verhalten = Psychologie). Wobei es so ist, dass deine Filter dich Eindrücke tendenziell nur auf eine bestimmte Art interpretieren lassen (z. B. pessimistisch oder optimistisch), während die Katalysatoren als Prozessbeschleuniger ein bestimmtes Erleben zu sogenannten *Triggern* machen, auf die du extrem, manchmal scheinbar überzogen oder gar irrational reagierst.

Dir sollte jetzt klar geworden sein, dass es so etwas wie die absolute, allgemeingültige Realität unmöglich geben kann. Du lebst in der Realität, die du, modelliert durch deine Filter und Katalysatoren, individuell erlebst. Und wie du diese Realität erlebst, bestimmt dann, wie du dich in deiner individuell erlebten Realität verhältst. Erlebst du deine Lebenswelt eher positiv, handhabbar, verstehbar und sinnhaft (kohärent), wirst du dich entsprechend verhalten. Erlebst du deine Lebenswelt hingegen negativ, kaum bewältigbar, willkürlich und nicht nachvollziehbar (inkohärent), wirst du dich ebenfalls entsprechend verhalten. Dabei spielt es keine Rolle, ob die jeweilige Lebenswelt auch objektiv so ist, wie du sie subjektiv erlebst.

Und jetzt kommt's: Nicht nur, dass die Art und Weise, wie du deine Lebenswelt erlebst, von Filtern und Katalysatoren definiert wird, die im Rahmen deiner Sozialisation entstehen und auf die du keinen Einfluss hast. Dieses individuelle Erleben definiert dann auch noch den Maßstab, den du an dein Leben und die Menschen darin anlegst, die Motivation, die du deinem Verhalten zugrunde legst, und darüber hinaus auch den Standpunkt, den du einnimmst, und von dem aus du die Dinge nur aus einer einzigen, nämlich deiner völlig subjektiven Perspektive wahrnehmen kannst. Das Problem dabei ist, dass genau diese drei Faktoren dann wiederum dein Verhalten definieren.

Dieses Verhalten ist einerseits die Wirkung deiner Interpretation des von dir Erlebten und gleichzeitig die Ursache deines Erlebens (Prinzip von Ursache und Wirkung der buddhistischen Psychologie). Im Grunde schließt sich damit ein sich selbsterhaltender, rückbezüglicher Regelkreis, der dich, falls er negativ wäre, praktisch in eine Zelle sperrt, von der du denkst, dass es deine feststehende, ureigene Persönlichkeit sei, und dass du nun einmal so bist. NEIN, bist du NICHT! Lass mich zur Vereinfachung diesen Sachverhalt anhand eines Beispiels verdeutlichen. Stell dir Folgendes vor:

Gedanken**E**xperiment

Du bist in der Schule oder am Arbeitsplatz und die Menschen sagen schlimme Dinge zu dir, du wirst also ganz übel gemobbt. Du fühlst dich grauenhaft, hast womöglich sogar Angst, in die Schule zu gehen oder deinen Arbeitsplatz zu verlieren. Aus diesen psychischen Problemen werden im Laufe der Zeit physische Probleme, und dann bist du erst einmal RAUS!

Auf diese Art habe ich viel zu viele Menschen – inklusive mich selbst – scheitern sehen. Aber was genau ist denn eigentlich passiert?

GE → **A**ntwort

Nun, es ist ganz einfach: In einem Gehirn sind, definiert durch Filter und Katalysatoren, Gedanken entstanden, die zu Emotionen geworden sind, die wiederum zu Worten geworden sind. Der Mund formt nun Schallwellen, die es bestenfalls bis zu deinem Trommelfell schaffen. Dieses beginnt dann zu schwingen, setzt die Ohr-Biomechanik in Gang, die diese Reize zunächst elektrisch, und dann neurobiochemisch, an dein Gehirn weiterleitet. Nun entstehen in deinem Gehirn, durch deine Filter und Katalysatoren definiert, Gedanken, die zu Emotionen werden. Da du diese Gedanken nicht kontrollieren oder stoppen kannst, werden sie unweigerlich zu Emotionen (wichtig: nicht Gefühle, davon gibt es nur drei: positiv – neutral – negativ), die dann Stress, Angst und Depressionen auslösen können. Und warum? Wegen DEINER Interpretation eines elektrischen Impulses, der von Schallwellen ausgelöst wurde, die ein Mund geformt hat!

Und spätestens an dieser Stelle kommt jetzt meist ein ABER! Um dem vorzubeugen, möchte ich gerne, dass du das eben Gesagte noch einmal durchdenkst. Nur jetzt spricht der Mensch, der all diese schlimmen Dinge zu dir sagt, eine Sprache, von der du absolut kein Wort verstehst. Und? Genau, dieser Mensch mobbt dich immer noch, mit genau der gleichen Intention, nur, dass du jetzt nichts mehr hast, was du, definiert durch deine Filter und Katalysatoren, interpretieren könntest. Du realisierst vielleicht noch, dass der Mensch sauer oder komisch drauf ist, das ist aber auch schon alles. Es ist sehr wichtig, dass du das verstehst: Nicht derjenige, der schlecht über dich redet oder dich mobbt, macht dich krank. Es ist deine ureigene, individuelle Interpretation deines Erlebens, die dich zunächst psychisch und später dann in aller Regel auch noch physisch leiden lässt.

Und eines noch: Denkst du, dass du über viel Wissen verfügst, weil du dich doch jeden Tag – primär medial – informierst? Da muss ich dich leider enttäuschen! Du verfügst vielleicht über einen starken Glauben, aber ganz bestimmt nicht über tatsächliches Wissen. Lass es mich dir anhand eines Beispiels verdeutlichen:

Gedanken**E**xperiment

Woher kennst du Donald Trump, den ehemaligen US-Präsidenten? Vom Fernsehen, oder? Woher kennst du Chewbacca, den Wookie aus Star Wars? Vom Fernsehen, richtig?

Warum also sollte Donald Trump für dich realer sein als Chewbacca? Du hast von beiden stets nur einen Film gesehen! Warum also ist der eine für dich realer als der andere?

GE → **A**ntwort

Dieses Beispiel soll dir vor Augen führen, dass du in der Regel Dinge äußerst, für sie streitest, sie verteidigst, mit anderen deswe-

gen in Streit gerätst, von denen du GLAUBST, dass du sie weißt. Was dich dazu treibt, ist dein Ego, dein Ich, das in aller Regel völlig unreflektiert glaubt, es wüsste, wie die Dinge tatsächlich sind. Oft nur deshalb, weil bestimmte Dinge ihm näher (lieber) oder vertrauter (eingeübter) sind.

Dabei wäre es so viel wichtiger zu erkennen, dass du so gut wie alle Dinge in der Regel nur GLAUBST, die dir tagtäglich begegnen! Tatsächlich wissen kannst du nur die Dinge, die du physisch selbst erlebst. Und selbst diese Dinge interpretierst du auf deine dir eigene Art und erlebst sie deshalb auch individuell. Du kannst nicht davon ausgehen, dass auch nur ein einziger anderer Mensch die Dinge so erlebt, wie du sie erlebst. Wie also kannst du denken oder sagen, es wäre tatsächlich so, wie du es erlebst?

Merkst du etwas? Vor diesem Hintergrund wäre auf die Frage »Was willst du denn mal werden?«, die Kindern und Jugendlichen oft gestellt wird, die einzig adäquate Antwort: »Danke, ich bin schon!« Wenn wir uns also nachfolgend die drei Dimensionen (Kulturen, Leben, Mission) des gegenseitigen Verstehens genauer ansehen, solltest du all das bisher Gesagte nicht nur berücksichtigen, sondern versuchen, es zu deinen eigenen Erfahrungen, zu deinem eigenen Erleben und Verhalten (Psychologie) in Bezug zu setzen.

Zwei Kulturen, zwei Leben, eine Mission

Es scheint auf der Hand zu liegen, dass sich eine Sozialisation, die in Deutschland stattfindet, von einer, die in China stattfindet, unterscheidet. Dies gilt umso mehr, wenn beide rund 20 Jahre zeitversetzt erfolgen. Die Politik, die ich als Professor zumindest hätte kommentieren müssen, darf ich als Mönch – Buddha sei Dank – ausblenden. Wesentlich lohnender für unsere Betrachtungen sind ohnehin die menschliche Perspektive, die Lebenseinstellung und der unterschiedliche Umgang mit Schwierigkeiten. Und selbstverständlich würde ich normalerweise mit der Geschichte meines Meisters beginnen, weil es sich so gehört und es der Respekt gebietet. Aber um in der Chronologie zu bleiben, beginne ich ausnahmsweise einmal mit meiner eigenen Geschichte, aus dem einfachen Grund, weil sie 20 Jahre früher begonnen hat. Meister Shi Yan Lu sitzt gerade neben mir und lacht herzlich.

Als ich 1974 mit sechs Jahren in die Schule gekommen bin, fing mein Körper plötzlich an, Schwierigkeiten zu machen. Angefangen hat alles mit üblen Schmerzen in den Leisten. So lange, bis sich das Phänomen auf sämtliche Gelenke und einzelne Organe ausgeweitet hat. Hinzu kam abwechselnd Gefühllosigkeit in den Händen, Beinen und Füßen, was alles zusammen dazu geführt hat, dass ich eher selten in der Schule war. Dieser Umstand wiederum führte zu massivem Mobbing durch Mitschüler, was meine Schmerzen noch intensivierte. Die Medikamente haben mich dann aufgeschwemmt, was zu noch mehr Mobbing, noch mehr Stress und noch massiveren Schmerzen führte.

> Meister Shi Yan Lu hatte im gleichen Alter einen schweren Verkehrsunfall und dabei ein massives physisches und psychisches Trauma erlitten. Die Möglichkeiten der Rehabilitation waren für eine chinesische Arbeiterfamilie sehr begrenzt, obwohl seine Eltern absolut alles versucht haben, was im Rahmen ihrer Möglichkeiten lag. Dennoch verbesserte sich sein Zustand nicht nachhaltig und mit diesen Einschränkungen hätte er dem harten Wettbewerb in der chinesischen Gesellschaft nicht standhalten können.

Um dem Verfall entgegenzutreten, rieten die Ärzte meinen Eltern, mich in einem Sportverein anzumelden, was das Letzte war, was ich wollte. Ich dachte, um gemobbt zu werden, würde die Schule genügen. Allerdings durfte ich mir aussuchen, welchen Sport ich machen wollte, und als ich entdeckt habe, dass dort auch Kampfkunst unterrichtet wird, konnte ich es kaum noch erwarten. Ich habe trainiert so viel ich konnte, und wenn ich nicht trainiert habe, war ich in der Welt von Bruce Lee, Chuck Norris und Jean Claude van Damme. So habe ich gelernt, mich zu wehren, zuerst gegen meine Mitschüler, dann gegen meinen schmerzenden Körper, und am Ende auch gegen meinen übergriffigen Geist. Mit 14 Jahren habe ich auf Anraten meiner Ärzte dann mit Bodybuilding begonnen. Alles schien beherrschbar, zumindest so lange, bis ich mit knapp 18 Jahren meinen Freund verlor, der durch einen brutalen Unfall aus dem Leben gerissen wurde. Dieser Erfahrung hatte ich absolut nichts entgegenzusetzen. Ich hatte den Menschen verloren, der trotz all der Schmerzen der Grund war, warum ich das Leben wirklich – und damit meine ich *aus tiefstem Herzen* – lieb hatte. Aber ab diesem Moment war ich für die nächsten drei Jahre nur noch Passagier in meinem eigenen Leben. Das tägliche harte Training war eine einzige Bestrafung und diente nur noch dazu, überhaupt etwas zu spüren.

> Um seine Genesung voranzubringen, rieten die Ärzte von Meister Shi Yan Lu seinen Eltern, ihn in den Shaolin-Tempel in der Provinz Henan, im Herzen Chinas, zu bringen. Sie waren überzeugt, dass ihm das Kung Fu Training und die Meditation dort helfen würden. Das harte Shaolin Kung Fu wird oft als große Schwester des fließenden, nur scheinbar sanften Taijiquan bezeichnet, das auch mit Qi Gong verwandt ist. All diese Formen stellen hohe Anforderungen an die Konzentrationsfähigkeit, die Ausdauer und hauptsächlich die Geduld. Im Zentrum steht dabei nicht etwa das kämpfen können, es geht dabei vielmehr darum, spezielle Bewegungsabläufe sehr achtsam und präzise immer und immer wieder auszuführen und den Fokus einzig darauf zu richten, wie man etwas genau im gegenwärtigen Moment tut. Das trainiert die Achtsamkeit, lässt den Geist ruhig und klar, und den Körper übermenschlich stark werden.

Die Erfahrung, den für mich wichtigsten Menschen zu verlieren, führte schlussendlich zu meiner Berufswahl. Ich wusste, was Schmerzen an Körper und Geist mit einem Menschen machen können, und ich wollte alles lernen, um diesen Menschen – und auch mir selbst – helfen zu können. Dem Abitur, das ich gerade noch so bestanden hatte, folgte das Diplom. Dem Diplom folgte der Doktor. Dem Doktor an einer Elite-Uni folgte der Professor – und dann natürlich die eigene Praxis. Und dann ist es passiert, und es war genau so, wie es Survivor im Rocky-Soundtrack *Eye of the Tiger* beschreiben:

> *»So many times, it happens too fast – You trade your passion for glory – Don't lose your grip on the dreams of the past – You must fight just to keep them alive …«*

Ich hatte diesen Kampf verloren, meine Leidenschaft, mich selbst, und dann beinahe mein Leben. Mein zentrales Problem bestand darin, dass ich versucht habe, dem Podest gerecht zu werden, auf das mich mein eigenes Ego gestellt hat.

> Im Shaolin-Tempel folgte das Leben von Meister Shi Yan Lu einem sehr strengen Tagesablauf: Der Tag im Tempel begann morgens um halb fünf, bestand aus hartem Kung Fu Training, langen Meditationen, Frühstück und Mittagessen nach den fünf Elementen, und endete am Abend mit Einbruch der Dunkelheit. Die jungen Mönche hatten alle drei Wochen einen Tag frei, um Wäsche zu waschen, etwas einzukaufen und sich physisch zu erholen. Dieses sehr disziplinierte und äußerst harte Leben ermöglichte es Meister Lu, Stück für Stück seine Ängste zu überwinden und die einzigartige mentale Stärke eines Shaolin-Meisters zu entwickeln. Im Alter von 18 Jahren wurde er nach Europa eingeladen, um in zahlreichen Ländern mit der weltweit bekannten Shaolin Show seine perfekte Kunst einem großen Publikum zu präsentieren.

Ich habe so lange fremde Erwartungen erfüllt, bis sich meine eigenen Bedürfnisse in Nichts aufgelöst hatten. Das kann zu extremen Zuständen führen, und genau das ist passiert. Die Kollegen der Systemmedizin hatten mich aufgegeben. Und ich war mir nicht mehr wirklich sicher, ob ich mich nicht auch schon aufgegeben hatte. Dankbarkeit, Akzeptanz, Nicht-Identifikation: Ich bin nicht dieser Körper, nicht dieser Geist, und nicht diese Emotionen. Reflexion, Kontemplation und Imagination. Ich begann meine Meditationspraxis dramatisch auszuweiten. Und so verband sich der Hyperfokus des Bodybuilders mit dem Vertrauen in den Buddha in mir. So kamen die Fähigkeit und die Bereitschaft zurück, das bevorstehende und notwendige Leid zu ertragen. Der nächste Schritt auf dem Weg zurück zur Quelle der Kraft – das Mekka des Bodybuildings: Gold's Gym, Venice Beach, Kalifornien. Ich werde niemals die Worte finden, um zu beschreiben, was in mir passiert ist, als ich mich, völlig übergewichtig, an Krücken und betäubt von Fentanyl, einem Opioid, durch die Eingangstür geschleppt habe. Und ich würde es auch gar nicht preisgeben wollen, weil dieses Gefühl eines meiner wichtigsten Gefühle ist – und das möchte ich nur für mich behalten. Aber ich wünsche allen leidenden, fühlenden Wesen, dass sie, wenn sie glauben, dass es nicht mehr weitergeht, dieses Gefühl erfahren.

> Obwohl er ganz Europa kennenlernen durfte, war der Süden Deutschlands, mit all seinen Bergen, den Wäldern und Seen, der Ort, der Meister Lu immer wieder magisch anzog. Er liebt es, sich in die Natur zurückzuziehen, Kraft zu tanken und zu meditieren. Hier, in Schorndorf bei Stuttgart, eröffnete er auch vor nunmehr über 15 Jahren sein Shaolinzentrum, in dem er Kinder und Erwachsene in Kung Fu, Qi Gong, Taijiquan, Mental Training und Meditation unterrichtet. Seine Schüler lernen im Training alles, was nötig ist, um äußere Kraft, innere Stärke und darüber hinaus die positive Lebenseinstellung der Shaolin-Meister zu entwickeln. Sie lernen, sich bei allem, was sie

tun, auf den gegenwärtigen Augenblick zu fokussieren. Du erinnerst dich an die obigen Shaolin-Prinzipien? Tue etwas mit ganzem Herzen – oder tue es nicht!

»Du kannst den Weg nicht gehen, bevor du nicht selbst zum Weg geworden bist.« (Buddha)

Nach biopsychosozialem Zusammenbruch

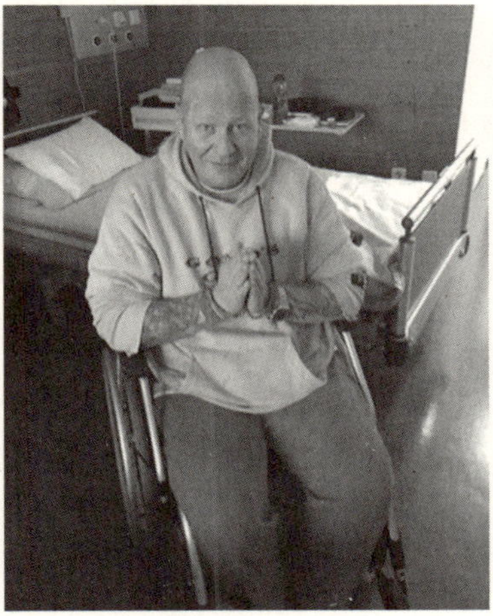

Mit 50 Jahren (2018) vor Wiedereingliederung an der Hochschule

Heute, als Shaolin

Mit 55 Jahren (2023) beim täglichen Training

Den ganzen Lebensweg zum Nachlesen und weitere Bilder findest du auf www.kelisi.online/lebensweg

Als Professor für Psychologie und Sozialwissenschaften und als diplomierter Meditationslehrer habe ich in den letzten 22 Jahren circa 30 Fächer in den Bereichen Medizin, Psychologie, Gesundheit, Meditation und Achtsamkeit, Pädagogik, (mediale) Kommunikation und Persönlichkeitsentwicklung an insgesamt fünf Universitäten in Österreich und Liechtenstein unterrichtet. Ich wusste definitiv alles, was nötig war, um mich zu schützen, und konnte dennoch nicht verhindern, dass mir das Gleiche passiert ist, wie all den Menschen, die über die Jahre meine Hilfe gesucht haben. All mein Wissen war völlig nutzlos, weil es eben nur Wissen war, und weil das Leben dazwischengekommen ist. Ich hätte einen Menschen gebraucht, der integer, achtsam und mitfühlend ist, und dem ich das auch glauben konnte. Ein Mensch, der all das verkörpert, woran ich glaube und was mir wichtig ist. Ein Mensch, der das auch lebt.

> Körper und Geist vollständig zu beherrschen, sich ganz auf den gegenwärtigen Moment zu konzentrieren und ausschließlich auf das Positive zu fokussieren, hat Meister Lu auch geholfen, als in dem Haus seiner Shaolin-Schule in Stuttgart vor ein paar Jahren ein gewaltiges Feuer ausbrach. Keinem fühlenden Wesen ist – Buddha sei Dank – etwas passiert, aber Meister Shi Yan Lu sah all seine Erinnerungen und alles, was er in den Jahren zuvor mit unglaublichem Einsatz aufgebaut hatte, in Flammen aufgehen.

Die Meister des Shaolin-Ordens haben mich seit meinem sechsten Lebensjahr fasziniert. Seit ich den Film *American Shaolin* gesehen habe, war mein größter Wunsch, von einem Shaolin-Meister ausgebildet zu werden. Aber ich hätte es mir nie erträumt, dass das tatsächlich passieren würde. Doch dann hat mich Shaolin-Meister Shi Yan Lu gefunden und in seine Familie aufgenommen. Er hatte mich kennengelernt, als ich im Rollstuhl saß. Ich habe ihn einen ganzen Tag lang damit genervt, dass ich den Weg des Shaolin Kung Fu gehen werde. Wohlgemerkt gehen, nicht rollen! Er hat mich ein

Jahr lang beobachtet und meinen Willen auf die Probe gestellt. Erst nachdem ich bewiesen habe, dass ich die theoretischen Grundlagen der Methoden der Meister und der buddhistischen Psychologie beherrsche, äußere Kraft und innere Stärke demonstriert und in sechs Monaten knapp 60 Kilo abgenommen habe, hat er mich als Meisterschüler akzeptiert.

> Die Schule von Meister Shi Yan Lu ist bis auf die Grundmauern abgebrannt. Doch er hat über das Geschehene niemals geklagt, denn als Buddhist wusste er, dass man den Lauf der Dinge akzeptieren muss. Als ich wissen wollte, was wir denn nun tun sollen, meinte Meister Lu ganz trocken und mit einem milden Lächeln: »Wir müssen an deine Ausbildung denken!« Kung Fu bedeutet übersetzt ›harte Arbeit‹, und genau das hat Meister Shi Yan Lu gemacht. Er bündelte seine gesamte Kraft und fokussierte sich auf den Wiederaufbau. Und nach nur einer Woche hat er das Training in neuen Räumen mit seinen Schülern fortgesetzt. Und heute? Heute sind wir dabei, den Shaolin-Tempel Bodensee ins Leben zu rufen, wozu dieses Buch einen Beitrag leisten möge!

Mittlerweile habe ich den Professor auf meinen bescheidenen Lebensunterhalt reduziert. Ich lebe ein *monastic life* nach dem Kodex der Shaolin. Ich wohne in meiner Ein-Zimmer-Mönchsklause in den Allgäuer Bergen, bin viel mit Meister Lu unterwegs und stolz, dass er mich als Teil seiner Familie betrachtet. Ich unterwerfe mich stets den gleichen Regeln, die im Kloster gelten. Nicht, weil ich es müsste, sondern deshalb, weil ich von den Meistern des Shaolin-Ordens lernen durfte, was man tun und wie man denken muss, um unbesiegbar zu werden. So beherrsche ich meine Krankheit, meine Schmerzen und meine Dämonen. Mein Körper ist nun einmal chronisch krank und meine Seele hat auch einiges abbekommen, was nicht mehr zu reparieren ist. Das musste ich akzeptieren lernen. Außerdem sind es selten die Schmerzen, die wehtun …

Damit wir uns richtig verstehen

Nur emotionales Leid tut wirklich weh. Und das erschaffen wir, ganz allein und unaufhörlich, nur in uns selbst. Durch unsere Gedanken und durch die Emotionen, die diese Gedanken hervorbringen. Ist das Denken nicht gedeihlich, sind unsere Emotionen nicht gedeihlich. Kein Feind, auch nicht der fähigste und grausamste, kann dir antun, was dir dein eigener ungeübter Geist antun kann. Der *Weg des Shaolin Kung Fu* macht unbesiegbar, weil er der Weg ist, der einen die Nicht-Identifikation lehrt. Denn du bist eben nicht dieser Körper, du bist auch nicht diese Gedanken, und du bist schon gar nicht diese Emotionen. Du bist, was diese drei Dimensionen beobachtet – nämlich Bewusstsein oder eben: Buddha-Natur!

Dieser Weg ist sehr gedeihlich, aber ebenso steinig und schwer. Shaolin-Meister Shi Yan Lu würde sagen: »*Shaolin bedeutet Schmerz und Kung Fu bedeutet harte Arbeit*«. Selbstverständlich würde ich meinem Meister nie widersprechen. Basierend auf meinem Erleben muss ich jedoch in meiner Beschreibung weiter gehen, als er es tut. Und ich weiß, dass er das nicht nur versteht, sondern es sehr zu schätzen weiß:

Shaolin bedeutet für mich Leben. Kung Fu bedeutet für mich Sinn. Den Weg des Shaolin Kung Fu zu gehen, bedeutet für mich: Leben (Shaolin) mit Sinn (Kung Fu). Nur durch äußere Kraft und innere Stärke kann man ein Leben in Frieden, Glück und Wohlbefinden erfahren!

Gedanken**E**xperiment

Stell dir einmal vor, niemand bemerkt, was du tust, wie du aussiehst, was du hast, wer du bist, wen du liebst, was du erreicht hast, welche Titel du führst, oder ob du überhaupt existierst. Nun stellt sich eine einzige relevante Frage: Was von dem, was du derzeit tust, würdest du dann noch tun?

Wenn du jetzt nachdenken musst, tja, dann solltest du dieses Buch wirklich dringend bis zum Ende lesen und dann üben, was du gelernt hast. Denn wenn du dieses Buch gelesen hast, wirst du zwar mehr wissen, aber noch immer nichts können, außer ein Buch zu lesen. Unsere besten Wünsche begleiten dich, aber dein Glück und dein Leid hängen von deinen Taten ab, und nicht von unseren Wünschen für dich.

GE → **A**ntwort

Es geht darum herauszufinden, wer du bist, was du brauchst, was dich antreibt, was dich ausmacht, was du tun musst, weil du nicht anders kannst, kurz: Was macht dich glücklich? Macht dich überhaupt etwas glücklich? Und was, wenn nicht? Und wenn nicht: warum nicht?

Würdest du dir eine Geschichte ausdenken und sie erzählen, auch dann, wenn niemand zuhört? Würdest du? Wenn du jetzt sagst, »Ich bin doch nicht bescheuert«, auch dann solltest du dieses Buch wirklich dringend bis zum Ende lesen und dann üben, was du gelernt hast. Warum? Weil du Eines nicht verstanden hast, nämlich, dass es mindestens einen Menschen gibt, der diese Geschichte unter Umständen dringend hören sollte. Und dieser Mensch bist DU!

Ich schreibe unter Pseudonym Romane. Niemand weiß, dass ich der Autor bin. Geld verdiene ich damit auch nicht – und eigentlich kostet es nur jede Menge Zeit. Warum also schreibe ich diese Romane? Ganz einfach, weil ich die Geschichten hören, erleben, erleiden, erfahren und genießen möchte, die ich mir erzähle. Und ich schreibe das nächste Kapitel, weil ich wissen möchte, wie es weitergeht und wie es den Menschen ergeht, die ich mit meinen Gedanken zum Leben erwecke. Ich möchte mich mit ihnen freuen, sie beschützen, für sie kämpfen, mit ihnen leiden, völlig verzweifelt und glücklich sein, kurz: Ich möchte wissen, was meine Psyche die Menschen auf welche Weise erleben lässt, um mehr über MICH zu erfahren.

Das Gleiche gilt, wenn ich Songs oder Songtexte schreibe. Nur wenige Menschen hören sich meine Musik an, und noch weniger Menschen werden davon wirklich berührt, aber dennoch muss ich sie schreiben und aufnehmen, weil ICH sie hören möchte – und weil ich sie hören muss! Die Geschichten, die sie erzählen, die Akkorde und die Harmonien, die mich heilen. Und vor allem, weil ich sie fühlen möchte. Und das möchte ich mehr als alles andere. So lerne ich, mit den Emotionen, die ich habe und die mich bisweilen noch immer quälen, umzugehen, sie zuzulassen, zu erfahren, zu kontrollieren und zu beherrschen. Ich erzähle die Geschichten und ich singe die Songs, weil ICH sie hören und erleben MUSS – auf meine Art. Wir kommen allein auf diese Welt und wir verlassen sie allein. Zu glauben, dass es während unseres Aufenthalts hier auf der Erde einen ganz selbstverständlichen Anspruch darauf gäbe, dass es nicht so ist, ist eine Illusion, die zu Anhaftung führt. Und damit fängt der ganze Stress an!

Unser Versprechen

Es wird für dich von großem Nutzen sein und dein Leben fundamental zum Positiven verändern, wenn du bereit und willens bist, deinen Maßstab, den du an dein Leben und die Menschen darin anlegst, die Motivation, die du deinem Verhalten zugrunde legst, und darüber hinaus auch den Standpunkt, den du einnimmst, und von dem aus du die Dinge nur aus einer einzigen, nämlich deiner völlig subjektiven Perspektive wahrnehmen kannst, gedeihlich zu hinterfragen.

Dieser Weg kann (subjektiv betrachtet) beschwerlich sein. Bisweilen tut er sogar richtig weh. Das bestätigen uns seit vielen Jahren all die Menschen, die wir durch schwierige Lebensphasen, durch Schmerz und Leid begleiten durften. Und wenn in deinem Kopf bereits jetzt, nur aufgrund dieser Aussage, erste zweifelnde Gedanken aufkommen, geht es dir so wie den Allermeisten. Es sind genau diese Gedanken, die zu den Emotionen werden, die zunächst nur Reibungsverluste verursachen, bevor sie dann zu Blockaden werden. Fakt ist: Man kann diese Gedankenkette unterbrechen. Fakt ist allerdings auch, dass NUR DU das kannst! Eine buddhistische Weisheit besagt:

»Niemand rettet uns, außer wir selbst. Niemand kann und niemand darf das. Wir müssen selbst den Weg gehen.«

Reibungsverluste, die zu Blockaden werden, hängen, wie bereits erwähnt, von nur drei Faktoren ab: Motivation, Maßstab und Standpunkt. Diese drei Faktoren kannst du bei ernsthaftem Bemühen gedeihlich verändern, wenn du dich auf den Weg machst, dich darauf einlässt und bereit bist, auch etwas dafür zu tun! Wir zeigen dir den Weg, den wir beide selbst gegangen sind. Wie gesagt, zunächst nicht etwa, weil wir ihn unbedingt gehen wollten, sondern weil es der einzig noch verbleibende Weg war, den wir gehen konnten.

»Auf dem Weg hin zur Selbstbeherrschung kann man nur zwei Fehler machen: Der erste Fehler ist, sich gar nicht erst auf den Weg zu machen, und der zweite Fehler ist, den Weg nicht konsequent bis zum Ende zu gehen.« (Shaolin-Weisheit)

Und wenn auch du den Weg gehen möchtest, dann muss dein Geist aus deinem weichen, diffusen Wunsch nach Veränderung eine stahlharte ENTSCHLOSSENHEIT schmieden. Und wie du genau das erreichen kannst, werden wir dir beibringen. Wenn wir es geschafft haben, dann kannst auch du es schaffen! Denn wir helfen dir, ebenso wie man uns geholfen hat. Es geht einzig darum, miteinander aneinander zu wachsen. Denn, wie heißt es in dieser buddhistischen Weisheit so unendlich weise …

»Wir alle sind Menschen. Es sind nur die Namen, die sie uns geben, die uns unterscheiden.«

Wir haben die über 1500 Jahre alte ehrwürdige Shaolin-Kultur, die modernen Neuro- und Gesundheitswissenschaften und die Spiritualität integriert, um – inspiriert von einem Bruce Lee-Interview – eine Methode zu entwickeln, die jeden Menschen dabei unterstützen kann, sein ureigenes Potenzial zu entfalten, dabei gesund zu bleiben und ein dauerhaftes Wohlbefinden zu erreichen, das weit über temporäres, flüchtiges Glück hinausgeht.

Mit BE**WATER** wird aus

- reflektierter SELBSTERKENNTNIS ungetrübtes SELBSTBEWUSSTSEIN,
- aus SELBSTBEWUSSTSEIN heilende SELBSTSICHERHEIT,
- aus SELBSTSICHERHEIT gelassenes SELBSTVERTRAUEN,
- aus SELBSTVERTRAUEN befreiende SELBSTBESTIMMUNG
- und aus SELBSTBESTIMMUNG erlösende SELBSTWIRKSAMKEIT!

Stärke dein Vertrauen ins Leben, mache dein Leben wieder handhabbar, verstehbar und sinnhaft und praktiziere biopsychosoziale Gesundheit auf einem völlig neuen Niveau. Und am Ende des Weges wirst du dich verändert haben. Du wirst dich an alle Situationen, und seien sie auch noch so beschwerlich, anpassen können, ohne unter ihnen zu leiden. Und du wirst dabei völlig integer du selbst bleiben können. Ebenso wie Wasser, das stets Wasser bleibt, egal welche Form das Gefäß hat, in das es gefüllt wird. Wie zu Beginn gesagt: Wasser verändert sein Wesen nur dann, wenn ihm Energie entweder entzogen oder aber zugeführt wird. Nur dann wird es entweder zu sprödem, zerstörerischem Eis oder zu geschmeidigem, flüchtigem Dampf. Mit BE**WATER** liegt die Entscheidung künftig wieder bei dir. Und das verändert einfach alles!

»Glaubt den Schriften nicht, glaubt den Lehrern nicht, glaubt auch mir nicht. Glaubt nur das, was ihr selbst sorgfältig geprüft und als euch selbst und zum Wohle dienend anerkannt habt.« (Buddhistische Weisheit)

知識

— Wissen —

TEIL 1

Wir haben das letzte Kapitel mit einer buddhistischen Weisheit beendet, die uns ermahnt, nur die Dinge zu glauben, die wir »*… selbst geprüft und als uns selbst und zum Wohle dienend anerkannt haben*«. Damit ist gemeint, dass wir durch unsere eigene individuelle Erfahrung aus bloßem *Glauben*, durch persönliches, wahrhaftiges *Tun* im Alltag, tatsächliches, zweifelloses *Wissen* machen sollen. Und mit dieser buddhistischen Weisheit gelangen wir auf den Weg zum nächsten Kapitel, denn bloßes Wissen allein, und mag es scheinbar noch so gesichert und relevant sein, bedeutet gar nichts, wenn sich daraus keine gedeihliche Entwicklung ableitet, oder wenn wir gar in unserem Denken behindert und in der Folge in unserem Tun blockiert werden. Oder, wie es seine Heiligkeit, der 14. Dalai Lama, so unvergleichlich komprimiert ausdrückt:

»Wissen, und nichts tun, ist wie nicht wissen.«

1. Weshalb du wahrscheinlich dieses Buch liest

Wenn du das Gefühl haben solltest, dass in deine Lebenswelt immer mehr Bewegung kommt, die du kaum noch beeinflussen kannst, dann liegst du damit richtig! Aktuell *spüren* wir alle (der eine mehr, die andere weniger) eine Entwicklung, die bereits seit Jahren mit zunehmender Beschleunigung vonstattengeht und derzeit auf einen Höhepunkt zuzulaufen scheint. Nun könnte man meinen, dass derartige Empfindungen eine entsprechende Reaktion zur Folge haben sollten.

Wenn es aber eine Reaktion sein soll, die diesen Empfindungen entspricht, dann wäre es wirklich hilfreich zu wissen, was es denn genau ist, was wir da spüren. Stattdessen steigen immer mehr Empfindungen in uns auf, die immer häufiger zu Symptomen führen, die wir kaum noch zuordnen können. Stresssymptome, Angst und Depression sind auf einem historischen Höchststand. Vor diesem Hintergrund ist es von zentraler Bedeutung, dass wir verstehen, welcher Art diese Empfindungen sind, die da in uns aufsteigen, warum sie das tun (vgl. Filter und Katalysatoren), und hauptsächlich, was sie mit UNS tun.

Wenn du selbst nicht *beschreiben* und dir nicht *erklären* kannst, was du spürst, und schon gar nicht, warum du spürst, was du spürst, bist du *normal.* Genau so geht es nämlich den meisten Menschen. Und solange alles gut läuft, ist das auch erstmal kein Problem. Da es aber selten nur gut läuft (vgl. *Die vier edlen Wahrheiten),* ist es wichtig, dass du dir klarmachst, warum du es nicht kannst! Du kannst es nämlich deshalb nicht, weil deine Gedanken so unscharf sind, dass du sie nicht *benennen* und in der Folge auch nicht *begreifen* kannst. Und genau diese diffusen Gedanken, die du nicht begreifen kannst, führen zu Emotionen, die du dann nicht kontrollieren kannst. Du kannst dich dir selbst nur dann erklären, wenn deine Gedanken so klar sind, dass du sie in Worte fassen kannst. Erst dann kannst du logische Zusammenhänge erkennen, die dir Sicherheit geben. Die Voraussetzung dafür ist, dass du Achtsamkeit nicht nur verstehst, sondern auch gewissenhaft und kontinuierlich übst und regelmäßig praktizierst. Gelingt dir das nicht, schaltest du in dich belastenden oder gar überfordernden Situationen automatisch in den *Alarm-Modus* (Kampf oder Flucht), weil dir Unsicherheit in der Regel Angst macht. Und dies mit fatalen biopsychosozialen Folgen für dich selbst, aber eben auch für all die fühlenden Wesen, die uns umgeben.

Wenn das geschieht, bist du nur noch Passagier in deinem Leben – und nicht mehr der Pilot. Dann handelst du aufgrund der durch die Unsicherheit hervorgerufenen Angst, die du ja nur spürst, ohne sie konkret begreifen zu können, zunehmend *reaktiv* – und nicht mehr *kreativ*. Ab diesem Moment denkst und handelst du *fremdbestimmt* – und nicht mehr *selbstbestimmt*. Nun beginnt deine *Selbstwirksamkeit* zu erodieren, so lange, bis dir am Ende nicht einmal mehr deine *Erwartung der Selbstwirksamkeit* bleibt. Dann fängst du an, dich anzupassen, nur um zu funktionieren und zu genügen und um die immer belastender werdenden Reibungsverluste zu kompensieren. Du machst das so lange, bis du dich in einen Menschen verwandelt hast, der allen Menschen zu gefallen versucht. Allen, außer sich selbst! Oder, wie Buddha es einmal mehr so treffend sagt:

»Alles, was wir jetzt sind, ist das Resultat unserer Gedanken.«

Bereits als junger Professor habe ich in den verschiedenen Vorlesungen und Seminaren von Medizin über Psychologie bis hin zur Pädagogik immer wieder darauf hinzuweisen versucht, dass die Menschheitsfamilie (an dieser Stelle herzliche Grüße an den wunderbaren Dr. Daniele Ganser, der diesen Begriff eingeführt und mich zu diesem Buch ermuntert hat – www.danieleganser.ch) dabei ist, sich in eine wirklich problematische Situation zu manövrieren bzw. (und vielleicht trifft das eher zu) manövrieren zu lassen. Ich habe *die Anderen* belehrt und versucht, ihnen deutlich zu machen, dass wir praktisch in einem brennenden Haus sitzen. Und ich habe versucht, die Anderen zu animieren, dieses – von meinem Standpunkt aus betrachtet (vgl. Motivation, Maßstab, Standpunkt) – brennende Haus schnellstmöglich zu verlassen. Dies tat ich, allerdings ohne selbst das brennende Haus zu verlassen, und merke gerade jetzt beim Schreiben wieder, wie unfassbar anmaßend ich dabei war. Anstatt also *an mir selbst* zu arbeiten, um mich so zu verändern, dass die notwendige Reaktion der Anderen darauf zu einer gedeihlichen Veränderung der Gesamtheit führt, habe ich mich dann auch noch über deren immer gleiche Reaktion gewundert. Nämlich, um im Bild zu bleiben: »*Wieso sollen wir denn raus aus dem brennenden Haus? Ist doch schön warm hier!*«

Mal ganz ehrlich: Wie arrogant und von sich selbst eingenommen muss man sein, dass man sich zwar wundert, dass Menschen nicht auf Dinge reagieren, die sie NICHT spüren, man sich aber nicht darüber wundert, wenn man selbst nicht einmal auf die Dinge reagiert, die man sehr wohl spürt und die man zudem auch noch unentwegt propagiert? Im Nachhinein denke ich, dass meine innere Rechtfertigung für das *nicht tun* darin bestand, dass ich offenbar dachte, ich würde etwas tun. Nämlich, die Anderen wissen zu lassen, wie ich gerne hätte, dass sie sind und sich verhalten. Sie haben sich aber nie so verhalten! Und zwar deshalb, du ahnst es wahrscheinlich, weil sie damit beschäftigt waren, darauf zu warten, bis die Anderen so werden und sich genau so verhalten, wie sie es gerne hätten.

Du siehst also: Hätte ich mich selbst stets so achtsam reflektiert, wie ich *das Außen* reflektiert habe, hätte sich mir mein *Ego* nie in den Weg stellen, mir eine Perspektive aufzwingen und so die Sicht auf die *komplexe Gesamtheit* nehmen können. Dann hätte ich mir die richtigen, und zwar die gedeihlichen Fragen gestellt. Und die naheliegendsten Fragen wären vor diesem Hintergrund gewesen:

»Warum nimmt scheinbar niemand wahr, was ich wahrnehme? Und warum scheint niemand das zu spüren, was ich spüre?«

Hätte ich mir nur diese Fragen rechtzeitig gestellt (bzw. stellen können), wäre ich gewachsen, statt zu scheitern. Aber nein! Statt mir die richtigen Fragen zur richtigen Zeit zu stellen, habe ich mich lieber für eine Depression entschieden. Ja, du hast richtig gelesen: entschieden. Nun, um deine Neugier bereits jetzt zumindest etwas zu mildern: Der größte Teil der Depressionen basiert auf einer schädlichen Interpretation unseres Erlebens durch uns selbst! Nur ein kleiner Teil der zunehmenden Zahl von Depressionen wird durch Schäden in unserer Physiologie verursacht und aufrechterhalten. Zumindest in den allermeisten Fällen haben wir also tatsächlich die Wahl!

Bei der Beantwortung dieser naheliegenden Fragen, die ich mir hätte stellen sollen, hat mir dann, völlig unverhofft, ein sehr geschätzter, österreichischer Fachkollege aus dem Bereich der *Psychoneuroimmunologie* geholfen. Er hat mich aufs richtige Pferd gesetzt! Ich war zwar schon auf der richtigen Spur, denn im Wesentlichen lag es, wenig überraschend, an den drei bekannten Faktoren, und zwar Motivation, Maßstab und Standpunkt. Wie du bereits gelernt hast, definieren sie bei allen Menschen das Erleben und Verhalten maßgeblich. Allerdings hatte ich in diesem Zusammenhang eine wesentliche Komponente nicht ausreichend bedacht, nämlich die *individuelle Persönlichkeit*, aber so läuft es eben manchmal in der Wissenschaft.

Vor diesem Hintergrund, und bevor du dir Klarheit hinsichtlich deines *Persönlichkeitstyps* verschaffst, möchte ich dich zunächst um etwas bitten: Versuche, dir zunächst ein Bild von deinen Ressourcen zu machen, von deinen Bedürfnissen, von dem, was du tun kannst, und von dem, was dir zutiefst widerstrebt. Und auch von dem, was dir guttut, und von dem, was dir schadet.

Gönne dir JETZT eine Lesepause …

> *Setz oder leg dich bequem hin und schließe für 10 Minuten deine Augen. Versuche deinen Atem zu fokussieren und lass deinen Geist, mit den Gedanken, die du jetzt hast, einfach machen. Lass all die Gedanken kommen und gehen und halte sie nicht fest. Heiße sie alle herzlich willkommen und verabschiede sie in Dankbarkeit. Bewerte sie nicht, nimm sie – im Vorüberziehen – einfach nur achtsam zur Kenntnis.*

Und bitte bedenke …

> *Wenn du nicht ins Tun kommst, wenn du nicht übst – und auch Denken üben ist Üben –, wirst du auch am Ende dieses Buches nur eines können, nämlich ein Buch lesen. Unsere besten Wünsche begleiten dich, aber dein Glück und dein Leid hängen einzig von deinen Taten ab, und nicht von unseren Wünschen für dich.*

Ich weiß nur zu gut, dass es einen ängstigen kann, in den *Spiegel* zu sehen, und nicht selten erfordert es sogar erheblichen Mut. Um dir die Scheu vor diesem Schritt zu nehmen, könnte es eine gute Idee sein, wenn ich dir einfach die Geschichte meiner eigenen Unzulänglichkeiten und davon erzähle, welche Folgen es haben kann, wenn man sich mit der *Brechstange der Ahnungslosigkeit* den Weg durch sein eigenes Leben bahnt und die *Bedürftigkeit* der eigenen *Persönlichkeit* aufgrund von Unwissenheit ignoriert.

> Begleitend zu diesem Buch biete ich dir eine kostenfreie Videoserie an. Im ersten Video dieser Serie spreche ich über das Erkennen deiner wahren Bedürftigkeit. Du findest die Videoserie unter www.bewater.jetzt

Ich wäre wohl mit einem blauen Auge davongekommen, anstatt halb tot im Rollstuhl zu landen, wenn ich bereits als Kind, oder zumindest als Jugendlicher, gewusst hätte, was *Hochsensitivität* bedeutet. Dann wäre mir klar geworden, wo die Selbstzweifel herkommen, was ich mir maximal abverlangen darf, was ich wahrhaftig brauche und was ich tunlichst vermeiden sollte. So aber habe ich eben kein stabiles Selbstbewusstsein und keinen stabilen Selbstwert entwickelt, und dies mit weitreichenden Folgen. Wenn du gerne mehr über deine eigene Persönlichkeit erfahren möchtest, dann kannst du das ganz einfach mithilfe des 16-Personalities-Tests (zum Test geht es hier → https://www.16personalities.com/de). So kannst du vermeiden, dass auch du dir Dinge zumutest, für die du gar nicht gemacht bist. Zunächst aber möchte ich dir erst einmal beispielhaft erklären, was Hochsensitivität denn eigentlich bedeutet. Anhand des nachfolgenden Beispiels wirst du die Komplexität erkennen und die Bedeutung ermessen können, die der Kenntnis deines Persönlichkeitstyps zukommt!

Du kannst dir die Wahrnehmung eines hochsensitiven Menschen (circa 2 Prozent der Menschen gelten als hochsensitiv) stark vereinfacht in etwa so vorstellen: Ein durchschnittlicher Mensch hat ein angenommenes Wahrnehmungsspektrum, das 180 von 360 Winkelgrad umfasst. Er kann viel von dem wahrnehmen, was vor ihm liegt, und ein Teil von dem, was jeweils links und rechts von ihm liegt. Ein hochsensitiver Mensch dagegen hat ein angenommenes Wahrnehmungsspektrum, das 270 von 360 Winkelgrad umfasst. Er kann damit nicht nur ALLES wahrnehmen, was vor ihm liegt, er kann zudem auch ALLES wahrnehmen, was jeweils links und rechts von ihm liegt. Und, darüber hinaus, auch noch SEHR VIEL von dem, was hinter ihm liegt. Also viel von etwas, von dem der durchschnittliche Mensch noch nicht einmal den Hauch einer Ahnung hat. Schon allein hieraus ergeben sich viele Schwierigkeiten. Allerdings sind diese Schwierigkeiten nichts im Vergleich zu denen, die sich aus der Tatsache ergeben, dass ein hochsensitiver Mensch wahrnehmen MUSS, und zwar ALLES! Er verfügt nicht über die Diskriminationsfähigkeit eines durchschnittlichen Menschen, die zwischen *wichtiger Wahrnehmung* und *unwichtiger Wahrnehmung* unterscheidet. In der Wahrnehmung eines hochsensitiven Menschen ist alles Wahrgenommene gleichermaßen wichtig. Dies führt unter anderem häufig dazu, dass der *Arbeitsspeicher* eines hochsensitiven Menschen leicht und chronisch überlastet werden kann. Was zunächst nur zu einer stetigen, wiederkehrenden, und später dann zu einer dauerhaften und massiven mentalen Erschöpfung führt, wird oftmals durch die Brechstange der Ahnungslosigkeit zu einer komplexen Stresserkrankung gemacht. Und dann hört der Spaß auf, wie ich selbst erfahren durfte!

Es ist aber keinesfalls so, dass Hochsensitivität nur hinderlich wäre. Ganz im Gegenteil! Das extrem feine Gespür für Menschen und Situationen, das so überfordernd wirken kann, befähigt eben auch zu unglaublichen Dingen. Wer ein so feines Gespür für Menschen und Situationen hat, kann erstaunliche Qualitäten als Heiler, Vermittler, Schlichter, Lehrer, Freund oder als Partner entwickeln, wenn er gut auf sich achtgibt und immer wieder übt! Und genau das ist das Problem. Tut er das nämlich nicht, weil er seine Hochsensitivität – gespiegelt vom *Außen* – als scheinbare Schwäche erlebt, die er zu kompensieren versucht, wird er immer mehr und mehr leisten, nur um das Gefühl zu haben, zu genügen, und um zu gefallen! Er wird dies so lange tun, bis er erkennt, dass es nie genug sein wird. Es ist diese Erkenntnis, die dann zum Zusammenbruch führt. Denn eine Sehnsucht oder eine Bedürftigkeit sind nur so lange mächtige Motivatoren, bis die unwiderlegbare Erkenntnis ins Bewusstsein tritt, dass man aus eigener Kraft weder die Sehnsucht stillen noch die Bedürftigkeit befriedigen kann. Im Moment dieser Erkenntnis wird aus unerschütterlicher Motivation eine in jeder Hinsicht toxische Resignation, die unweigerlich in die Depression führt. Und genau das ist mir passiert.

Frage: Was passiert wohl mit einem hochsensitiven Jungen, der nicht weiß, dass er hochsensitiv ist, wenn ihm alle ständig spiegeln, er sei nicht ganz dicht, nur weil er imstande ist, Dinge wahrzunehmen und darauf zu reagieren, von denen die Anderen (noch) gar keine Ahnung haben? Richtig, dieser Junge wird, statt eines gedeihlichen Selbstbewusstseins, hinderliche Selbstzweifel entwickeln. Und statt eines stabilen Selbstwertes wird er einen fragilen Fremdwert entwickeln, der stets auf das Wohlwollen *der Anderen* angewiesen und davon abhängig ist. Und all das für ein trügerisches Gefühl von Sicherheit. Auf einen hochsensitiven Menschen trifft, in extremer Form, ein Satz zu, den mir der Freund meines Doktorvaters, der wunderbare Paul Watzlawick, einmal gesagt hat:

»Man kann ebenso wenig nicht ›nicht wahrnehmen‹, wie man nicht ›nicht kommunizieren‹ kann!«

Wozu dies führen kann, habe ich selbst erfahren. Ich habe versucht, es allen recht zu machen, solange ich denken kann. Allen, nur mir nicht! Meine chronische Autoimmunerkrankung war nur das Fundament, auf dem ich selbst die Apokalypse (Achtung! Apokalypse bedeutet im ursprünglichen Wortsinn *Enthüllung* beziehungsweise *Offenbarung*, und eben nicht *Katastrophe*!) errichtet habe, eben weil mich meine eigene Psyche gezwungen hat, mich am Außen zu orientieren. Ich musste es allen recht machen. Ich musste funktionieren und ich musste genügen, um die Angst – mehr schlecht als recht – beherrschen zu können. Allerdings – und das ist das eigentliche Drama – habe ich nur in meinen eigenen Augen nie genügt. Das passiert einem, wenn man ständig bedenkt, was *die Anderen* mit vermeintlicher Sicherheit denken, und diesen Mist, den man da denkt, sich dann selbst auch noch glaubt. Eine weitere wichtige Erkenntnis, die ich dem wunderbaren Paul Watzlawick verdanke.

Was ich nie verstanden habe: Ich war dem Außen und *den Anderen* stets egal! Nicht etwa in einem böswilligen Sinne, sondern eher im Sinne einer oberflächlichen, aus stetiger Überforderung resultierenden resignativen Gleichgültigkeit. Ohne Selbstbewusstsein und ohne Selbstwert war ich aber auf einen Menschen angewiesen, der mir mein *Selbst bewusst* machen und mir die *Zweifel* an meinem

Selbst nehmen konnte. Ein Mensch, für den mein *Selbst* einen *Wert* hatte. Einen solchen Menschen hatte ich durch einen grotesken Vorfall tatsächlich gefunden, und nur dieser eine Mensch war der Grund, dass ich jeden Tag aufgestanden bin und sogar angefangen habe, das Leben lieb zu haben, trotz all der Schmerzen. An dem Tag vor nunmehr fast 40 Jahren, an dem dieser eine Mensch, MEIN Mensch (und ja, ich weiß sehr wohl, dass das Anhaftung bedeutet …), bei einem tragischen Unfall ums Leben kam, hat der Weg begonnen, der zu diesem Buch und den Zeilen geführt hat, die du gerade liest. Und wenn es dich interessiert, kannst du die ganze Geschichte auf https://www.kelisi.online/lebensweg nachlesen.

Ohne ihn war alles schlimmer als jemals zuvor. Ich war für drei Jahre in einem erbärmlichen Zustand und habe jede Menge Substanzen konsumiert, für die man Ärger mit der Polizei bekommt. Nun habe ich nicht nur in meinen Augen nicht mehr genügt und funktioniert, jetzt war es – ohne jeden Zweifel – tatsächlich so. Und obwohl ich in dieser Zeit zu einem perfekten Schauspieler mutiert bin, bekam ich, mehr vom Innen als vom Außen, sehr deutlich gespiegelt, dass ich verloren hatte. Nun bekam ich für all meine so wunderbar falschen Glaubenssätze die ultimative Bestätigung, ohne dass da noch ein Mensch gewesen wäre, der mein *Denken* und *Fühlen* hätte relativieren können. Also kam, was kommen musste.

Unglaublicher Erfolg durch extremen Raubbau an Körper, Geist und Seele, und gleichzeitig unglaubliches Leid durch emotionale Isolation, durch eine sich durch jedes Gefäß ätzende, zersetzende Einsamkeit und durch eine sich davon nährende, absolute Sinnleere. Und um wenigstens noch irgendetwas zu spüren, habe ich, sowohl sportlich als auch beruflich, ein Leben der Extreme gelebt, anstatt den gedeihlichen *mittleren Weg* zu beschreiten. Jetzt, da du all das über mich weißt, wirst du dich kaum noch wundern, wenn ich heute sage, dass all das, was das Außen als Karriere und Erfolg gesehen und gewertet hat, lediglich das peinliche Ergebnis meines zweifelhaft motivierten Versuchs war, doch irgendwie am Leben zu bleiben – trotz allem. Dabei hätte ich mir doch nur, so wie ich es oben selbst gesagt habe, die richtigen Fragen stellen müssen, oder?

Nun, so einfach ist es eben leider nicht. Das Leben ist nun einmal ein Weg, den es zu gehen, und kein Ziel, das es zu erreichen gilt. Im Grunde geht es um zwei – ebenso wichtige wie einfache – Fragen, die wir später noch vertiefen werden. Diese Fragen lauten:

> *Denkst du, dass der Verlauf deines Lebens ausschließlich deiner Gestaltungsmacht unterliegt und du bekommst, was dir zusteht?*

ODER

> *Denkst du, dass dich diese Existenz vor Aufgaben stellt, deren Bewältigung es dir ermöglicht, als Mensch zu wachsen und gedeihlich zu wirken?*

Tu dir bitte selbst den Gefallen und denke über diese beiden Fragen nach und bedenke dabei alles, was du bisher gelesen hast, bevor du dir selbst eine Antwort gibst.

Gönne dir JETZT eine Lesepause …

> *Setz oder leg dich bequem hin und schließe für 10 Minuten deine Augen. Versuche deinen Atem zu fokussieren und lasse deinen Geist, mit den Gedanken, die du jetzt hast, einfach machen. Lass all die Gedanken kommen und gehen und halte sie nicht fest. Heiße sie alle herzlich willkommen und verabschiede sie in Dankbarkeit. Bewerte sie nicht, nimm sie – im Vorüberziehen – einfach nur achtsam zur Kenntnis.*

Und bitte bedenke …

> *Wenn du nicht ins Tun kommst, wenn du nicht übst – und auch Denken üben ist Üben –, wirst du auch am Ende dieses Buches nur eines können, nämlich ein Buch lesen. Unsere besten Wünsche*

> *begleiten dich, aber dein Glück und dein Leid hängen einzig von deinen Taten ab, und nicht von unseren Wünschen für dich.*

Gesellschaftlich sind wir nun an einem Punkt angelangt, wo auch die durchschnittlich wahrnehmenden Menschen zunehmend drängender zu spüren beginnen, was die Hochsensitiven schon ewig umtreibt und deshalb eben oft auch aufreibt! Und viel zu oft ist das Einzige, was dem Hochsensitiven am Ende bleibt, nachdem das für ihn so Offensichtliche unvermeidlich eingetreten ist, der resignierte Satz:

»Ich habe es euch doch gesagt!«

Was die Sache so komplex macht, ist Folgendes: Nur weil man spürt, dass etwas nicht mehr stimmt, weiß man noch lange nicht, was denn nicht mehr stimmt, und vor allem, warum? Geschweige denn, was davon welche Reibungsverluste verursacht – oder gar, wie man diese kompensieren kann. Es ist diese Unsicherheit, die dazu führt, dass immer mehr Menschen diffuse Symptome entwickeln. Neben der erheblichen mentalen und körperlichen Erschöpfung wird uns auch immer häufiger von einem scheinbar unerklärlichen und bisher so nicht gekannten Antriebsverlust sowie von Problemen hinsichtlich der drei wesentlichen Dimensionen der Psychologie, also der *Beziehungsgestaltung*, der *Emotionsregulation* und der *Konfliktbewältigung* berichtet.

Wenn auch du also immer öfter an den Punkt kommst, an dem in dir Zweifel aufkeimen, ob du zukünftig noch all das schaffen und handhaben kannst, was dir abverlangt wird, ob all das, was dir abverlangt wird, überhaupt noch einen Sinn ergibt, weil du kaum noch verstehen kannst, warum die Dinge so passieren, wie sie passieren, oder warum sich Menschen so verhalten, wie sie sich verhalten, dann beginnt sich auch dein Vertrauen ins Leben allmählich aufzulösen. Dein *Kohärenzsinn* erodiert immer schneller, mit dramatischen Folgen, sowohl für deine körperliche als auch deine geistige Gesundheit, für dein Wohlbefinden, dein Glück – und damit auch für das Glück all der fühlenden Wesen, die dich umgeben.

Sobald aber dein Vertrauen ins Leben zu schwinden beginnt, gewinnt das Misstrauen die Oberhand über dein *Denken* und *Fühlen*, über dein *Erleben* und *Verhalten*. Deine Lebenswelt erscheint dir immer weniger kontrollierbar und immer weniger beherrschbar, was dazu führt, dass sich in dir eine zunehmende Unsicherheit breit macht. Diese Unsicherheit macht dir – und sei es nur unbewusst – Angst, was in der Folge deine *habituelle*, also die dir eigene *Aktivierung* immer weiter ansteigen lässt. Dein kreatives Denken und Handeln werden zunehmend reaktiver, was schlussendlich dazu führt, dass deine biopsychosoziale Selbstregulation völlig versagt. Am Ende funktionierst und genügst du immer WENIGER, je MEHR du dich anstrengst.

Dieses Versagen, für das es subjektiv keine Erklärung zu geben scheint, führt dann in vielen Fällen zu einer Depression. Der damit einhergehende Antriebsverlust wiederum vernichtet dann den letzten Rest deiner Selbstwirksamkeit, was zu noch mehr Angst führt, weil du nun gar nicht mehr genügst, eben weil du gar nicht mehr funktionierst. Die durch den ansteigenden Stresslevel zwingendermaßen nun immer weiter zunehmende *Überaktivierung* schließt dann den sich selbsterhaltenden, negativen, rückbezüglichen Regelkreis aus Überaktivierung, Stress, Angst und Depression. Nun bist du vom Piloten deines Lebens zum Passagier geworden. Von welcher Bedeutung dieser Prozess ist, wird noch klarer, wenn du dir vor Augen führst, was dies konkret bedeutet. Es bedeutet, dass man dich vom *Subjekt* zum *Objekt* gemacht hat, von einem *handelnden* Menschen zu einem Menschen, der *behandelt* wird.

Fahrt aufgenommen hat diese Entwicklung zu der Zeit, als der Mensch dem Irrglauben von der *Krone der Schöpfung* verfallen ist. Der Mensch hat zuerst die Natur vom Subjekt zum Objekt gemacht (Industrialisierung), dann die Tiere (Massentierhaltung), und in jüngerer Zeit sich selbst, und zwar durch Medialisierung und Digitalisierung. *Der mediale Mensch* (Dorn, 2003) hat sich willig von gewissenlosen Artgenossen auf die scheinbar immergrünen Weiden der *digitalen Plattform-Ökonomie* und des *Parteienstaates* stellen lassen. Dort darf er grasen (beruhigt durch eigentlich selbstverständliche Wohltaten wie die ohnehin überfällige Cannabislegalisierung), solange man ihm einen ökonomischen Wert beimisst, er also genug Milch gibt. Kann oder will er das nicht mehr, darf er – *objektifiziert* – zwar weiter existieren, ein gedeihliches Leben ist, mit den dann noch verbleibenden Mitteln, allerdings kaum noch möglich.

Wenn du jetzt am liebsten aufhören würdest zu lesen, weil du denkst, es wäre zu komplex oder gar zu deprimierend für dich, machst du möglicherweise – leider oder zum Glück – den gleichen Fehler wie ein Professor, den ich einmal kannte und der heute Shaolin-Mönch ist. Ich habe nämlich fast 20 Jahre gebraucht und einen sehr hohen Preis bezahlt, um all die komplexen Zusammenhänge nicht nur zu erkennen, sondern vor allem die Konsequenzen aus dieser Erkenntnis auch annehmen und akzeptieren zu können. Ich wollte Shaolin-Kultur, Wissenschaft und Spiritualität, ganz im Sinne von Bruce Lee's *Jeet Kune Do* (bedeutet: *Der Weg der abgefangenen Faust*), so verschmelzen, dass dabei eine Legierung (Methode) entsteht, die noch leistungsfähiger ist als die Einzelelemente, die in ihr enthalten sind und die sie überhaupt erst möglich gemacht haben. Ich wollte eine Methode entwickeln, mit deren Hilfe man all das nicht Gedeihliche, dem wir ständig ausgesetzt sind und das wir selten kontrollieren oder beherrschen können, nicht nur irgendwie durchstehen kann. Ich wollte eine Methode entwickeln, die resilient (unverwundbar, unbesiegbar) macht und darüber hinaus persönliches (spirituelles) Wachstum ermöglicht.

Und denke jetzt bitte nicht falsch von mir, das war zunächst ganz sicher KEIN Altruismus, denn so gut war ich noch lange nicht. Ich wollte nur endlich MEIN Leid beenden und es schaffen, auch ohne meinen Freund wieder leben zu wollen. Ich wollte es MIR ermöglichen, endlich so zu werden, wie MICH das Universum einmal gedacht hatte, bevor das Leben dazwischengekommen ist. Schlicht und einfach, weil ich mein Leben nicht mehr ertragen habe, weil ich dachte, dass ich es nicht mehr länger aushalten kann. Aber womöglich sind es ja genau diese Grenzerfahrungen, die *das Leben* ausmachen und die ihm einen Sinn verleihen. Es ist alles völlig ungewiss, nicht wahr?

Wir streben Jahrzehnte danach, etwas zu erreichen oder jemand zu werden, nur um dann, oft leider gar nicht oder aber zu spät, zu erkennen, dass wir schon immer alles Nötige hatten und schon von jeher so waren, wie wir sein sollten. Die nachfolgenden drei Unterkapitel – *Kohärenzverlust, Überaktivierung* und *Objektifizierung* – nehmen dich nun mit auf diesen zwanzigjährigen Erkenntnisweg – sowohl des Wissenschaftlers, des Patienten als auch des Shaolin – und machen ihn so für dich hoffentlich leichter nachvollziehbar. Denk dabei einfach an das obige Shaolin-Prinzip:

»Tue etwas mit ganzem Herzen – oder tue es nicht!«

So wird es dir sicher gelingen, meinen Erkenntnisweg nachzuvollziehen! Halte dir dabei immer vor Augen: Du bist viel besser, als du denkst! Wenn du das Wesen *meines Weges* erfasst hast, kannst und musst du ihm DEINE Form geben. So wirst du jede Menge *Reibungsverluste* in deinem Leben erkennen und verhindern können, dass daraus *Blockaden* werden. Und wenn du schon jetzt erkannt hast, wie deine Blockaden beschaffen sind und woraus sie bestehen, dann kannst du schon jetzt, genau an diesem Punkt, damit anfangen, sie abzutragen.

Setz oder leg dich dazu einfach dreimal pro Tag für zehn Minuten hin, schließe die Augen und versuche, den Fokus auf deinem Atem zu halten, mehr ist es zunächst einmal nicht. Warum also fängst du nicht sofort damit an? Es kostet nichts, es ist nicht anstrengend, es tut nicht weh, du baust Spannung ab, reduzierst deine Aktivierung und du wirst dich nach jedem Mal ein bisschen länger besser fühlen.

Mein Ego hat mich, spätestens seit meinem Doktoratsstudium, glauben lassen, ich wüsste, wie unterschiedlich wir alle die Welt wahrnehmen. Schließlich war ich drauf und dran, meinen Doktor in Neuropsychologie mit Auszeichnung abzuschließen. Wie groß diese Unterschiede aber tatsächlich sind oder wodurch diese Unterschiede in der Wahrnehmung konkret hervorgerufen und beeinflusst werden, dass wusste ich offenbar ganz und gar nicht, wie ich schmerzhaft feststellen durfte. Ich habe lediglich geglaubt, ist wüsste es. Du solltest schlauer sein als ich und dir frühzeitig Klarheit verschaffen!

Deshalb hier noch einmal der Link zum *16 Personalities-Test* → https://www.16personalities.com/de für den Fall, dass du ihn noch nicht gemacht hast. Dieser kurzweilige und im besten Sinne richtungsweisende Persönlichkeitstest ersetzt zwar keinen klinischen Test, hat aber schon oft zu heilsamen Erkenntnissen geführt, die den Leidensdruck erheblich reduzieren können!

Gönne dir JETZT eine Lesepause …

> *Setz oder leg dich bequem hin und schließe für 10 Minuten deine Augen. Versuche deinen Atem zu fokussieren und lass deinen Geist, mit den Gedanken, die du jetzt hast, einfach machen. Lass all die Gedanken kommen und gehen und halte sie nicht fest. Heiße sie alle herzlich willkommen und verabschiede sie in Dankbarkeit. Bewerte sie nicht, nimm sie – im Vorüberziehen – einfach nur achtsam zur Kenntnis.*

Und bitte bedenke …

> *Wenn du nicht ins Tun kommst, wenn du nicht übst – und auch Denken üben ist Üben –, wirst du auch am Ende dieses Buches nur eines können, nämlich ein Buch lesen. Unsere besten Wünsche begleiten dich, aber dein Glück und dein Leid hängen einzig von deinen Taten ab, und nicht von unseren Wünschen für dich.*

Kohärenzverlust: Wenn das Vertrauen ins Leben schwindet! *(Salutogenese nach A. Antonovsky)*

Christopher, der Sohn von J. R. R. Tolkien, hat diesen Prozess und das sich daraus ableitende Gefühl sehr treffend beschrieben. Als man ihn gefragt hat, warum er denkt, dass die Menschen den *Herr der Ringe* so sehr lieben, und warum diese Liebe von Generation zu Generation weitergegeben wird, hat er Folgendes gesagt und damit eigentlich, und wahrscheinlich ohne es zu wissen, den Verlust des Kohärenzgefühls beschrieben:

»Es steckt nichts Mysteriöses dahinter, warum das Werk meines Vaters eine so starke und weite Anziehungskraft ausübt. Sein Genie hat schlichtweg dem Ruf der Menschen aller Altersklassen und jeden Temperaments geantwortet, die so angeödet sind von der Hässlichkeit, der Schnelllebigkeit, den falschen Werten, den aalglatten Philosophien, die man ihnen als trostlosen Ersatz gegeben hat für die Schönheit, das Gefühl für Geheimnis, Erregung, Abenteuer, Heldenmut und Freude, ohne die die Seele des Menschen allmählich verkümmern muss und schließlich stirbt.«
(Christopher Tolkien in M. Nagula, Tolkiens Welt, S. 53–54.)

Schaut man sich die aktuellen Statistiken an, sind psychosomatische, stressbedingte Erkrankungen, Angst und Depression auf einem historischen Höchststand. Unsere Seelen sind vielleicht noch nicht tot, liegen aber, so scheint es zumindest, zusehends im Sterben. Wir leben zunehmend in einer Welt, die unsere Seelen allmählich tötet, indem sie unser Vertrauen ins Leben missbraucht. Das ist eine furchtbare Katastrophe, die aber nur dann vonstattengehen kann, wenn wir es zulassen!

Mach dir bitte stets bewusst …

> *»Nur DU entscheidest, wie sich DEIN Leben anfühlt …«*

Im Gegensatz zum pathogenetischen Modell der Biomedizin, das die Frage stellt, *was den Menschen krank macht,* stellt das salutogenetische Modell die Frage, *was den Menschen gesund erhält.* Der zentrale Faktor der Salutogenese, also der Faktor, der nach diesem Modell hauptsächlich bestimmt, was einen Menschen gesund erhält, wird *Kohärenzgefühl* (Sense of Coherence) genannt. Damit ist, etwas vereinfacht ausgedrückt, gemeint, dass man erwarten können muss, dass, wenn man sich gedeihlich bemüht und das Nötige tut, sich die Dinge auch entsprechend gedeihlich entwickeln, eben so, wie man es anstrebt und erwarten darf.

Das Kohärenzgefühl, so wie es die westliche Psychologie beschreibt, also das *Vertrauen ins Leben,* hängt dabei maßgeblich von den folgenden drei Faktoren ab:

- Handhabbarkeit
- Sinnhaftigkeit
- Verstehbarkeit

In der buddhistischen Psychologie hingegen ist die *Dankbarkeit* der entscheidende Faktor für das Vertrauen ins Leben. Dankbarkeit bedeutet, Vertrauen ins Leben zu haben. Einer meiner wunderbaren Meditationslehrer, der buddhistische Mönch und klinische Psychologe Jack Kornfield, beschreibt es in seiner geführten Meditation *Das Glück eines entspannten Geistes* so:

> *»Wenn wir Dankbarkeit erleben, spüren wir, wie die Kraft, die das Gras durch die Ritzen der Gehwege nach oben treibt, in unser eigenes Herz gelangt.«*

Unser Problem besteht nun darin, dass man uns gleich alle vier Faktoren genommen hat. Sowohl die drei der westlichen als auch den der buddhistischen Psychologie. Oder besser gesagt: Wir haben sie uns – gleichgültig oder lustvoll – nehmen lassen! Es gelingt uns eben immer weniger, für unser aktuelles Leben, das zwar alles im Überfluss zu bieten scheint, dabei aber gleichzeitig alles andere als handhabbar, sinnhaft oder verstehbar ist, dankbar zu sein, ganz im Gegenteil!

Viele Menschen haben eben kein *Kohärenzgefühl* mehr, und anstatt Vertrauen ins Leben erfahren sie eine zunehmende Verunsicherung, die sie zunächst nur stresst, ihnen dann aber zunehmend Angst macht. In einer solchen Situation kommt es ganz entscheidend darauf an, das Kohärenzgefühl zu stärken und Dankbarkeit zu entwickeln. Das hilft einem, seine habituelle Aktivierung zu reduzieren, somit Stress zu vermeiden, Energie zu sparen und biopsychosozial gesund zu bleiben (vgl. Grafik © LuS, weiter unten). Gelingt das nicht oder nur unzureichend, kann das wahre Verheerungen nach sich ziehen, die ich dir nachfolgend einmal aufgelistet habe (beispielhafte, nicht vollständige Aufzählung aus meiner 25-jährigen Berufspraxis):

Die häufigsten körperlichen Symptome

- *Herzklopfen und erhöhter Puls*
- *Verstärktes Schwitzen, feuchte Hände*
- *Erröten*
- *Kurzatmigkeit oder schnellere Atmung bis zur Hyperventilation*
- *Brüchige Stimme, häufiges Räuspern*
- *Schnelles, undeutliches Sprechen oder Nuscheln*
- *Zittern*
- *Magen-Darm-Probleme, wie Magenschmerzen, Übelkeit, Durchfall, Sodbrennen*
- *Verstärkter Harndrang*
- *Bewegungsdrang (z. B. häufiges Aufstehen, Umherlaufen, Fuß wippen, nervöses Zucken des Augenlids)*
- *Kopfschmerzen*
- *Verspannte Muskulatur (Nacken- oder Rückenschmerzen, Zähneknirschen)*
- *Schlaflosigkeit, Albträume*

Die häufigsten psychischen Symptome

- *Schlechte Konzentrationsfähigkeit*
- *Vermindertes Selbstwertempfinden*
- *Schnelles Einnehmen einer Abwehrhaltung*
- *Überreaktion auf kleine Ärgernisse*
- *Kreisende Gedanken (Grübeln)*
- *Bedürfnis zu weinen*
- *Gefühl des Ausgeliefertseins/Depression*
- *Verstärkter Pessimismus/negative Gedanken/(soziale) Angst*
- *Nervosität/Reizbarkeit/Spannungsgefühle*
- *Konzentrationsschwäche/Vergesslichkeit*

Die häufigsten sozialen Symptome

- *(Cyber-)Mobbing*
- *Sozialer Rückzug/Selbstisolation*
- *Negative, soziale Anpassung (widerwillig scheinbare Erwartungen erfüllen)*
- *Zunehmend mediale Beziehungen und Interaktionen*
- *Negative Individualisierung*
- *Konflikte am Arbeitsplatz, in der Partnerschaft oder der Familie*
- *Versagen in Prüfungssituationen*

Wie wir alle, bist auch du ein Suchender in diesem Leben. Auf dieser Suche wird dir viel angeboten, von dem man möchte, dass du es auswählst und damit einen bestimmten Weg in eine bestimmte Richtung einschlägst. In der Regel haben dabei weder dieser Weg noch diese Richtung etwas mit dem zu tun, was du tatsächlich brauchen würdest, oder mit dem, was für dich und *die Anderen* gedeihlich wäre. Im Gegenteil: Es werden Wünsche (zum Beispiel das Smartphone) geweckt und Süchte provoziert (zum Beispiel Online-, Sex- und Mediensucht), die dem, was du eigentlich dringend brauchen würdest (Reduktion von Überaktivierung, Gelassenheit, Achtsamkeit, Mitgefühl und vor allem wahrhaftige Liebe), oftmals sogar fundamental entgegenlaufen.

Das hat zur Folge, dass du, selbst für den Fall, dass du es schaffen solltest, dir diese eingepflanzten Wünsche zu erfüllen und all die provozierten Süchte zu beherrschen, ohne dabei Schaden zu nehmen, bedürftig zurückbleibst. Solltest du nun versuchen, diese – oftmals nicht bewusste, dennoch aber hochwirksame – Bedürftigkeit zu stillen, indem du immer mehr von allem in dich hineinstopfst, in der verzweifelten Hoffnung, dass das Richtige schon dabei sein möge, wird sich deine Bedürftigkeit gegen dich richten.

Und Bedürftigkeit ist eine überaus mächtige Kraft, deren Wirkung du keinesfalls unterschätzen solltest. Eine ungestillte Bedürftigkeit lässt in dir nämlich Sehnsucht entstehen, eine mächtige, eigentlich motivierende Kraft, die aber auch ins Gegenteil umschlagen und sich gegen dich richten kann. Solange du deine tatsächliche Bedürftigkeit erkennst, sie annimmst und akzeptierst, wirst du entsprechend deiner Persönlichkeit alles versuchen, um diese Bedürftigkeit gedeihlich zu befriedigen, und alles ist gut. Solltest du allerdings zu dem Schluss kommen, dass du mit deinen eigenen Mitteln die aus dieser Bedürftigkeit resultierende Sehnsucht niemals stillen kannst, wird sich, wie bereits erwähnt, die Resignation deines Selbst bemächtigen – und du bist RAUS!

Damit genau das nicht passiert, solltest du aufhören, das ohnehin schon bis zum Rand gefüllte Gefäß, das du bist, weiter füllen zu wollen. Ich versichere dir, wenn es dir nicht gelingt, zunächst das Gefäß zu leeren, wird es einfach überlaufen. Leer bekommst du das Gefäß, wenn du konsequent Achtsamkeit und Sensitivität für das entwickelst, was bereits in dir ist. Wenn dir das gelingt, kannst du nicht nur erkennen, welche der *geweckten Wünsche* dich dabei unterstützen, deine Bedürftigkeit zu lindern und deine Sehnsucht zu stillen, du hast dann auch die Kraft, den Wünschen zu widerstehen, die nicht gedeihlich für dich sind.

Gelingt dir das nicht, wirst du dich immer wieder an nicht gedeihliche Rahmenbedingungen anpassen (müssen), wenn du dir diese geweckten Wünsche, die selten deine sind, zu erfüllen versuchst. Grundsätzlich könntest du das eine Weile durchhalten, wenn du über einen starken Geist verfügst. Verfügst du allerdings nicht über einen solchen Geist, wird dich der stetige Zwang zur Anpassung mit der Zeit völlig deformieren, und zwar an Körper, Geist und Seele. Erinnerst du dich noch an den Song *Eye of the Tiger*, den ich ganz zu Beginn zitiert habe?

> *»So many times, it happens too fast – You trade your passion for glory – Don't lose your grip on the dreams of the past – You must fight just to keep them alive.«*

Wenn du nämlich nicht gut genug kämpfen kannst, also nicht über einen sehr starken Geist verfügst, wirst du diesen Kampf verlieren. Und dann wird auch dein zentrales Problem darin bestehen, dass du, ebenso wie es mir passiert ist, nur noch versuchen wirst, dem Podest gerecht zu werden, auf das dich dein eigenes Ego gestellt hat. Diese Entwicklung deines Lebens wird über kurz oder lang erheblichen Stress verursachen, der dein Aktivierungsniveau kontinuierlich immer weiter ansteigen lässt. Dies wiederum hat fatale Konsequenzen, wie dir im nächsten Unterkapitel aufgezeigt wird.

Vorher ist allerdings noch etwas intensiveres Nachdenken angesagt. Ging es eben noch *nur* um die grundsätzliche Richtung deines Denkens, so geht es nun darum, dir wirklich darüber klar zu werden, woran du glaubst. Und vor allem, warum du glaubst, woran du glaubst.

- *Glaubst du, dass du die Dinge in der Hand hast, dass du sie kontrollieren und die Beschaffenheit deines Weges selbst wählen kannst? Glaubst du, dass du Glück hast, wenn du gewinnst, und Pech, wenn du verlierst? Glaubst du, dass dir bestimmte Dinge zustehen würden und dass das Leben selbstverständlich gut sein müsste?*

- *Oder glaubst du, dass du zwar einen Weg wählen kannst, dass du aber lernen musst, mit seiner Beschaffenheit zu leben, und dass die Hürden auf diesem Weg immer genau den Schwierigkeitsgrad aufweisen, dem du – manchmal vielleicht nur noch gerade so – gewachsen bist, und dessen Bewältigung dir deinen nächsten Entwicklungsschritt ermöglicht?*

Gönne dir JETZT eine Lesepause …

> *Setz oder leg dich bequem hin und schließe für 10 Minuten deine Augen. Versuche deinen Atem zu fokussieren und lass deinen Geist, mit den Gedanken, die du jetzt hast, einfach machen. Lass all die Gedanken kommen und gehen und halte sie nicht fest. Heiße sie alle herzlich willkommen und verabschiede sie in Dankbarkeit. Bewerte sie nicht, nimm sie – im Vorüberziehen – einfach nur achtsam zur Kenntnis.*

Und bitte bedenke …

> *Wenn du nicht ins Tun kommst, wenn du nicht übst – und auch Denken üben ist Üben –, wirst du auch am Ende dieses Buches nur eines können, nämlich ein Buch lesen. Unsere besten Wünsche begleiten dich, aber dein Glück und dein Leid hängen einzig von deinen Taten ab, und nicht von unseren Wünschen für dich.*

Überaktivierung: Wie du vom Piloten zum Passagier wirst (*LuS* © nach G. Guttmann; Leben, Lernen, Leistung unter Selbstkontrolle)

Unsere digitale, mediendominierte Lebenswelt erodiert die *Handhabbarkeit*, die *Verstehbarkeit* und die *Sinnhaftigkeit* (Kohärenz) unserer Existenz kontinuierlich – und mit steigender Intensität. Dieser Prozess forciert eine verängstigende Unsicherheit, die deine nun schon erhebliche Überaktivierung zunehmend verstetigt. Diese komplexen Wirkzusammenhänge schaden dir sowohl körperlich als auch mental immens, was wirklich schon schlimm genug ist. Aber darüber hinaus zersetzen sie deine Selbstwirksamkeit, und wenn das passiert, dann hast du verloren! Wieso? Nun, ganz einfach! Was wird wohl passieren, wenn du keine Selbstwirksamkeitserwartung mehr hast? Oder schlimmer noch, wenn du deine Selbstwirksamkeit an sich bereits eingebüßt hast, und erste Rückmeldungen, deiner Interpretation entsprechend, zu bestätigen scheinen, dass du nicht mehr leisten kannst, was von dir – primär deinem Denken nach – gefordert wird? Du bekommst Angst!

Obwohl du alles versuchst, funktioniert es einfach nicht mehr. Nun fängst du an zu resignieren, eine Depression entwickelt sich und dein verbleibender Antrieb löst sich in Nichts auf. Jetzt funktioniert erst recht nichts mehr, du empfindest dich als *Versager* und bekommst noch mehr Angst. So wird aus einem Reibungsverlust eine Blockade. Nichts geht mehr! Um dir diesen komplexen Prozess zu illustrieren und dir zu zeigen, dass es sowohl einen Weg als auch eine Lösung gibt, würde ich dir an dieser Stelle gerne wieder etwas von mir erzählen, um dir die Angst zu nehmen. Ich möchte, dass du verstehst, dass es dir nicht peinlich sein muss, wenn dir das Beschriebene passiert oder bereits passiert ist. Ich möchte dir zeigen, dass es jedem passieren kann, auch einem Professor, von dem alle und vor allem er selbst gedacht haben, dass er ein *Experte* für diese Art von Problemen sei.

Deshalb möchte ich dir gerne die Geschichte meiner Angst erzählen. Was Angst eigentlich ist, wie sie entstanden ist und wie ich sie überwunden habe. Ich möchte dich aber bitten, dir vorher noch einmal kurz das Kapitel *VERSTEHEN* ins Gedächtnis zu rufen. Weißt du noch, wie komplex der Prozess der *Sozialisation*, also der *Persönlichkeitsentwicklung* ist, und wie komplex dein Prozess war und noch immer ist?

Nun, das Wichtigste zuerst: Angst muss dir nicht peinlich sein! Schenke den Menschen, die dir dies einreden wollen, keinerlei Beachtung! Ich war ein über 130 Kilo schwerer Bodybuilder, Polizist und Personenschützer – und dennoch wäre ich beinahe gestorben vor Angst. Nicht nur sprichwörtlich, sondern tatsächlich! Aber erst einmal der Reihe nach.

Ich wurde als schwuler Junge 1968 geboren und in den 1980er-Jahren sozialisiert. Wenn man in dieser Zeit als schwul definiert wurde, völlig egal, ob man es tatsächlich war oder nicht, konnten einem wirklich sehr üble und sehr schmerzhafte Dinge zustoßen. Schulausschluss, Verlust der Lehrstelle, soziale Ächtung bis hin zu schwerster körperlicher Gewalt. Ich habe zahlreiche Narben, die das belegen; die längste verläuft quer über den Bauch, von einer Seite des Beckens zur anderen. Und wenn man die Polizei gerufen und um einen Krankenwagen gebeten hatte, konnte es schon mal sein, dass man von den *Schutzmännern* noch einmal eine Abreibung bekommen hat. Wer in einem solchen Umfeld keine Probleme mit seinem Selbstwert bekommt, ist wahrlich mit Glück gesegnet. Ich war es jedoch nicht! Und bis ich das körperliche Format und die Fähigkeiten in den Kampfkünsten erlangt hatte, um in Sicherheit zu sein, hatte ich schon viel zu lange zu viel Angst.

Angst war das dominierende Gefühl meiner Jugend, gepaart mit dem Gefühl, nie genügen zu können und nicht normal – und deshalb wertlos – zu sein. Es war völlig egal, wie gut ich war und wie viel ich geleistet habe. Dass ich in IHREN Augen nicht normal war, hat mich die Welt spüren lassen (Hochsensitivität) – und ich habe ihr geglaubt. So hat es begonnen. Ab diesem Zeitpunkt habe ich angefangen, Angst mit Stress zu bekämpfen. Ich habe alles getan, was nötig war, um auf jedem Feld, auf dem ich mich dem Wettbewerb stellen musste, diskussionslos besser zu sein als der beste *Normale.* Ich habe dabei allerdings nicht bemerkt, wie sehr mich das verschlissen und zu was beziehungsweise zu wem es mich gemacht hat. Und so habe ich auch in dieser Situation einmal mehr versucht, dem Podest gerecht zu werden, auf das mich mein eigenes Ego gestellt hat.

Zu dieser Zeit, mit Anfang 20, am Ende der Pubertät und zwei Jahre nach dem Tod meines Freundes, zeigte sich meine chronische Autoimmunerkrankung aufgrund des unsäglichen Raubbaus, den ich betrieben hatte, von ihrer hässlichsten Seite. Wirklich grausame, chronische Schmerzen und zwei jeweils 18-monatige, dramatisch verlaufende Chemotherapien (zur Schwächung des Immunsystems) haben mich dann schlussendlich in eine schwere, langwierige Depression gezwungen. Nicht zuletzt auch deshalb, weil ich konkret damit rechnen musste, ein Pflegefall zu werden – und das mit Anfang 20! Und um dies zu vermeiden, habe ich dann blöderweise genau das getan, was mich letztlich zum Pflegefall gemacht hat. Ich habe noch mehr gearbeitet, noch mehr geleistet und noch besser funktioniert, um zu genügen! Nachfolgend möchte ich dir einmal aufzeigen, was da eigentlich konkret passiert ist und wie es überhaupt dazu kommen konnte …

1. Die Bedingungen meiner Sozialisation, der Tod meines Freundes und die zwanghaften Gedanken an ein Leben ohne ihn und eine Zukunft im Würgegriff einer chronischen Erkrankung haben in mir eine rationale Furcht ausgelöst. Erst die eigene Psyche und meine Gedanken haben dann aus dieser begründeten Befürchtung eine irrationale und stressauslösende Angst gemacht.
2. Die permanenten, unabwendbaren Schmerzen aufgrund der chronischen Grunderkrankung haben dann die bereits angeschlagene und verletzte Psyche in eine Depression gezwungen.
3. Die aus der Depression resultierenden Symptome, der Glaube, eben nicht mehr genügen zu können, haben dann meinen ohnehin kaum vorhandenen Selbstwert weiter erodiert und mir noch mehr Angst gemacht, was wiederum die Aktivierung weiter angehoben und zu noch mehr Stress geführt hat.
4. Dieser massive Stress verschlimmerte die chronische Grunderkrankung, während die Konsequenzen aus dieser Verschlimmerung die Depression dann so lange angeheizt haben, bis der

Lebenswille langsam zu verglühen begann. Der schädliche, sich selbsterhaltende, rückbezügliche Regelkreis hatte sich nun geschlossen.

5. Ab jetzt nahm meine Kraft so rapide ab, dass ich nicht mehr gegensteuern konnte, selbst wenn ich gewollt hätte. Selbstwirksamkeit und Selbstwirksamkeitserwartung hatten sich völlig aufgelöst.
6. Ohne jede Gegenwehr, schlicht, weil sie nicht mehr möglich war, ist das biopsychosoziale System dann final kollabiert. Der Körper konnte nicht mehr. Der Geist wollte nicht mehr. Und das soziale Umfeld interessierte es nicht mehr. Und dann hoffte ich eigentlich nur noch, dass es bald vorbei ist.

Du siehst also, nichts und niemand kann dir so sehr schaden wie dein eigener, unkontrollierter, leidvoller Geist. Kommt der Geist, aus welchen Gründen auch immer, nicht mehr zur Ruhe, ist die unabwendbare Folge eine starke mentale Erschöpfung. Und auch wenn ich mich wiederhole: Diese Erschöpfung fügt nicht nur deinem Körper extremen Schaden zu, sondern auch deinem Geist. Dein kreatives, selbstbestimmtes Denken und Handeln verkommen immer mehr zu einem reaktiven, fremdbestimmten Funktionieren. Wie machtvoll dieser Prozess ist, zeigt die Tatsache, dass ich, obwohl ich Psychologieprofessor bin, am Ende dieses Prozesses in einem Rollstuhl saß, in den mich meine eigenen Gedanken gezwungen haben.

Nun stell dir einmal Folgendes vor: Negative Gedanken haben offenbar nicht nur die Macht, einen Körper in einen Rollstuhl zu zwingen, sondern darüber hinaus auch die Macht, den Lebenswillen zu brechen. Was wäre wohl möglich, wenn man ebenso machtvolle, positive Gedanken hervorbringen könnte? Dann müsste man doch eigentlich fliegen können, oder? Shaolin-Meister können zwar nicht wirklich fliegen, aber zumindest wirkt es oft so! Um Fähigkeiten wie diese zu erlangen, kräftigen sie mithilfe von *Shaolin Mental Training* und *Shaolin Meditation* ihren Geist. Sie können ihn so stets stabil und in Ruhe halten. Und wenn der Geist zur Ruhe kommt, kann man die Bedürfnisse von Körper, Geist und Herz (Seele) besser verstehen und ihnen besser und leichter entsprechen! So kann man nicht nur jederzeit zwischen von außen initiierten *Wünschen* und tatsächlichen *Bedürfnissen* unterscheiden, so wird und bleibt man auch nachhaltig gesund und selbstwirksam, wenn man übt!

Es ist aber leider wie beim Rauchen und beim Meditieren. Wir wissen, dass Rauchen schadet – und dennoch tun wir es. Und wir wissen auch, dass Meditieren hilft – und dennoch tun wir es nicht. Obwohl wir eigentlich sehr genau spüren, was wir brauchen würden und was wir tun sollten, tun wir es nur einfach nicht! Deshalb nehmen psychische und in der Folge psychosomatische Erkrankungen seit Jahren dramatisch zu. Sie nehmen zu, weil wir offenbar völlig selbstverständlich Dinge tun, die schädlich sind, und offenbar ebenso selbstverständlich Dinge nicht tun, die gedeihlich sind. Deshalb fühlen sich immer mehr Menschen mental völlig erschöpft, was dann dazu führt, dass sie folglich auch körperlich kaum noch leistungsfähig sind. Sie beschreiben dann häufig das Auftreten der folgenden Symptome:

- Diffuse Schmerzen
- Schlaf- und Konzentrationsstörungen
- Schwermut und Verlust der Sinnhaftigkeit
- Antriebslosigkeit, Angstgefühle und Übelkeit

Sollte jetzt gerade der Gedanke *Autsch* durch dein Gehirn gehuscht sein, ist die Wahrscheinlichkeit hoch, dass du dich akut überforderst oder dich in der Vergangenheit kumulativ überfordert hast. Und es ist ebenso wahrscheinlich, dass deine habituelle Aktivierung bereits dauerhaft erhöht ist. Der Energiebedarf, den du nun für die Bewältigung deines Alltags benötigst, ist bereits dramatisch angestiegen, deine Energiebilanz ist schon jetzt negativ und du kannst nicht mehr ausreichend regenerieren. Kommt jetzt eine außergewöhnliche Belastung hinzu, überschreitest du den Zenit deiner

Leistungskurve und du beginnst zu scheitern. Das ist das sogenannte *Trainingsweltmeistersyndrom,* an dem ich zusammen mit meinem wunderbaren Doktorvater, dem herausragenden Neuropsychologen, seine *Magnifizenz Univ. Prof. Dr. Giselher Guttmann*, schon vor über 20 Jahren forschen durfte.

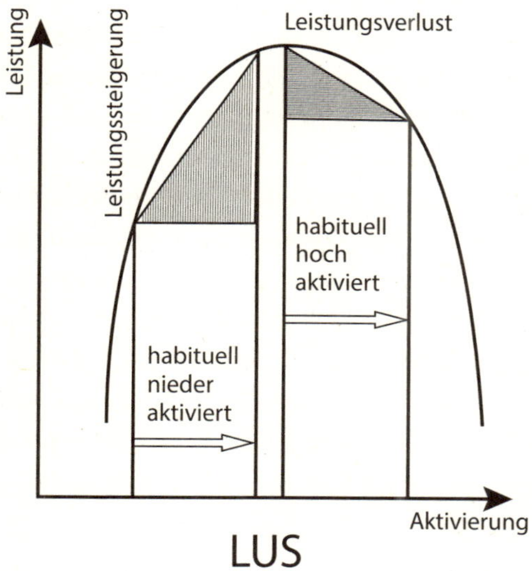

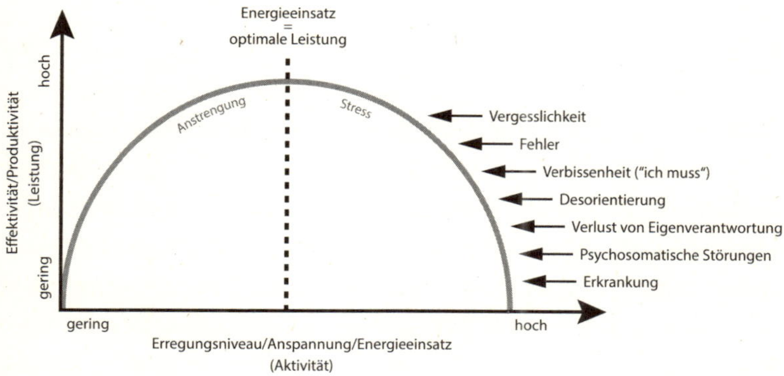

(Grafiken: LuS © Leben, Lernen, Leistung unter Selbstkontrolle; Univ. Prof. Dr. G. Guttmann; adaptiert von Prof. Dr. Dipl. Soz.-Päd. Ch. Dorn)

Möglicherweise kennst du das *Trainingsweltmeistersyndrom* aus der Schule: Du hast geübt und geübt und es hat stets bestens funktioniert. Dann kam die Prüfungssituation – und du hast wieder versagt. Kommt dir das bekannt vor?

Gönne dir JETZT eine Lesepause …

> *Setz oder leg dich bequem hin und schließe für 10 Minuten deine Augen. Versuche deinen Atem zu fokussieren und lass deinen Geist, mit den Gedanken, die du jetzt hast, einfach machen. Lass all die Gedanken kommen und gehen und halte sie nicht fest. Heiße sie alle herzlich willkommen und verabschiede sie in Dankbarkeit. Bewerte sie nicht, nimm sie – im Vorüberziehen – einfach nur achtsam zur Kenntnis.*

Und bitte bedenke …

> *Wenn du nicht ins Tun kommst, wenn du nicht übst – und auch Denken üben ist Üben –, wirst du auch am Ende dieses Buches nur eines können, nämlich ein Buch lesen. Unsere besten Wünsche begleiten dich, aber dein Glück und dein Leid hängen einzig von deinen Taten ab, und nicht von unseren Wünschen für dich.*

Objektifizierung: Ein Selbst ohne Wert kann nicht wirksam sein! (*Entmenschlichung* nach M. Nussbaum)

Ich habe bis hierher versucht zu beschreiben, was ich in meinen verschiedenen Rollen wahrnehme. Dabei ist es nicht einfach, zwischen Ursache und Wirkung zu unterscheiden, wohl deshalb, weil die Wirkungen gleichzeitig wieder neue Ursachen hervorbringen. Ich habe mir deshalb lange überlegt, wie ich dir *Objektifizierung* so erklären könnte, dass sie für dich auch nachvollziehbar wird. Ich wollte, dass du die Erklärung mit deinen eigenen Erfahrungen abgleichen kannst. Dann habe ich eine Unterweisung von Jack Kornfield gehört, und da wusste ich es. Dazu muss ich allerdings in der Zeit etwas zurückgehen, und ich würde mich sehr freuen, wenn du bereit wärst, mich zu begleiten.

Nach den Ereignissen des 11. September 2001 habe ich einen Essay verfasst. Der Grund dafür war die anhaltende Fassungslosigkeit, die auch bei meinen Studierenden erhebliche Spuren hinterlassen und ein Unterrichten beinahe unmöglich gemacht hat. Eine Situation, die durchaus mit der aktuellen Situation vergleichbar scheint. Meine Intention damals war, einen geschützten Raum innerhalb eines Kommunikationsseminars zu schaffen, in dem all das Unsagbare und Undenkbare gesagt und gedacht werden darf. All das Unsagbare und Undenkbare habe ich dann, ebenso wie die Studies, in eine *digitale Geschichte* gegossen, um damit, zumindest in meinen Vorlesungen, den Prozess der Rückeroberung der Kohärenz einzuleiten, deren tragende Säulen *Handhabbarkeit, Sinnhaftigkeit* und *Verstehbarkeit* sind. Der Titel dieses Essay lautete *Der mediale Mensch,* und das bringt mich zum Punkt.

Spätestens seit Mitte der 1990er-Jahre – das Internet zog langsam in unseren Alltag ein – erleben wir eine sich beschleunigende Digitalisierung, die uns in Systeme zwingt, die uns überwach- und kontrollierbar machen und die unsere Realität immer mehr zu einer Medialität transformieren. Wie ich es bereits in meiner Doktorarbeit 2003 auf knapp 500 Seiten dargelegt und bewiesen habe (Dorn 2003 & 2015), ist es genau diese Entwicklung, die den Kohärenzverlust bedingt und damit den Prozess der Überaktivierung forciert. Unsere Objektifizierung ist eine zwingende Konsequenz der Digitalisierung (Plattformökonomie, Datenökonomie, ›Klick-Vieh‹ …) und innerhalb einer Medialität systemimmanent.

Und weil eben all diese komplexen Zusammenhänge nicht einfach zu verstehen sind und du dich sicher nicht durch die 500 Seiten meiner Doktorarbeit quälen willst, dachte ich, dass der Essay *Der mediale Mensch* ein guter Kompromiss wäre. Er ist praktisch das *emotionale Spiegelbild* meiner wissenschaftlichen Arbeit dieser Zeit, als ich mich noch primär mit der biopsychosozialen Medienwirkungsforschung befasst habe. Vielleicht erinnerst du dich noch an den Beginn dieses Kapitels, wo ich die Objektifizierung bereits angeteasert habe? Und bedenke bitte, dass das, was du nachfolgend liest, Gedanken sind, die ich bereits im Jahr 2001 gedacht habe.

Der mediale Mensch

»Wir alle sind Erinnerung, und einzig die Geschichten, die wir in uns tragen, machen uns zu den Menschen, die wir sind. Was aber, wenn uns diese Erinnerung nicht gefällt? Was, wenn sie uns zu Menschen macht, die wir nie sein wollten?

Die mediale Durchdringung unserer Gesellschaft führt dazu, dass Erinnerung, Fiktion und Realität immer mehr verschwimmen. Indem uns pausenlos suggeriert wird, dass uns alles und jedes zu interessieren hätte, mutieren wir zu Medienzombies, die angesichts der Quantität des Komplexen und der Qualität des Illusorischen zunehmend kritiklos konsumieren. Der Widerstand ist gebrochen – Zeitungen, Radio, Fernsehen, Computer, Internet – es geschieht und wir lassen es geschehen!

Haben wir es nicht alle gewusst? Bin Laden war es, klar! Das Video beweist es – oder doch nicht? Vielleicht?! ›Vielleicht‹ ist zwar noch nicht die Antwort auf alles, mittlerweile aber doch auf sehr vieles. Seit Hollywood in der Lage ist, Galaxien zu erschaffen und längst versunkene Schiffe aufs Neue zu versenken, beginnen wir zu ahnen, dass der von uns erlebte und zunehmend gelebte Schein manipuliert sein könnte. Authentizität wird virtualisiert. Menschen und Dinge werden transformiert zu etwas, was sie nicht sind – vielleicht weder sein wollen noch sollen.

Geld macht Macht und Macht macht Geld. Mit ›Nachrichten‹ wird mittlerweile sehr viel Geld gemacht, und bevor man darauf verzichtet, macht man selbst aus einem qualitativen ›Nichts‹ ein quantitatives ›Etwas‹. Berichte von Menschen, über Menschen, durch Menschen. Degradiert zu Inhalten, zu Statisten, zu Konsumenten – manipuliert, überfordert, vergewaltigt.

Explosionen beherrschen seit dem 11. September die Welt. In Israel, in den USA, in Irland, in Indien, in Pakistan, in Afghanistan – und medial unterstützt – reicht die Druckwelle bis in unser Erleben. Es explodieren Hoffnungen, Wünsche, Träume und Mitgefühl. Es explodieren Alte, Kranke, Frauen, Männer, Kinder und – zuletzt – das Leben an sich. Und wir? Wir sind alle live dabei und maßen uns ein Urteil an. Wir kennen zwar unseren Nachbarn nicht mehr, wissen aber genau, wer Recht hat und wer nicht, wenn die Bomben fliegen.

Mein Gesicht spiegelt sich im Monitor. Vor mir liegen Körperteile, die einmal Menschen waren. Abgesprungen aus Panik, beflügelt von Todesangst, aufgeschlagen in der Realität – zerschmettert … Nur Bilder, aber mir geht es nicht gut dabei. Bilder, für die es keine Worte gibt, noch nicht – oder nicht mehr? Bilder, die das Menschsein infrage stellen. Bilder, die die Sinnhaftigkeit auflösen, und dem Entsetzen den Weg bereiten. Bilder von Menschen, die zerfetzt wurden von dem, was aus unserer Gesellschaft geworden ist, und ich frage mich, ob es diese Bilder auch dann geben würde, wenn gar niemand sie sehen wollte.

Ich habe die Wahl, sie hatten sie nicht. Ich kann nicht verstehen, dass man etwas, das einmal ein Mensch war, und nun zu einem ›Etwas‹ gemacht wurde, noch einmal ›ins Visier‹ nimmt und – abdrückt! Es wird nie mehr so sein, wie es war, alle sagen das und gehen im Leben weiter. Aber meine Welt hat sich verändert. Profitsucht und Sensationsgier, die die Menschlichkeit und das Mitgefühl strangulieren, zur Farce degradieren. Ich sehe die Bilder, halte inne, empfinde und weiß: Das ist nicht das Leben, das ist menschlich …

Schein treibt unseren Zeitgeist, Sein scheint nichts mehr wert. Nur Wenige bestehen gegen das, was wir uns täglich vorgaukeln. Wir alle sind dynamisch, jung, schön, reich und glücklich. Was zählt, ist, sich zu präsentieren, zu repräsentieren, scheinen, wie es erwartet wird, und Spaß um jeden Preis. Getrieben von der Hoffnung, einem diffusen Anspruch zu genügen, nehmen wir den Verlust der Identität in Kauf. Indem Oberflächlichkeit zum Maßstab wird, suggerieren wir uns ein armes Leben in einer doch so reichen Welt.

Niemand interessiert sich mehr für die Wesen hinter ihrem polierten Schein. Wir vereinsamen, leiden, scheinen weiter, und wenn überhaupt, erkennen wir oft zu spät, dass der Mensch stets nur aus sich selbst wirkt. Wohin man blickt: Solutions for a small planet! Alles ist so einfach. Wir leben angeblich in einer schrumpfenden Welt, beherrscht allerdings von mehr Nullen als Einsen. Menschen konsumieren Menschen, Identitäten werden austauschbar, Probleme existieren nicht.

Kann das reale Paradies, in dem wir leben, die Sonne, die uns wärmt, der Boden, auf dem wir stehen, und das Wasser, aus dem wir existieren, dagegen noch bestehen? Scheinbar nicht. Wir sind unzufrieden im Frieden, langweilen uns im Überfluss, und neben all den uns suggerierten ›Hypes‹ wird die Existenz zur Nebensache. Der Apfel schmeckt, obwohl das Paradies in Flammen steht, und weil die, die löschen könnten, Öl ins Feuer gießen, sich wärmen und zusehen, wie die verbrennen, die nicht einmal wissen, dass es ein Paradies gibt, aber täglich die Hölle erleben.

Unsere ach so großartige ›Informationsgesellschaft‹ kränkelt! Befallen von einem nach Party und Lifestyle gierenden Virus, lassen wir uns nur zu gern manipulieren, und absorbieren völlig ungefiltert, was man uns glauben machen will. Wir konsumieren um jeden Preis und erkennen dabei nicht, dass Zufriedenheit in Rechnung gestellt und mit Glück bezahlt wird.

Emotional bankrott, zerschlissen von der pausenlosen Suche nach einem Glück, von dem wir nicht einmal mehr wissen, worin es besteht, werden funktionierende Selbstkonzepte zum Glücksfall. Zeit zum Nachdenken bleibt kaum noch und immer seltener erkennen wir, dass man das, was uns zu Menschen macht, nicht kaufen kann. Man bekommt es geschenkt, oder man sucht es, oft verzweifelt, ein Leben lang: Mitgefühl – und Liebe!

Entscheidend scheint mir, dass wir, wenn wir uns am Ende die Frage stellen müssen, ob es ›das‹ wert war, in der Lage sind zu sagen, was ›das‹ denn eigentlich war. Leichter zu beantworten ist die Frage für all jene, die das Universum stets im Blick behalten, denn sie verstehen, welche Stellung dem Menschen, auch oder gerade, in einer medialen Welt zukommt …«

Ich hoffe, ich konnte dir damit zeigen, wie all die Wirkungen, die wir heute zu spüren bekommen, Ursachen haben, die bereits lange zurückliegen. Erinnerst du dich, was ich weiter oben über brennende Häuser gesagt habe? Wenn du dir nun noch klarmachst, dass ich das oben Beschriebene bereits vor über 20 Jahren gespürt habe, dann kannst du dir vielleicht auch besser vorstellen, was ich als hochsensitiver Mensch heute spüre.

Gönne dir JETZT eine Lesepause …

> *Setz oder leg dich bequem hin und schließe für 10 Minuten deine Augen. Versuche deinen Atem zu fokussieren und lass deinen Geist, mit den Gedanken, die du jetzt hast, einfach machen. Lass all die Gedanken kommen und gehen und halte sie nicht fest. Heiße sie alle herzlich willkommen und verabschiede sie in Dankbarkeit. Bewerte sie nicht, nimm sie – im Vorüberziehen – einfach nur achtsam zur Kenntnis.*

Und bitte bedenke …

> *Wenn du nicht ins Tun kommst, wenn du nicht übst – und auch Denken üben ist Üben –, wirst du auch am Ende dieses Buches nur eines können, nämlich ein Buch lesen. Unsere besten Wünsche begleiten dich, aber dein Glück und dein Leid hängen einzig von deinen Taten ab, und nicht von unseren Wünschen für dich.*

2. Du bist nicht, was auf deiner Visitenkarte steht

Erinnerst du dich noch an das Kapitel *VERSTEHEN* und daran, was ich dir als mein zentrales Problem beschrieben habe? Richtig! Mein zentrales Problem war, dass ich versucht habe, dem Podest gerecht zu werden, auf das mich mein eigenes Ego gestellt hat. Ich dachte, dass ich dem Bild des Professors entsprechen müsste, von dem ich dachte, dass es *die Anderen* und *das Außen* (von mir) haben. Stell dir mal nur für einen Moment vor, wie unglaublich bizarr das ist. Ich habe nicht nur versucht, der Vorstellung eines Bildes zu entsprechen, das ich selbst im Kopf *der Anderen* habe entstehen lassen. Es waren meine eigenen Gedanken, die mich in den Augen *der Anderen* als ungenügend haben erscheinen lassen. Ich habe versucht, antizipativ all die Unzulänglichkeiten zu kompensieren, von denen mein eigener Geist mich hat glauben lassen, dass *die Anderen* sie an mir bemängeln würden. Das Bild, das ich selbst von mir hatte, war stets nur das, von dem ich dachte, dass *die Anderen* es von mir hätten. Mir war lange Zeit nicht bewusst, dass es mir offenbar wichtiger war, Anerkennung vom Außen zu bekommen, als selbstbestimmt und selbstwirksam zu leben.

Die Gleichung meines Glaubenssatzsystems lautete:

FUNKTIONIEREN + GENÜGEN = ANERKENNUNG

Und so schließt sich der Kreis. Erinnerst du dich auch noch daran, was ich dir weiter oben über den Selbstwert erzählt habe? Warum ich keinen Selbstwert entwickeln konnte, und welche Folgen das hatte? Richtig! Ein *Selbst* ohne *Wert* kann nicht gedeihlich wirken, weder für sich selbst noch für andere fühlende Wesen. Ein Selbst ohne eigenen Wert braucht, um wirksam werden und bleiben zu können, stets den Fremdwert des Außen. Ein Selbst ohne eigenen

Wert kann nur dann wirksam werden und bleiben, solange es denkt und/oder spürt, dass ihm das Außen einen Wert beimisst. Denkt oder spürt es diesen Fremdwert nicht mehr, fühlt es sich sofort wertlos, empfindet dann alles als sinnlos und wird schlussendlich antriebslos.

Wozu das geführt hat, habe ich dir ja bereits beschrieben. Aus der Unsicherheit des Fremdwertes resultiert ein Denkzwang, der zunächst nur zu erheblichen Reibungsverlusten führt, die dann aber, sehr schnell und unerbittlich, zu behindernden Blockaden werden. Sobald dein Selbst zulässt, dass dein Ego aus Angst Schaden zu nehmen, verhindert, dass du so denkst und handelst, wie es deiner Persönlichkeit entspricht, wirst du, zusammen mit deiner Selbstbestimmung, am Ende auch deine Selbstwirksamkeit verlieren!

Mach dir bitte stets bewusst …

> *Du bist kein Schreiner, keine Assistentin der Geschäftsleitung, keine Ärztin und auch kein Professor. Du bist nicht depressiv, du bist nicht ängstlich und du bist auch nicht gestresst. Du hast den jeweiligen Beruf, du hast eine Depression, du hast Angst und du hast Stress. All das HAST du, aber nichts davon BIST du. Das Einzige, was du wirklich BIST: ein Mensch!*

Du solltest also dringend damit aufhören, darüber nachzudenken, was *die Anderen* und das Außen möglicherweise über dich denken. Und wenn du jetzt noch immer, nachdem du all das weißt, unbedingt nachdenken musst, dann wende dich der Kontemplation zu.

Denk darüber nach, warum du denkst, was und wie du denkst, anstatt wilde Spekulationen darüber anzustellen, was *die Anderen* und das Außen wohl denken mögen. Du wirst, wie auch ich, diesen Rat leichter annehmen und beherzigen können, wenn auch du dir immer vor Augen hältst, was mir mein bester Freund und Lehrer, Shaolin-Meister Shi Yan Lu, dazu gesagt hat.

Mach dir bitte stets bewusst …

> *Du wärst überrascht, wenn du wüsstest, wie wenig die Anderen an dich oder etwas über dich denken. Sie haben dafür nämlich keine Zeit! Denn sie sind damit beschäftigt, darüber nachzudenken, was du wohl über sie denkst.*

Wir sind alle wichtig. Oder keiner!

Wenn man anfängt, sich ernsthaft, sozusagen als Profi, mit dem Buddhismus zu befassen, ist eine der ersten Übungen, die man im Rahmen der Meditationsunterweisungen zu absolvieren hat, die *systematische Selbstuntersuchung.* Je nachdem, wie man für sich die Frage beantwortet, kann das erhebliche Verstrickungen und Kämpfe nach sich ziehen – oder aber Freiheit und Leichtigkeit. So habe ich es von Jack Kornfield gelernt. Er ist für mich einer der großen Meditationslehrer (eigentlich ein Meister, aber er bezeichnet sich stets selbst nur als Lehrer), nicht etwa, weil er so unfassbar lange als einfacher Waldmönch bei den bedeutendsten Lehrmeistern in Asien gelernt und gewirkt hat, sondern, weil er das eben nicht mehr tut.

Jack Kornfield lebt heute mit seiner Frau und seiner Tochter in Kalifornien, ist Doktor der klinischen Psychologie und Mitbegründer des *Spirit Rock Centers* in Woodacre, Kalifornien. Er ist ein weltweit anerkannter Lehrer für die buddhistische Vipassana-Meditation, in der Tradition des frühbuddhistischen Theravada (älteste noch existierende buddhistische Schule). Er ist außerdem ein mehrfacher Bestseller-Autor von Büchern über Meditation und buddhistische Psychologie. Aber warum erzähle ich dir das alles? Nun, es ist so. Manche Menschen, die sich in und von der materiellen Welt überfordert fühlen, ziehen sich in die Spiritualität, und damit von der Gesellschaft, und den Menschen in ihr, zurück. Das ist so ziemlich das genaue Gegenteil von dem, was uns der Buddhismus lehrt. Das zu verstehen, ist so wichtig, dass Jack Kornfield sogar ein eigenes Buch zu diesem Thema geschrieben hat. Es war sein erster Bestseller und trägt den Titel

Frag den Buddha und geh den Weg des Herzens

Er führt darin aus, was Liebe denn nun eigentlich ist, warum sie so wichtig ist, und welche Bedeutung sie für unser Lebensglück und unser Wohlbefinden hat. Ihm wurde nach vielen Jahren, die er lernend und praktizierend als Mönch im Dschungel verbracht hat, bewusst, wie wichtig ihm wahrhaftige, bedingungslose Liebe war, die er mit einem Menschen teilen wollte. Ihm wurde bewusst, wie wichtig ihm eine Familie war, und wie sehr er beides braucht. Großartig! Erkennen, annehmen und loslassen. Dieses Buch hat mich getroffen wie ein Blitz aus heiterem Himmel. Endlich hatte ich den Weg gefunden, der mich dorthin führen würde, wo all das zu finden war, was mir so lange so sehr gefehlt hat. All das, was ich so dringend gebraucht hätte. Du möchtest gerne wissen, was das war? Es war *Wahrhaftigkeit* und *bedingungslose Liebe*, auch wenn sich das für dich jetzt kitschig anhören mag. Ich versichere dir, wenn der Mensch tot ist, der alles für dich bedeutet, und wenn du erst einmal selbst fast tot warst, empfindest du das anders!

Dem buddhistischen Verständnis nach gibt es zwei Geisteszustände, die zu dem Gefühl eines *Selbst* führen. Da wäre zum einen die *Selbstsicht*, die in letzter Konsequenz zum Konzept von ICH und MEIN führt (und letztendlich zum Dualismus), das stets trennend wirkt. Und zum anderen die *vergleichende Sicht*, die unser so erschaffenes Selbst pausenlos mit dem *der Anderen* vergleicht. Diese vergleichende Sicht und das aus ihr hervorgehende Selbst sorgen dafür, dass wir glauben, wir würden uns selbst bewerten. Aber so ist es gar nicht! Denn eigentlich bewerten wir uns gar nicht selbst. Eigentlich denken wir pausenlos darüber nach, wie uns wohl *die Anderen* bewerten, und machen uns dann selbst vor, wir wären so, wie uns die anderen – in unseren Augen – bewerten. Merkst du was? Du hast dich gerade von der Sicht des Außen abhängig gemacht!

Grundsätzlich gilt: Wann immer wir uns mit dem Körper, mit den Gedanken oder mit den Emotionen identifizieren, vor allem aber mit den Rollen, die wir pausenlos spielen, schaffen wir ein Selbstgefühl. Das Problem ist, solange wir glauben, wir seien dieser Körper, diese Gedanken, diese Emotionen oder gar dieses Selbst, und solange wir nicht üben und uns nicht stetig klarmachen, dass es nicht so ist, wiederholt sich diese Identifikation immer und immer wieder. Nun können wir, weil wir einfach noch nicht genug geübt haben, kaum verhindern, dass irgendwie ein Selbst entsteht. Dies kann grundsätzlich auf zwei Arten geschehen, auf eine heilsame Art – und auf eine unheilsame.

Entscheiden wir uns für den *mittleren Weg*, ist es unser Ziel, unsere Identität so genau wie möglich zu erforschen und uns deshalb, wie zu Beginn dieses Unterkapitels geschildert, die Frage zu stellen: Wer bin ich? Bin ich tatsächlich dieses Gehirn, diese Organe, diese Knochen oder diese Muskeln? Wer bin ich hinter all den Rollen, die ich pausenlos spiele? Tatsache ist, und da sind sich Wissenschaft und Spiritualität einig, dass man, um als Mensch funktionieren zu können, ein Selbst braucht. So gilt in der westlichen Psychologie jeder als krank, dem keine klare Identität attestiert wird. Die *buddhistische Psychologie* geht sogar noch einen Schritt über das Konzept des klaren Selbst hinaus, indem sie uns, so hat es mich Jack Kornfield gelehrt, eine Entwicklungsoption bietet, die es uns ermöglicht, auch all das zu erblicken, was weit hinter den Grenzen unseres Selbst liegt.

Die buddhistische Psychologie geht also vom Konzept eines funktionalen Selbst aus, offenbart uns aber gleichzeitig einen Pfad, der es uns ermöglicht, Selbstlosigkeit zu erfahren. Und das geht so: Die buddhistische Psychologie macht für uns erfahrbar, wie das Selbstgefühl in jedem einzelnen unserer wachen Momente immer wieder aufs Neue entsteht, nur um dann die Identifikation aufzulösen und uns einen Blick auf die freudvolle Offenheit – jenseits der Grenzen *des Selbst* – zu ermöglichen.

Beispiel gefällig? Halte deinen Daumen und deinen Zeigefinger aneinander. Wenn du den Daumen gegen den Zeigefinger drückst, machst du den Daumen damit zum Subjekt (er handelt), und den Zeigefinger zum Objekt (er wird behandelt). Drückst du nun aber mit dem Zeigefinger gegen den Daumen, ist es genau umgekehrt. Nun ist der Zeigefinder das handelnde Subjekt, und der Daumen das behandelte Objekt. Und wenn die Physik noch immer gilt, bedeutet das: Kraft gleich Gegenkraft! Und nun noch einmal die Frage: Wer handelt hier? Und wer wird behandelt? Daumen oder Zeigefinger? Die Antwort hängt, einzig und allein, von deiner Achtsamkeit ab, die deine Aufmerksamkeit lenkt! Wie wichtig Liebe ist, habe ich dir oben schon zu verdeutlichen versucht. Sie ist die Fähigkeit, die es uns ermöglicht, eine andere Motivation, einen anderen Maßstab und einen anderen Standpunkt im Bewusstsein nachzuvollziehen. Frei nach Jack Kornfield:

> *»Es ist die Liebe, die uns sagt, ich bin alles,*
> *und es ist die Weisheit, die uns sagt, ich bin nichts.«*

Im Kontinuum zwischen diesen beiden dichotomen Polen findet unser Leben statt. Unser Selbst nährt sich an unseren Erinnerungen ebenso wie an unseren Erfahrungen, und nicht selten macht uns das zu Gefangenen unserer (beruflichen) Identität. Dabei sind wir eben nicht, was auf unseren Visitenkarten steht. Wir üben die jeweilige Funktion aus, in meinem Fall lange die des Professors, aber ich war und bin nicht dieser Professor, ich war und bin endlich wieder *nur* ein Mensch!

Sobald wir Identifikation zulassen, sobald also unser Selbstbild entsteht, entsteht damit gleichzeitig eine Illusion des Getrenntseins und der Unsicherheit, eine Illusion von einem ICH und den ANDEREN. Wir können stattdessen aber auch Sicherheit und Ausgleich schaffen, indem wir für *den Anderen* da sind und wir uns gemeinsam an unser Mitgefühl und das achtsame Gewahrsein erinnern. Denn das *Nichtselbst* ist jederzeit gegenwärtig. Wir können zu jeder Zeit loslassen, um das Leben in seiner harmonischen Gesamtheit zu erfahren, im wunderbaren Wechselspiel zwischen Ursache und Wirkung, Wirkung und Ursache, denn jede ist stets beides! Eine trennende Einteilung in ICH und DU, in MEINS und DEINS macht spätestens dann so gar keinen Sinn mehr, wenn selbst die Quantenphysik postuliert, dass alles eine Energie ist. Du erinnerst dich? Die Lehre von der *Lebensenergie Qi*?

Und weil selbst buddhistische Psychologie noch immer einfacher zu verstehen ist als Quantenphysik, möchte ich meine Gedanken mit denen des verehrten tibetischen Meditationsmeisters *Kalu Rinpoche* abschließen, der gesagt hat, und ich übernehme das in tiefer Demut von einem der wunderbarsten Meditationslehrer unserer Zeit, Jack Kornfield:

»Wenn du verstehst, wirst du erkennen, dass du nichts bist. Wenn du nichts bist, bist du alles.«

Wenn es dir gelingt, die Identifikation zu beherrschen, dann ist da nur noch *dein Herz,* das weder die Grenzen des Raumes noch die der Zeit kennt und das mit allem, was ist, ewig verbunden ist.

Wir sind weder Körper noch Gedanken oder Emotionen. Aber was sind wir dann?

Während die westlichen Wissenschaften gerade erst damit anfangen, sich mit der Natur des Bewusstseins auseinanderzusetzen, macht die buddhistische Psychologie für uns erfahrbar, wie das Bewusstsein, unabhängig von den Objekten, funktioniert. Sie beschreibt das Bewusstsein als die Instanz, die weiß und erkennen kann, was es denn ist, das unsere Erfahrungen macht und ausmacht. Zu schwierig?

Nun, dann stell dich bitte einmal vor einen Spiegel. Wie fühlt sich an, was du siehst? Fühlst du dich so alt, wie du aussiehst? Bitte denke jetzt nicht, ich möchte mir auf deine Kosten einen Spaß erlauben, das möchte ich ganz und gar nicht, schließlich verwende auch ich einen Spiegel! Aber ist dir das schon einmal bewusst geworden, dass unser Körper *in der Zeit* altert? Das zeigt uns unser Spiegelbild. Unser Bewusstsein hingegen altert nicht, es ist nicht an Zeit und Raum gebunden. Ich fühle mich innerlich noch immer, als wäre ich 17 Jahre alt, auch und gerade, wenn ich in den Spiegel schaue. Nicht selten begutachtet mich da ein Fremder. Ich führe das darauf zurück, dass es bis 17, bis zum Tod meines Freundes, ein unbeschwertes Leben war. Ein Leben, das ich völlig bedingungslos geliebt habe. *Ein Leben, das ich leben wollte!*

Bewusstsein ist für uns etwas Selbstverständliches. In der Regel so selbstverständlich, dass wir es nicht einmal zur Kenntnis nehmen. Was wir allerdings sehr wohl zur Kenntnis nehmen, ist der Inhalt unseres Erlebens, die Schmerzen des Körpers, das Kreisen der Gedanken und die schwer zu kontrollierenden Emotionen. Und unser Bewusstsein? Das extrahiert aus all diesem Erleben, aus all diesen Erfahrungen, Eindrücke. Und wenn etwas *eingedrückt* wird, dann hinterlässt das für gewöhnlich Spuren. Wenn wir das nicht realisieren, werden uns unsere Gedanken und Emotionen vor sich hertreiben, und zwar so lange, bis es uns gelingt, einen Gegenpol aus Weisheit hervorzubringen.

Und das kann uns nur gelingen, wenn wir unsere Achtsamkeit schulen, sodass es uns gelingt, den Fokus weg von unserem subjektiven Erleben, hin zum Raum des Bewusstseins zu lenken, in dem dieses Erleben stattfindet. Nur so kann Weisheit entstehen, die auf dem starken Fundament der Nicht-Identifikation stabil und unerschütterlich ruht. Aber Achtsamkeit kann nur kultivieren, wer zuvor *Gewahrsein* übt. Es geht dabei darum, so sagt der Buddha, den Geist mit dem Geist selbst zu betrachten. Die Achtsamkeit lenkt dabei unsere Aufmerksamkeit auf all das, was in uns vorgeht. Wie Gedanken zu Emotionen werden, wie Emotionen zu Handlungen werden und all das wiederum rückbezüglich auf den Körper wirkt, der dann wieder Gedanken hervorbringt, die zu Emotionen werden. Dieses Phänomen wird in der buddhistischen Psychologie als *denkender Geist* bezeichnet, der all das hervorbringt, von dem wir oft sagen, dass wir es *im Kopf haben.* Und ja, dieser denkende Geist bringt zwar auch diesen oft quälenden, endlosen *Gedanken- und Ideenstrom* hervor, aber eben auch gleichsam bestimmte *Geisteszustände,* in die dieser Gedanken- und Ideenstrom integriert ist und mit denen er korrespondiert.

Die westlichen Wissenschaften betrachten all das als *Produkte des Gehirns.* Als Beweis dafür wird angeführt, dass sich, entweder durch eine entsprechende Stimulation oder aber durch Verletzungen oder chirurgische Eingriffe, die Bewusstheit, also der Inhalt des Bewusstseins, verändert. So weit gehe ich mit. Allerdings sagt dieser Zusammenhang rein gar nichts über das Wesen des Bewusstseins aus. Man weiß demnach zwar, wie man es manipuliert, man weiß aber so gar nicht, was man da eigentlich manipuliert.

Die westliche Wissenschaft lässt sich sogar dazu hinreißen, zu sagen, dass Bewusstsein stets an Biologie anhaftet. Was faktisch bedeuten würde, dass alles Lebendige auch ein Bewusstsein haben müsste. Die buddhistische Psychologie hingegen sagt, ebenso wie die traditionelle tibetische Medizin, die auch als Bewusstseinsmedizin bezeichnet wird, dass Bewusstsein die unabdingbare Voraussetzung für jedes Leben ist. Und wenn du jetzt auf dem Schlauch stehst, mach dir nichts daraus! Ich bring das mal eben für dich in Ordnung: Es ist ein banales Henne-Ei-Problem: Die einen sagen, dass allem Leben Bewusstsein anhaftet, und die anderen sagen, dass Bewusstsein die Voraussetzung für alles Leben ist. Unterm Strich können wir sagen:

Leben und Bewusstsein gehen stets Hand in Hand!

Am einfachsten kannst du dir Bewusstsein wie den Himmel vorstellen. Der Himmel ist und bleibt einfach der Himmel, völlig egal, welche Art von Wolken sich dort auftürmen oder welche Wetterphänomene sich dort abspielen. Der Himmel ist grenzenlos. Er bleibt stets völlig unbeeindruckt von den Wetterkapriolen und Dramen, die sich dort abspielen mögen. Unser Bewusstsein wird, wie der Himmel, von den Erfahrungen nicht berührt, und im nächsten Unterkapitel wirst du das selbst erleben können! Du wirst selbst erkennen können, dass du reines Bewusstsein bist.

Wir sind reines Bewusstsein. Völlig logisch, oder?

Um gleich vorwegzunehmen, was ich oben angedeutet habe: Die Wissenschaft wird uns hier nicht weiterhelfen, aus dem einfachen Grund, weil sie, noch immer, absolut keine Ahnung hat. Weder kann sie uns sagen, was Bewusstsein ist, noch, wo es herkommt, wo es lokalisiert ist oder wo es hingeht, wenn es geht. Mein Kollege, der unglaublich scharfsinnige Colin McGinn, hat das vieldiskutierte Buch *Wie kommt der Geist in die Materie?* geschrieben, das für den Wissenschaftler in mir alles verändert hat. Nicht etwa, weil er die Frage beantwortet hätte, das hat er nämlich nicht. Sondern deshalb, und so hat es ein Rezensent beinahe kryptisch formuliert: *»[…] zwar das Rätsel des Bewusstseins nicht gelöst, dafür aber ein Bewusstsein für das Rätsel geschaffen hat […]«*. Einfach wunderbar, auch wenn uns das wohl eher nicht wirklich weiterbringt. Und weil dem so ist, möchte ich es mit Einstein halten, der gesagt hat:

»Kannst du es einem Sechsjährigen nicht erklären,
hast du es selbst nicht verstanden!«

Machen wir also die Probe aufs Exempel. Lass mich versuchen, es dir mithilfe eines kleinen Gedankenexperiments, in bester Einstein'scher Tradition, zu erklären, und dann entscheidest DU darüber, ob ICH es verstanden habe, okay?

GedankenExperiment

Bitte lies dir zunächst die gesamte Anleitung genau durch. Merk dir dann, wenn du bereit bist, die drei folgenden Fragestellungen. Es genügt, wenn du den Sinn erfasst, der Wortlaut ist unwichtig ...

- *Kannst du deinen Körper fühlen, den Druck, dort wo die Kleidung aufliegt, oder dort, wo dein Körper die Unterlage berührt, das Kribbeln hier und dort, und deinen Herzschlag?*
- *Kannst du deine Gedanken beobachten, ihr Kommen und Gehen, ihre Beständigkeit und Flüchtigkeit, ihre Sprunghaftigkeit, ihren Inhalt, und könntest du deine Gedanken in Worte fassen?*
- *Kannst du erkennen, welche Emotionen die Gedanken hervorrufen, wie sie sich verändern, wenn du sie erkennst, zu welchen neuen Gedanken diese Emotionen führen, und könntest du beschreiben, was du fühlst?*

Setz oder leg dich nun entspannt hin und schließe die Augen. Dein Atemzentrum liegt vier Finger breit unterhalb deines Bauchnabels – dort soll der Atem hin. Atme langsam durch die Nase ein und noch langsamer durch den Mund wieder aus. Kontempliere die drei Fragen nacheinander (betrachte sie von allen dir zugänglichen Seiten) für jeweils circa drei Minuten und versuche sie dir selbst zu beantworten.

Und? Hat es funktioniert? Konntest du deinen Körper fühlen, deine Gedanken beobachten und deine Emotionen erkennen? Prima!

Ich mache dieses kleine Gedankenexperiment mit Schülern und Studenten, aber auch mit Menschen, die bei mir im Coaching oder Mentoring sind, und selbst Fachkollegen werden nicht verschont. Und es ist immer dasselbe. Alle sind stets gleichermaßen überrascht über das, was sie wahrnehmen, und stolz darauf, dass sie überhaupt etwas wahrnehmen. Schlicht deshalb, weil sie das, was sie wahrnehmen, zwar immer wahrnehmen, sie es nun aber bewusst wahrnehmen. Allerdings spielt das hier überhaupt keine Rolle, wie du gleich sehen wirst.

GE → **Antwort**

Ich hätte da mal eine Frage an dich: Wer war es denn, der sich gerade den Körper, die Gedanken und die Emotionen betrachtet hat? Ups!?! Genau! Das, was eben Körper, Gedanken und Emotionen betrachtet hat, war dein Bewusstsein! Und jetzt die gute Nachricht: Wenn dein Bewusstsein diese drei Dimensionen betrachten kann, dann kann es sie auch verändern. Und jetzt kommt's: Was dein Bewusstsein betrachten und verändern kann, kannst nicht DU sein. Wenn DU aber nicht dieser Körper, diese Gedanken und diese Emotionen bist, kannst DU nur sein, was diese Dimensionen betrachtet, und das ist reines Bewusstsein!

Nun hast du gerade zwei Dinge gelernt. Erstens, dass du reines Bewusstsein bist, und zweitens, und darum geht es im Kern, was Nicht-Identifikation bedeutet. Du bist eben weder der Körper noch der Geist und schon gar nicht die Emotionen. Das Konzept von Bewusstsein und Nicht-Identifikation zu verstehen, ist von wesentlicher Bedeutung, wenn man den *mittleren Weg* gedeihlich beschreiten und für sich nutzbar machen möchte.

Tiefergehende Lerninhalte und weiterführende Übungen zu diesem Thema findest du im kostenpflichtigen Online-Kurs auf www.bewater.jetzt

Und weil das alles ziemlich schwer zu verstehen und noch schwerer zu akzeptieren ist, braucht man dafür oft etwas Zeit oder ein paar andere Perspektiven (Standpunkte). Die Zeit darfst du dir nehmen, die Perspektiven möchte ich dir nachfolgend sehr gerne geben.

Meine erste Begegnung mit dem, was wir für UNS halten, war ernüchternd. Ich versichere dir, wenn dir dein Professor morgens um acht Uhr ein eben entnommenes Gehirn mit der Bemerkung »halt mal« in die Hand drückt, dann stellst du dir schon die Frage, ob dich dieses *Ding* tatsächlich zum ICH macht, oder ob es dafür nicht doch auch eine etwas weniger eklige Erklärung geben könnte. Was sich für dich jetzt möglicherweise etwas bizarr anhört, ist es aber in Wirklichkeit gar nicht. Stell dir einmal Folgendes vor:

Gedanken**E**xperiment

Stell dir vor, zwischen uns beiden entstünde ein Streit und ich würde dich schlagen. Du verlierst daraufhin dein Bewusstsein und liegst für ungefähr sieben Jahre im Koma. Während dieser Zeit wirken kaum Reize auf dich ein, was zur Folge hat, dass sich deine funktionelle Neuroanatomie und deine Neurobiochemie verändern. Außerdem wird in dieser Zeit jede einzelne Zelle deines Organismus ausgetauscht, auch jede einzelne Gehirnzelle. Mit anderen Worten: Nach diesen sieben Jahren, bist du tatsächlich ein neuer Mensch. Nun erwachst du und dein Bewusstsein kehrt zurück. Du fühlst dich gleich, du kennst alle Menschen, du kannst noch alles, was du einmal konntest, und sogar deine Passwörter und deine Bank-PIN weißt du noch. Nun stellen sich ein paar wichtige Fragen: Wo um Himmels willen war dein Bewusstsein all die Jahre? Und von woher ist es zurückgekommen? Und wieso bist du noch der gleiche Mensch, obwohl nichts an dir mehr so ist, wie es vorher war? Wieso hast du noch die gleichen Gedanken und Emotionen, obwohl du einen völlig anderen Körper und ein völlig anderes Gehirn hast?

Du musst dir das praktisch so vorstellen: Bevor du ins Koma gefallen bist, war dein Gehirn eine riesige, viereckige Schrankwand mit 100 Schubladen. In jeder der Schubladen waren Erinnerungen, Gedanken, Erlebtes, Gelerntes, Verdrängtes usw. Nun, nach sieben Jahren, wachst du wieder auf und dein Bewusstsein kommt zurück. Aber nicht nur dein Körper ist ein völlig anderer, sondern aus der riesigen, viereckigen Schrankwand mit 100 Schubladen ist mit einem Mal eine kugelrunde Kommode mit 20 Schubladen geworden. Und jetzt kommt's: Dennoch findest du, auf völlig selbstverständliche Weise, alles, was du suchst. Fassen wir also mal kurz zusammen: Dein Körper ist ein anderer, dein Gehirn ist ein anderes, dein Bewusstsein kommt zurück – und du bist KEIN anderer. Du bist der Mensch, der du warst.

GE → **Antwort**

Das lässt nur einen Schluss zu. Du bist weder der Körper noch das Gehirn noch das, was das Gehirn hervorzubringen vermag. Du bist, was dieser Körper verloren hat, und das, was zu diesem Körper zurückgekommen ist – du bist Bewusstsein! *Damit wäre zumindest klar, dass du nicht der Körper, nicht die Gedanken und nicht die Emotionen sein kannst. Absolut gar nicht klar ist allerdings, wo dein Bewusstsein während der sieben Jahre war. Was mir beim Verstehen all dessen stets hilft, ist das Bild einer Cloud, wo man Daten hochladen und speichern kann. Möglicherweise benutzt das Bewusstsein ja so etwas wie einen Cloud-Speicher? Du denkst jetzt sicher, dass man mir zu oft auf den Kopf gehauen hat, oder? Nein, mal ernsthaft. Wichtig ist, die Komplexität des Gesagten vollständig zu erfassen. Sei also gespannt!*

Gönne dir JETZT eine Lesepause …

> *Setz oder leg dich bequem hin und schließe für 10 Minuten deine Augen. Versuche deinen Atem zu fokussieren und lass deinen Geist, mit den Gedanken, die du jetzt hast, einfach machen. Lass all die Gedanken kommen und gehen und halte sie nicht fest. Heiße sie alle herzlich willkommen und verabschiede sie in Dankbarkeit. Bewerte sie nicht, nimm sie – im Vorüberziehen – einfach nur achtsam zur Kenntnis.*

Und bitte bedenke …

> *Wenn du nicht ins Tun kommst, wenn du nicht übst – und auch Denken üben ist Üben –, wirst du auch am Ende dieses Buches nur eines können, nämlich ein Buch lesen. Unsere besten Wünsche begleiten dich, aber dein Glück und dein Leid hängen einzig von deinen Taten ab, und nicht von unseren Wünschen für dich.*

3. Möglich ist, was du denken kannst

Nachdem du dich jetzt hoffentlich ein wenig entspannt hast, können wir nun beginnen, dir eine Brücke zu bauen, mit der du leichter vom *Wissen* hin zum *Können* gelangst. Mach dir zunächst bitte Folgendes klar:

»Auf dem mittleren Weg kann man eigentlich
nur zwei Fehler machen:
Man macht sich gar nicht erst auf den Weg,
oder man geht den Weg nicht konsequent bis zum Ende.«
(Shaolin-Prinzip)

Stress, Angst und Depression haben einige unangenehme, gemeinsame Eigenschaften und besonders eine davon hat einen immensen Einfluss auf dein Leben, auf deine Leistungsfähigkeit, auf deine biopsychosoziale Gesundheit, dein temporäres Glück und auf dein beständiges Wohlbefinden. Nämlich die Eigenschaft, völlig unnötig, eine unfassbare Menge sowohl mentaler als auch physischer Energie über unkontrollierte Gedankenströme in die Vergangenheit (Bedauern → Tendenz Depression) und die Zukunft (Befürchtung → Tendenz Angst) abfließen zu lassen.

In der Folge kommt es dann zu einer Vielzahl von Syndromen, die von *Burn-out* über *chronische Erschöpfung* bis hin zu *schweren Traumata* reichen. Schlicht deshalb, weil dir im *Hier und Jetzt,* also im gegenwärtigen Moment, nicht mehr genug Energie zur Verfügung steht (schau dir bitte jetzt noch einmal die ©*LuS* Grafiken weiter oben an). Das Problem dabei ist, dass du nur im *gegenwärtigen Moment* lebst! In eben dem Moment, in dem du akut oder stetig an Energiemangel leidest. Und das kann auf Dauer nicht gut gehen, wie ich sehr schmerzhaft erfahren habe!

Reflexion, unterstützt durch Shaolin Mental Training, hilft dir zu erkennen, was dich Energie kostet. *Kontemplation,* unterstützt durch entsprechende Bewegungsformen, wie Shaolin Qi Gong, hilft dir anzunehmen, was war, was ist und was möglicherweise sein wird. *Imagination,* unterstützt durch Shaolin Meditation (Selbstbetrachtung), hilft dir, all das loszulassen, was dich daran hindert, wieder der Mensch zu werden, der du (eigentlich) gewesen wärst, wenn das Leben nicht dazwischengekommen wäre. *Affirmation* und *Imagination* (im Rahmen von Meditation und Kontemplation) sind mächtige Waffen im Kampf um *Nicht-Identifikation* und *Selbstlosigkeit*. Mit diesen wirkungsvollen, seit Jahrtausenden erprobten Waffen ist es kaum möglich, in diesem Kampf zu unterliegen. Und wir werden dir beibringen, wie du diese Waffen am wirkungsvollsten einsetzt!

Nun stellen sich zwei Fragen:

> *Wünschst du dir nur eine Veränderung?*

ODER:

> *Hast du den Entschluss gefasst, dich wirklich zu verändern?*

Und das Allerwichtigste …

> *Was bist du bereit, dafür zu tun?*

Mach dir bitte klar:

> *Möglich ist, was du denken kannst. Kannst du etwas denken, kann es auch entstehen. Denn, wie willst du wachsen, um besser zu werden, wenn du bereits denkst, dass du es nicht kannst? Weißt du, was ich im dritten Studiensemester bei einer Supervision auf die Frage, in welchem Feld ich denn einmal arbeiten möchte, gesagt habe? Ich habe gesagt, dass ich meinen Doktor machen und Professor werden will. Und weißt du, was dann passiert ist? Genau! Alle haben mich ausgelacht, sich lustig über mich gemacht und mich als arrogantes Großmaul beschimpft.*
> *Und all diese Menschen sind heute das, was sie damals gesagt haben. Sie sind genau das geworden, von dem sie dachten, dass sie es werden, aber eben nicht mehr! Keiner hat seinen Doktor gemacht und keiner ist Professor geworden. Nicht etwa, weil sie nicht gut genug gewesen wären oder es nicht wollten, ganz im Gegenteil! Sie konnten es einfach nicht denken, sie konnten es sich einfach nicht vorstellen. Und selbst wenn sie es hätten denken oder sich vorstellen können, dann hätten sie es sich selbst einfach nicht glau-*

> *ben können. Was lernen wir daraus? Nur du entscheidest, wie sich dein Leben anfühlt!*

Es wäre nämlich völlig töricht zu glauben, dass das, was wir hier gemeinsam versuchen, einfach wäre. Nein, ist es nicht, und zumindest das kannst du dir denken! Mach dir jetzt bitte, so wie auch ich es tun musste, klar, dass all das, was hinderlich für dich ist und dir möglicherweise sogar heftige Probleme bereitet, nicht aus dem Nichts entstanden ist. Dein gesamtes Erleben und Verhalten, und damit dein gesamtes Denken, Fühlen und Handeln, haben eine äußerst komplexe, zumindest Jahre oder gar Jahrzehnte währende Entstehungsgeschichte, wie du im Kapitel *VERSTEHEN* gelernt hast.

Und du müsstest schon so naiv sein, wie ich es war, wenn du tatsächlich glauben würdest, dass es für Hindernisse mit einer derart langen und komplexen Entstehungsgeschichte schnelle und einfache Lösungen geben könnte. Sei mal ehrlich: Du wünschst es dir vielleicht, und du hast es bisher vielleicht sogar hin und wieder geglaubt, aber tief in deinem Inneren weißt du, dass Arnold Schwarzenegger recht hatte, als er zu mir gesagt hat:

»Boy, there is no lunch for free in this life …«

Rein in den Rollstuhl, raus aus dem Rollstuhl …

Nach allem, was du bis hierher schon gelernt hast (und das ist eine Menge), wirst du dir wohl spätestens jetzt die folgende Frage stellen:

Wie um alles in der Welt konnte der Typ,
der mir all das hier erzählt und der all das wusste
und konnte, selbst im Rollstuhl landen?

Und die Antwort auf deine Frage ist ebenso einfach wie erschütternd: Er wusste es, er konnte es, und er hat es nicht getan! Er hat es nicht getan, weil … nun, das weißt du ja bereits! Viel wichtiger ist dann auch die Frage, die aus der obigen Frage resultiert, nämlich:

Wie um alles in der Welt ist der Typ, der mir all das hier erzählt und der all das wusste und konnte, wieder aus diesem Rollstuhl rausgekommen?

Und die Antwort auf diese Frage ist dann doch etwas komplexer! Dabei war im Grunde eigentlich alles nur ein Missverständnis. Zugegeben, es war ein absolut monströses, gewaltiges Missverständnis, mit einer immensen Tragweite, aber so ist das eben manchmal mit Missverständnissen. Und kennst du das? Du schaust zurück und denkst dir, wie konnte mir das nur passieren, wie konnte ich nur so dumm sein? Und schon ist die Ego-Falle zugeschnappt! Es ist unglaublich leicht, aber leider ebenso anmaßend, wie es fernab jeder Demut ist, dein jüngeres ICH zu tadeln. Denn du hast dazugelernt, deine Motivation, dein Maßstab, dein Standpunkt – und mit ihm deine Perspektive – haben sich verändert.

Dein jüngeres ICH ist doch damals nicht eines Morgens aufgewacht und hat sich gesagt: Heute mache ich einmal etwas so richtig falsch, damit ich auch möglichst lange etwas davon habe. Oder gleich auf Vorrat, damit es sich auch später noch, wenn ich einmal weiser sein sollte, so richtig negativ auswirkt, und zwar möglichst gleich biopsychosozial und auf allen Ebenen meines Menschseins. So ist es eben nicht! Es ist vielmehr so, dass uns die Dinge passieren, weil wir nicht achtsam sind, weil wir oft nicht erkennen, was da genau passiert. Und selbst dann, wenn wir erkennen, was da genau passiert, akzeptieren wir nicht, was wir erkennen. Wir können es nicht annehmen (Ego, Selbstbild), und wenn wir es nicht annehmen können, dann können wir auch die negativen Entwicklungen in unserem Leben weder stoppen noch ins Gegenteil verkehren, wie uns das Prinzip von Ursache und Wirkung lehrt!

Und genau deshalb macht es keinen Sinn, wenn dein aktuelles ICH deinem jüngeren ICH, das in der Vergangenheit ja nach Kräften versucht hat, sich zu bewähren, das Leben schwer macht. Denn damit macht sich dein aktuelles ICH selbst das Leben schwer. Du erinnerst dich? Haderst du mit der Vergangenheit, nährt sich dort die Depression. Befürchtest du die Zukunft, nährt sich dort die Angst. Und fehlt dir gar die Achtsamkeit im Hier und Jetzt, dann wirst du über kurz oder lang Probleme bekommen – und zwar mit Körper, Geist und Seele. Denn eine buddhistische Weisheit besagt:

»Wenn du zulässt, dass deine Vergangenheit deine Gegenwart bestimmt, dann hast du keine Zukunft …«

Ich hatte viel Zeit, um darüber nachzudenken, als ich im Rollstuhl saß, und ich glaube, dass mir genau das passiert ist. Dadurch, dass ich die Bedürfnisse meiner Persönlichkeit erst nicht erkannt habe und dann nicht stillen konnte, hat meine Sozialisation mich zum Gefangenen meines Egos gemacht. Und der erworbene Status hat dafür gesorgt, dass das Gefängnis auch ausbruchsicher war. Noch problematischer wurde das Ganze durch folgende Tatsache: Obwohl das Podest, auf das mich das eigene Ego stellte, im Gefängnis stand, hatte ich doch alles versucht, um auf diesem Podest zu bleiben.

Das gelingt genau so lange, bis das Fundament des Podests, nämlich die Kohärenz (das Vertrauen ins Leben) anfängt, erste Auflösungserscheinungen zu zeigen. Erst dann beginnt das Podest langsam zu wackeln. Allerdings hat bis dahin der schleichende Verlust von Handhabbarkeit, Verstehbarkeit und Sinnhaftigkeit dazu geführt, dass erst meine Psyche immensen Schaden genommen hat, und dann, weil ich auch das ignorieren musste, mein Körper den Dienst quittierte. Am Ende machte mein Geist meinen Körper fertig und die Schmerzen des Körpers machten meinen Geist fertig, und schon schließt sich der komplexe, negative, sich selbsterhaltende, rückbezügliche Regelkreis und ich war RAUS!

Das Problem beim *aus dem Rollstuhl rauskommen* war Folgendes. Wenn sowohl der Körper als auch der Geist am Ende aller Kräfte sind, was kann dann das *Momentum* hervorbringen? Wie entsteht der Initialfunke, der das Feuer in deinem Inneren wieder entfacht, sodass es in dir wieder warm, hell und behaglich wird und aus dir selbst heraus wieder eine Energie entstehen kann, die nicht nur ausreicht, um deinen Antriebsverlust zu kompensieren, sondern auch, um deinen Antrieb gleichsam neu zu kalibrieren? Und zwar so, dass er dich gedeihlich antreibt, ohne die Bedürfnisse deiner Persönlichkeit zu ignorieren, und du deine Aktivierung, zurück von den extremen Polen, jederzeit wieder zur Mitte führen kannst – und zwar immer dann, wenn es notwendig ist oder DU es möchtest.

Heute würde ich denjenigen zustimmen, die sagen, dass es immer erst einmal so richtig übel laufen muss, damit man etwas verändert. Wobei man das *so richtig übel laufen* immer vom individuellen Standpunkt aus betrachten muss. Denn vielleicht ist ein Zustand, der für mich kaum noch auszuhalten ist, für dich überhaupt kein Problem, selbst wenn sich die gleichen Symptome zeigen. *So richtig übel laufen* hat bei mir zum Beispiel bedeutet Notarzt, Schockraum, Überleben unklar, und dann der Moment, in dem der Gedanke aufkam, ob ich das alles überhaupt noch will, was dann in der für mich zentralen Frage mündete: *Werde ich geliebt – und liebe ich?* Und noch bevor meine Gedanken diese Frage fertig formuliert hatten, war auch schon die Antwort meines Egos da: NEIN – und NEIN! Und jetzt kommt's:

> *Es hat mich eiskalt angelogen, schon wieder!*

Macht aber nichts, weil auch JA – und JA oder JA – und NEIN den gleichen Effekt gehabt hätten – LEBEN! Einzig die Option NEIN –

und JA, hätte den gegenteiligen Effekt ausgelöst. Ich hätte mich niemals fürs Gehen entscheiden können, wenn ich damit jemand anderem, außer mir selbst, geschadet hätte. Und ich hatte die ganze Zeit über das Gefühl, als ob ICH tatsächlich die Wahl hätte. Dennoch bin ich von der Niedertracht meines Egos enttäuscht, denn ich hätte schon gedacht, dass es zumindest dann die Klappe hält, wenn es wirklich um Leben und Tod geht – aber weit gefehlt!

Jetzt stellst du dir sicher die Frage, wieso es nichts ausgemacht hätte, oder? Nun, das ist ganz einfach! Denn das doppelte NEIN (und Jack Kornfield, siehe weiter unten) hat mir unmissverständlich klar gemacht, was mein tiefstes und mächtigstes Bedürfnis ist. Mehr noch, es hat mir nicht nur das Bedürfnis gezeigt, sondern, und das war die wichtigste Erkenntnis meines Lebens, meine wahre BEDÜRFTIGKEIT. Mit einem Mal konnte ich sie nicht nur erkennen, ich konnte sie endlich annehmen – und ich war glücklich darüber! Diese Erkenntnis war deshalb so unglaublich wichtig, weil sie alle Blockaden auf einen Schlag nicht nur zertrümmert, sondern förmlich pulverisiert hat.

Nun konnte ich endlich loslassen. Ich habe angefangen, dem Buddha in mir zu vertrauen und mich von der Illusion zu verabschieden, dass nur ich am Ruder sitze und die Dinge so zu laufen hätten, wie ich das will. Und mit einem Mal war ich dankbar für die Situation, in der ich mich befand. Der Nebel der Illusion begann sich endlich zu lichten und eine wunderbare, entspannende Klarheit und Sicherheit machten sich allmählich breit. Und mein Zustand, das hatte ich verstanden, war der Preis, den ich dafür zu bezahlen hatte.

Mir war klar geworden, dass ich meine quälende Bedürftigkeit aus eigener Kraft niemals würde stillen können, dass ich keinen Einfluss auf die Erschließung oder Ergiebigkeit meiner Lebensenergie-Quelle habe. Mir war, gut 35 Jahre, nachdem ich *meinen Menschen* verloren hatte, klar geworden, was mich im Innersten antreibt und was mich immer angetrieben hat.

> *Und auch wenn es an dieser Stelle jetzt pathetisch und abgedroschen klingen mag: Mein einziger Antrieb war stets und von jeher LIEBE. Das ist noch immer so – und das wird auch immer so sein! Das hat mich mein toter Freund gelehrt. So und nicht anders – NIEMALS!*

Verzwickt war die Sache dadurch, dass ich für mich selbst nie Liebe übrighatte und der Mensch, dem ich die Liebe, die ich hatte, so unsagbar gerne gegeben hätte, nicht mehr da war. Aber selbst das wäre kein Problem gewesen, wenn ich nicht darüber verzweifelt gewesen wäre, dass ich *meinen Menschen* nicht mehr hatte, sondern darüber, dass *mein Mensch* sein Leben nicht mehr hatte. Daraus resultierten folgende Fragen, die mich lange brutal quälten: *Trauere ich um ihn oder um mich selbst? Tue ich mir leid, weil er mir so grausam fehlt oder tut es mir für ihn leid, weil er vielleicht so viel mehr hätte werden können, als ich jemals war? Oder tut es mir für uns beide leid? Weil wir beide miteinander und aneinander hätten wachsen und zusammen mehr sein können als lediglich die Summe aus 1+1?*

Nach allem, was du bis jetzt gelernt hast, wirst du nun sicher sagen: *Motivation, Maßstab* und *Standpunkt*, es ist immer das Gleiche! Nein, ganz so einfach ist es nicht! Und komm erst gar nicht auf die Idee, alles brav abzunicken, was ich sage! Beherzige wirklich, was der Buddha gesagt hat:

> *»Glaubt den Schriften nicht, glaubt den Lehrern nicht, glaubt auch mir nicht. Glaubt nur das, was ihr selbst sorgfältig geprüft und als euch selbst und zum Wohle dienend anerkannt habt.«*

Grundsätzlich hast du selbstverständlich völlig recht, wenn du sofort an die drei Dimensionen der Psychologie denkst. Aber das gilt nur für das Hier und Jetzt. Diesen Maßstab darfst du retrospektiv aber niemals an dein jüngeres ICH anlegen, denn du hast ja gelernt, dass es keinen Sinn macht, »... *wenn dein aktuelles ICH deinem jüngeren ICH, das in der Vergangenheit ja nach Kräften versucht hat, sich zu bewähren, das Leben schwer macht. Denn damit macht sich dein aktuelles ICH selbst das Leben schwer. Du erinnerst dich? Haderst du mit der Vergangenheit, nährt sich dort die Depression. Befürchtest du die Zukunft, nährt sich dort die Angst. Und fehlt dir gar die Achtsamkeit im Hier und Jetzt, dann wirst du über kurz oder lang Probleme bekommen, und zwar mit Körper, Geist und Seele.«*

Auf jeden Fall haben diese Erkenntnis und der damit einhergehende Standpunkt- und Perspektivwechsel dazu geführt, dass mir mit einem Mal klar wurde, dass mein Freund genauso gedacht hätte, weil er bereits mit 17 schon so viel geerdeter, milder und weiser war als ich es selbst heute bin. Ich hatte mit einem Mal verstanden, dass ich ihn an dem Tag aufgegeben hatte, an dem ich mich aufgegeben hatte, und DAS war der brutalste Schlag, den ich jemals einstecken musste. Ich hatte durch mein Selbstmitleid dafür gesorgt, dass genau das passiert ist, wovor ich immer wirklich panische Angst hatte, nämlich ihn zu verlieren. Und das Allerübelste daran war, dass ich es nicht einmal bemerkt habe, als es passiert ist. Das habe ich meinem Ego extrem übelgenommen und genau deshalb habe ich es in diesem Moment zu lebenslangem Arbeitslager verurteilt und das Urteil sofort vollstreckt! Von diesem Tag an habe ich mein Ego gezwungen, an der Nicht-Identifikation zu arbeiten und heute weiß ich, dass ich nicht der Körper, nicht der Geist und schon gar nicht diese Emotionen bin. Ich bin reines Bewusstsein, und das ist noch immer mit *meinem Menschen* zusammen und genau so wird es auch IMMER sein!

Ich HABE einen Körper, ich HABE Gedanken und ich HABE Emotionen, aber nichts davon BIN ich. Das Einzige, was ich BIN, ist reines Bewusstsein und dieses Bewusstsein hat keinen Verlust erlitten. Dieses Bewusstsein trauert nicht, dieses Bewusstsein vermisst nicht, weil dieses Bewusstsein eins ist, mit allem, was ist. Also auch mit dem, was mein Freund einmal war, was er ist und immer sein wird, reines Bewusstsein. Eben genau so, wie es der verehrte tibetische Meditationsmeister *Kalu Rinpoche* gesagt hat:

> *»Wenn du verstehst, wirst du erkennen, dass du nichts bist. Wenn du nichts bist, bist du alles.«*

Und nun möchte ich diese für mich doch sehr fordernde Retrospektive mit einem Zitat des wunderbaren Jack Kornfield zum Abschluss bringen, der mir einmal, als ich wirklich sehr traurig und dem Aufgeben nahe war, gesagt hat:

> *»Wenn es dir gelingt, die Identifikation zu beherrschen, dann ist da nur noch dein Herz, das weder die Grenzen des Raumes noch die der Zeit kennt, und das mit allem, was ist, ewig verbunden ist.«*

Danach war ich, seit sehr langer Zeit, zum ersten Mal wieder glücklich und hatte Hoffnung. Und wenn ich einmal ganz ehrlich mit mir selbst bin, dann weiß ich, dass nicht ich es war, der aus eigener Kraft den Rollstuhl verlassen hat und aufgestanden ist. Es war vielmehr das Bewusstsein *meines Menschen, meines Freundes*, nein, es war SEINE Liebe, die mich mit SEINER Kraft aus dem Rollstuhl gehoben hat, eben weil alles mit allem verbunden ist. Es hat zwar eine Weile gedauert, bis ich das erkennen konnte, aber ab diesem Moment musste ich im Grunde nur noch ein paar wenige Dinge annehmen und akzeptieren lernen. Das Loslassen von all dem, was mich so lange gequält und behindert hatte, war dann wirklich kinderleicht! Man muss nur gedeihliche Bedingungen schaffen, dann gelingt es – *zwingend!*

Du siehst also, das hat alles rein gar nichts mit geheimnisvollen oder gar übernatürlichen Shaolin-Superkräften zu tun. Es ist nur einfach so, dass man sich normalerweise die mentale Stärke über körperliche Kräftigung und die Verschiebung von physischen Grenzen erschließt. Wenn der Körper jedoch in einem Rollstuhl sitzt, in den der Geist ihn gesetzt hat, dann ist der einzig verbleibende Weg nach Shaolin der Weg des offensichtlich machtvollen Geistes. Es kommt einzig darauf an, ob man einen Weg findet, sich diese offensichtliche Macht des Geistes gedeihlich zunutze zu machen. Und wenn du jetzt denkst, das könntest du nie, dann möchte ich dich noch einmal auf Buddha verweisen:

»Was den gewöhnlichen Menschen vom außergewöhnlichen Menschen unterscheidet, ist in der Regel nichts als Konsequenz.«

Die unterschätzte Macht des Geistes …

So, und jetzt wird es so richtig peinlich für mich. Denn warum solltest du in Bezug auf dein *Mindset* auf einen Professor hören, den sein eigener Geist in den Rollstuhl gesetzt hat? Fantastisch, du fängst an zu zweifeln! Das zeigt mir, und hoffentlich auch dir, dass DEIN Vertrauen in DICH wieder zuzunehmen beginnt. Und unter uns …

> *Ich vertraue dem Professor schon lange nicht mehr!*

Wir sollten stattdessen beide lieber auf Buddha vertrauen, der schon vor über 2500 Jahren erkannt, erfahren und erlebt hat, dass man den eigenen Gedanken und Emotionen nicht vorbehaltlos glauben darf. Deshalb, wie Meister *Shi Heng Yi* immer sagt: *»Don't overthink!«* oder wie Buddha es ausdrückt:

»Ein Mensch wird nicht weise genannt, weil er redet und wieder redet; sondern wenn er friedlich, liebevoll und furchtlos ist, dann wird er in Wahrheit weise genannt.«

Mache es doch wie ich. Vergiss das nervige, neunmalkluge Geschwätz des Professors, vertraue lieber dem Selbst des Shaolin, welches das Ego des Professors besiegt hat, und vor allem: VERTRAUE DIR SELBST!

Lass uns nun dazu noch ein Gedankenexperiment machen.

GedankenExperiment

Stell dir vor, dass du von Kindheit an chronisch krank bist. Die Schmerzen, die dich als fühlendes Wesen von Anfang an, jeden einzelnen Tag und jede einzelne Nacht, begleiten, sind dabei, wirklich alles, was von dir noch übrig ist, zu zersetzen. Deine Kraft, deine Hoffnung, deinen Glauben, deinen Willen, deinen Antrieb, deine verbliebenen Gefühle – kurz alles, was gut und richtig war in deinem Leben. Und zudem hast du durch zwei 18-monatige Chemotherapien jeweils über die Hälfte deines Körpergewichts eingebüßt. Bis dahin warst du ein 120 Kilo schwerer Bodybuilder, danach ein 49 Kilo schwerer Pflegefall – zwei Mal!

Einen akuten Schub deiner Erkrankung hast du nur mithilfe eines Notarztes knapp überlebt. Jetzt sitzt du völlig übergewichtig seit einem Jahr im Rollstuhl, hast kaum noch Muskeln, und die wenigen, die dir noch bleiben, bereiten dir höllische Schmerzen. Du kannst dich nur noch mithilfe von stärksten Opiaten, zahlreichen Antidepressiva und Beruhigungsmitteln aufrecht sitzend in diesem Rollstuhl halten. Die Systemmedizin weiß nicht mehr weiter und kann nur noch bei der Beantragung der Arbeitsunfähigkeitsrente helfen.

Was müsste in dir geschehen, dass du in dieser Situation, in deinem Rollstuhl kauernd, tropfnass vor Schweiß und zitternd vor Schmerz, daran glauben und den Entschluss fassen könntest, der Schüler eines Shaolin-Meisters zu werden? Was müsste in dir geschehen, dass du sogar den Entschluss fassen könntest, selbst ein Shaolin zu werden? Welche alles entscheidende Frage müsstest du dir stellen?

Und bevor du darüber nachdenkst, möchte ich dir, sozusagen als Leitplanke, noch etwas zu bedenken geben: Halte dir vor Augen, du sitzt völlig fertig in einem Rollstuhl. Was wärst du bereit zu tun, um diesen Zustand zu ändern? Und was würde diese Bereitschaft in dir überhaupt entstehen lassen? Wäre deine Imaginationsfähigkeit (gesteuerte, zielgerichtete Vorstellung) stark genug, um eine Sehnsucht in dir entstehen zu lassen, die so mächtig ist, dass sie dich in die Lage versetzt, daraus einen zielführenden, bedingungslosen ENTSCHLUSS zu formen? Den Entschluss, aufzustehen, trotz der Schmerzen im Körper, trotz des Nebels im Kopf und trotz der Leere der Seele? Du musst dabei unbedingt verstehen, dass einzig und allein DU diesen Entschluss fassen kannst, niemand sonst kann das für dich tun! DU bist es, der vor der Wahl steht, wie sich dein Leben anfühlen soll. Und diese Wahl ist unausweichlich! Entweder DU triffst sie – oder das Leben trifft sie für dich. Das ist nicht verhandelbar, und weil das so ist, sagt man in Shaolin den Schülern, die Zweifel haben, weil sie mit ihrer Entwicklung nicht zufrieden sind oder weil sie glauben, sie seien nicht gut genug für Shaolin, folgende Worte:

»Mach dir keine Sorgen, wenn du den Weg erst einmal nicht finden kannst. Wenn es an der Zeit ist, findet der Weg auf jeden Fall dich!«

Ich habe mich zu Beginn auch unter Druck gesetzt. Ich dachte, ich müsste (Achtung!), um zu genügen, Kung Fu, Qi Gong, Taijiquan und noch vieles mehr perfekt beherrschen. Nun, ich muss gestehen, dass ich von jeher eine Abneigung gegen das Kämpfen habe, auch wenn ich Personenschützer war. Vielleicht deshalb, weil mich meine Lebenswelt und mein Körper stets dazu gezwungen haben. Egal wie, die innere Bereitschaft war nicht gegeben, und deshalb waren meine Fortschritte nicht so, wie ich mir dachte, dass die Meister denken, wie sie sein sollten. Das Problem war nur, dass die Meister das gar nicht dachten. Aber daran hatte ich gar nicht gedacht! Du merkst schon, ich ziehe das *Denken, was andere denken,* ins Lächerliche – und dies aus gutem Grund.

Die Erkenntnis, die mir diesen Druck, besser sein zu müssen, genommen hat, verdanke ich dem ranghöchsten Shaolin Europas, Großmeister Shi Yong Chuan, dem ehrwürdigen Abt vom Shaolin-Tempel Deutschland. Ich durfte mit ihm Qi Gong praktizieren, und zwar eine mir völlig fremde Form, die sich aber von der ersten Bewegung an so angefühlt hat, als müsste ich sie machen und als wäre sie für mich gemacht. Es war ein unglaubliches Gefühl und die Reaktion des Körpers, diese Leichtigkeit, war mir schon lange fremd geworden. Am Ende habe ich den Großmeister darum gebeten, mich darin zu unterweisen. Ich habe mich dafür entschuldigt, dass ich kein so *überzeugter Kämpfer* bin, und wollte wissen, ob es dennoch möglich ist. Daraufhin lächelte der weise Meister unglaublich liebe- und verständnisvoll und sagte nur: »*Ja, ich weiß! Das Leben hat dich zum Kämpfer gemacht und das Leben hat dich zum Heiler gemacht, und beides hat dich viel gekostet. Aber was war das Problem? Das Problem war, dass du stets gedacht hast, du BIST der Kämpfer und du BIST der Heiler. Dabei warst du weder der eine noch der andere. Du warst stets nur ein Mensch, der sehr gut kämpfen und der sehr gut heilen kann. Übe Nicht-Identifikation, dann wirst du stets der sein können, der gebraucht wird, und es wird dir nicht schaden. Im Gegenteil, du selbst und viele fühlende Wesen werden davon einen großen Nutzen haben!*«

Ich habe mir das damals sofort notiert und zur Sicherheit auch noch auf mein Smartphone gesprochen, weil ich auf gar keinen Fall riskieren wollte, dass ich es wieder nicht richtig mache. Es war aber unnötig, denn ich kann es noch immer auswendig! Mach dir also keine allzu großen Sorgen, wenn dir das Gedankenexperiment schwerfällt, denn genau deshalb machen wir es ja! Wenn du aber auf Nummer Sicher gehen möchtest, dann versuche es zunächst mit Achtsamkeit und Mitgefühl. Erst, und das ist noch ganz einfach, anderen gegenüber, die vielleicht sehr darunter leiden, dass es dir nicht gut geht. Dann, und das ist schon wesentlich schwieriger, dir selbst gegenüber. Und gerade, wenn dir das schwerfällt, musst du dich ganz dringend bemühen zu verstehen, dass du so sein darfst, wie du bist. DU BIST GUT! Und zwar ganz genau so, wie du bist!

GE → **Antwort**

Du müsstest dir die folgende Frage stellen, wenn dir etwas am Leben an sich, an den fühlenden Wesen, die dich umgeben, und an dir selbst liegen sollte:

Wenn mein Geist in der Lage ist, eine so zerstörerische Macht zu entwickeln, die in der Lage ist, meine Seele zu töten, meinen Willen zu brechen und meinen Körper in einen Rollstuhl zu zwingen, wozu mag er dann wohl in der Lage sein, wenn es mir gelingen sollte, diese immense, zerstörerische Macht in ihr Gegenteil zu verwandeln?

Wow, oder? Sollte uns nämlich das gelingen, könnten wir theoretisch fliegen und, ohne anmaßend sein zu wollen, wohl auch übers Wasser gehen. Du weißt sicher, wie ich das meine. Wir sind nämlich nur zu gerne bereit, uns dem zu fügen, was uns scheinbar passiert. Das Problem daran ist, dass uns rein gar nichts einfach nur so passiert. Alles hat eine Ursache, die dann eine Wirkung zeitigt, die dann gleichzeitig wieder Ursache ist. Und sowohl für die Ursachen als auch für die Wirkungen sind stets nur wir selbst verantwortlich.

Und bevor du nun gleich ABER sagst und widersprichst (denn das wolltest du gerade, stimmt's?), lass dir bitte alles bisher Gesagte noch einmal in Ruhe durch den Kopf gehen. Und denk bitte nicht bewusst darüber nach, sondern vertraue dem Buddha in dir (also deinem Bewusstsein). Vertraue darauf, dass genau die Gedanken und Emotionen in den unendlichen Raum deines Bewusstseins treten, die dich einen großen Schritt weiterbringen werden.

Gönne dir JETZT eine Lesepause …

> *Setz oder leg dich bequem hin und schließe für 10 Minuten deine Augen. Versuche deinen Atem zu fokussieren und lass deinen Geist, mit den Gedanken, die du jetzt hast, einfach machen. Lass all die Gedanken kommen und gehen und halte sie nicht fest. Heiße sie alle herzlich willkommen und verabschiede sie in Dankbarkeit. Bewerte sie nicht, nimm sie – im Vorüberziehen – einfach nur achtsam zur Kenntnis.*

Und bitte bedenke …

> *Wenn du nicht ins Tun kommst, wenn du nicht übst – und auch Denken üben ist Üben –, wirst du auch am Ende dieses Buches nur eines können, nämlich ein Buch lesen. Unsere besten Wünsche begleiten dich, aber dein Glück und dein Leid hängen einzig von deinen Taten ab, und nicht von unseren Wünschen für dich.*

Du bist BESSER, als du DENKST …

Machen wir nun also auf unserer gemeinsamen, heilenden und kräftigenden Reise den nächsten Schritt, und zwar vom *Wissen* hin zum *Können*. Fang deshalb bitte ab jetzt damit an, buddhistisch zu denken und zu handeln. Nimm dir dazu immer wieder jene Teile des Buches vor, die dich berührt haben, und kontempliere sie. Betrachte sie von allen Seiten, lass dich von neuen Gedanken denken, von neuen Emotionen lenken und lass all die alten Glaubenssätze los, die eben genau das zu verhindern versuchen. Denn, so sagt Buddha:

»Alles, was gedacht werden kann,
kann auch entstehen.«

Wenn wir also davon ausgehen, dass du eigentlich besser bist, als du denkst, musst du dir nun folgende Frage stellen, wenn du auch tatsächlich besser sein willst.

> *»Was ist es denn, was mit meinem Denken nicht stimmt?«*

Nun, diese Frage ist einfach zu beantworten, wenn du erst einmal intensiver darüber nachdenkst. Aber lass mich dir etwas helfen.

- *Hast du schon einmal abends im Bett gelegen und versucht einzuschlafen, aber deine Gedanken haben dich wach gehalten?*
- *Hast du schon einmal versucht, negative Gedanken nicht zu denken, und ist dir das gelungen?*
- *Haben deine Gedanken schon einmal dazu geführt, dass du dich schlecht gefühlt hast, und konntest du diese Emotionen positiv beeinflussen?*

Die Antworten auf die Frage, was mit deinem Denken nicht stimmt, wären demnach folgende:

- *Wir müssen scheinbar denken, ob wir wollen oder nicht!*
- *Wir haben scheinbar nur bedingt oder gar keine Kontrolle über das, was wir denken (müssen)!*
- *Wir können scheinbar kaum oder gar nicht beeinflussen, welche Emotionen aus diesen unkontrollierten Gedanken entstehen!*

Woraus sich dann wieder nach dem Prinzip von Ursache und Wirkung eine weitere wesentliche Frage ableitet:

- *Was führt denn eigentlich dazu, dass ich ständig denken muss und dabei weder die Kontrolle über diese Gedanken noch über die daraus resultierenden Emotionen habe?*

Erinnerst du dich? Richtig, das war das mit der Zeugung, mit der Zellpsychologie und der Sozialisation. All das, was wir im Kapitel *VERSTEHEN* und im Kapitel *WISSEN* bis hierher gemeinsam erarbeitet haben!

Die Beantwortung dieser wesentlichen Frage ist dann auch etwas komplexer und beinhaltet praktisch alles bisher Gesagte. Dennoch möchte ich versuchen, die Dinge so weit zu präzisieren, damit du am Ende dieses Kapitels in der Lage bist, dein neues Wissen in Können zu transformieren. Auf den Punkt gebracht: Es geht dabei um die drei bekannten, maßgeblichen Dimensionen deiner Psychologie, also deines Erlebens und Verhaltens. Es geht um Motivation, Maßstab und Standpunkt. Auf diese drei Dimensionen kannst du einen erheblichen gedeihlichen Einfluss nehmen, und zwar schon dann, wenn du nur ein paar wenige Parameter deines Denkens kontemplierst.

Betrachte dazu die obige Fragestellung, die wir als die wesentliche erkannt haben. Betrachte sie von allen Standpunkten aus, die du einzunehmen vermagst. Betrachte sie aus so vielen Perspektiven wie möglich und bewerte nicht, was du erkennst. Nimm es einfach an, akzeptiere es und mache dir dabei nur bewusst, dass sowohl angenehme, freudvolle als auch unangenehme, belastende Emotionen aufsteigen.

Was du mit diesen Emotionen machen und wie du mit ihnen umgehen kannst, lernst du im Kapitel *TUN*. Ich kann dir versprechen, dass dir das nicht nur neue Perspektiven eröffnen, sondern vor allem richtig guttun wird! Zunächst aber zurück zur Kontemplation, die du, wie oben beschrieben, durchführst. Nimm dir dafür so viel Zeit, wie es sich für dich richtig anfühlt.

- *Sobald du Dinge erkennst, die nach deiner derzeitigen Meinung deinen Denkzwang begünstigen, klebst du im Geist nur einen Sticker dran, nichts weiter: Entweder ›veränderbar‹ oder ›nicht veränderbar‹.*

- *Dann lässt du alle Dinge, die von dir den Sticker ›nicht veränderbar‹ erhalten haben, vorüberziehen und sich auflösen.*
- *Dann beginnst du, alle Dinge, die von dir den Sticker ›veränderbar‹ erhalten haben, entsprechend der Priorität zu ordnen. Von ›schnell und einfach‹ veränderbar hin zu ›langsam und komplex‹.*
- *Nun beginnst du damit, dir den nötigen Veränderungsprozess von etwas, das schnell und einfach zu verändern ist, vorzustellen. In absolut jeder Einzelheit. Von den Emotionen, die du dabei wahrnimmst, über die Gedanken und die Empfindungen bis hin zu den Menschen, denen du dabei begegnest. Es geht dabei nur um diesen einzigen Veränderungsprozess.*
- *Auf diese Art richtest du nicht nur dein Denken entsprechend aus, du schaffst damit auch, und das ist das Wichtigste, neue Strukturen in deinem Gehirn. Es entstehen neue Bahnen und Verbindungen, die mit der Zeit dafür sorgen werden, dass du dir diese Art des Denkens ganz selbstverständlich zu eigen machen wirst. Mit anderen Worten: Du lernst!*
- *Wenn du eine Zeit lang mit einfachen, wenig komplexen Veränderungsprozessen geübt hast, fängst du an, dir die Veränderungen, die schon etwas komplexer sind, vorzunehmen. Das führt dazu, dass du zwingend immer besser wirst und mit der Zeit Kompetenzen entwickelst, die dafür sorgen werden, dass dich jeder gewünschte oder notwendige Anpassungsprozess nicht nur mental erheblich stärken, sondern darüber hinaus immens wachsen lassen wird. So entwickeln Shaolin-Meister ihre mentalen Fähigkeiten.*

Es geht also darum, *richtig denken* zu lernen. Nun stellt sich die Frage, was es denn ist, was Denken zu richtigem Denken macht. Richtiges Denken, in unserem Sinn, ist demnach ein Denken,

- *das uns die Wahl lässt, ob wir denken wollen oder nicht;*
- *das uns die Wahl lässt, was wir denken wollen, und zwar dann, wann wir es denken wollen;*

- *das wir so kontrollieren können, dass wir die daraus resultierenden Emotionen beherrschen können.*

Ein solches Denken können wir erreichen, indem wir die ihm zugrunde liegenden Faktoren, nämlich Motivation, Maßstab und Standpunkt, gedeihlich verändern. Der Hebel, mit der wir diese schwere Aufgabe stemmen können, ist die buddhistische Psychologie. So können wir zum Beispiel die Motivation gedeihlich verändern, indem wir uns auf den *edlen achtfachen Pfad* begeben; wir können unseren Maßstab verändern, indem wir uns die *vier edlen Wahrheiten* immer und immer wieder vor Augen führen; und wir können sogar unseren Standpunkt verändern, indem wir uns klarmachen, dass wir ausnahmslos alle *sechs Wurzeln* haben. Drei, die unser gedeihliches Wesen nähren, und drei, die unser schädliches Wesen nähren.

Du wirst staunen, wie sehr dir das Wissen um all diese Dinge helfen wird, wenn es dir erst einmal vertraut ist. Darauf kannst du dich schon jetzt freuen! Und sollte dir nun der Gedanke durch den Kopf huschen, dass du das niemals schaffst, dann lass dir von Buddha eines versichern:

»Wir alle sind Menschen. Es sind einzig die Namen, die sie uns geben, die uns unterscheiden.«

Und wenn wir es geschafft haben, dann kannst du das auch, du bist doch auch ein Mensch, oder? Nachdem du jetzt hoffentlich ERKENNEN konntest, wie komplex und fehlerbehaftet unser aller Denken und Fühlen ist, solltest du jetzt diese Erkenntnis ANNEHMEN, und das, was dich bisher daran gehindert hat, LOSLASSEN können. Ansonsten gibst du dich auch weiterhin unter Wert geschlagen.

Gönne dir JETZT eine Lesepause …

Setz oder leg dich bequem hin und schließe für 10 Minuten deine Augen. Versuche deinen Atem zu fokussieren und lass deinen

> *Geist, mit den Gedanken, die du jetzt hast, einfach machen. Lass all die Gedanken kommen und gehen und halte sie nicht fest. Heiße sie alle herzlich willkommen und verabschiede sie in Dankbarkeit. Bewerte sie nicht, nimm sie – im Vorüberziehen – einfach nur achtsam zur Kenntnis.*

Und bitte bedenke …

> *Wenn du nicht ins Tun kommst, wenn du nicht übst – und auch Denken üben ist Üben –, wirst du auch am Ende dieses Buches nur eines können, nämlich ein Buch lesen. Unsere besten Wünsche begleiten dich, aber dein Glück und dein Leid hängen einzig von deinen Taten ab, und nicht von unseren Wünschen für dich.*

4. Wissen und Können sind bedeutungslos

Voll deprimierend, oder? Erst hast du versucht, all das zu VERSTEHEN, dann hast du dir auch noch das nötige WISSEN erarbeitet und sogar bereits begonnen zu sitzen, zu atmen und Gedanken und Emotionen zu kontemplieren. Du scheinst also offenbar auch schon über ein gewisses KÖNNEN zu verfügen. Und jetzt das! All dieses wunderbare neue WISSEN und KÖNNEN sollen bedeutungslos sein? Ja geht's noch? Ja, es geht noch, und zwar besser, als es jemals zuvor gegangen ist, und das wirst du gleich erkennen.

Wie es genau ist und auch warum es so ist, wie es ist, werde ich dir nachfolgend anhand meines eigenen Scheiterns zeigen. Denn vor allem eines habe ich in Shaolin gelernt, und dafür habe ich zu meiner eigenen Verwunderung noch nicht einmal die Hilfe eines Meisters oder gar des Großmeisters gebraucht: Ich werde immer ein Schüler des Lebens bleiben, völlig gleichgültig, was *die Anderen* in mir sehen (wollen). Mit jeder Antwort, die ich mir selbst und anderen zu geben vermag, entstehen neue, noch viel tiefgründigere Fragen. Es gibt keine endgültigen Antworten, weil eben alles Ursache und Wirkung ist, weil alles entsteht und vergeht – und weil alles mit allem verbunden ist. So ist das Universum, so ist unsere Existenz und so ist auch das, was wir als *unser Leben* bezeichnen. Es ist eben *»alles völlig ungewiss«*, wie die Meister immer sagen. Oder, wie es Buddha selbst so treffend formuliert:

»Das Leben ist kein Problem, das es zu lösen, sondern eine Wirklichkeit, die es zu erfahren gilt.«

Was dir meine Geschichte in aller Härte gezeigt haben sollte, ist, dass es offenbar völlig bedeutungslos ist, was du wei*ß*t und was du kannst, wenn du es nicht tun kannst! Sie sollte dir gezeigt haben, zu was es führen kann, wenn du fremdbestimmt wirst, wenn du gedacht und gefühlt wirst, statt etwas selbstbestimmt zu tun. Wenn du keinen Einfluss mehr darauf hast, ob aus deinem Glauben, zu wissen, ein reaktives *Denken und Fühlen müssen* wird oder ob aus deinem Wissen, nur zu glauben, ein selbstbestimmtes, kreatives *Denken und Fühlen können* wird, dann hast du deine Selbstwirksamkeit verloren. Und dann bist du nur noch der Passagier deines eigenen Lebens, das von einem *Auto-Piloten* in der Luft gehalten wird, so lange, bis der Treibstoff zur Neige geht, was unvermeidlich ist!

Unser Gehirn ist doof, faul und süchtig …

Das sage nicht ich, sondern einer der ganz Großen der Neurowissenschaften, und zwar *Prof. Dr. Gerald Hüther*, der ganz maßgeblich zu meiner *Karriere* beigetragen hat. Er ist wohl der Prototyp eines wahrhaftigen Humanisten. Aber auch, wenn er einer der ganz großen Neurowissenschaftler geworden ist, so hat er sich dennoch, wie er selbst sagt, stets schwergetan, wenn es ums Genügen und Funktionieren ging. Deshalb ist er – wie auch ich – aus der Tretmühle der Wissenschaft ausgestiegen und hat seine wunderbare *Akademie für Potentialentfaltung* (https://www.gerald-huether.de/akademie-fuer-potentialentfaltung/) gegründet.

Ich habe Gerald Hüther schon als Student sehr geschätzt, und nicht nur deshalb, weil er mir vor 20 Jahren völlig selbstlos geholfen hat. Er hat mich deshalb so beeindruckt, weil er nie das gesagt hat, was die Menschen hören wollten, sondern stets das, was sie hören mussten! Und die Aussage, die ich hier zur Kapitelüberschrift gemacht habe, fällt in diese Kategorie.

Professor Hüther sagt, dass der zweite Hauptsatz der Thermodynamik seine Sicht auf das Gehirn grundlegend verändert hat, weil ihm dadurch bewusst geworden ist, dass das Gehirn im Grunde ein Energiespar-Organ ist.

Der zweite Hauptsatz der Thermodynamik besagt verkürzt, dass jedes komplexe System sich so strukturiert, dass es mit so wenig Energie wie möglich auskommt. Wird diese Fähigkeit gefördert, geht es dem System gut, wird sie beeinträchtigt, zerfällt das System.

Den Zustand unseres absoluten Wohlbefindens erreichen wir, so Professor Hüther, wenn unser Gehirn so wenig wie möglich Energie verbraucht. Man kann dieses Wohlbefinden als Harmonie verstehen, als einen Zustand, in dem alles mit allem in Einklang ist. Unsere Biologie in Einklang mit unserer Chemie, unsere Erfahrung mit unseren Erkenntnissen, wir mit der uns umgebenden Natur – und unser Selbst mit dem Selbst *der Anderen*. Diesen Zustand, in dem unser Gehirn kaum Energie verbraucht, in dem alles passt, nennt man Kohärenz.

Erinnerst du dich?

Diesen Zustand der Kohärenz strebt unser Denkorgan stetig an, auch wenn es ihm praktisch nie gelingt, diesen Zustand auch tatsächlich zu verwirklichen, weil in unserem Leben eben immer irgendetwas nicht stimmt. Der einzige Moment, so der Professor, in dem unser Gehirn den Zustand der Kohärenz vollumfänglich verwirklicht, ist der Moment am Ende unseres Lebens. Es ist wichtig zu verstehen, dass unser Gehirn sogar im Ruhezustand gut 20 Prozent der Gesamtenergie benötigt, die der Körper bereitstellt. Das gilt selbst für die Meditation.

Entstehen Reibungsverluste oder gar Blockaden durch Denken und Fühlen, dann saugt dein Gehirn, das dabei völlig in Unordnung (Arousal = Erregung) kommt, so viel Energie, dass du es körperlich zu spüren bekommst. Das Herz beginnt zu rasen, die Knie werden weich, du fängst an zu schwitzen, dir wird übel, Magen und Darm melden sich. Kurz, die Stresshormone schießen über! Spätestens jetzt versuchen wir, diesen Zustand der Inkohärenz mit allen Mitteln abzustellen. Und sobald uns das gelingt, wird es erst so richtig schwierig!

Denn jetzt aktiviert die *überschüssige Energie* unser Belohnungszentrum, und zwar auf eine ähnliche Art, wie Kokain und Heroin das tun. Das führt dann dazu, dass wir jedes Mal, wenn es uns gelingt, Inkohärenz in Kohärenz zu verwandeln, die entsprechenden Strukturen und Verschaltungen im Gehirn weiter ausbauen. So werden aus Feldwegen im Gehirn mit der Zeit Autobahnen! Das Problem dabei ist, dass es unserem Gehirn völlig egal ist, ob es auch heute noch, oder gar in der Zukunft, überhaupt Sinn macht, über diese Autobahnen zu rasen. Es wird darauf gerast, weil sie da sind, und nicht, weil man darauf am besten und schnellsten von A nach B kommt. Das Gehirn will nur einfach so wenig Energie wie möglich verbrauchen, völlig egal wie.

Und eben weil unser Gehirn doof ist, benutzt es dazu so wenig gedeihliche Strategien wie Verleugnung, Ablenkung, Verdrängung, sich auf vergangene Erfolge berufen, Alkohol trinken oder Drogen konsumieren. Nichts davon löst das Problem, spart aber immens Energie. Wenn es beispielsweise genügt, dass wir uns durch Ersatzstrategien selbst betrügen, um in Kohärenz zu kommen, statt das Problem zu lösen, akzeptiert unser Gehirn sehr gerne auch das. Das Dumme ist nur, dass wir auf diese Weise unseren Zustand, unsere Situation und unser Leben insgesamt durch die Qualität unseres

Erlebens und Verhaltens (Psychologie) stetig verschlechtern (Feldwege und Autobahnen). Es kommt darauf an, welche Strategien wir erlernt haben, und wir erlernen eben vor allem die, die zwar irgendwann einmal gut funktioniert haben, es nun aber nicht mehr tun.

Die so etablierten Denk- und Handlungsstrukturen verfestigen sich immer mehr, bis es kaum noch möglich ist, alternativ zu denken und zu handeln. Und man muss so denken und handeln, wie man immer gedacht und gehandelt hat, weil man süchtig danach und abhängig davon ist. Dieser Prozess läuft aber nicht nur in uns ab, sondern in allen komplexen Systemen, in Beziehungen, in Schulen, in Gemeinden und in ganzen Gesellschaften.

Nun, was denkst du? Was müsste passieren, um diese süchtige Abhängigkeit zu durchbrechen, die durch die Qualität ihrer Lösungsstrategien zunehmend mehr Probleme verursacht, als dass sie diese löst, und zwar auf allen Ebenen?

Die Antwort lautet: Man müsste ein Ziel haben, für dessen Erreichung sich der Weg wahrhaftig lohnt! Das Problem dabei ist, dass wir bereits auf dem Weg hin zu diesem Ziel so viele Inkohärenzen aushalten müssen, dass wir spätestens dann scheitern, wenn wir das Ziel tatsächlich erreichen. Denn wir haben nur gelernt, wie man das Ziel erreicht, nicht aber, wie man Inkohärenzen ausgleicht. Wir haben nur gelernt, irgendwie von A nach B zu kommen, jedoch nicht, wie man den Weg dorthin bestmöglich nutzt und ihn dabei auch noch genießt. Man hat uns beigebracht, dass angeblich nur das Erreichen des Ziels Kohärenz herstellt, und das ist vorsätzliche Manipulation! Ganz im Sinne der sprichwörtlichen Karotte, die man dem Esel vor die Schnauze hält. Denn in Wahrheit entsteht die Kohärenz, wenn wir die Schönheit des Weges erkennen, diesen genießen und uns daran erfreuen, ihn auf unserer Lebensreise nutzen zu können.

Deshalb ist es ein fundamentaler Fehler, wenn du deinen Fokus auf die Zielerreichung legst, anstatt auf den Nutzen, die Schönheit und die Qualität des Weges. Die Lösung besteht darin, etwas anzustreben, das weit hinter jedem Ziel liegt, das du dir stecken könntest. Also ein Ziel, das du eigentlich gar nicht erreichen kannst. Deshalb gilt: Definiere niemals Ziele, definiere stets ein konkretes Anliegen! Ich gebe dir ein Beispiel: Statt sich zu sagen, ich möchte Arzt werden, und sich durch das soziale Klärbecken der ökonomisierten Medizin zu quälen, um das Ziel zu erreichen, nur um dann – völlig desillusioniert und korrumpiert an Körper, Geist und Seele – zu scheitern, wäre es besser, sich zu sagen: *Ich möchte jemand werden, der den Menschen hilft, so schnell wie möglich wieder gesund zu werden.* Dieses Anliegen kann man bis ins hohe Alter verfolgen und man müsste dazu nicht einmal Arzt sein. Aber selbst der beste Arzt könnte daran noch stetig und nachhaltig wachsen und sich Handhabbarkeit, Sinnhaftigkeit und Verstehbarkeit bewahren.

Im Kern geht es um Sinn und Orientierung – und nicht um Zielerreichung. Das gilt insbesondere auch für Gesellschaften. Die Frage ist aber doch, was eine Gemeinschaft von Menschen entwickeln könnte, um miteinander und aneinander zu wachsen. So etwas wie ein gemeinsames Anliegen, das jedem so sehr am Herzen liegt, dass er sich in den Dienst der Sache stellt. Etwas, das allein niemals zu erreichen wäre. Das könnte aber nur dann funktionieren, wenn wir aufhören würden, ständig andere Menschen für unsere Zwecke zu benutzen. Nur dann, wenn wir endlich damit aufhören würden, darauf zu warten, bis *die Anderen* endlich so sind, wie wir sie gerne hätten.

Unser Problem ist, dass wir von einem kompetitiven Umfeld – in diesem und für dieses – sozialisiert und erzogen werden und etwas anderes gar nicht kennenlernen. Das Ordnungsprinzip, das es uns ermöglicht, ein Anliegen zu verfolgen, war schon immer die Hierarchie. Dieses Ordnungsprinzip hat sich spätestens herausgebildet, nachdem wir sesshaft geworden sind und angefangen haben, Privatbesitz anzuhäufen, der verteidigt werden musste. Und weil das gut funktioniert hat, hat dieses System im Laufe der Zeit alle Bereiche unserer Existenz durchdrungen, vom Kindergarten über das Militär bis hin zur Kirche.

Problematisch in diesem Zusammenhang ist, dass in diesem System immer diejenigen, die unten sind, objektifiziert werden. Erinnerst du dich noch daran? Das ist der letzte Punkt auf der Liste der Gründe, weshalb du wahrscheinlich dieses Buch liest: Kohärenzverlust, Überaktivierung und Objektifizierung.

Alle drei begegnen uns nun wieder, aber vor allem die Objektifizierung verursacht, die – und da zitiere ich ausdrücklich meinen Lehrer und Kollegen Professor Hüther – schlimmste und schädlichste Form der Inkohärenz, die man einem Menschen antun kann. Und die scheinbar einzige Möglichkeit, dem zu entgehen, ist es, dafür zu sorgen, dass man mit allen Mitteln in diesem hierarchischen System nach oben kommt. Um das zu erreichen, ist das am meisten akzeptierte Mittel das *WISSEN* und *K*ÖNNEN. Die Frage, ob man tatsächlich auch in der Lage ist, zu TUN, was man weiß und kann, spielt dabei gar keine Rolle! Um das zu verstehen, genügt unter anderem ein Blick in die Politik.

Das ist die allgegenwärtige Motivation, die uns antreibt. Wir wollen nicht nur keine Objekte sein, wir halten ja schon die Emotionen, die das Gefühl vermittelt, dass es so ist (oder sein könnte), kaum aus. Deshalb häufen wir Wissen an und deshalb streben wir auch nach Können. Und die sich daraus ergebende, wissenschaftlich-technische Entwicklung hat uns laut Gerald Hüther an genau den Punkt gebracht, an dem wir uns heute befinden.

Das Problem dabei ist, dass diese wissenschaftlich-technische Entwicklung eine Komplexität und Beschleunigung hervorgebracht hat, die mit den Mitteln eines hierarchischen Systems nicht mehr zu beherrschen sind. Deshalb erleben wir derzeit in allen gesellschaftlichen Bereichen (Wirtschaft, Finanzen, Bildung, Ernährung, Energieversorgung, Umwelt usw.) Verwerfungen aufgrund des Verlusts der Lenkbarkeit des Systems, in dem wir gefangen zu sein scheinen. Um dieser Entwicklung zu begegnen, wird nun von und an vielen Stellen damit begonnen, in all diesen Bereichen Hierarchien abzubauen, was zu einer erheblichen Unordnung führt (so bedarf es zum

Beispiel in Deutschland künftig keiner Umweltverträglichkeitsprüfung mehr, wenn man mit Windrädern Infraschall erzeugen und Leben, das fliegen kann, schreddern möchte). Es ist die daraus resultierende Unordnung, der Verlust von Handhabbarkeit, Verstehbarkeit und Sinnhaftigkeit, die die Kohärenz dramatisch erodieren lassen.

Um dem entgegenzuwirken, rufen diejenigen, denen die Inkohärenz am meisten zusetzt, nach einer neuen Hierarchie, mit starken Führern an der Spitze, um wieder Ordnung in die Welt zu bringen. Das Dumme ist nur, dass dieser Versuch zum Scheitern verurteilt ist, solange weder die Komplexität noch die Geschwindigkeit abnimmt. Vor diesem Hintergrund wird dir vielleicht klarer, wie gigantisch der Transformationsprozess tatsächlich ist, in dem wir uns aktuell wiederfinden. Die Herausforderung für jeden Einzelnen besteht nun darin, einen *inneren Kompass* zu erschaffen, der ihm auch ohne Einbindung in eine hierarchische Ordnung im Leben Orientierung gibt und dafür sorgt, dass wir in der Lage sind, miteinander und aneinander zu wachsen, der es uns ermöglicht, unser Leben so zu gestalten, dass wir uns alle gedeihlich entwickeln können.

Und wenn du jetzt wissen möchtest, wie man diesen inneren Kompass bezeichnet, dann kann ich dir das sagen, weil ich auch das, neben all dem anderen, von Professor Hüther gelernt habe: *Würde.* Aber wenn wir diesen inneren Kompass wahrhaftig erschaffen wollen, müssen wir unsere eigene, individuelle Würde wiederentdecken, sie uns wieder bewusst machen und dafür sorgen, dass sie weder (erneut) beschädigt, noch uns (erneut) weggenommen werden kann. Um das zu erreichen, müssen wir uns(er) SELBST wieder zum *Subjekt* machen.

Alles wissen, viel können, nichts tun ...

Diese Gedanken von Professor Hüther, an die ich dich heranzuführen versucht habe, sind deshalb so wichtig, weil sie dich hoffentlich erkennen lassen, warum du immer mehr Wissen anhäufst, warum du nach immer mehr Können strebst und warum du nicht mehr ins Tun kommst. Du kommst nicht mehr ins Tun, weil du dafür schlicht gar keine Zeit mehr hast, weil es scheinbar nicht mehr nötig ist und es auch teilweise gar nicht mehr gewünscht wird. Die Dinge müssen nur noch theoretisch *argumentier-* und *rechtfertigbar* sein. Und selbst dann, wenn es gewünscht wird, verhindern überbordende Bürokratie, ideologisch verbrämte Regelungen und komplexe, sich oft widersprechende Vorgaben, dass du ins Tun kommst.

Diese Entwicklungen und Erkenntnisse machen Angst, weil dir dadurch Handhabbarkeit, Sinnhaftigkeit und Verstehbarkeit – und damit die Kohärenz – genommen werden. Die Reibungsverluste beginnen allmählich dramatisch anzusteigen, was mit der Zeit dazu führt, dass du dein Vertrauen ins Leben immer mehr verlierst. Das führt zu noch mehr (lähmender) Angst, weil du irgendwann keine Chance mehr siehst, wie du dich – dein SELBST – wieder zum Subjekt machen kannst. Du bist blockiert und spätestens jetzt stellst du dir die Frage, wie du zukünftig noch funktionieren und genügen können sollst, wenn du dich bereits an diesem Punkt mit solchen Reibungsverlusten und Blockaden konfrontiert siehst. Das steigert, wie oben ausgeführt, deine Aktivierung dauerhaft und so dramatisch, dass sich dein Handlungsspektrum immer mehr vom *kreativen Pol* hin zum *reaktiven Pol* verschiebt, wodurch sich deine Objektifizierung verstetigt und deine Selbstwirksamkeit verabschiedet.

Willst du nun dieser Entwicklung begegnen, indem du versuchst, noch mehr Dinge noch besser zu tun, dann erweist du dir einen Bärendienst. So wird nämlich genau das Gegenteil von dem passieren, was du anstrebst. So wirst du vielleicht Weltmeister (aber eben nur *Trainingsweltmeister*), so bleibst du aber ganz sicher ein Objekt!

Eben weil es kaum noch darauf ankommt, was man tatsächlich tut oder wie gut man tut, was man tut. Es kommt nur noch darauf an, dass das, was man tut, gut aussieht, und zwar genau so gut, wie es aussehen soll, und nicht anders!

Ich möchte dich an dieser Stelle gerne etwas fragen: Vermitteln dir Stellenanzeigen auch zunehmend so ein diffuses Gefühl der Unsicherheit? So ein Gefühl, dass du möglicherweise nicht gut genug bist und diesen Anforderungsprofilen nicht (mehr) genügen könntest? Also, mir schon!

Warum? Weil mir diese Qualifikationsanforderungen suggerieren (sollen), dass ich diesen Anforderungen niemals genügen könnte, auch nicht nach über 20 Semestern Studium, 30 Semestern Forschung und bald 50 Semestern Hochschullehre. Sie sollen mir suggerieren, dass ich, sollte ich den Job tatsächlich bekommen, dankbar sein und mich anstrengen muss, um zu entsprechen und zu genügen! Wie gesagt, das denke ich mir und das fühle ich. Spürst du auch schon, wie der Zweifel einsetzt? Das kann doch so gar nicht sein, oder?

Doch, kann es. Denn, wie mir seit einigen Jahren von meinen ehemaligen Studenten und auch von Führungskräften berichtet wird, die ich coache, scheint es so zu sein, dass von all dem Wissen und Können, das scheinbar Einstellungsvoraussetzung ist, und das sie vielleicht sogar hätten, nur gefühlte 20 Prozent auch tatsächlich gebraucht werden, um den Job zu machen. Wenn dem tatsächlich so ist, dann fragst du dich sicher, warum dann, wenn doch scheinbar alle eine ruhige Kugel schieben, die Zahlen, insbesondere die von psychischen Erkrankungen, seit Jahren so dramatisch ansteigen? Nun, ich bin mir sicher, wenn es dir gelingt, die Gedanken von Professor Hüther und die entsprechenden nachfolgenden Gedanken aus dem Essay *Der mediale Mensch* zusammenzuführen, dann bekommst du, statt meiner Antwort, deine Antwort, und dann kannst du mit Sicherheit leichter erkennen, annehmen und loslassen. Hier ein kleiner Auszug, nur zur Erinnerung, denn genau das sind wir; wir alle sind *Erinnerung …*

»Wir alle sind Erinnerung, und einzig die Geschichten, die wir in uns tragen, machen uns zu den Menschen, die wir sind. Was aber, wenn uns diese Erinnerung nicht gefällt? Was, wenn sie uns zu Menschen macht, die wir nie sein wollten?

[…] Schein treibt unseren Zeitgeist, Sein scheint nichts mehr wert. Nur Wenige bestehen gegen das, was wir uns täglich vorgaukeln. Wir alle sind dynamisch, jung, schön, reich und glücklich. Was zählt, ist, sich zu präsentieren, zu repräsentieren, scheinen, wie es erwartet wird, und Spaß um jeden Preis. Getrieben von der Hoffnung, einem diffusen Anspruch zu genügen, nehmen wir den Verlust der Identität in Kauf. Indem Oberflächlichkeit zum Maßstab wird, suggerieren wir uns ein armes Leben in einer doch so reichen Welt.

Niemand interessiert sich mehr für die Wesen hinter ihrem polierten Schein. Wir vereinsamen, leiden, scheinen weiter, und wenn überhaupt, erkennen wir oft zu spät, dass der Mensch stets nur aus sich selbst wirkt. Wohin man blickt: ›Solutions for a small planet!‹ Alles ist so einfach. Wir leben angeblich in einer schrumpfenden Welt, beherrscht allerdings von mehr Nullen als Einsen. Menschen konsumieren Menschen, Identitäten werden austauschbar, Probleme existieren nicht […]«

Mach dir bitte stets bewusst …

> *Es geht niemals um Perfektion. Denn sie ist, als Verwandte des Narzissmus, das, was wir als ›nahen Feind‹ bezeichnen. Es geht einzig und allein um ein gedeihliches Fortschreiten auf dem ›mittleren Weg‹, es geht allein darum, jeden einzelnen Tag die beste Version von sich selbst und glücklich zu sein. Aber es geht niemals um Perfektion!*

Erkennen, nicht tadeln, ändern

Es gibt eine Entwicklung, die wir insbesondere während der vergangenen drei Jahre beobachtet haben. Die Menschen, die uns erlauben, sie ein Stück auf ihrem Weg zu begleiten, sind großteils von deutlich sichtbaren Spuren der Selbstgeißelung gezeichnet. Es ist völlig gleichgültig, warum etwas nicht so großartig funktioniert, wie sie es sich vorstellen, sie suchen die Schuld dafür grundsätzlich und reflexartig bei sich. Warum habe ich nicht, warum kann ich nicht, warum passiert das immer mir? Man hat regelrecht das Gefühl, dass sie nur darauf warten, dass sie sich selbst die Schuld – wofür auch immer – geben können.

Dabei ist es lediglich genau so, wie es im Essay *Der mediale Mensch* beschrieben wird. Uns wird pausenlos suggeriert, dass uns alles und jedes zu interessieren hätte und dass wir persönlich für alles Übel der Welt verantwortlich sind, vom Klimawandel über den Welthunger bis hin zu den jüngsten Infektionswellen.

> *» […] Die mediale Durchdringung unserer Gesellschaft führt dazu, dass Erinnerung, Fiktion und Realität immer mehr verschwimmen. Indem uns pausenlos suggeriert wird, dass uns alles und jedes zu interessieren hätte, mutieren wir zu Medienzombies, die angesichts der Quantität des Komplexen und der Qualität des Illusorischen, zunehmend kritiklos konsumieren. Der Widerstand ist gebrochen – Zeitungen, Radio, Fernsehen, Computer, Internet – es geschieht und wir lassen es geschehen!«*

In diesem Zusammenhang musst du dir eigentlich nur eine Frage stellen: *Wie verhalten sich Menschen, denen man ständig Angst und ein schlechtes Gewissen macht, und wer hat etwas davon, dass sich die Menschen so verhalten?* Wenn du am Ende dieses Kapitels über diese Frage nachdenkst, dann beziehe bitte insbesondere die Gedanken von Professor Hüther mit in deine Überlegungen ein. Und dazu vielleicht noch eine kleine Anregung: Angst und Schuldgefühle erodieren nicht nur Selbstbestimmung und Selbstwirksamkeit, sie bilden gleichsam ein solides Fundament für Fremdbestimmung und Fremdwirksamkeit.

Mach dir bitte stets bewusst …

> *Demjenigen, der den mittleren Weg beschreitet, ausgerichtet am edlen achtfachen Pfad, den acht Glaubens- und zwölf Lebensregeln der Shaolin-Mönche, kann man keine Angst machen oder Schuldgefühle einreden. Derjenige wird sich ›seiner Selbst immer sicher‹ sein können, ohne Befürchtungen, weil er die Gewissheit hat, dass er stets gedeihlich handelt, zum eigenen Wohl und zum Wohl aller fühlenden Wesen, die ihn umgeben – und zwar in der Vergangenheit, im gegenwärtigen Moment und in der Zukunft.*

Gönne dir JETZT eine Lesepause …

> *Setz oder leg dich bequem hin und schließe für 10 Minuten deine Augen. Versuche deinen Atem zu fokussieren und lass deinen Geist, mit den Gedanken, die du jetzt hast, einfach machen. Lass all die Gedanken kommen und gehen und halte sie nicht fest. Heiße sie alle herzlich willkommen und verabschiede sie in Dankbarkeit. Bewerte sie nicht, nimm sie – im Vorüberziehen – einfach nur achtsam zur Kenntnis.*

Und bitte bedenke …

> *Wenn du nicht ins Tun kommst, wenn du nicht übst – und auch Denken üben ist Üben –, wirst du auch am Ende dieses Buches nur eines können, nämlich ein Buch lesen. Unsere besten Wünsche begleiten dich, aber dein Glück und dein Leid hängen einzig von deinen Taten ab, und nicht von unseren Wünschen für dich.*

5. Deine Wahl: Widerstandskraft – Gesundheit – Selbstwirksamkeit

Wir beglückwünschen dich, denn du bist schon jetzt sehr ausdauernd dabei, eines der wichtigsten *Shaolin-Prinzipien* zu verwirklichen: »*Tue etwas mit ganzem Herzen – oder tue es nicht!*« Du hast es fast geschafft und bist nun auch schon wieder am Ende dieses Kapitels angelangt, das ist wunderbar! Und deshalb möchten wir dir danken! Für deine Wertschätzung, für deine wertvolle Zeit und für deine Geduld, die du uns so großzügig schenkst.

Bitte sieh mir nach, wenn ich hin und wieder etwas zu sehr ins Detail gehe oder auf den Begriffen herumreite, aber schon Matthäus (12:34 – das ist kein Timecode, sondern der entsprechende Bibelvers) hat gesagt: »*Wovon das Herz voll ist, davon redet der Mund!*« Genauso ist es, und mein Herz ist wirklich sehr voll! Denn ich habe Fehler gemacht und ich habe dafür bezahlt. Das war hart, hat weh getan und es hat mich erst an meine Grenzen und dann – Buddha und Meister Shi Yan Lu sei Dank – weit darüber hinaus gebracht. Und eben weil ich es sehr schätze, wenn es den fühlenden Wesen gut geht, und weil meine Überzeugung nun einmal die ist, dass der Stärkere sich nach besten Kräften um die Schwächeren zu kümmern hat, und weil sowohl Buddha als auch die Meister mich darin bestärken, stellt sich folgende Frage: Wenn ich, obwohl ich es nun besser weiß, weil die Meister mir all ihr Wohlwollen, ihr Wissen und ihre Geduld geschenkt haben, nicht alles mir Mögliche versuchen würde, um den fühlenden Wesen Leid zu ersparen, was für ein Mensch (Mönch) wäre ich dann wohl? Nun, das scheint mir eine berechtigte Frage, über die es sich nachzudenken lohnt, meinst du nicht? Zumindest habe ich genau das sehr gewissenhaft und lange getan, weshalb ich dir diese Frage auch beantworten kann: Ich bin ein Mensch, der sich fast all seine Träume bewahrt hat! Und ja, ich träume viel und gern, allerdings bleibt es nicht dabei, denn ich versuche meine Träume auch zu realisieren …

Einer meiner wichtigsten Träume, aus dem ich eine Realität zu formen versuche, handelt beispielsweise davon, dass es mir gelingen möge, den Menschen, die zu uns kommen, all das Leid zu ersparen, das ich mir selbst zugefügt habe. Denn das, was ich mir selbst angetan habe, würde ich sogar meinem ärgsten Feind ersparen wollen, völlig egal, wie viel Leiden er in mir auch immer ausgelöst haben mag. Weil Leiden absolut niemandem nützt, vor allem dir selbst nicht! Und wenn du jetzt vielleicht auch sagen wirst, dass Rache süß ist, dann muss ich dir leider sagen, dass dem nicht so ist! Rache ist *niemals* süß, sie ist *immer* giftig! Und lange bevor sie deinen Feind dahinrafft, hat sie bereits alles Wahrhaftige in DIR getötet, all das, was wahr, schön und gut war.

Mein Traum ist es, dass es mir gelingen möge, dir DEINEN Weg zu zeigen, zurück ZU DIR SELBST! Dazu möchte ich dich bitten, am Ende dieses Kapitels über die drei nachfolgenden Optionen nachzudenken und dann einen ENTSCHLUSS zu fassen. Das ist das Schwierige beim kreativen Denken. Man muss eben nicht nur wissen, was man zu tun hat. Man muss vielmehr wissen, warum man tut, was man tut, und wie man das, was man schlussendlich tut, auch auf eine Art tut, die nicht nur gedeihlich ist, sondern der eigenen Persönlichkeit entspricht und ihr dabei hilft, zu heilen, stärker zu werden und sich zum Wohl von allem, was ist, zu entfalten.

Option 1 – Biopsychosoziale Gesundheit

Ziel ist es, deine habituelle Aktivierung willentlich beeinflussen zu können (Resilienz gegen Stresserkrankungen, Angststörungen, Depression) und darüber hinaus eine Haltung zu entwickeln, die getragen wird von Dankbarkeit (Vertrauen), von Akzeptanz (Ursache und Wirkung) und von Nicht-Identifikation (alles ist eine Energie, alles ist mit allem verbunden, und du bist nicht der Körper, nicht die Gedanken und nicht die Emotionen).

Die Methoden, mit den du arbeiten wirst, sind die buddhistische Psychologie und verschiedene Formen von Qi Gong. Es geht darum, zu erkennen, dass es nicht ein Selbst gibt, das eigentlich gut wäre, und ein Ego, das dem Selbst das Leben schwer macht. Aus diesem Teufelskreis der Ausreden kannst du nur ausbrechen, wenn du erkennst, dass du beides bist (sechs Wurzeln): das gute Selbst und gleichzeitig das stets nur auf sich selbst bedachte Ego. Wenn du das akzeptierst, übernimmst du die volle Verantwortung für dein Erleben und Verhalten (Psychologie). So kannst DU SELBST wirksam loslassen, was dich daran hindert, der Mensch zu sein, der du sein sollst und sein willst. So machst du aus temporärem, flüchtigem Glück ein beständiges, stabiles Wohlbefinden, das ein solides Fundament für Selbstbewusstsein, Selbstbestimmung und Selbstwirksamkeit bildet.

Das wirst du TUN …
Du wirst den Körper stärken, den Geist beruhigen (Emotionsregulation) und deinen Umgang sowohl mit deinem Selbst und *den Anderen* (Beziehungsgestaltung und Konfliktbewältigung) üben.

Option 2 – Spirituelles Wachstum

Ziel ist es, eine neutrale Selbstbetrachtung (Meditation) zu vollziehen und zu erkennen, was an deinem Erleben und Verhalten nicht gedeihlich ist, um wertfrei anzunehmen und zu akzeptieren, was ist, und loszulassen, was losgelassen (verändert) werden kann und muss.

Die Methoden, mit den du arbeitest, sind die buddhistische Psychologie, Kontemplation und verschiedene Formen der Meditation.

Das wirst du TUN …
Du wirst dein Selbst erkennen, du wirst annehmen, was du erkennst, ohne es zu bewerten oder gar zu tadeln, und du wirst verändern und loslassen, was dich behindert und Leid verursacht. Vor allem aber wirst du die vier Dimensionen der Achtsamkeit *üben* und die fünf Hindernisse *überwinden* …

- Gier
  (haben wollen, begehren, wünschen = Anhaftung)
- Hass
  (nicht haben wollen, ablehnen, vermeiden = Widerwillen)
- Lässigkeit und Trägheit des Geistes
  (fehlender Antrieb, Bequemlichkeit, Reibungsverluste, Blockaden)
- Rastlosigkeit
  (Gedankenrasen, Grübeln, Überaktivierung, Stress)
- Skeptischer Zweifel
  (fehlende Zuversicht, beschädigtes Selbstvertrauen, geringer Selbstwert, reduzierte Selbstwirksamkeit)

Begleitend zu diesem Buch biete ich dir eine kostenfreie Videoserie an. Im vierten Video dieser Serie spreche ich über die fünf Hindernisse. Du findest die Videoserie unter www.bewater.jetzt

Option 3 – Biopsychosoziale Gesundheit & Spirituelles Wachstum

Jede der beiden obigen Optionen wäre für dein Leben schon eine große Bereicherung und eine äußerst gedeihliche Veränderung. Du würdest dich besser fühlen, du könntest mehr leisten und mehr erreichen. Sie sind wunderbare, schützende Pflaster, die Schmerzen zu lindern vermögen, indem sie verhindern, dass akute Wunden sich entzünden, verschlimmern und schlussendlich chronifizieren. Aber diese dritte Option geht weit darüber hinaus und ist bedeutend mehr als nur ein Pflaster!

Ziel ist es, sicherzustellen, dass du nie wieder ein Pflaster benötigst!

Die Methoden, mit denen du arbeitest, sind die buddhistische Psychologie, verschiedene Formen von Qi Gong, mentales Training und Meditation, die du ganz nach deinen Bedürfnissen kombinierst.

- BUDDHISTISCHE PSYCHOLOGIE
  Den Geist beruhigen, Körper, Gedanken und Emotionen verstehen! Gedanken sind sehr machtvoll, weil sie zu deinen Emotionen werden. Deine Emotionen sind es dann, die dein Erleben bestimmen. Und wie du deine Existenz erlebst und wie sie sich anfühlt, entscheidet darüber, wie du dich in deiner Lebenswelt verhältst. Nur wenn du unter allen Umständen deine Mitte im *Hier und Jetzt* finden und aufsuchen kannst, verfügst du jederzeit über 100 Prozent deiner Leistungskraft im gegenwärtigen Moment und bist maximal selbstwirksam. Um das zu erreichen, nutzen die Meister des Shaolin-Tempels die buddhistische Psychologie. Du lernst, dass es niemals *die Anderen* sind, die deinen Stress und dein Leid verursachen. Es bist stets nur du selbst! Es sind dein eigener leidvoller Geist und dein eigenes leidvolles Denken. Du lernst, warum du scheitern wirst, wenn du aus Angst zu fallen, krampfhaft versuchst, immer stehenzubleiben. Und du lernst, wie du aufstehst, und zwar bevor du fällst. Du lernst, an dich selbst zu glauben und aufzuhören, andere überzeugen zu wollen. Du lernst, mit dir selbst zufrieden und nicht auf die Anerkennung anderer angewiesen zu sein. Und du erfährst, dass du von der ganzen Welt angenommen wirst, wenn es dir gelingt, dich selbst anzunehmen.

- SHAOLIN QI GONG
  Den Körper stärken und mit dem Geist synchronisieren
  Nur auf einem soliden Fundament kann man einen selbstwirksamen und stabilen Geist errichten. Du kennst einen Teil meiner Geschichte und du weißt bereits, was alles möglich ist, wenn sich ein kraftvoller Körper mit einem starken Geist synchronisiert. Mithilfe von kontemplativen Bewegungsformen wie Shaolin Qi Gong, habe ich es geschafft, den Rollstuhl zu verlassen, und wenn ich das konnte, was glaubst du, was dir alles möglich ist? Du lernst, den Körper und den Geist durch kontemplative Bewegung zu synchronisieren. Sobald sich dein Körper und dein Geist in Kohärenz befinden, kann dein Geist weder in der Vergangenheit bedauern noch in der Zukunft befürchten, denn dein Körper ist stets im Hier und Jetzt. Das sorgt dafür, dass du jederzeit über 100 Prozent deiner Energie verfügst, es verhindert, dass du ausbrennst und dass jemand anders Einfluss auf deinen ›Aggregatzustand‹ nehmen kann!

- SHAOLIN MENTAL TRAINING
  Blockaden überwinden und entschlossen handeln
  Nichts und niemand kann dir so sehr schaden wie dein eigener, unkontrollierter, leidvoller Geist. Kommt dein Geist nicht mehr zur Ruhe, ist die unabwendbare Folge eine starke mentale Erschöpfung. Diese Erschöpfung fügt nicht nur dem Körper extremen Schaden zu, sondern auch dem Geist. Dein kreatives, selbstbestimmtes Denken und Handeln verkommen immer mehr zu einem reaktiven, fremdbestimmten Funktionieren. Shaolin-Meister halten mithilfe von Shaolin Mental Training ihren Geist stets stabil in Ruhe. Ist der Geist ruhig, kannst du die Bedürfnisse von Körper, Geist und Herz (Seele) besser verstehen und ihnen entsprechen. So bleibst du nachhaltig gesund und so wirst und bleibst du selbstwirksam! Du lernst, wie du deinen Geist zur Ruhe bringen und stabil in Ruhe halten kannst. So bleibst du stets im Bereich des kreativen, selbst-

bestimmten Denkens und Handelns. Auf diese Weise kannst du deine Bedürfnisse erkennen und ihnen entsprechen.

- SHAOLIN MEDITATION
  Den Atem beherrschen, Körper, Gedanken und Emotionen kontrollieren
  Die meisten Menschen verfügen sowohl über das nötige Wissen als auch über das notwendige Können, um das Nötige auch zu tun. Sie TUN es nur nicht – und genau das ist das Problem! Die alles entscheidende Frage, wenn man dieses Problem lösen möchte, ist, warum sie nicht tun, was sie wissen und können? Wenn du, mithilfe der Shaolin Meditation, in der Lage bist, deinen Atem zu beherrschen, dann wirst du es herausfinden. Du lernst, wie du mithilfe deines Atems Kontrolle über den Körper, die Gedanken und die Emotionen gewinnst. So bleibst du biopsychosozial gesund, verbesserst deine Lebensqualität und dein universelles Vertrauen ins Leben (Kohärenzgefühl) kommt zurück und wird gestärkt. So reduzierst du die stetig zunehmende Überaktivierung durch die Medialität (Dorn, 2003/2015) auf ein gedeihliches Maß.

  Das wirst du TUN …
  Du wirst äußere Kraft und innere Stärke entwickeln und dein Leben auf eine völlig neue Art denken, und zwar nicht irgendwie komisch *spirituell* oder gar *esoterisch,* sondern so, dass du damit völlig selbstbestimmt den Weg gehen kannst, den DU gehen willst oder vielleicht sogar gehen musst. Mit dieser dritten Option beschreitest auch du den *mittleren Weg,* der die Shaolin-Meister *übermenschlich* erscheinen lässt und der sie befähigt, scheinbar Unmögliches zu leisten. Du wirst BESSER SEIN, weil du BESSER DENKEN wirst!

Und nun musst du eine erste Entscheidung treffen und einen ENTSCHLUSS fassen! Mache das bitte nicht voreilig oder zu leichtfertig (sonst könntest du dich selbst enttäuschen!). Es eilt nicht! Es wäre nämlich das Gegenteil von gedeihlich, wenn du dich vorschnell für eine Option entscheidest, nur um dann festzustellen, dass die Entscheidung (noch) nicht deine war. Am besten legst du das Buch zur Seite, gehst in der wunderbaren Natur spazieren, triffst Freunde, sprichst mit ihnen über all das, was du gelesen und gelernt hast, und über all das, was dich gerade beschäftigt. Und wenn du dann immer noch keine Kohärenz verspürst, dann leg oder setz dich regelmäßig nieder und mache die nachfolgende Übung, die du ja bereits kennst, so lange immer wieder, bis du dir deines Selbst so sicher bist, dass dein Selbst wieder wirksam werden kann!

Gönne dir JETZT eine Lesepause …

> *Setz oder leg dich bequem hin und schließe für 10 Minuten deine Augen. Versuche deinen Atem zu fokussieren und lass deinen Geist, mit den Gedanken, die du jetzt hast, einfach machen. Lass all die Gedanken kommen und gehen und halte sie nicht fest. Heiße sie alle herzlich willkommen und verabschiede sie in Dankbarkeit. Bewerte sie nicht, nimm sie – im Vorüberziehen – einfach nur achtsam zur Kenntnis.*

Und bitte bedenke …

> *Wenn du nicht ins Tun kommst, wenn du nicht übst – und auch Denken üben ist Üben –, wirst du auch am Ende dieses Buches nur eines können, nämlich ein Buch lesen. Unsere besten Wünsche begleiten dich, aber dein Glück und dein Leid hängen einzig von deinen Taten ab, und nicht von unseren Wünschen für dich.*

Unter www.bewater.jetzt findest du eine kostenpflichtige Meditation mit dem Titel *Klare Gedanken erschaffen*, die dich darin unterstützt, dein Leben mit gedeihlicheren Gedanken zu nähren.

能

— *Können* —

TEIL 2

Wir freuen uns sehr, dass du immer noch bei uns bist und dich weiterhin mit der spannenden Thematik befasst. Es ist uns völlig bewusst, wie unglaublich fordernd und vielleicht auch beängstigend es sein kann, wenn wir dich bitten, dein gesamtes *Denken* und *Handeln* auf den Prüfstand zu stellen. Aber wir mussten das auch, und wir müssen das noch immer – Tag für Tag und immer wieder aufs Neue! Jeden Morgen, wenn du aufwachst, beginnt für dich ein brandneuer Tag. Du hast nun wieder vierundzwanzig Stunden Zeit, um zu LEBEN. Und du hast nur diese 24 Stunden! Denn, ob dir morgen erneut 24 Stunden geschenkt werden, ist völlig ungewiss, wie Jack Kornfield immer sagt. Und als jemand, der 20 Jahre im Rettungswesen und als Psychologe in Krisenintervention und Notfallpsychologie tätig war, kann ich ihm da leider nur vollumfänglich zustimmen. Alles ist völlig ungewiss.

Deshalb kannst du in genau diese 24 brandneuen Stunden alles investieren, was du hast. All deine Liebe, all dein Mitgefühl, all deine Achtsamkeit und all deine Energie. Es macht keinen Sinn, auch nur einen Bruchteil davon für später aufzusparen! Warum? Nun, es ist eigentlich ganz einfach. Lass es mich dir so erklären, wie man es mir damals erklärt hat, als ich mich als völlig verkopfter Wissenschaftler damit auch wirklich schwer getan habe.

Gedanken**E**xperiment

Stell dir bitte mal eine niedliche, graue Maus vor, die in ihrem Versteck im Shaolin-Tempel sitzt und beobachtet, wie eine kleine Schale mit leckeren Erdbeeren in ihrer Reichweite abgestellt wird. Sie wartet geduldig und achtsam, so wie sie es sich von den Meistern abgeschaut hatte, auf einen sicheren Moment und rennt dann, so schnell sie kann, zu der kleinen Schale mit den Erdbeeren. Sie schnappt sich die Schale, denn sie ist eine sehr gut trainierte Shaolin-Maus, und wuchtet sie, unter Aufbietung all ihrer äußeren Kraft und inneren Stärke, in ihr Versteck. Am liebsten würde sie sofort alle Erdbeeren futtern, denn sie hatte heute schon sehr hart trainiert, aber sie hat von den anderen Mäusen den Glaubenssatz übernommen: »Spare in der Zeit, dann hast du in der Not!« Als sie die Erdbeeren anschmachtet und überlegt, welche sie zuerst vernaschen möchte, entdeckt sie, dass es Erdbeeren gibt, die vollkommen makellos sind, und welche, die schon fast überreif und leicht eingedrückt sind. Nun muss sie sich entscheiden. Soll sie zuerst die angeschlagenen, etwas zu reifen Erdbeeren essen, oder doch lieber zuerst die makellosen? Was meinst du?

Bevor du dich entscheidest, reflektiere bitte einmal dein Handeln in analogen Situationen in der Vergangenheit. Zu welchem Schluss kommst du? Welche Art von Maus bist du? Die scheinbar *vernünftige* Maus, die sich die besten Erdbeeren aufspart? Oder die scheinbar *hedonistische* Maus, die sich sofort die Wampe vollschlägt und dem Genuss frönt?

GE → **A**ntwort

Zunächst einmal hätte sich die kleine Maus – aus buddhistischer Sicht – die Schale mit den leckeren Erdbeeren natürlich gar nicht erst unter den Nagel reißen dürfen. Ich bin mir aber ziemlich sicher, dass die Mönche ihre Erdbeeren ohnehin mit der fleißigen Maus, die ja stets hart trainiert, geteilt hätten. Sie muss also kein allzu schlechtes Gewissen haben und sollte sich die besten Erdbeeren einfach schmecken lassen! Du fragst dich, warum? Ganz einfach, isst sie die überreifen Beeren zuerst, wird sie dabei kaum einen Genuss empfinden; möglicherweise verdirbt sie sich sogar den Magen. Und während es ihr dann tagelang schlecht geht, werden währenddessen auch die makellosen Erdbeeren überreif, und sie hat am Ende nichts, außer einem verdorbenen Magen. Futtert sie aber die besten Erdbeeren sofort, hat sie auf jeden Fall ein Festmahl. Die restlichen Erdbeeren kann sie dann einkochen und hat dadurch auch noch eine wunderbar süße Marmelade, die sie sicher und wohlgenährt durch den Winter bringt.

Nun, was glaubst du, kannst du von der kleinen Maus lernen? Es liegt eigentlich auf der Hand, dennoch handeln die wenigsten Menschen entsprechend. Die Lehre, die du aus dieser Geschichte der Shaolin-Maus ziehen solltest, lautet:

> *Nutze stets das Beste von allem, was dir gegeben ist, genau JETZT, denn du hast nur diesen einen Tag. Alles andere ist völlig ungewiss!*

Und weil wir aus eigener Erfahrung wissen, wie ungewohnt sich all das für dich anhört und anfühlt, werden wir dir in diesem Kapitel diese Art des Denkens näherbringen, und zwar so, dass du auch tatsächlich so denken kannst! Das bedeutet aber noch nicht, dass du das dann auch schon in jeder Situation automatisch (habitualisiert) tun wirst. Um das zu erreichen, wirst du, nach diesem Kapitel, auch das nächste noch bewältigen müssen. Da du unseren Worten aber immer noch so engagiert lauschst, gehen wir davon aus, dass du dir bereits ein wesentliches Shaolin-Prinzip zu eigen gemacht hast, nämlich:

Tue etwas mit ganzem Herzen – oder tue es nicht!

Dafür hast du unseren größten Respekt, weil wir genau wissen, wie fordernd dieser Erkenntnisprozess ist. Aber selbst dann, wenn du nur noch *gerade so* über den nötigen Durchhaltewillen verfügst, wird es auch dein Leben gedeihlich verändern. Ich kann dir versprechen, dass dir diese Art des Denkens unermesslich viel Leid ersparen und dir dabei helfen wird, mit dem Leid gedeihlich umzugehen, das dir das Leben nicht ersparen darf. Es wird dir helfen, zu akzeptieren, wer du tatsächlich bist. Damit erschließt sich dir nicht nur dein gesamtes Potenzial, es wird darüber hinaus auch endlich zugänglich.

So lassen dich all die Reibungsverluste, die im Laufe deines Lebens unweigerlich auftreten und dich bisher so unendlich viel Energie gekostet haben, sogar wachsen. Und wenn du (mental) erst einmal groß genug bist, also über eine ergiebige, jederzeit verfügbare Quelle der inneren Stärke verfügst, wirst du keine Blockaden mehr überwinden müssen. Einfach deshalb, weil es für dich keine Blockaden mehr geben wird! Dein Ego wird keine aussichtslosen Kämpfe mehr führen müssen, die allen Beteiligten stets nur großen Schaden an Körper, Geist und Seele zufügen. Du wirst endlich in Harmonie mit den Anderen und dem Leben an sich der *gute Mensch* (nicht der Gutmensch!) sein können, der du eigentlich so gerne sein möchtest, weil du eben dieser Mensch von jeher warst. Du wirst stets Wasser bleiben können, egal in welches Gefäß man dich schüttet. Und das wird dein Leben fundamental verändern, denn genau darum geht es …

Es geht um dein Leben!

Ich kann mich noch sehr gut an den Tag erinnern, als mir Meister Lu die Schatzkammern der *Shaolin-Kunst* zugänglich gemacht hat. Für mich war das in etwa so, wie für die Schüler von *Hogwarts* der erste Besuch im *Honigtopf*, in dem fantastischen Laden, mit all den unwiderstehlichen Süßigkeiten. Man weiß zwar mit absoluter Sicherheit, dass man sich mit all den Leckereien den Magen verderben wird, schenkt diesem Wissen aber einfach keine Beachtung und probiert so viele Leckereien wie man kann, nur um dann festzustellen, was man ja schon wusste, nämlich, dass es einem schadet. Die gleiche Gefahr besteht, wenn die Menschen sehen, was durch den *Weg des Shaolin Kung Fu* alles möglich ist.

Da erfährst du von alten und jungen Meistern, die in der Lage waren oder sind, Dinge zu tun, die ein Mensch nach unseren Maßstäben unmöglich tun kann. Da erschließt sich dir *Denk-*, *Kampf-* und *Heilkunst* auf einem Niveau, das für dich schon immer ebenso unvorstellbar wie auch begehrenswert war. Und genau das führt dann dazu, dass man sich den Magen verdirbt, weil man sich all das Wissen und Können auch wünscht, und zwar am besten sofort. Und *rumms!*

Du bist genau jetzt, in diesem Moment, in die Ego-Falle getappt. Anstatt dich von all den Möglichkeiten erst blenden und dann verführen zu lassen, wäre es, wie auch im Leben allgemein, wesentlich weiser, zunächst gewissenhaft zu erforschen, was du von all dem, was dir (an)geboten wird, denn auch tatsächlich brauchst. Tust du das nicht, wirst du nur immer weiter versuchen, dir vom Außen getriggerte Wünsche zu erfüllen, und einige davon wirst du dir auch – natürlich zu einem gewissen Preis – erfüllen können. Ist der Preis, den dir das Leben in Rechnung stellt, dann aber erst einmal hoch genug, ist dein größtes Problem nicht, dass du dir keine neuen Wünsche mehr erfüllen kannst, sondern dass du gar keine Wünsche mehr hast. Denn auf dem Preisschild, das an allem hängt, was du dir wünschen sollst, stehen, neben den unterschiedlichen Preisen für die Wünsche, auch die beiden einzigen Währungen, in denen du bezahlen kannst: ENTTÄUSCHUNG und DESILLUSIONIERUNG, mit den dir bekannten biopsychosozialen Folgen.

All das wird dir nach diesem Kapitel nicht mehr passieren können, weil du in der Lage sein wirst, das Außen und das Innen, Wunsch und Bedürfnis, jederzeit zu unterscheiden. Du wirst über deine Wünsche schmunzeln und deine Bedürfnisse ernst nehmen, besser ausgedrückt: Du wirst deine Bedürftigkeit als Mensch nicht nur erkennen und annehmen können, sondern all das loslassen können, was dich behindert und dadurch verhindert, dass die aus deiner Bedürftigkeit resultierende Sehnsucht zu einem mächtigen Fundament für die SELBSTWIRKSAMKEIT werden kann, um die es in diesem Buch geht.

Du wirst hier auch einiges wiederfinden, das wir weiter oben bereits, wenn auch in geringerer Dosis und Konzentration, in dein Bewusstsein befördert haben. Hier wird es jetzt konkreter, denn es geht darum, aus deinem neuen VERSTEHEN und deinem neuen WISSEN auch ein neues KÖNNEN zu schmieden.

Dieses Kapitel wird dich in die Lage versetzen, die Lehren und Methoden der Shaolin-Meister nicht nur verstehen, sondern auch anwenden zu können. Lass dir dabei bitte Zeit und setz dich nicht unter Druck! Es gibt kein Ziel, das es zu erreichen gilt; es geht nur darum, den Weg zu genießen und zu nutzen, was er dir an Möglichkeiten bietet. Es geht auch niemals um Perfektion, es geht stets nur um Entwicklung. Und darum, jeden Tag die beste Version von sich selbst zu leben. Nicht absolut, im Vergleich mit allen Tagen, die du schon gelebt hast, sondern relativ. Eben entsprechend der Möglichkeiten, die dir die einzigen 24 Stunden geben, die du hast. Und diese 24 Stunden sind HEUTE – und zwar genau JETZT!

Gib dein Bestes und lerne zufrieden zu sein! (Shaolin Wu De)

Wenn du dieses Kapitel ebenso gewissenhaft wie die vorherigen bearbeitest, dann werden dein Verständnis und dein WISSEN auch noch durch KÖNNEN ergänzt. Damit bist du dann aber nicht nur auf dem gleichen Stand wie in so vielen anderen Bereichen deines

Lebens. Du erinnerst dich: Du *weißt,* dass Rauchen schädlich ist, und du *könntest* es vielleicht sogar lassen, jedoch *tust* du *es nicht.* Du *weißt,* dass regelmäßige Meditation hilfreich ist, und *kannst* vielleicht sogar meditieren, dennoch *tust* du *es nicht.* Am Ende dieses Kapitels wirst du über alle nötigen Voraussetzungen verfügen, um auch all das zu tun, was du tun willst oder tun musst.

Und damit deinem Ego auch mit Sicherheit keine Ausrede mehr bleibt, werden wir dann, im Kapitel TUN, die neue *Erkenntnis,* das neue *Wissen* und das neue *Können* durch eine gedeihliche Übungspraxis derart habitualisieren, dass du nicht länger darauf achten musst, ob du auch genug oder alles richtig machst. Du wirst unter allen Umständen einfach genauso sein und auch genauso bleiben können, wie du sein oder bleiben möchtest – nämlich DU SELBST …

> *»Empty your mind. Be formless, shapeless, like water.*
> *Be water, my friend.«* (Bruce Lee)

6. Wenn du das verinnerlichst, wirst du unbesiegbar

Wenn wir unglücklich und unzufrieden sind, werden wir leicht frustriert, was wiederum zu Emotionen wie *Gier* und *Hass* führt, also zu den beiden ersten der fünf Hindernisse. Sind diese beiden Hindernisse aber erst einmal verwirklicht, entstehen durch sie so lange zunehmende Reibungsverluste, bis sich auch die anderen drei Hindernisse verwirklichen. Und dann geht es nicht länger nur ums *haben wollen* (Gier) oder *nicht haben wollen* (Hass), dann geht es zudem auch noch um die *Trägheit des Geistes,* um *Rastlosigkeit* und um *skeptische Zweifel.* Allesamt Blockaden, die durch *unbewusste, unterschwellige, angstgetriebene* Emotionen bedingt sind.

»Es gibt keinen Weg zum Glück. Glücklichsein ist der Weg.«
(Buddha)

Um diesen fünf Hindernissen auf Augenhöhe begegnen zu können und ihnen nicht jederzeit und immer wieder blindlings zum Opfer zu fallen, beschreiten die *Meister des Shaolin-Tempels* den *mittleren Weg*. Dieser Weg, der im Buddhismus auch als der ›*edle achtfache Pfad*‹ bezeichnet wird, beschreibt die letzte der *vier edlen Wahrheiten.*

> *»Der Mittlere Weg ist ein erfahrungsbasiertes Lebens- und Bewertungsprinzip, das sich darauf konzentriert, wie wir auf unsere Erfahrungen reagieren, und keine Aussage darüber, wie Dinge letztendlich sind. Als solches entfaltet sich der »Mittlere Weg« vollständig innerhalb der immer vorläufigen und mehrdeutigen Welt unseres Lebens als ethische Lebewesen, die immer auch auf unsicherem Boden stehen.*
> *Der Mittlere Weg bezeichnet im Buddhismus die Praxis, die Extreme von Genusssucht und Selbstkasteiung zu vermeiden, wie sie in Buddhas erster Lehrrede im Hirschpark von Sarnath beschrieben wurden. Solche Extreme zu vermeiden, ist jedoch nur ein nützliches Beispiel, um ein weit umfassenderes Prinzip zu veranschaulichen.*
> *Der »Mittlere Weg« ist eine Metapher für eine ganzheitliche Lebensweise, die auf alle metaphysischen Verabsolutierungen und Wahrheiten verzichtet. Denn verkündete Wahrheiten und Verabsolutierungen sind auch Extreme, indem sie keinen anderen Standpunkt zulassen.« (Quelle: Buddha Stiftung)*

Wenn du jetzt so reagierst, wie die meisten Menschen, nämlich mit »*Boah*, ist das schwierig«, dann verstehen wir das nur zu gut. Deine Bedenken sind aber völlig unnötig und eigentlich solltest du schon erkannt und akzeptiert haben, dass du auf jeden Fall gut genug bist, denn » … *auf dem mittleren Weg kann man eigentlich nur zwei Feh-*

ler machen: Man macht sich gar nicht erst auf den Weg, oder man geht den Weg nicht bis zum Ende.« (Shaolin-Weisheit)

Begleitend zu diesem Buch biete ich dir eine kostenfreie Videoserie an. Im dritten Video dieser Serie spreche ich über den mittleren Weg. Du findest die Videoserie unter www.bewater.jetzt

Nun hast du dich aber nicht nur einfach so auf den Weg gemacht, was an sich schon beeindruckend wäre, denn viele tun nicht einmal das. Selbst dann nicht, wenn es längst dringend notwendig wäre. Du hast sogar jede Menge an mentaler Energie aufgewendet und unter Beweis gestellt, dass du dich überaus ernsthaft um Erkenntnis und die Akzeptanz deiner Erkenntnis bemühst. Damit hast du bereits die höchste Hürde auf dem mittleren Weg mit Bravour gemeistert. Und mach dir bitte spätestens jetzt klar: Du fängst bereits an, besser zu denken, als du – im Moment noch – bist! Jetzt ist es nur noch eine Frage der Konsequenz, bis du auch so gut bist, wie du denkst.

»Das Geheimnis des außerordentlichen Menschen ist in den meisten Fällen nichts als Konsequenz.« (Buddha)

Wenn es dir gelingt, diese enorme mentale Energie auch noch für dieses Kapitel aufzubringen, dann verspreche ich dir, dass du das Kapitel *TUN* in vollen Zügen genießen wirst, denn …

> *Wissen ist nichts, und selbst Können ist bedeutungslos, wenn du nicht in der Lage bist, all das, was du weißt und kannst, auch wirklich zu tun. Völlig gleichgültig, wie groß dein Potenzial auch sein mag, es ist völlig nutzlos, wenn du nicht in der Lage bist, auch praktisch zu tun, was dir theoretisch möglich ist.*

Und um dir, bevor wir richtig einsteigen, noch dieses mulmige Gefühl zu nehmen, skizziere ich dir nachfolgend und zusammenfassend nochmals den Verlauf des *mittleren Weges*. Und dann wirst du endgültig selbst erkennen können, dass du auf jeden Fall gut genug bist und dass du ihn, ohne allzu oft zu stolpern, gehen kannst.

1. Denke buddhistisch

> »*Was du denkst, bist du. Was du bist, strahlst du aus. Was du ausstrahlst, ziehst du an.*« (Buddha)

Problem: Identifikation. Du versuchst zu genügen und erfüllst ständig alle Erwartungen, die – vermeintlich – an dich gestellt werden. Ein massiver mentaler Energieverlust (heute als Burnout bekannt) durch permanentes Bedauern oder Vermissen des Vergangenen und den Versuch der Imagination des befürchteten oder herbeigesehnten Zukünftigen ist die Folge. Du identifizierst dich mit Dingen, die nicht mehr oder noch nicht existieren. Für den gegenwärtigen Augenblick, und nur in diesem lebst du, bleibt kaum Energie übrig. Stress, Angst und Depression manifestieren sich.

Lösung: Nicht-Identifikation. Du bist nicht der *Körper*, nicht die *Gedanken* und nicht die *Emotionen*; du bist das *Bewusstsein*, das diese Dimensionen wahrnehmen und steuern kann. Wenn du durch Akzeptanz Distanz zwischen deinem Ego (Ich bin …) und deinem Selbst (Wir alle sind …) schaffen oder dein bewertendes Ego sogar loslassen und jederzeit zum Atem zurückkehren kannst (zur Mitte des Selbst, zwischen den Extremen des Egos), ist ein massiver mentaler Energiegewinn die Folge. Deine habituelle Aktivierung (Überaktivierung, kumulativer Stress) reduziert oder normalisiert sich und du entwickelst Achtsamkeit und Mitgefühl im gegenwärtigen Augenblick. Für dich selbst und für alle anderen fühlenden Wesen, die dich umgeben. Wenn keine Energie unkontrolliert in die Vergangenheit oder die Zukunft, die beide nicht existieren, abfließt, hast du beinahe unbegrenzte Energie im *Hier und Jetzt.* Stress, Angst und Depression lösen sich auf.

2. Handle buddhistisch

»Die wichtigsten Menschen sind nicht die, die den Kopf voller Wissen haben. Es sind die, die ein Herz voller Liebe haben, Ohren die bereit sind, zuzuhören und Hände, die bereit sind, zu helfen.« (Buddha)

Problem: Kohärenzverlust & Überaktivierung. Das *Kohärenzgefühl* beschreibt im Wesentlichen, wie es um unser Vertrauen in unsere Lebenswelt bestellt ist. Ob wir daran glauben, dass bei vernünftigem und gedeihlichem Handeln sich die Dinge auch entsprechend gedeihlich entwickeln. Das Kohärenzgefühl wird dabei von drei Faktoren definiert:

1. *Sind die Dinge für uns (noch) handhabbar?*
2. *Sind die Dinge für uns (noch) sinnhaft?*
3. *Sind die Dinge für uns (noch) verstehbar?*

Die Antwort lautet in allen drei Fällen NEIN, sind sie nicht (mehr) – schon lange nicht mehr! Dieser Vertrauensverlust ins Leben führt zu Unsicherheit. Und diese Unsicherheit ist es, die Stress verursacht und unsere habituelle Aktivierung ansteigen lässt. Die andauernde Überaktivierung wirkt hormonell toxisch und führt sehr häufig, neben extremen körperlichen Zuständen, zu einem peinigenden, lähmenden Angstgefühl. Kann man dieser Angst, die den Körper zerstört, nicht gedeihlich begegnen, wie mit *Mental Training, Qi Gong, Tai Ji, Kung Fu* oder *Meditation*, mutiert sie früher oder später zur Depression.

Die Depression führt dann zu weiterem Antriebsverlust, der zunächst zwar lediglich das Selbstvertrauen erodieren lässt, nur um dann die Selbstwirksamkeit restlos aufzulösen. Nun ist man der Unsicherheit schutzlos ausgeliefert und der selbsterhaltende, rückbezügliche Regelkreis aus Überaktivierung, Stress, Angst und Depression schließt sich. Buddhistisches Handeln, ebenso wie der Shaolin-Kodex, wird getragen von Achtsamkeit und Mitgefühl gegenüber sich selbst, aber auch gegenüber allen fühlenden Wesen, die diese Welt bevölkern sowie gegenüber der Welt selbst.

Die nachfolgenden Zitate des Buddha verdeutlichen sowohl das buddhistische *Erleben* und *Denken* als auch das buddhistische *Verhalten* und *Handeln.* Sie beschreiben damit praktisch die Grundlagen der buddhistischen Psychologie (Erleben und Verhalten).

- »*Wir sind, was wir denken. Alles, was wir sind, entsteht aus unseren Gedanken. Mit unseren Gedanken formen wir die Welt.*«
- »*Unsere Verabredung mit dem Leben findet im gegenwärtigen Augenblick statt. Und der Treffpunkt ist genau da, wo wir uns gerade befinden.*«
- »*Der Zimmermann bearbeitet das Holz. Der Schütze krümmt den Bogen. Der Weise formt sich selbst.*«
- »*Jedes Leben hat sein Maß an Leid. Manchmal bewirkt eben dieses unser Erwachen.*«
- »*Der Geist ist alles. Was du denkst, das wirst du.*«
- »*Das Geheimnis des außerordentlichen Menschen ist in den meisten Fällen nichts als Konsequenz.*«
- »*Niemand rettet uns, außer wir selbst. Niemand kann und niemand darf das. Wir müssen selbst den Weg gehen.*«
- »*Nicht außerhalb, nur in sich selbst soll man den Frieden suchen. Wer die innere Stille gefunden hat, der greift nach nichts, und er verwirft auch nichts.*«

Wie schwer es ist, sich selbst zu verändern, habe ich am eigenen Leib sehr leidvoll erfahren dürfen. Und glaub mir, allein Buddha weiß, wie unglaublich dumm und selbstzerstörerisch ich mich dabei angestellt habe. Dabei hatte ich die allerbesten Voraussetzungen, um es zu schaffen. Als Professor war ich Spezialist für komplexe Stresserkrankungen, als ehemaliger Kampfkünstler und Bodybuilder wusste ich alles über Ernährung und Training, als Doktor der Neuropsychologie wusste ich um die Macht der Gedanken und Emotionen, und als Meditationsforscher kannte ich sowohl die psychologischen als auch die physiologischen Dimensionen von Meditation.

Auf den Punkt gebracht: Es hätte mir nicht passieren dürfen – und dennoch ist es mir passiert! Mein Wissen und mein Können haben mir deshalb nur sehr wenig geholfen, weil sich meine Filter und Katalysatoren gegen mich gewandt hatten. So habe ich zuerst meine innere Stärke verloren, was dann dazu geführt hat, dass ich am Ende auch keinerlei äußere Kraft mehr aufbringen konnte. Ich war schlicht nicht mehr in der Lage, mir all mein Wissen und Können auch nutzbar zu machen. Ich habe mir einfach keinen Grund zum Weitermachen mehr plausibel machen können, der Emotionstank war leer, jede Selbstwirksamkeit hatte sich in Nichts aufgelöst, und ich bin zu 100 Prozent nur noch reaktiv durchs Leben gegangen – als Passagier eben. Und ich habe aus Angst immer mehr von dem gemacht, was mich überhaupt erst in diese Situation gebracht hat. Ich habe funktioniert und genügt. Du siehst also, dass Wissen und Können völlig wirkungslos sind, wenn dich dein Geist, deine Psyche, dein Erleben und Verhalten zum Passagier deines eigenen Lebens machen. Es gilt, Folgendes zu verstehen:

> *Ob für uns etwas eine Qual oder eine Herausforderung ist, mit allen damit einhergehenden Konsequenzen, hängt einzig davon ab, was uns unsere Filter und Katalysatoren denken und fühlen lassen. Veränderst du dein Denken, veränderst du dein Leben – und damit veränderst du alles!*

Und weil ich mich so dumm angestellt habe und mir selbst einfach nicht mehr helfen konnte, hat mich Shaolin-Meister Shi Yan Lu gelehrt, wie man in Shaolin derartige Probleme bewältigt. Er hat gesagt, dass es ein sehr harter, aber ebenso lohnender Weg ist und ich das schaffen werde. Ich konnte mir das nicht vorstellen (entstehen kann aber nur, was du auch denken kannst), aber Meister Shi Yan Lu konnte ich glauben. Glauben beruht auf Vertrauen und Vertrauen beruht auf Kohärenz. Ich konnte ihm glauben, weil er mir eine Welt zugänglich gemacht hat, die kohärent war. Eine Welt, die sinnhaft, handhabbar und verstehbar war. Eine Welt, in der ich kein Objekt mehr war, die Welt von *Shaolin!* Es hat mich dennoch sehr viel Überwindung gekostet, mir einzugestehen, dass ich es allein nicht schaffen werde. Ich war aber nur zu schwach, weil ich dachte, ich wäre zu schwach, weil ich schwach zu sein aufgrund meiner Sozialisation (Filter und Katalysatoren) als Schwäche empfunden habe. Wie dumm das war, hat Meister Lu mir allerdings sehr schnell klargemacht.

> *Um Hilfe zu bitten, wenn man es allein nicht schaffen kann, so hat Shaolin-Meister Shi Yan Lu mich gelehrt, zeugt von Stärke. Es nicht zu tun, zeugt von Hochmut, Stolz und Dummheit. Was möchtest du sein: stark oder dumm?*

Warum also solltest nicht auch du schaffen, was wir geschafft haben? Sei nicht zu ängstlich oder zu stolz, Menschen um Hilfe zu bitten, wenn du sie benötigst. Wie du weißt, war ich einmal ein 130 Kilo schwerer, muskulöser Bodyguard mit Doktortitel und Professur, und selbst ich habe es nicht allein geschafft. Ich habe einen Shaolin-Meister gebraucht, einen wahrhaftigen Freund und Lehrer, einen Menschen, dem ich glauben und vertrauen konnte. Begib dich auf die Suche nach einem solchen Menschen – oder lasse dich finden!

Und wenn du jetzt denken solltest, *was für ein Mist,* dann erinnere dich, dass es bei mir genauso war. Studiere also unbedingt auch den nächsten Punkt ebenso gewissenhaft wie all die anderen Punkte, die du bereits studiert hast. Und dann, im Bewusstsein von allem, was du bisher erfahren hast, *kontempliere* ebenso gewissenhaft jedes einzelne ABER, das dir dein Geist aufdrängt. Betrachte es von jedem dir zugänglichen Standpunkt aus, aus jeder möglichen Perspektive, und überprüfe konsequent, ob die Geschichte auch stimmt, die dir dein Geist erzählt, oder ob das, was tatsächlich ist, nicht doch erheblich davon abweicht.

Meine Erfahrung ist, dass man den eigenen Gedanken auf gar keinen Fall zu viel Glauben schenken darf. Dies gilt umso mehr, wenn man sich über die Qualität der Filter und Katalysatoren, die dem Denken zugrunde liegen, noch nicht im Klaren ist. Das Gleiche gilt auch für Bauchgefühle, da sie ein direktes Resultat der bewussten Gedanken oder, noch wesentlich perfider, des Unbewussten sind. Bauchgefühle, also *Intuition*, sind eine wunderbare Sache, wenn sie funktionieren. Sie funktionieren allerdings nur dann, wenn sie auf einem starken Fundament aufbauen. Und dieses setzt sich zusammen aus *Selbstbetrachtung* (Meditation) und *Selbsterkenntnis* (Kontemplation). Du erinnerst dich bestimmt noch daran: *Bist du Pilot oder Passagier deines Lebens?*

3. Übe und praktiziere

»Tu es oder tu es nicht, aber höre auf, es zu versuchen.«
(Shaolin-Prinzip)

Es kommt nicht darauf an, jemand zu werden oder jemand zu sein. Es kommt nur darauf an, glücklich und du selbst zu sein. Denn alles, was du werden kannst und werden sollst, bist du bereits. Um das erkennen zu können, musst du lernen, besser zu denken. Damit du jederzeit selbst darüber entscheiden kannst, ob du lieber Wasser bleiben möchtest oder ob du dich selbstbestimmt und selbstwirksam, je nach Erfordernis der jeweiligen Situation, zu sprödem, zerstörerischem Eis oder aber zu geschmeidigem, flüchtigem Dampf transformieren willst. Sei dir dabei aber stets über eines im Klaren …

»Was du denkst, bist du. Was du bist, strahlst du aus. Was du ausstrahlst, ziehst du an.« (Buddha)

Du solltest dir eine Sache in aller Konsequenz klarmachen. Es spielt keine Rolle, wie gut wir sind oder was wir können, es kommt einzig und allein auf DICH an! Was bist du bereit zu tun, um deinen aktuellen Zustand zu verändern? Und klar muss dir auch sein, dass es keinen Sinn macht, immer nur dann zu praktizieren, wenn das Kind schon in den Brunnen gefallen ist.

Kein Bodybuilder käme auf die Idee, erst dann mit der Wettkampfdiät anzufangen, wenn er gerade die Bühne betritt. Es geht darum, IMMER zu praktizieren, jede einzelne Minute. Du denkst, dass das gar nicht geht? Da unterschätzt du dich aber bei Weitem, denn du praktizierst bereits jeden einzelnen Tag! Nur eben Dinge, die dich in den Zustand versetzt haben, den du nun zu ändern versuchst.

Um es zu verdeutlichen: Es kommen oft Menschen zu uns, die uns davon berichten, was sie denn schon alles können und wie viel sie dafür tun. Und ja, das Können von manchen Menschen ist durchaus beeindruckend, ihr Wissen schon weniger und das Tun ist eher enttäuschend. Warum? Weil uns selbst die Guten erzählen, dass sie dreimal pro Woche zwei Stunden trainieren und viermal pro Woche zwei Stunden meditieren. Unsere Antwort darauf ist jedes Mal die gleiche Frage:

»Und was tust du in den verbleibenden 22 Stunden des Tages?«

Genau darum geht es mir. Während der gesamten Zeit, in der wir wach sind, handeln, denken und fühlen wir völlig unreflektiert, überwiegend reaktiv und leben mit den Zuständen, die sich daraus ergeben. Wenn wir depressiv werden, dann sind wir depressiv, wenn wir ängstlich werden, dann sind wir ängstlich und so weiter. Völliger Nonsens! Du hast eine Depression oder du hast Angst, aber nichts davon bist du, weder bist du depressiv – noch bist du ängstlich! Um deinen Geist davon abzuhalten, andauernd völlig achtlos in solche Fallen zu tappen, musst du üben und praktizieren.

Mach dir das bitte klar: All die nicht gedeihlichen Dinge wirken ständig, solange du wach bist. Deine Trainings- und Übungspraxis unterbricht diese Wirkung nur bedingt, je nachdem, wie konzentriert und fokussiert du praktizierst. Die Bilanz lautet im Fall eines wirklich guten Schülers: 22 Stunden nicht gedeihlich und 2 Stunden gedeihlich. Was glaubst du, hat den größeren Effekt auf dein Erleben und Verhalten, also auf deine Psychologie? Genau, und da wunderst du dich noch?

Es geht nicht darum, den ganzen Tag Kung Fu zu machen oder auf dem Meditationskissen zu verbringen. Es geht um Achtsamkeit. Sie bildet die Basis für eine gedeihliche Trainings- und Meditationspraxis. Und die kannst du, falls du mit den vier Dimensionen der Achtsamkeit vertraut bist, den ganzen Tag über praktizieren. Jetzt ergänzt du diese Übungspraxis noch mit dreimal 20 Minuten Meditation – oder einmal 20 Minuten Qi Gong und zweimal 20 Minuten Meditation, oder, oder, oder … und fertig ist die Grundstruktur für eine gedeihliche, tägliche Übungspraxis.

Sie wird dir zu äußerer Kraft und innerer Stärke verhelfen und dazu, dass du stets *Wasser* bleiben kannst, so lange DU das möchtest. Es kommt lediglich auf deine Konsequenz und auf die Zahl der Ausreden an, die dein noch untrainierter Geist dir aufnötigt. Zeitaufwand: 1 Stunde, Wirksamkeit 24 Stunden. Und wie gesagt: *Unsere besten Wünsche begleiten dich, aber es sind dei-*

ne eigenen Gedanken, deine eigenen Gefühle und deine eigenen Handlungen, die über dein Glück und dein Leiden entscheiden.

Dein Leben kann nur so gut sein, wie du denkst!

Wenn unser Leben nur so gut sein kann, wie wir denken, und unser Leben sich aber nicht so gut anfühlt, wie wir es gerne hätten oder vielleicht sogar dringend brauchen würden, dann stellt sich eigentlich nur eine einzige Frage:

> *»Was stimmt eigentlich mit unserem Denken nicht?«*

Wenn man etwas über das eigene DENKEN nachdenkt, ist die Antwort ganz einfach:

1. *Wir müssen scheinbar denken, ob wir wollen oder nicht …*
2. *Wir haben nur bedingt die Kontrolle über das, was wir denken …*
3. *Wir können kaum beeinflussen, welche Emotionen aus diesen unkontrollierten Gedanken entstehen …*
4. *Wir können unsere Handlungen nur bedingt beherrschen, die aus diesen unkontrollierten Gedanken und Emotionen resultieren …*

Konkret bestimmt also lediglich der Umstand, dass wir einem beständigen Denkzwang (1.) unterliegen, der zunächst zu Reibungsverlusten (2.) und dann schlussendlich zu Blockaden (3.) führt, unser Erleben (Wie fühlt sich dein Leben an?) und Verhalten (4.). Anders ausgedrückt:

> *»Hört das schlechte Denken auf, hört auch das schlechte Fühlen auf, und wenn das aufhört, dann kann sowohl dein Erleben als auch dein Verhalten nur gedeihlich sein!«*

Und ich weiß sehr wohl, wie leicht sich das schreibt und wie schwer es ist, diese Erkenntnis umzusetzen. Deshalb eine kleine Hilfestellung, die es mir erleichtert hat. Nimm zunächst lediglich Einfluss darauf, was du erlebst oder was du wahrnimmst (noch besser). Lässt du Schlechtes in deinen Kopf, ist es da nicht nur einfach so drin, sondern es arbeitet gegen dich, weil es schlechte Gedanken und Emotionen triggert (Filter und Katalysatoren). Und wenn du in deinen Kopf schlechte Dinge lässt, die dann dort arbeiten, und dich dann wunderst, dass deinen Kopf noch schlechtere Dinge – übersetzt in Handlungen – wieder verlassen, die dann wieder zu Erleben führen, dann hast du ein wirklich großes Problem. Sorge daher dafür, dass in deinem Kopf gedeihliche Gedanken entstehen. Und da kommt die buddhistische Psychologie ins Spiel.

Und all jenen, die so denken, wie ich gedacht habe, weil sie einfach schon jede Menge Prügel vom Leben bekommen haben, möchte ich sagen: Ihr seid gegenüber allen anderen klar im Vorteil. Denn zur Mitte findet derjenige leichter, der die Extreme bereits erfahren hat.

Gedanken**E**xperiment

Stell dir bitte mal einen 16-spurigen amerikanischen Highway vor. Es herrscht sehr dichter Nebel, mit einer Sichtweite von gerade mal 5 Metern. Auch weißt du nicht, dass du auf einem Highway mit 16 Spuren fährst. Weil du gerne genug Sicherheitsabstand zu den Leitplanken links und rechts halten möchtest, um dein Auto nicht zu beschädigen, suchst du die Mitte des Highways. Du bist dabei aber ständig furchtbar angespannt, weil du ja wegen der schlechten Sichtverhältnisse nicht weißt, wie nahe du der Leitplanke schon gekommen bist. Wie glaubst du, ist es dir möglich, unter diesen Bedingungen unfallfrei die Mitte zu finden und auch dort zu bleiben?

Aber was bedeutet das überhaupt, *zur Mitte zu finden*? Und was ist mit *Mitte* eigentlich gemeint? Nun, das ist in der Tat etwas missverständlich. Beginnen wir einfach damit, dass mit der Mitte kein physischer Ort gemeint ist. Gemeint ist damit der zentrale Teil eines individuellen Kontinuums, das sich zwischen individuellen Polen aufspannt. Je mehr Extreme du bereits auf beiden Seiten der Mitte erfahren hast, desto größer ist dein Kontinuum (16-spuriger Highway). Mit den Extremen sind dabei die Erfahrungen auf den verschiedenen Ebenen der Existenz gemeint, die nahe beim jeweiligen Pol oder auf diesem liegen. Vertrauen und Misstrauen, Gier und Hass, Liebe und Angst, Resignation und Zuversicht, Anspannung und Entspannung.

Unser Problem dabei ist, dass wir in der Regel mehrheitlich Erfahrungen nahe bei einem Pol oder auf einem davon machen. Und zwar nahe bei oder auf dem Pol, der uns mehr schadet. Wir leben eher in einer Welt des Misstrauens statt in einer des Vertrauens, in einer Welt der Ablehnung (des Hasses) statt in einer des Annehmens (der Liebe), in einer Welt der Angst statt in einer des Mutes und der Zuversicht. Das führt dazu, dass wir die Leitplanke, der wir uns tendenziell annähern, möglicherweise zu spät sehen, und dass wir die Mitte kaum noch erreichen können, weil wir nicht einmal mehr in der Lage sind, den jeweiligen Gegenpol zu denken, geschweige denn, uns auf ihn zuzubewegen.

Der mittlere Weg ist also alles andere als ein Weg des Mittelmaßes. Es geht darum, in Balance zu bleiben und einen stabilen Stand zu haben, von dem aus man den Extremen einerseits gedeihlich begegnen und andererseits jederzeit zur stabilen Mitte zurückkommen kann. Gemeint ist damit ein ausgeglichener, gelassener, ruhiger Geist, an dem eben nichts herumzerren kann, weder das Bedauern der Vergangenheit noch die Befürchtungen der Zukunft. Und du ahnst es bereits …

GE → **Antwort**

Deine Mitte findest du im Hier und Jetzt. Den Weg dorthin weist dir dein Atem! Dort kannst du bleiben, solange du deinen gedanklichen Fokus auf den Atem gerichtet hältst. Denn es ist der Körper, der atmet, und der kann nur im Hier und Jetzt sein. Also genau dort, wo du auch deine Mitte findest, im Zentrum deines Atems, vier Finger breit unterhalb deines Bauchnabels. Wenn dein Geist nur dort ist, als Teil des Atems, der kommt und geht, dann bist du in deiner Mitte. Fernab von allem, was war, was ist, und was sein könnte. Bist du in deiner Mitte, dann bist du im Hier und Jetzt!

»*Wir sind, was wir denken. Alles, was wir sind, entsteht aus unseren Gedanken. Mit unseren Gedanken formen wir die Welt.*« Wie sehr das zutrifft, was Buddha uns in seiner unermesslichen Weisheit gelehrt hat, machen folgende Zahlen deutlich. Wir denken täglich zwischen 40.000 und 60.000 Gedanken. Das Verhängnisvolle daran ist, dass gut 90 Prozent davon ständig um dieselben Dinge kreisen, die entweder in der Vergangenheit liegen, wo sie uns ohnehin nichts mehr anhaben können, oder aber in der Zukunft, wo sie uns aller Wahrscheinlichkeit auch künftig nichts anhaben können, weil sie meist gar nicht eintreten.

Haben wir das erst einmal erkannt, fällt es uns wesentlich leichter, die Gedanken zu reflektieren, die es wert sind, gedacht und gefühlt zu werden, und jene Gedanken zu ignorieren, die uns zwei Drittel unserer Energie (unseres Qi) kosten. Denn wer überwiegend in der Vergangenheit und der Zukunft lebt, kann in der Gegenwart nur noch auf ein Drittel seines eigentlich verfügbaren Qi zugreifen. Allerdings lässt eine komplexe Stresserkrankung einem diesbezüglich keine Wahl, denn man kann dann nicht mehr ›nicht denken‹.

Ich weiß, wovon ich spreche, weil ich am Ende nicht einmal mehr eine Stunde pro Nacht geschlafen habe. Und was das nach ein paar Monaten mit einem Menschen macht, sollte klar sein (Stichpunkt: selbsterhaltender, rückbezüglicher Regelkreis). Im Klartext heißt das:

> *Ich gewinne innere Stärke, indem ich mein Denken kontrolliere. Je weniger ich denke, umso stärker und glücklicher werde ich.*

Oder anders ausgedrückt: Als ein Shaolin-Meister von einem Schüler gefragt wurde, ob Buddha denkt, war seine Antwort:

> *»Ja, Buddha denkt – wenn er möchte!«*

Reibung entsteht, weil das Leben keine Rücksicht auf deine Pläne nimmt.

Nachdem du dir nun klargemacht hast, was im Zusammenhang mit dem Denken in der Regel – völlig automatisiert und kaum bewusst – schiefläuft, schauen wir uns einmal genauer an, wie es konkret zu den vielzitierten Reibungsverlusten und Blockaden kommt. Das Verrückte daran ist, dass die Ursache eigentlich völlig banal, und wirklich alles andere als *Raketenwissenschaft* ist. Es handelt sich nämlich lediglich um ein schlichtes Missverständnis in Bezug auf die Erwartungshaltung, die wir dem Leben entgegenbringen.

Es fängt praktisch damit an, dass wir unseren Standard, also den der westlichen Industrienationen, als *das Normale* ansehen. Und wir sehen dabei nicht das als *das Normale* an, was ist, sondern das, von dem man uns glauben macht, dass es so wäre (Demokratie, soziale Absicherung, Chancengleichheit, Meinungsfreiheit usw.). *Das Normale* waren bisher: gute Noten, gute Karriere, gutes Leben. Wir sind davon ausgegangen, dass, wenn wir uns in dieser Welt, in die wir hineingeboren wurden, entsprechend verhalten, wir ein reibungsloses, prosperierendes, glückliches Leben erfahren werden (Kohärenz = Vertrauen ins Leben). Und Hollywood und Netflix tun ein Übriges, um uns in dieser Haltung, die primär das Resultat unserer Sozialisation ist, zu bestärken.

Wenn wir nun aber die unausweichliche Erfahrung machen, dass diese Vorstellung des Normalen ganz und gar nicht der Realität des Lebens entspricht, glauben wir, dass wir vom Leben ungerecht behandelt werden. Und zudem glauben wir noch, dass *Pech* beständig, und *Glück* flüchtig wäre. Passieren uns solche Dinge häufiger oder in kürzeren Abständen, glauben wir vielleicht sogar, dass uns das Pech verfolgen würde. Und betrachtet man nur einen kurzen Lebensausschnitt, mag dieser Eindruck vielleicht sogar stimmig sein. Aber man kann das Leben nun einmal nicht in Ausschnitten betrachten, denn, so sagt Buddha …

»Das Leben ist kein Problem, das es zu lösen gilt, sondern eine Wirklichkeit, die es zu erfahren gilt.«

Und über das gesamte Leben verteilt, kommen und gehen alle Dinge. Alles, was ist, das Gute ebenso wie das Schlechte. Und im Wissen darum, beantwortet der Dalai Lama auch die Frage, warum man in so einer aus den Fugen geratenen Welt dennoch optimistisch sein sollte, glasklar, direkt und ebenso weise wie wissenschaftlich korrekt:

> *»Es fühlt sich einfach besser an!«*

Er referenziert damit auf das Phänomen, dass wir Leid durch unser eigenes Denken erschaffen, wenn wir nicht gedeihlich denken. Wenn wir also bei einer Eintrittswahrscheinlichkeit einer Situation oder eines Zustandes von 50:50 die Option haben, zuversichtlich oder katastrophisierend zu denken, was glaubst du, macht mehr Sinn? Denkst du zuversichtlich, setzt du Handlungsenergie frei, denkst du katastrophisierend, kommt es zu Reibungsverlusten. Wie gesagt, ob etwas auf dich als Qual wirkt oder als Herausforderung, hängt davon ab, zu was DU es machst! Und genau darum geht es.

Gehst du nämlich nicht davon aus, dass dein Leben in der Welt, in die du hineingeboren wurdest, ein Vollkasko-Streichelzoo mit Wohlfühlgarantie und Rücktrittsoption ist, dann fühlst du dich eben vom Leben auch dann nicht betrogen, wenn es wieder einmal etwas holpriger wird oder du sogar heftig scheiterst. Und selbst wenn es häufiger passieren sollte, wirst du nicht glauben, dass dich das Pech verfolgt. Vielleicht würdest du sogar von ganz allein die Möglichkeit in Betracht ziehen, dass dich das Leben womöglich immer nur mit genau solchen Aufgaben konfrontiert, für die deine Kraft auf jeden Fall ausreicht. Nur um dich dadurch all das lernen zu lassen, was du benötigst, um zu wachsen und so groß zu werden, wie du sein sollst und kannst, und dies zum Wohle aller fühlenden Wesen. Dann ist es eben nicht Ent-täuschung, die du zu spüren bekommst, sondern Dankbarkeit und Mitgefühl. Sei dir stets bewusst: Nur du entscheidest, wie sich dein Leben anfühlt!

Um so zu denken, bedarf es nur einer klitzekleinen Anpassung der Weltsicht, die deiner Motivation, deinem Maßstab und deinem Standpunkt zugrunde liegt. Und jetzt bitte nicht erschrecken! Denn dein Leben ist eben leider nicht nur KEIN Streichelzoo, sondern dein Leben ist LEIDEN! Nicht mehr und nicht weniger.

Aber keine Angst, denn Buddha selbst, von dem diese Aussage stammt, macht uns zwar klar, dass es so ist, aber er macht uns eben auch klar, dass es an uns selbst liegt, ob das auch so bleibt! Denn diese auf den ersten Blick erschreckende Aussage der *ersten edlen Wahrheit* ist sozusagen nur der reißerische Boulevardteil der *vier edlen Wahrheiten*. Schon die *zweite edle Wahrheit* hilft uns, die Leid verursachenden Reibungsverluste zu erkennen, die *dritte edle Wahrheit* gibt uns dann die Gewissheit, dass wir unser Leid überwinden können, und die *vierte edle Wahrheit* zeigt uns den Weg.

- Die erste edle Wahrheit *über das Leiden:* die Erkenntnis, dass jedes Leben leidvoll ist und mit dem Tod endet.
- Die zweite edle Wahrheit *über die Ursache des Leidens:* das wertfreie Annehmen der Ursachen des Leidens.
- Die dritte edle Wahrheit *über die Beendigung des Leidens:* das Loslassen können von allem, was uns behindert.
- Die vierte edle Wahrheit *über den Pfad der Ausübung, der zur Beendigung des Leidens führt:* die buddhistische Praxis, das Praktizieren des edlen achtfachen Pfads.

Sich mit diesen etwas fremd anmutenden Weisheiten vertraut zu machen, ist unabdingbar, weil die Wahrnehmung der Welt von diesem buddhistischen Standpunkt aus zu den gedeihlichen Gedanken und Emotionen führt, die es dir ermöglichen, die Welt – auch oder gerade mit all ihren Ungerechtigkeiten und all ihrem Leid – liebzubehalten oder wieder liebzugewinnen.

Begleitend zu diesem Buch biete ich dir eine kostenfreie Videoserie an. Im zweiten Video dieser Serie spreche ich über die vier edlen Wahrheiten und den edlen achtfachen Pfad. Du findest die Videoserie unter www.bewater.jetzt

---

Gedanken**E**xperiment

Stell dir einmal vor, du wärst ausschließlich Qi, also reine Lebensenergie. Nun ist karmamäßig etwas schiefgelaufen und du bekommst vom Universum die Mitteilung per ›Whats-Qi-App‹, dass du auf dem Planeten Erde geboren wirst. Dir wird darüber hinaus mitgeteilt, dass es keine weitere Mitteilung gibt. Am Ende steht lediglich noch die scheinbar banale Frage, wie die Erde denn beschaffen sein sollte, auf der du geboren werden wirst, und wie du gerne hättest, dass das Leben mit dem Leben auf dieser Erde umgeht.

Wohlgemerkt, du weißt nicht, wo du geboren wirst, wann du geboren wirst, ob du ein Junge oder ein Mädchen wirst, ob du eine Behinderung hast oder eine Begabung, wen oder was du liebst, ob du eine Kuh wirst oder ein Mastschwein oder Teil einer aussterbenden Art oder Kultur.

GE → **A**ntwort

Du wirst diese eben nur scheinbar banale Frage, wenn überhaupt, nur nach sehr langem und gründlichem Nachdenken bedingt beantworten können. Warum? Nun, es ist ganz einfach, denn es kommt auf die Perspektive an, und je mehr Perspektiven du imaginativ einzunehmen vermagst, desto leichter wirst du erkennen, dass du keine Welt beschreiben und fordern könntest, in der du in jedem Fall, egal als was oder als wer du geboren wirst, verbindlich ein gutes Leben hättest. Denn als mitfühlender Mensch würdest du zum Beispiel vermutlich wollen, dass es allen Menschen gut geht und alle Menschen satt werden. Das ist aber bei der Masse an Menschen, die wir heute sind, und unter den herrschenden Rahmenbedingungen nur dann möglich, wenn dafür irgendwer den Preis bezahlt.

Und in der Regel sind das eben nicht die Verbraucher an der Ladentheke. Die haben zwar möglicherweise höhere Kosten, aber den Preis bezahlen die Abermillionen Tiere, die unter erbärmlichen Bedingungen leben und sterben müssen. Und wenn du eben nicht als der mitfühlende Mensch, der das Wohl der anderen Menschen im Bewusstsein trägt, geboren wirst, sondern als eines dieser Tiere, dann hast du ein Problem.

Denn Hand aufs Herz: Wir haben doch gelernt, dass Bewusstsein die Voraussetzung von Leben ist und dass das Leben mit dem Bewusstsein stets Hand in Hand geht. Mit welchem Recht gehen wir dann davon aus, dass es völlig legitim wäre, all die Lebewesen, die unser Überleben sichern, auch noch derart zu quälen, bevor wir sie essen? Dieses Gedankenexperiment macht deutlich, dass es eine universell gerechte und für alle Lebewesen gleichermaßen perfekte Lebenswelt nicht geben kann. Es gibt in jeder denkbaren Konstellation zwingendermaßen immer GEWINNER und VERLIERER. Auch das ist der mittlere Weg, denn es geht immer um eine stabile Balance, um ein Gleichgewicht in der Existenz, und nicht um die Extreme.

Es spielt also keine Rolle, welche Ziele du definierst und welche Pläne du machst, um diese zu erreichen. Es spielt deshalb keine Rolle, weil bereits der Weg dorthin deiner Kohärenz den Garaus machen wird. Ebenso, wie es der Kollege Hüther im vorigen Kapitel so wunderbar beschrieben hat. Definiere also keine Ziele, sondern Anliegen, dann musst du dich auf deinem Weg nicht verbiegen (lassen). Dann kannst du Wasser bleiben, solange du das möchtest, weil du weder korrumpier- noch erpressbar bist, von niemandem und durch nichts, auch nicht durch dich selbst!

Das eigentliche Problem mit Plänen und Zielen ist, dass alle ihre Pläne und Ziele verfolgen, und, wen wundert es, diese auch verwirklichen und erreichen möchten. So weit, so gut. Sie wissen zwar oft nicht warum, tun aber dennoch alles Nötige. Und dabei spielt es offenbar immer seltener eine Rolle, wer oder was dabei zu Schaden kommt. Viele gehen, metaphorisch gesprochen, über Leichen, um ihre (?) Ziele zu erreichen, auch über die eigene, was wirklich tief blicken lässt. Um insbesondere diesen Sachverhalt einmal zu verdeutlichen:

Die Menschen gehen zwar selbst dann noch, wenn sie ernsthaft krank sind, auf jedes noch so sinnlose Meeting, von dem sie wissen, dass es einzig der narzisstischen Selbstdarstellung dient, finden aber bei jeder Meditation, die ihnen gut täte, eine Ausrede. Was stimmt mit diesen Menschen nicht, zu denen auch ich mich zählte? Was muss passieren, dass man ein sinnloses Meeting, das einem mehr schadet als nutzt, einer Handlung vorzieht, die einen nachhaltig gesund erhält und zu mehr Lebensglück verhilft? Was muss passieren, dass uns unsere Außenwirkung so viel wichtiger wird als unsere Wirkung auf uns selbst im Inneren?

Nun, das ist leicht zu verstehen. Je oberflächlicher und kompetitiver eine Lebenswelt wird und je mehr die Protagonisten in ihr objektifiziert werden, und sei es auch nur in der subjektiven Wahrnehmung, desto wichtiger wird, was man im Außen scheint, und nicht, was oder wer man im Inneren tatsächlich ist! Aufmerksamkeitsökonomie bedeutet, dass es nur eine begrenzte Menge an Aufmerksamkeit gibt, und je mehr Protagonisten davon abhängen, desto knapper wird dieses Gut für jeden Einzelnen. Wahrgenommen wird, wer am hellsten strahlt, und nicht der, der am hellsten ist.

Im Grunde geht es dabei nur um *Angst* und *Sicherheit.* Wirst du nämlich nicht mehr als (moralisch oder ideologisch) makellos wahrgenommen, kannst du, und das zeigt die aktuelle Situation auf dramatische Weise, sehr schnell unter die Räder kommen. Verlust von Reputation, Job und Existenz kann die Folge sein. Deshalb verhältst du dich so, weil es dir Sicherheit suggeriert und dadurch die Angst nimmt. Möglichst makellos wirken und hoffen, dass keiner merkt, dass du und wir gar nicht so makellos sind. Du bist es nicht, und ich bin es auch nicht, weil es keiner ist! Die permanente Befürchtung, dass die Anderen, die ja selbst auch nicht makellos sind, aber genau das bemerken, und die permanente Hoffnung, dass genau das hoffentlich nicht passieren möge, steigert deine habituelle Aktivierung so lange, bis zuerst Reibungsverluste und dann unweigerlich Blockaden entstehen.

Und das ist der Einstieg in den negativen, rückbezüglichen Regelkreis, den wir oben besprochen haben. Das ist in der Regel unsere Strategie (Glaubenssatzsystem), um in einer zunehmend von künstlicher Intelligenz definierten Lebenswelt mit begrenzten Aufmerksamkeitsressourcen zu bestehen und der Objektifizierung zu entgehen. Wie unfassbar schlecht das funktioniert, zeigen die alljährlichen Statistiken der Krankenkassen. Seit Jahren nehmen Stresserkrankungen, Angst und Depression dramatisch zu. Das kann aber nur dann passieren, wenn du all das nicht erkennst und vor allem dann, wenn du nicht gedeihlich darauf reagierst.

Regeln geben SELBSTSICHERHEIT und ermöglichen SELBSTBESTIMMUNG

Ein zentrales Problem für deine mentale Stabilität und Leistungsfähigkeit ist der Verlust von *Selbstsicherheit* und *Selbstbestimmung*. Beide werden mit der Zeit zu indirekten Opfern der *Überaktivierung*. Denn Selbstsicherheit kann nur entstehen und erhalten werden, wenn du dir auch selbst vertrauen kannst. Und dein Selbstvertrauen hängt unmittelbar von deinem Kohärenzgefühl ab. Der Verlust des Kohärenzgefühls, also der Verlust der Handhabbarkeit, der Verstehbarkeit und der Sinnhaftigkeit, lässt dich unsicher werden. Dein Selbstvertrauen erodiert und es entstehen zunehmend *skeptische Zweifel* (eines der fünf Hindernisse, die wir später noch ausführlicher besprechen werden), weil die Dinge zunehmend einer Logik folgen, die du weder nachvollziehen noch antizipieren kannst.

Wenn du aber ständig an deinem Selbst zweifelst (zweifeln musst), wirst du deine Bestimmung nur sehr schwer erkennen können. Du wirst das, was du erkennst, kaum annehmen können, und deshalb das, was dich daran hindert, deiner Selbstbestimmung zu folgen, nur sehr schwer loslassen können. So bleibst und wirst du fremdbestimmt, verlierst deine Kreativität und wirst zu einer reaktiven

Marionette. Und weil das keine Option ist und wir dieser Entwicklung etwas entgegenhalten müssen, leben wir nach dem *Shaolin Wu De!* Du musst die Regeln selbstverständlich nicht auswendig lernen, aber du solltest sie auf jeden Fall kennen und regelmäßig darüber kontemplieren.

Es kann sehr hilfreich sein, wenn du dir die Regeln an den Badezimmerspiegel klebst. So hast du beim Zähneputzen nicht nur die Möglichkeit, dir jeden Morgen und Abend etwas Gedeihliches bewusst zu machen, du wirst dir auch wesentlich länger die Zähne putzen, weil dich die Regeln abholen werden, und zwar genau dort, wo du im Moment stehst.

> »*Unsere Verabredung mit dem Leben findet im gegenwärtigen Augenblick statt. Und der Treffpunkt ist genau da, wo wir uns gerade befinden.*« (Buddha)

Die Kampfkünste von Shaolin sind tief in der buddhistischen Ethik und Moral verwurzelt. Shaolin befasst sich in erster Linie mit der Kultivierung der menschlichen Natur und unterstützt daher die Betonung, sich der Verantwortung bewusst zu werden, die jeder Einzelne für sein Handeln, unsere Gesellschaft und unsere Umwelt hat. Aus diesem Grund gab der große *Bodhidharma* (Gründer und erster Patriarch des *Zen-Buddhismus*) seinen Schülern im Shaolin-Tempel, den Mönchen und Novizen des Ordens vor fast 1500 Jahren *Die Tugenden der Kampfkunst* (Shaolin Wu De). Wir wünschen dir, dass bei der Verwirklichung der *Wu De* in deinem Herzen die gleiche Freude und der gleiche innere Frieden entstehen mögen, wie auch wir sie in unserem täglichen Leben erfahren, und hoffen, dass du durch sie die wahre Natur und den Segen der Künste der Shaolin erkennst.

Die 14 Shaolin-Tugendregeln

Verfahre wie oben beschrieben und kontempliere jeden Tag, einmal morgens und einmal abends, nur eine Tugendregel des *Wu De*.

Nach 14 Tagen beginnst du wieder von vorn. Es bietet sich an, dass du den kleinen Text der jeweiligen Tugendregel beim Zähneputzen für 3–5 Minuten studierst, dich dann zur Morgen- oder Abendmeditation begibst und die jeweilige Tugendregel kontemplierst. Das ist ein wunderbares, gedeihliches Morgen- und Abendritual, das sich inhaltlich jeden Tag ändert, sodass du, obwohl du es ritualisiert und strukturgebend jeden Tag machst, stets achtsam bleibst!

- *Vertrauen (xìnyòng)*
  Vertrauen umfasst auch, vertrauenswürdig zu sein und sich selbst vertrauen zu können. Jeder Schüler von Shaolin sollte eine Persönlichkeit entwickeln, der man vorbehaltlos vertrauen kann. Vertrauen ist die Basis jeder echten Freundschaft. Vertrauen ist auch die Basis der Gemeinschaft des Shaolin-Tempels. Die Schüler sollen ihren Lehrern und Meistern sowie der Leitung des Tempels vertrauen, und die Leitung des Tempels und die Meister müssen den Schülern vertrauen können.
- *Disziplin (ji lv)*
  Nur mit strenger Disziplin und Unnachgiebigkeit gegenüber uns selbst können wir unser höchstes Potenzial erreichen. Wir behalten die Form der bewussten Selbstregulierung bei (BE**WATER**), besonders wenn wir keine Lust dazu haben. Der Shaolin-Tempel wird unermüdlich dafür sorgen, dass Schüler, Novizen und Meisterstudenten diese Tugend vollständig unterstützen.
- *Barmherzigkeit (cbiei)*
  Die Barmherzigkeit ist eine wichtige Eigenschaft des menschlichen Charakters und ist eine der Haupttugenden und Pflichten des Buddhismus wie auch des Wu De, die es zu kultivieren gilt. Eine barmherzige Person öffnet ihr Herz in fremder Not. Im Buddhismus wird die Barmherzigkeit üblicherweise als Mitgefühl bezeichnet und sie ist im Kern das Ergebnis meditativer Einsicht und meditativen Erlebens. Voraussetzung dafür ist die Achtung vor dem Leben, da diese zur Achtung vor den Mitmen-

schen führt. So hat der wahre Kämpfer, wenngleich sein Körper einer gefährlichen Waffe ähnelt, dennoch ein friedvolles, barmherziges Herz.

- *Loyalität (zhongchéng)*
  Loyalität ist die Basis von Vertrauen und jeder Beziehung innerhalb der Gemeinschaft des Shaolin-Tempels. Loyalität ist unter Umständen die wichtigste aller Tugenden der Handlung. Loyalität bedeutet, sich zu den Werten des Shaolin-Tempels zu bekennen.
- *Rechtschaffenheit (zhèngyì)*
  Rechtschaffenheit ist eine Lebenseinstellung und besagt, dass man das, was man für richtig hält, auch tut und das, was man nicht tun sollte, auch lässt. Hierbei sind kulturelle und gesellschaftliche Maßstäbe nicht so entscheidend wie der Respekt vor allen Menschen und fühlenden Wesen sowie ein ausgeprägtes Verantwortungsbewusstsein. Von jedem Schüler von Shaolin wird erwartet, Verantwortung für die eigenen Handlungen zu übernehmen.
- *Bescheidenheit (qianxu)*
  Bescheidenheit zeichnet einen Schüler der Kampfkünste im Shaolin-Tempel aus. Prahlerei ist ihm fremd. Er bringt den Lehrern und den Leitern des Tempels Respekt entgegen und ordnet sich in die Hierarchie des Tempels ein. Er übernimmt die ihm zugedachten Aufgaben und führt sie mit all seiner Kraft aus. Alles, was er tut, tut er mit ganzem Herzen. Bescheidenheit befähigt ihn dazu, sich niemals zu überschätzen und seinen Gegner niemals zu unterschätzen.
- *Selbstbeherrschung (zìzhì)*
  Selbstbeherrschung ist notwendig für einen Kämpfer und für einen Meister, um sich niemals zu einem unnötigen Kampf provozieren zu lassen, einen unausweichlichen Kampf zu gewinnen und im Ernstfall das notwendige Maß der Selbstverteidigung niemals zu überschreiten. Selbstbeherrschung ist aber auch beim Erlernen der Kampfkünste unabdingbar, um diese

überhaupt meistern zu können. Nur mit strenger Disziplin und Unnachgiebigkeit mit uns selbst können wir das Beste aus uns herausholen und das höchste Ziel erreichen.

- *Demut (qian xu)*
  Demut kann nur entstehen, wenn man bereit ist, seinen Stolz zu kontrollieren und manchmal auch zu überwinden. Die Befriedigung der eigenen Wünsche ist nicht über alles andere zu stellen. Meisterschüler des Shaolin-Tempels stellen die Bedürfnisse und Erfordernisse des Tempels über ihre eigenen Wünsche und Bedürfnisse.
- *Ausdauer (rennài)*
  Ausdauer bedeutet, unablässig zu üben und zu trainieren. Dies gilt sowohl für die physischen als auch die mentalen Fähigkeiten, die der Schüler im Shaolin-Tempel entwickelt. Ausdauer ist notwendig, um sich in der Kampfkunst und in allen Dingen zu verbessern. Ein Angehöriger des Shaolin-Tempels hört niemals damit auf, mit Ausdauer an sich zu arbeiten.
- *Achtung (zunjìng)*
  Achtung ist die Grundlage aller Beziehungen zu Menschen, Tieren und allen Dingen. Dazu gehört auch die Achtung vor sich selbst. Im Umgang mit allen Dingen soll ein Schüler Respekt zeigen. Wer keinen Respekt gegenüber den Lehrern und der Leitung des Shaolin-Tempels zeigt, wird von diesen auch nicht weiter in den Künsten vorangebracht. Achtung zeigt sich auch in der Einhaltung der Regeln und Etikette. Dies ist die Basis, auf der die Gemeinschaft des Shaolin-Tempels funktioniert.
- *Wille (yìzhì)*
  Ein wichtiges Ziel des Shaolin-Tempels ist es, bei seinen Schülern durch die Kampfkünste einen starken Willen zu entwickeln. Dieser ist notwendig, damit der Schüler seine Ziele nicht aus den Augen verliert und intensiv die Künste studiert. Auch wenn es von Vorteil ist, einen eisernen Willen zu haben, darf dieser jedoch nicht zum Nachteil der anderen Angehörigen des Tempels

oder des Tempels selbst eingesetzt werden. Er sollte auch nicht genutzt werden, um anderen Menschen zu schaden.

- *Mut (yong gan)*
  Mut ist notwendig, um die Kampfkünste zu erlernen und um in schwierigen Situationen richtig zu handeln. Schüler des Shaolin-Tempels arbeiten beständig an ihrem Mut. Dieser Mut ist aber nicht mit dem blinden Mut zu verwechseln, der seinen Ursprung in unkontrollierten Gefühlen, Dummheit oder Angst hat. Mut bedeutet nicht die Abwesenheit von Angst, sondern das Überwinden derselben.
- *Beharrlichkeit (yìlì)*
  Beharrlichkeit bedeutet, auf das Ziel hinzuarbeiten, etwas zu erlernen. Beharrlichkeit ist es, die den Schüler dazu befähigt, immer wieder zu versuchen, Fehler zu korrigieren, und einmal Erlerntes immer wieder auf Fehler zu untersuchen, um diese zu vermeiden. Beharrlichkeit ist es, die einen Schüler von Shaolin niemals darin müde werden lässt, sich zu verbessern.
- *Geduld (nàixn)*
  Geduld ist die Tugend, die den Schüler dazu befähigt, auch dann weiterzumachen, wenn er den Sinn dessen, was er tut, noch nicht erkennt, und wenn ihm das Ziel unerreichbar erscheint. Geduld ist es, die ihn befähigt, ständig an seinem Fortschritt zu arbeiten, auch wenn man ihn noch nicht erkennen kann und so lange an sich zu arbeiten, bis man die wahre Meisterschaft erreicht. Geduld ist eine der wichtigsten Tugenden für den Schüler, um richtig und korrekt zu lernen, und für den Lehrer, um den Schüler anzuleiten und ihm das Wissen mit Sorgfalt richtig zu vermitteln.

Die 12 Shaolin-Lebensregeln

Nachfolgend werde ich dir die Lebensregeln der Shaolin-Meister näherbringen und sie dir so darlegen, dass du sie auch praktizieren kannst. Verfahre mit den Lebensregeln ähnlich, wie du es oben bei den Tugendregeln bereits getan hast. Warum nur ähnlich? Ganz einfach, erinnere dich bitte an eines der ersten Shaolin-Prinzipien, das du gelernt hast.

»Erfasse das Wesen der Dinge und gib den Dingen deine Form.«

Ich versuche, dir das Wesen der Dinge zu verdeutlichen. In deiner Verantwortung liegt es dann, ihnen deine Form zu geben. Ich möchte dir das nur noch einmal bewusst machen, dir aber dennoch eine kleine Brücke bauen: Es bietet sich an, dir die Lebensregeln mehrmals täglich bewusst zu machen, immer dann, wenn du in deinem alltäglichen Erleben mit einer entsprechenden Situation konfrontiert wirst. Dazu solltest du sie auswendig lernen.

Und weil das nicht einfach ist, solltest du dabei strukturiert vorgehen, so wie auch wir strukturiert vorgehen müssen, wenn die zu erlernenden Kung Fu-Formen sehr umfangreich sind und viele Bilder (Techniken) enthalten. Das gilt ebenso für Taijiquan und Qi Gong. Zum Beispiel *Ba Duan Jin*, die Acht Brokate, entsprechen acht Bildern, die man sich am leichtesten merkt, wenn man sie in zweimal vier Bilder unterteilt. Manchmal hilft es auch, die einzelnen Bilder in eine Geschichte zu verpacken, weil wir uns zusammenhängende Geschichten besser merken können als einzelne Bilder, die nicht logisch verknüpft sind.

- *Erkenne dich selbst.*
  Hierbei geht es um Achtsamkeit dir selbst gegenüber. Die Methode wäre, die vier Dimensionen der Achtsamkeit zu lernen und sie sofort nach dem Öffnen der Augen abzufragen. Wie geht es dem Körper? Wie verhalten sich die Gedanken? Welche Emotionen herrschen in mir? Und: Was ist der immer wiederkehrende Inhalt der Gedanken, die dann zu Emotionen werden?

- *Achte auf das, was du spürst.*
  Wir haben verlernt, auf das zu achten, was uns der Körper, den wir nutzen, die Gedanken, die dieser Körper denkt, und die Emotionen, die er aus diesen Gedanken generiert, vermitteln wollen. Wenn sich etwas, das du tun willst, tun solltest oder gar tun musst, nicht gut anfühlt, dann hat das einen Grund. Interessierst du dich nur dafür, es einfach nur (immer wieder) zu tun, statt zu fragen, warum es sich nicht gut anfühlt, dann hat das einen Preis, und zwar biopsychosozial!
- *Wenn du etwas tust, musst du es wirklich wollen.*
  Vieles von dem, was wir tun, tun wir nur deswegen so, wie wir es tun, weil wir glauben, in einer kompetitiven Medialität scheinen zu müssen. Das hat mit einer intrinsischen Motivation absolut nichts zu tun. Schau dir einmal an, was du jeden Tag tust, und stell dir die Frage, was davon du auch dann noch tun würdest, wenn niemand wüsste oder bemerken würde, dass du es tust? Du wirst überrascht sein, wie wenig da übrig bleibt! Wenn du etwas tun musst, weil du einfach nicht anders kannst, weil es ein tiefes Bedürfnis ist, es zu tun, dann ist aus deinem Wunsch ein Entschluss geworden, und aus einer fremdgesteuerten, extrinsischen Motivation, die nur bedingt trägt, eine selbstbestimmte, intrinsische Motivation, die selbst scheinbar Unmögliches ermöglicht.
- *Sei gelassen, in jeder Situation und allem gegenüber.*
  Jede Form von emotionalem Aufgewühlt-Sein schafft ein Mindset, das gedeihliche und weise Entscheidungen fast unmöglich macht. Du hast bereits gelernt, warum das so ist. Komplexität und Geschwindigkeit verursachen Stress und die damit einhergehende Überaktivierung macht dein Denken reaktiv, weil sie das System des kreativen Denkens überlastet. Deshalb ist der Atemfokus so unglaublich wichtig. Er hilft dir dabei, in der akuten Situation nicht zu toben, sondern gelassen, ruhig und überlegt zu bleiben. Und für einen emotionalen Menschen ist das sicherlich nicht einfach. Aber wie sagt Buddha so weise: *Die Liebe sagt dir,*

du bist alles, die Weisheit sagt dir, du bist nichts. Und deine Aufgabe ist es nun, die Balance zwischen beidem herzustellen, und auch das ist der mittlere Weg!

- *Du sollst keine Angst haben, weder vor dem Leben noch vor dem Tod.*
  Angst ist einer der Hauptverursacher von Reibungsverlusten und Blockaden. Und durch dauerhafte, anhaltende Angst entstehen im Körper (konkret im Gehirn) Bedingungen, die es dir unmöglich machen, keine Angst mehr zu haben. Das erzeugt zwangsläufig Stress, den man ohne geeignete Methoden nicht mehr kompensieren kann, was wiederum die Depression aufrechterhält. So entsteht der ›Dreiklang‹ von Stress, Angst und Depression. Dieser Stress sorgt dafür, dass du dein Selbstvertrauen, deine Selbstsicherheit, deinen Selbstwert, deine Selbstbestimmung verlierst, und am Ende auch deine Selbstwirksamkeit. Und BE**WATER** *wird dir all das zurückgeben!*
- *Sei perfekt im Denken und Handeln und lerne so gut zu kämpfen, dass du niemals kämpfen musst.*
  Die meisten Menschen denken dabei unwillkürlich an Kämpfe im Außen, gegen andere Menschen. Es geht dabei aber vielmehr um die Kämpfe, die wir ständig im Inneren gegen uns selbst kämpfen. Ein sehr guter Kämpfer lernt während seiner Ausbildung, dass jeder Kampf, sobald man ihn kämpft, immer Verlierer hervorbringt. Diese Verlierer werden in der Regel wohl kaum dankbar für ihre Niederlage sein. Das gilt für Gegner im Außen ebenso wie für die im Inneren. Der gut ausgebildete, weise Kämpfer wird stets einen Weg finden, den offenen Kampf zu vermeiden, und im Zweifelsfall wird er sich selbst zurücknehmen, um das zu erreichen, eben weil er weiß, dass er den Anderen problemlos dominieren könnte. Versuche einmal, die Parallelen zwischen deinen Kämpfen im Außen und denen in deinem Inneren zu erkennen. Wie viele Kämpfe hast du gegen dich selbst schon geführt, und wie viele davon hast du tatsächlich gewonnen, ohne

dabei Schaden zu nehmen oder einen Preis dafür bezahlen zu müssen? Der weise Kämpfer hat gelernt und oft selbst erfahren, dass es bei einem Kampf ausnahmslos immer nur Verlierer gibt!

- *Konzentriere dich auf das Wesentliche.*
  Wir leiden oft unter der Komplexität und der Geschwindigkeit unserer digitalen Lebenswelt und denken, dass wir dem nicht entkommen könnten. Das ist so nicht richtig! Sieh dir einmal genau an, was du so alles den lieben langen Tag machst, und das am besten über ein paar Wochen. Notiere dir alles! Nun kategorisierst du alles, was du so tust. Und zwar in Dinge, die deine Existenz erhalten und dich ernähren (Broterwerb, Lebensunterhalt), in Dinge, die du tust, weil du denkst, sie würden von dir erwartet (vorauseilender Gehorsam, um der Objektifizierung zu entgehen), in Dinge, die du tust, weil dich dein Ego dazu zwingt (gesehen und geliebt werden, wichtig sein wollen), und schließlich in Dinge, die aus deinem innersten Selbst motiviert werden, weil sie das Leben anderer fühlender Wesen erleichtern und besser machen. Mein Rat an dich: Wenn du (mit Ausnahme des Ersten und des Letzten) alles sein lässt, wirst du überrascht sein, wie entspannt und überschaubar dein Leben mit einem Mal wird, nur weil du dich auf das Wesentliche konzentrierst!
- *Konzentriere dich auf den Augenblick.*
  Der Augenblick ist dort, wo dein Atem ist. Er ist nur bei diesem Atemzug, den du gerade in diesem Moment machst. Alle Atemzüge davor sind in diesem Augenblick bedeutungslos, und alle, die möglicherweise folgen, ebenso. Es spielt keine Rolle, wer du früher warst oder was du früher getan hast, all das ist vorüber. Wenn du zulässt, dass deine Vergangenheit deine Gegenwart bestimmt, dann hast du keine Zukunft. Deshalb spielt es auch keine Rolle, was du über das Morgen denkst, denn es ist alles völlig ungewiss.
- *Konzentriere dich auf das, was ist.*
  Die meisten unserer Probleme rühren daher, dass wir uns eben nicht auf das konzentrieren, was ist. Wir konzentrieren uns viel-

mehr primär darauf, was einmal war oder was möglicherweise einmal sein wird. Um es für dich greifbarer zu machen: In meinem Leben gab es eine Zeit, in der ich massiv traumatisiert wurde. Und möglicherweise wird das auch wieder passieren. Aber jetzt, genau in diesem Augenblick, darf ich ein Buch schreiben, an dem mir wirklich unglaublich viel liegt. Ich genieße einen wunderbaren chinesischen Tee, die Sonne scheint, ich überblicke die gesamte Alpenkette, ich habe es schön warm und ich bin satt. Außerdem werde ich in einer Stunde zum Training ins Gym gehen, wo schon ein paar unglaublich nette Jungs auf mich warten, weil sie mit mir trainieren, von mir lernen, bald einen Bodybuilding-Wettkampf bestreiten und nach Möglichkeit auch gewinnen möchten. Du siehst also: Das, was war (meine massive Traumatisierung) oder was sein könnte, ist furchtbar. Aber das, was JETZT ist, ist ein ABSOLUT PERFEKTER TAG!

- *Respektiere und achte deine Gegner.*
Damit ist zweierlei gemeint. Erstens, dass du keinen deiner Gegner unterschätzen und ihn stets als Mensch sehen solltest. Und zweitens, dass du dich in deinen Gegner hineinversetzen und Mitgefühl mit ihm haben sollst. So wird dir klar, dass das, was du zu tun bereit bist, auch deinen Gegner antreibt. Bist du bereit, Grenzen zu überschreiten, wird dir klar werden, dass dein Gegner dazu möglicherweise auch bereit ist. Und durch Mitgefühl wird dir klar werden, dass auch er nur glücklich sein und nicht leiden möchte, ebenso wie du selbst. Du wirst erkennen, dass ihr beide eigentlich das Gleiche zu erreichen versucht, jedoch auf unterschiedliche Weise und auf verschiedenen Wegen.
- *Achte auf die Waffen deiner Gegner, alles kann eine Waffe gegen dich sein, wenn du nicht aufpasst.*
Uns ist leider kaum bewusst, dass oft wir selbst es sind, die unseren Gegnern die wirkungsvollsten Waffen in die Hand geben. Warum? Weil wir uns oft zu sehr offenbaren und damit unsere Schwächen sichtbar werden lassen. Alles, was du gerne haben

möchtest, kann eine Waffe gegen dich sein, und alles, was du nicht haben möchtest, kann auch eine Waffe gegen dich sein. Sobald du deinem Gegner zeigst, was dir wichtig ist, was du gerne hättest oder gar brauchst, kann er all das wirkungsvoll gegen dich einsetzen. Selbst Liebe kann eine Waffe sein, wenn du auf Liebe angewiesen bist. Wird sie dir vorenthalten, bist du verloren. Und dabei spielt es keine Rolle, wer sie dir vorenthält: nur ein anderer Mensch, das Leben an sich oder du selbst.

- *Sei aufgeschlossen allem Neuen gegenüber.*
  Gerade in der aktuellen Zeit beginnen immer mehr Menschen, eine gewisse Skepsis gegenüber vielem Neuen zu entwickeln. Das hat auch damit zu tun, dass es immer mehr Neues in immer kürzerer Zeit zu geben scheint, auf das man sich kaum noch einstellen kann. Auch so entsteht immer mehr Unsicherheit, dadurch wiederum Stress und dadurch Überaktivierung. Im Kern geht es bei dieser Lebensregel auch weniger darum, dass man sich dem Neuen nicht verweigern soll, sondern vielmehr darum, dass man nicht am Alten anhaften soll, wenn es etwas Neues gibt, das gedeihlicher ist. Und genau das ist der Punkt. Es macht eben keinen Sinn, bewährtes Altes aufzugeben, wenn es nichts Neues gibt, das gedeihlicher ist. Aber genau das passiert gerade. Wir brechen mit Altbewährtem, das auch oft mangelbehaftet war und ist, und hoffen darauf, dass es hoffentlich bald etwas gedeihlicheres Neues geben möge. Es geht bei dieser Lebensregel also darum, auch das Neue völlig emotionslos, sachlich und wertfrei zu betrachten und dann zu entscheiden, ob es gedeihlicher ist, als es das Alte war!

Die 8 Shaolin-Glaubensregeln

Die Glaubensregeln der Shaolin-Meister sind, ebenso wie die *Wu De,* fest im Buddhismus verankert und basieren im Wesentlichen auf einem Zitat von Buddha, der seinen Schülern gesagt hat:

»Glaubt nicht dem Hörensagen und heiligen Überlieferungen, nicht Vermutungen oder eingewurzelten Anschauungen, auch nicht den Worten eines verehrten Meisters; sondern was ihr selbst gründlich geprüft und als euch selbst und anderen zum Wohle dienend erkannt habt, das nehmt an.« (Buddha)

Gerade in der aktuellen Zeit, in der sich so viele Dinge rasend schnell verändern und von allen Seiten in irgendwelche Richtungen gezerrt werden sollen, sind diese Glaubensregeln Gold wert! Wer eben nicht unüberlegt glaubt, regt sich nicht bei jeder neuen Nachricht auf, findet nicht diesen oder jenen doof, und bekommt keinen erhöhten Puls, wenn ein Politiker wieder einmal etwas sagt, wofür man sich nur noch fremdschämen kann, weil es einfach nur noch lächerlich und so offenbar gegen die Menschen gerichtet ist. Die Glaubensregeln verhelfen uns zu Gelassenheit, zu Weisheit und zu Mitgefühl!

Shaolin glauben nicht unüberlegt …
- dem Hörensagen
- Überlieferungen
- Vermutungen
- eingewurzelten Anschauungen
- den Worten eines verehrten Meisters.

Shaolin glauben nur …
- was sie gründlich geprüft haben
- was sie zu ihrem Wohl dienend erkannt haben
- was dem Wohl anderer dient.

Eben genau so, wie Buddha es uns aufgetragen hat. Wir versuchen, diesen Rat zu befolgen, weil er sich seit über 2500 Jahren bewährt hat. Und das alles hat rein gar nichts mit Religion zu tun. Aber auch darüber werden wir noch sprechen, weil auch ein starker Glaube (aber eben nicht nur im religiösen Sinn, sondern vor allem der Glaube an sich selbst) ein entscheidender Vorteil im Leben sein kann, wenn es darum geht, Schwierigkeiten zu überwinden.

Begleitend zu diesem Buch biete ich dir eine kostenfreie Videoserie an. Im sechsten Video dieser Serie spreche ich über die Shaolin-Lebensregeln, Tugenden und Werte. Du findest die Videoserie unter www.bewater.jetzt

Gönne dir JETZT eine Lesepause …

> *Setz oder leg dich bequem hin und schließe für 10 Minuten deine Augen. Versuche deinen Atem zu fokussieren und lass deinen Geist, mit den Gedanken, die du jetzt hast, einfach machen. Lass all die Gedanken kommen und gehen und halte sie nicht fest. Heiße sie alle herzlich willkommen und verabschiede sie in Dankbarkeit. Bewerte sie nicht, nimm sie – im Vorüberziehen – einfach nur achtsam zur Kenntnis.*

Und bitte bedenke …

> *Wenn du nicht ins Tun kommst, wenn du nicht übst – und auch Denken üben ist Üben –, wirst du auch am Ende dieses Buches nur eines können, nämlich ein Buch lesen. Unsere besten Wünsche begleiten dich, aber dein Glück und dein Leid hängen einzig von deinen Taten ab, und nicht von unseren Wünschen für dich.*

7. Nutze, was die Shaolin-Meister seit 1500 Jahren praktizieren

Was sich oben vielleicht noch leicht gelesen hat, ist in der Realität ein wirklich herausfordernder, komplexer Prozess. Alles andere wäre gelogen und würde nicht der Realität entsprechen. Aber warum sollte man sich dann einem solchen Prozess unterwerfen wollen? Ganz einfach, weil einem das Leben am Ende dieses Prozesses nicht mehr so weh tun kann!

Als Spezialist für komplexe Stresserkrankungen und Lehrstuhlinhaber war ich gezwungen, zu erkennen, dass mir meine eigene Expertise nicht mehr helfen konnte, womit die Optionen auf dem Tisch lagen. Ich konnte mich damit abfinden oder aber mich bemühen, alle scheinbaren Gewissheiten zu vergessen und mich völlig neu zu orientieren. Und dafür mussten der Athlet, der Wissenschaftler und der Buddhist erst einmal zueinander finden.

Als ehemaliger Bodybuilder und Kampfsportler konnte ich über ein umfassendes Wissen hinsichtlich Physiologie, Anatomie, Ernährung, Trainingslehre und Philosophie verfügen, als promovierter Neuropsychologe über Wissen hinsichtlich Genetik, funktioneller Neuroanatomie und Neurobiochemie, und als praktizierender Buddhist über Wissen hinsichtlich buddhistischer Psychologie und buddhistischer Meditationspraxis. Das Problem bestand darin, all das zielführend zusammenzuführen, all die Erkenntnisse der Neurowissenschaften, die Möglichkeiten der Meditationspraxis und das Potenzial der Shaolin-Übungen zu integrieren. Möglich wurde das, nachdem ich erkannt hatte, dass komplexe Stresserkrankungen im Prinzip nur ein sich selbsterhaltender, rückbezüglicher Regelkreis sind, in dem schlussendlich die Psyche der Physis und die Physis der Psyche so lange Schaden zufügt, bis beide, also Psyche und Physis, komplett kollabieren.

Systemmedizinisch ist dieser Regelkreis kaum zu durchbrechen. Die noch vorhandenen Möglichkeiten reichen bestenfalls dazu aus, einige der Symptome leidlich zu kompensieren und den Zustand ebenso leidlich – oft auf niederem Niveau – zu stabilisieren. Betroffene Menschen im Sinne einer vollständigen Wiederherstellung zu heilen oder gar so zu empowern, damit sie ein höheres Resilienzniveau erreichen, ist völlig illusorisch. Dazu bedarf es wesentlich mehr, denn schließlich war auch einiges nötig, um das eigene System selbst derart herunterzuwirtschaften.

Wie du bereits gelernt hast, kommt es auf dem Weg hin zu einer komplexen Stresserkrankung zunächst zu massiven psychischen Beeinträchtigungen. Und genau diese führen dann zu physischen Prozessen, unter anderem zu einer massiven und andauernden Stresshormonausschüttung. Diese verursacht dann eine *toxische Hirnchemie*, die wiederum im Laufe der Zeit anatomische Strukturen im Gehirn verändert. So wird beispielsweise der Hippocampus geschädigt (es sterben Nervenzellen ab), der insbesondere bei Kindern noch eine sehr hohe Plastizität aufweist; darüber hinaus verästeln sich bestimmte Zellen der Amygdala (Mandelkern) stärker, sodass diese sich vergrößert. Und eine vergrößerte Amygdala macht die Angst zwingend. Es ist daher unmöglich, keine Angst mehr zu haben, weil die *Stressachse* beschädigt wird. Dies führt dann dazu, dass sich dieser rückbezügliche Regelkreis so lange selbst erhält, bis es schließlich zum völligen biopsychosozialen Zusammenbruch kommt.

Will man diesen sich selbsterhaltenden, rückbezüglichen Regelkreis durchbrechen, ist die buddhistische Kampfkunst der Shaolin ein geeignetes Mittel. Ich möchte dich einladen, mit mir zusammen meine ersten Schritte nachzuvollziehen, nachdem ich aus dem Rollstuhl aufgestanden bin. Aber halte dir dabei immer vor Augen, dass der perfekt funktionierende Körper eines Shaolin lediglich das Gefäß für einen noch perfekteren Geist darstellt. Verbunden werden Körper und Geist durch eine kraftvolle, heile Seele und die Intention, möglichst viele fühlende Wesen vor Leid zu bewahren. ***Das muss auch dein Ziel sein***, wenn du einen gelassenen, widerstandsfähigen und leistungsfähigen Geist haben möchtest.

»Es nützt nichts, ein guter Mensch zu sein,
wenn man nichts tut.« (Buddha)

Und um es gleich vorwegzunehmen: Das einzige Geheimnis liegt in der Konsequenz! Lesen können ist ebenso hilfreich, wie über einen gesunden Menschenverstand zu verfügen sowie leidensfähig und fleißig zu sein. Verfügt man allerdings über diese Eigenschaften, dann kann man sich auf den Weg machen, von dem ich heute, nach 55 Jahren, sehr genau weiß, wie heilsam, vitalisierend, kraft- und wertvoll er ist. Wenn es tatsächlich *das* sein sollte, von dem ich vermute, dass es *das Geheimnis* ist, das den Shaolin-Mönchen ihre scheinbar übermenschlichen Fähigkeiten verleiht, dann muss ich leider sagen, dass es für uns – in den Medialitäten der westlichen Hemisphäre – wohl kaum noch Hoffnung gibt.

Mir ist über die Jahre klar geworden, dass neben umfangreichen körperlichen, geistigen und seelischen Übungen auch bestimmte äußere Bedingungen gegeben sein müssen, damit sich all diese Fähigkeiten auch gedeihlich entfalten können. Äußere Bedingungen, die wir mehrheitlich, degeneriert durch eine zunehmend mediale Sozialisation, aus unserer Lebenswelt beinahe vollständig eliminiert haben. Dabei sind es genau diese von uns eliminierten, äußeren Bedingungen, die das Leben der Shaolin-Mönche prägen, und sie sind es, die sie *unbesiegbar* machen und zu all diesen Leistungen befähigen.

Zunächst einmal besteht eine lebenslange, enge Bindung an die klösterliche Gemeinschaft (Sangha), was gerade im Fall der Shaolin-Gemeinschaft eine unerschöpfliche, unglaublich machtvolle spirituelle und soziale Ressource darstellt. Und man kann wohl mit Fug und Recht behaupten, dass es weltweit kein *schlagkräftigeres soziales Netzwerk* gibt. Die Wurzeln der Shaolin-Mönche gründen stets im Kloster, ganz egal, wo sie auf der Welt wirken. Diese Wurzeln versorgen sie jederzeit mit so viel Qi (bedeutet in etwa: vitale Energie, Lebenskraft), wie sie benötigen. Es ist das Qi, das sie unbesiegbar macht, nicht nur körperlich, im Kampf.

Und dann ist da noch das Ziel, das sie stets vor Augen haben. Shaolin-Mönche tun, was sie tun, um das Leid in der Welt zu vermindern. Und mit den öffentlichen Demonstrationen ihres Könnens wollen sie erreichen, dass die Menschen erkennen, dass die Shaolin-Lehre ihnen nicht nur zu unglaublicher *äußerer Kraft* verhelfen kann, sondern vor allem zu innerer Stärke. Den Menschen zu innerer Stärke zu verhelfen, damit sie erkennen können, wie sie Leid vermeiden und glücklich leben können, ist die zweite äußere Bedingung, die erfüllt sein muss.

Und halten wir uns dabei stets vor Augen, dass die gesamten Anstrengungen in Bezug auf die verschiedenen Übungsformen nur ein Ziel haben: einen perfekt funktionierenden Körper zu erschaffen, als Gefäß für einen noch perfekteren Geist. Verbunden durch eine kraftvolle, heile Seele (Herz) – getrieben von der Intention, möglichst viele fühlende Wesen vor Leid zu bewahren.

> *Nun wirst du meine eingangs geäußerten Bedenken verstehen. Noch gegensätzlicher könnten zwei Lebenswelten wohl kaum sein.*

Aber machen wir einmal einen Strich darunter: Shaolin-Mönche sind glückliche, gute und gesunde Menschen, die gedeihlich wirken. Sie pflegen ihre Gemeinschaft, sind füreinander da und teilen ihr wertvollstes Wissen mit jedem, der daran Interesse hat. Sie sind unglaublich leistungsfähig, vital, gelassen, sozial und unglaublich weise.

Die drei Schätze des Menschen

Bevor wir uns nun mit den drei Schätzen des Menschen befassen, sollten wir uns noch einmal den Titel dieses Buches und die Relevanz des Zitats von Bruce Lee bewusst machen:

> *»Empty your mind …*
> *Be formless, shapeless, like water.*
> *Be water, my friend.«*

Säuglinge bestehen zu unglaublichen 70–80 Prozent aus Wasser, erwachsene Menschen immerhin zu 50–65 Prozent. Und wenn ich jetzt davon ausgehe, dass du ein erwachsener Mensch bist, dann hast du die Aufforderung, die im Titel BE**WATER** steckt, bereits zu zwei Dritteln erfüllt. Du siehst also, der Titel ist gar nicht so schräg, wie er sich anhört, und du bist schon viel näher an deinem Ziel, als du dachtest!

Körper und Geist werden in der traditionellen chinesischen Medizin und Philosophie, ebenso wie in der Bewusstseinsmedizin und der traditionellen tibetischen Medizin stets als eine Einheit betrachtet, die sich aus drei Dimensionen bildet. Diese drei Dimensionen sind als die drei Schätze des Menschen bekannt und werden mit *Jing*, *Chi (Qi)* und *Shen* bezeichnet.

1. Jing
   Umfasst die physische Dimension, also alles, was wir berühren können.
2. Chi (Qi)
   Umfasst die Energie des Lebens, die unseren Körper antreibt, stützt, zusammenhält und nährt.
3. Shen
   Umfasst Geist, Seele, Bewusstsein, Wahrnehmung und Verstand.

Um dir einmal klarzumachen, wie unglaublich komplex jede einzelne dieser drei Dimensionen ist, die dann zusammen die *Einheit des menschlichen Seins* bilden, betrachten wir nachfolgend einmal das Chi (Qi). Wir betrachten aber nicht irgendein Qi, sondern nur das zentrale, das *Atem-Qi*. Zur Illustration der Komplexität habe ich mich für das Atem-Qi entschieden, weil es im Kontext von Qi Gong und Meditation von elementarer Bedeutung ist und uns eine große Hilfe sein wird.

Das mit dem Qi ist nämlich so eine Sache. Zu wissen, was Qi ist, ist eben nur die halbe Miete. Zielführend damit umgehen zu können, ist dagegen etwas völlig anderes. Darüber wird es möglicherweise ein weiteres Buch geben, da eine umfassende Darstellung von Qi (insofern das überhaupt möglich ist) selbst den hier so großzügig bemessenen Rahmen sprengen würde. Auch deswegen werde ich mich nachfolgend auf das Atem-Qi beschränken. Und obwohl ich auch das im Grunde nur streifen kann, wirst du erkennen, dass die menschliche Existenz – Körper, Geist und Seele (Herz) – äußerst komplexen, rückbezüglichen Regelkreisen unterworfen ist, die man besser nur dann stört, wenn man sehr genau weiß, was man tut. Versuchen wir nun also, zumindest das zentrale, das Atem-Qi, in seiner Komplexität, mit all den Wechselwirkungen zumindest etwas besser zu verstehen.

Die zentrale Energiequelle deiner Existenz ist der Sauerstoff, den du mit der Atmung aufnimmst. Bekommst du davon nicht genug – nur für drei, maximal fünf Minuten, wenn du wirklich gut bist –, wirst du in Kürze mit absoluter Sicherheit wissen, ob seine Heiligkeit, der Dalai Lama, richtig liegt, mit dem was er über die Wiedergeburt sagt. Deshalb legen die Shaolin-Mönche höchsten Wert auf die Perfektionierung der Atemqualität sowie auf die kontinuierliche Erhöhung des Atemvolumens. Deshalb rennen wir so viel durch den Wald und auf Berge, was für mich aufgrund der Schäden an der Physiologie durch meine chronische Erkrankung der herausforderndste Teil der Ausbildung war – und noch immer ist.

Es gibt aber, neben der Rennerei, eine weitere, ganz besondere und sehr intensive, körperlich fordernde Methode. Diese Methode ist eine Form des Qi Gong, die wohl den wenigsten Menschen bekannt, und noch weniger Menschen geläufig sein dürfte, und zwar das *Yi Jin Jing*. Das Yi Jin Jing wirkt komplexer als die bekanntere Qi Gong Form des *Ba Duan Jin*, also die der *Acht Brokate*. Das Yi Jin Jing entfaltet seine Wirkung nicht nur auf die Atmung (Atemfrequenz, Atemvolumen usw.) als solche, sondern vielmehr auf die vielschichtigen, äußerst komplexen Prozesse im Inneren des Körpers, die mit dem Atemprozess elementar zusammenhängen.

Warum *Yi Jin Jing Qi Gong* von so zentraler Bedeutung ist, wird schnell klar, wenn man sich diese Zusammenhänge einmal bewusst macht. Akuter, vor allem aber kumulativer (also sich aufbauender) Stress führt zu ganz bestimmten Reaktionen des Körpers. Diese Reaktionen kann man (außer man ist ein ausgebildeter Shaolin-Meister) nicht bewusst steuern, da sie dem zentralen Nervensystem (ZNS) untergeordnet sind. Konkret stellen diese Reaktionen zwei Bedingungen sicher:

1. *die Kampfbereitschaft*
2. *die Fluchtbereitschaft.*

Bei der Sicherstellung dieser beiden Bedingungen kommt den Muskeln, genauer gesagt den Faszien, eine zentrale Bedeutung zu. Die Mönche trainieren die Faszien, damit sie in der Lage sind, mehr Atem-Qi zu verinnerlichen. Und wenn dir das zu spirituell oder abgehoben klingt, fassen wir es doch einfach in eine medizinische Terminologie: Sie optimieren ihre Atem-Frequenz, ihr Atem-Volumen, ihren Atem-Rhythmus und sogar ihren Atem-Typus!

Lass mich dir kurz erklären, was sich hinter dem Begriff der Faszien verbirgt. Hierzu möchte ich dir die sehr griffige Definition der *Schmerzspezialisten Liebscher & Bracht* (www.liebscher-bracht.com) anbieten.

> *»Du kennst Faszien womöglich noch vom Biologieunterricht – allerdings unter anderem Namen. Vor 2007 sprachen Biologinnen und Biologen hauptsächlich vom elastischen Bindegewebe. Dabei handelt es sich um ein wundersames Netzwerk der Natur, welches unseren Körper zusammenhält. Bildlich kannst du dir die Faszien wie die weiße Haut von Zitrusfrüchten oder auch Fleisch vorstellen. So ähnlich sieht unser Fasziennetz aus. Erst im Jahr 2007 kam der Durchbruch: Eine Definition war gefunden. Seitdem gelten Faszien als die Weichgewebeanteile des den menschlichen Körper durchziehenden Binde- und Stützgewebeapparats.«*
> *Dieser besteht aus … (Anm. d. Autors)*
> - *der lockeren Faszienschicht unter der Haut, bestehend aus Bindegewebszellen (dreidimensional)*
> - *elastischen und festen Gewebemembranen, die beispielsweise die Muskeln, Knochen und Blutgefäße umhüllen und auch eine sehnenähnliche Struktur haben können.*

Die traditionelle chinesische Medizin (TCM) rechnet die Faszien dem Funktionskreis der Leber zu. Empfinden wir Überaktivierung als belastenden Stress, kommt das *Qi der Leber* zum Erliegen und die Faszien beginnen sich zu verspannen, was oft sehr schmerzhaft ist und auf Dauer sogar behindernd sein kann.

Hilfreicher Hinweis

> *Konsequentes Faszientraining der Körpermitte führt dazu, dass der Entgiftungskreislauf des Körpers besser funktioniert!*

Da aber der Körper von einem komplex miteinander verwobenen Fasziennetz durchdrungen ist, bedeutet das, dass sich alle Bänder und alle Sehnen, alle Gelenkkapseln und alle Muskelfaserhüllen, alle Muskel- und Organhäute, alle Umhüllungen von Nervenbahnen und Blutgefäßen gleichermaßen verspannen. Und ich kann dir aus eigener, sehr schmerzhafter Erfahrung versichern: DAS WILLST DU NICHT!

Stell es dir vor …

> *wie ein Leintuch, das von vier Menschen, jeweils an den Ecken, gehalten und gespannt wird. Nun kommt eine weitere Person und wirft eine kleine Eisenkugel auf das Leintuch, wodurch dieses dann in der Mitte nach unten gezogen wird. Die Spannung tritt aber eben nicht nur in der Mitte auf, sondern an allen vier Ecken – und im gesamten Leintuch!*

Dadurch steigt in deinem Körper der Blutdruck, die Organe arbeiten nicht mehr optimal, dein Stoffwechsel beginnt zu entgleisen, dein Blut fließt aus der Peripherie (also deinen Händen und Füßen sowie aus deinem Kopf und aus der Haut) ab und konzentriert sich im Zentrum. In der Folge kommt es zu einer Mangelversorgung des Gehirns (verminderte Ausschüttung verschiedener Neurotransmitter wie Serotonin, Dopamin, Noradrenalin usw.), was wiederum zu Konzentrationsproblemen (ADS/ADHS), Gedächtnisschwäche (Alzheimer), mangelnder Lebensfreude (Depression) und fehlender Begeisterungsfähigkeit (Antriebsverlust) führt.

Vereinfacht ausgedrückt: Die Menge der Glückshormone im Gehirn nimmt dramatisch ab, während die Menge der Stresshormone gleichzeitig dramatisch zunimmt. Dieser Prozess läuft so lange, bis deine Neurobiochemie so toxisch ist, dass durch sie sogar die *funktionelle Neuroanatomie* (die *Hardware*, also die physische Hirnstruktur) Schaden nimmt. Mit anderen Worten: Im Gehirn entstehen immer mehr Vernarbungen, das solide Fundament für eine komplexe Stresserkrankung ist damit gelegt. Du musst in diesem Zusammenhang verstehen, was Neuroplastizität bedeutet, welche Gefahren sie birgt und welche Möglichkeiten sie dir eröffnet. Denn so, wie der Geist den Körper verändern kann, kann auch der Körper den Geist verändern.

Problematisch in diesem Zusammenhang ist, dass bereits der nur subjektiv wahrgenommene Verlust deiner Leistungsfähigkeit häufig zu einem Verlust der von dir erlebten Selbstwirksamkeit und dadurch zu einer kontinuierlichen Abnahme deines Selbstwertes führt. Wo lange eine zweifellose Selbstbewusstheit war, macht sich im Laufe der Zeit – ebenso kontinuierlich – ein zweifelhaftes Selbstbewusstsein breit, das nur noch dank dysfunktionaler Glaubenssätze überleben oder – wie in meinem Fall – beinahe nicht mehr überleben kann.

Kannst du erst einmal nicht mehr mithalten, empfindest du dauerhaften, sich kumulierenden Stress, was in der Regel mit fatalen Folgen unterschätzt wird. Und kumulierenden Stress kannst du unmöglich auf Dauer kompensieren. Dabei ist es völlig egal, wie gut und stark du bist. Denke nur mal an Top-Athleten, die mit Burn-out, Essstörungen und/oder Depression ihre Karriere beenden mussten.

Wenn dir das bewusst wird, beginnt die Angst in dir zu wachsen und die Angststörung nimmt Form an. Begegnest du dann dieser Angst nicht angemessen oder verlierst gar die Kontrolle über sie, führt das wieder zurück zur Depression. Damit schließt sich ein verhängnisvoller, rückbezüglicher Regelkreis. Er ist ein Teufelskreis. Allerspätestens ab diesem Zeitpunkt bist du nur noch Passagier und nicht mehr Pilot in deinem Leben. Ab diesem Zeitpunkt besteht keine Möglichkeit mehr, das Kommende – eine komplexe Stresserkrankung – aus eigener Kraft abzuwenden. Ab diesem Punkt kannst du nicht mehr sehen, wohin dich dein Weg führt. Ab jetzt funktionierst du nur noch so lange, bis du dann endgültig nicht mehr funktionierst.

Und genau an diesem Punkt brauchst du jemanden, der dich achtsam und mitfühlend, jedoch nicht mitleidend, an die Hand nimmt und dir dabei hilft, deine Leiden zu erkennen, sie anzunehmen und sie loszulassen. Wenn du das hinbekommen willst, und darüber musst du dir absolut klar sein, bedarf es nicht nur eines unglaublichen Willens, sondern vor allem eines Entschlusses! Du musst dich entschließen, ein anderes Leben zu führen, weil dein bisheriges so eben nicht mehr funktioniert. Und dieser Entschluss bedeutet, dass du all die Anhaftungen an dein bisheriges Leben auflösen musst, weil sie alle Dysfunktionalitäten in dir aufrechterhalten.

Du musst lernen, anders zu denken. Du musst lernen, anders zu fühlen und du musst lernen, die Dinge anders wahrzunehmen. Du musst dich mit anderen Dingen beschäftigen, dich mit anderen Menschen umgeben, du musst bereit sein, dich und all deine Glaubenssätze infrage zu stellen. Und schließlich musst du bereit sein, Dinge zu versuchen, an die du bisher noch nicht einmal zu denken gewagt hast, kurz …

> *Du musst erst unglaublich mutig, dann unglaublich neugierig, und dann unglaublich fleißig sein. Außerdem ist es hilfreich, wenn du auch ein klein wenig verrückt bist. Und weißt du, was das Beste daran ist? All das bist du!*

Und da wir uns auf dem mittleren Weg befinden, der alle Extreme ausschließt, gelten diese Aussagen natürlich nicht absolut, sondern nur relativ! Es geht also nicht darum, in irgendwelche Extreme zu verfallen, sondern darum, gedeihlich abzuwägen, welche Veränderungen in welcher Form Sinn machen bzw. welche Veränderungen auf welche Weise gedeihlich zur Umsetzung deines Entschlusses beitragen. Aber ganz egal wie, es funktioniert eben nur, wenn du Körper, Geist und Seele (Herz) in Einklang bringst.

Das uralte Prinzip des Lebens, der *Dreiklang* von Körper, Geist und Seele, war und ist in der asiatischen Kultur schon von jeher fest verankert. Nun gewinnt es auch in Europa immer mehr an Bedeutung. Soll heißen, die von der Pharmaindustrie korrumpierte Biomedizin fängt langsam an, zu berücksichtigen, dass es nicht für alles eine Pille gibt. Die Bedeutung des *Dreiklangs des menschlichen Seins* klärt sich zusehends. Viele der aktuellen Gesundheitsprobleme in den Industrienationen gäbe es gar nicht, wenn man dieses uralte Prinzip des Lebens nicht so lange und so überheblich unterschätzt und ignoriert hätte.

Körper

Das Fundament (und die dichteste Dimension) ist unser biologischer, physischer Körper. Das, was du siehst, wenn du in den Spiegel schaust, und das, was du spürst, wenn du berührt wirst. Dein Körper ist das, was dich mit der Erde verbindet, also das, was dich erdet. Diese Dimension lässt sich von unseren fünf Sinnen – Sehen, Hören, Riechen, Schmecken und Tasten – erfassen. Der Körper altert, weil er in der physischen Dimension verhaftet ist, während dein Bewusstsein nicht an Zeit und Raum gebunden ist. Deshalb fühlst du dich auch nicht so, wie der Mensch aussieht, der dich aus dem Spiegel anblickt. *Dein Bewusstsein bleibt jung.* Diese physische Dimension können wir relativ leicht wahrnehmen und erleben.

Geist

Die Psyche, also die Dimension des Geistes, baut auf dem Fundament des Körpers auf. Sie beheimatet dein Denken und Fühlen. Der Geist ist das Archiv aller Informationen, die deine Wahrnehmung durch deine Aufmerksamkeit erfasst hat. Der Geist kann diese Informationen, in Form von Erinnerung, abrufen und er kann die Wahrnehmung deiner Sinne verarbeiten, sie interpretieren und abspeichern. Diese Dimension ist praktisch die Festplatte, auf der du das subjektiv erfahrene Erleben abspeicherst, das du durch deine Filter und Katalysatoren wahrgenommen hast. Eigentlich völlig logisch, oder? Gesunder Körper, gesunder Geist – und gesunder Geist, gesunder Körper!

Herz (Seele)

Unsere Seele ist wahrscheinlich die sowohl rätselhafteste als auch die wirkmächtigste der drei Dimensionen des Dreiklangs des menschlichen Seins. Diese Dimension stellt die Verbindung zwischen dem grobstofflichen und dem feinstofflichen Pol her. Du hast bestimmt auch schon einmal den Begriff *beseelt* gehört. Gemeint ist damit so etwas wie ein göttlicher Funke oder das Licht des Lebens, je nach religiösem Kontext. Als Buddhisten gehen wir davon aus, dass unsere Seele sozusagen ›gebraucht‹ ist. Nach unserem Verständnis war sie schon in anderen Körpern ›in Benutzung‹, allerdings zu anderen Zeiten und in anderen Lebenswelten. Nun ist sie in unserem Körper reinkarniert. So hat unsere Seele die Möglichkeit, zu lernen, sich zu entwickeln, zu wachsen und möglicherweise sogar Erleuchtung zu erfahren. Denn wir alle tragen die Buddha-Natur in uns, wir müssen sie nur durch eine gedeihliche Übungspraxis kultivieren und zur Entfaltung bringen.

Fakt ist, wie wir selbst erfahren haben: Ignorieren wir den Dreiklang des menschlichen Seins, hat das einen hohen Preis. So verspielt man aber nicht nur unnötig leichtfertig möglicherweise Gesundheit und Glück, sondern verliert mit nahezu absoluter Sicherheit den Zugriff auf sein Potenzial, das man eigentlich in sich tragen würde, und damit auf alle Möglichkeiten einer gedeihlichen Entwicklung. So bringt man sich selbst um eine gute Chance auf ein Leben in Frieden, Glück und Wohlbefinden.

Äußere Kraft & Innere Stärke

Wir leben in einer Welt, in der wir oft hören: »Die Wissenschaft sagt …«. Wohin das führt, haben wir alle erleben dürfen, und das sagt dir ein Wissenschaftler! Wir Menschen sind auf eine absurde Art irrational. Das liegt daran, dass unser Gehirn doof, faul und süchtig ist! Wir machen immer dann einen großen Wirbel, wenn es um Religionen geht, weil der eine nicht glaubt, was die Anderen glauben. Mal ganz im Ernst, wie verrückt ist das denn, sich über das, was man glaubt, in die Haare zu bekommen? Würde es sich um zweifelsfreies Wissen handeln, könnte man es ja noch, zumindest teilweise, nachvollziehen. Aber selbst in diesem Fall würde die Wissenschaft nur einen Bruchteil von allem, was ist, erfassen und abbilden können. Und das bedeutet, dass es eben nicht nur das ist, von dem die Wissenschaft sagt (sagen kann), dass es ist, sondern dass es auch noch eine Dimension gibt, die mit den Möglichkeiten der materiellen Dimension weder erfassbar noch abbildbar ist.

Du glaubst das nicht? Dann möchte ich dir eine Frage stellen: Glaubst du oder weißt du, dass Liebe existiert? Genau! Nach wissenschaftlichen Maßstäben kannst du es nur glauben, aber eben niemals wissen. Denn Liebe kann man weder wissenschaftlich erfassen noch abbilden. Dennoch käme kein fühlendes Wesen auf die Idee, zu behaupten, dass Liebe nicht existiert, denn wir alle haben sie – hoffentlich – schon einmal erfahren. Aber: Konnten wir die Liebe je anfassen oder gar festhalten? Nein, konnten wir nicht. Dennoch glauben wir zu wissen, dass es die Liebe gibt, eben weil wir sie selbst erfahren haben!

Stell dir einmal Folgendes vor …

> *Ein fühlendes Wesen geht den Weg des Irdischen und stirbt. Was ist das, was dort dann liegt? Ist es der Mensch, mit dem du gelebt hast? Oder ist es die Hülle oder das Fahrzeug, in dem der Mensch unterwegs war, mit dem du gelebt hast? Scheinbar liegt dort doch genau der Mensch, der Teil deines Lebens war. Dennoch spürst du ihn nicht mehr. Würde dieser Mensch dort schlafen, würde es sich anders anfühlen. Aber es stellt sich die Frage, wie das geht. Eigentlich kann man nur einen Schluss ziehen. Jetzt ist etwas weg, was vorher noch da war! Eine Erfahrung, die ich im Rettungsdienst oft gemacht habe.*
>
> *Das, was jetzt weg ist, ist das Leben. Es war vorher noch da. Nun ist es weg. Das Bewusstsein (auch als Bewusstheit, Buddha-Natur, Seele bezeichnet) hat sich von diesem Körper dort getrennt. In diesem Zusammenhang berührt mich immer ein bestimmtes Bild aus Star Wars, und zwar das Bild, wenn ein Jedi Meister stirbt. Der Körper löst sich einfach auf, sobald der Geist zur Macht zurückkehrt.*

Du erinnerst dich bestimmt noch? Ist die Biologie (Leben) die Voraussetzung für Bewusstsein (Seele, Buddha-Natur)? Oder ist Bewusstsein die Voraussetzung für Biologie?

Um den Dreiklang des menschlichen Seins zu harmonisieren, solltest du unbedingt noch einige grundlegende Dinge beachten, die wir in den westlichen Medialitäten scheinbar ganz selbstverständlich und nicht selten mit verheerenden Folgen vernachlässigen. Es ist aber gerade diese Art der Vernachlässigung, die jeder schädlichen Veränderung in uns, und damit letztlich auch in unserer Lebenswelt, den Weg bereitet.

- *Ernährung*
  Grundsätzlich gilt für Shaolin-Mönche, dass sie nicht zu viel essen sollen, weshalb wir auch nur zwei statt drei Hauptmahlzeiten am Tag zu uns nehmen. Allerdings essen wir alle zwei Stunden einen gesunden Snack und nehmen uns eine zehnminütige Auszeit, um zu atmen und zurück zur Mitte zu kommen. Die erste Mahlzeit gibt es bereits sehr früh am Morgen, zwischen 4 und 5 Uhr, und die zweite gegen 14 Uhr, wobei sich das Essen kaum unterscheidet. Shaolin-Suppe mit Glasnudeln, Ei, Hülsenfrüchten, Gemüse, Tofu, und ab und zu auch etwas Fisch. Zu Beginn ist die Suppe morgens zwar eine gewisse Überwindung, vor allem wenn man Kaffee und Croissants gewohnt ist. Wenn man aber erst einmal den positiven Effekt erfahren hat, möchte man es gar nicht mehr anders. Man fühlt sich einfach wesentlich besser, ruhiger, gleichzeitig leistungsfähiger und energetisiert, ohne getrieben zu sein. Man benötigt wesentlich weniger Schlaf, schläft tiefer und wacht dementsprechend erholt auf. Und die körperliche Erscheinung verändert sich in kurzer Zeit fundamental. So habe ich nach meiner Zeit im Rollstuhl fast 60 Kilo in etwas mehr als vier Monaten verloren. Eine Reduktion von knapp 140 auf 80 Kilo. Heute sind es fettfreie, muskulöse 100 Kilo bei einem Meter zweiundachtzig.

Auch wenn du das zu extrem findest, solltest du grundsätzlich berücksichtigen: wenig Zucker, wenig Fett, selten Fleisch, keine Milchprodukte und keine Weizenmehlprodukte. Dafür möglichst viel Gemüse, Salat, Obst, Dinkel, Hülsenfrüchte und etwas Fisch, dazu ungesüßten Tee und viel (lauwarmes Zitronen-) Wasser. Und es kann gar nicht genug betont werden, welche Bedeutung einer regelmäßigen Nahrungszufuhr zukommt. Jede Phase von Hunger, und sei sie noch so kurz, ist für den Körper purer Stress, und genau den gilt es zu vermeiden. Deshalb solltest du im Abstand von zwei Stunden über den ganzen Tag verteilt immer wieder eine gesunde Kleinigkeit essen, um das Energieniveau stabil zu halten und dem Körper damit Tagesstruktur, Entspannung und Sicherheit zu signalisieren.

- *Bewegung*
  Den Shaolin geht es bei der Bewegung darum, ihr Qi – also ihre Lebensenergie – in Fluss zu bringen. Um das zu erreichen, üben sie ihr Kung Fu, ihr Qi Gong, ihr Taijiquan und eine intensive, sehr fordernde Form des Yoga, das Tóngzigông (bedeutet in etwa ›*Kung Fu des Kindes*‹, da die Form schon sehr früh regelmäßig praktiziert werden muss, um ihre volle Leistungsfähigkeit entfalten zu können). Im Zusammenhang mit Bewegung und Training ist es wichtig zu verinnerlichen, dass es nur eine einzige und zentrale Regel zu beachten gilt: Es geht niemals um Perfektion, das wäre ein Extrem. Bemühe dich nur stets darum, ein klein wenig besser zu sein, als es der Tag eigentlich zulässt. Selbst wenn du deine Grenzen jeden Tag nur ein bisschen verschieben kannst, wird die Konsequenz einen großen Unterschied machen.

  Es geht eben nicht darum, jeden Tag absolut besser zu sein, sondern darum, relativ besser zu sein. Nur ein kleines bisschen besser als an einem vergleichbaren anderen Tag. Aber eben nicht einem Tag, der dir Spitzenleistungen erlaubt hat. Das bedeutet, dass du dich nicht überfordern und darauf vertrauen sollst, dass die gewissenhafte Konsequenz dich genau dann zum Ziel führt, wenn du es erreichen sollst, weil du gelernt hast, was dazu nötig war – aber eben nicht früher!

Mach das, was du kannst. Und mach es so, dass es dir guttut und du es morgen wieder machen kannst, nur ein ganz klein wenig intensiver. Es geht nicht um temporäre Spitzenleistung, sondern um kontinuierliche Hochleistung. Als ich noch im Rollstuhl saß, war meine erste Übung für eine gefühlt sehr lange Zeit, einfach nur aus eigener Kraft aufzustehen, stehen zu bleiben und nicht bewusstlos zu werden. Am Anfang hat das nur für Sekunden funktioniert, dann für Minuten, und dann irgendwann für mehrere Stunden. Erst dann habe ich den ersten Schritt versucht, und erst dann den nächsten.

- *Erholung und Ruhe*

Das Fundament der Shaolin-Leistungsfähigkeit ist die Art und Weise, wie die Meister mit Energie umgehen. Ausreichender Schlaf – zwischen 7 und 8 Stunden – ist dabei nur ein Aspekt. Von besonderer Wichtigkeit sind die häufigen, über den ganzen Tag verteilten, kurzen Phasen tiefer Entspannung mittels verschiedener Meditationstechniken, die ich oben schon kurz erwähnt hatte. Das ist gelebte Achtsamkeit, denn so spürt man sofort, wenn man nicht gedeihlich auf die Bedürfnisse von Körper und Geist achtet. Findet man etwa nach Monaten der Immobilität wieder zurück zur Bewegung, ist eine erhebliche körperliche Erschöpfung nach jeder Trainingseinheit völlig normal. Ich habe monatelang nach jeder Trainingseinheit immer ein bis zwei Stunden geschlafen – zusätzlich zur Meditation.

Am Anfang hat das gar nicht funktioniert, weil ich immer getrieben war und das Gefühl hatte, dass ich noch etwas Wichtiges tun könnte, sollte oder müsste. Als Meister Shi Yan Lu das bemerkt hat, hat er gelacht und gemeint, dass ich dem Gefühl unbedingt nachgeben sollte. Als er meinen fragenden Blick bemerkte, sagte er: »*Das Wichtige, das du glaubst, jetzt unbedingt tun zu müssen, ist schlafen! Also hör auf dein Gefühl und tue das Wichtige!*«

Ich verstehe absolut, dass du jetzt mit Sicherheit »ABER« sagen möchtest. Das wollte ich auch oft, glaub mir! Aber ich habe gelernt, dass es absolut keinen Sinn macht, einem Shaolin-Meister zu widersprechen, wenn es um solche Dinge geht! Du ziehst einfach immer den Kürzeren, schon allein deshalb, weil sie über ein 1500 Jahre altes Wissen verfügen. Der Unterschied zu dem, was wir lediglich zu wissen glauben, ist, dass die Meister durch eigenes Erfahren aus Wissen Verstehen machen, aus Verstehen Können, und das, was sie können, in ihrem Leben auch tagtäglich praktizieren und tun.

- *Mentaltraining und Meditation*
  Was diese beiden Punkte angeht, muss ich als Meditations- und Achtsamkeitslehrer, vor allem aber als Patient und übender Buddhist, sagen: *Je mehr, desto besser. Und noch besser, noch mehr und regelmäßig!* Ganz grundsätzlich geht es darum, dass du mithilfe des Atems Kontrolle über deine (negativen) Gedanken bekommst, damit du so die von den Gedanken hervorgebrachten (negativen) Gefühle beherrschen kannst. Denn alles Leid, so lehrt es die buddhistische Psychologie, bringt nur dein eigener unkontrollierter Geist hervor. Schmerz kann man dir von außen zufügen, aber Leid entsteht ausschließlich in dir selbst – durch deine eigenen leidvollen Gedanken.

  Du kannst mithilfe der Meditation aber nicht nur lernen, deine Gedanken zu kontrollieren. Die Wirkung der Meditation reicht wesentlich weiter; ich habe MRT-Bilder, die das belegen. Mithilfe der Meditation bist du nämlich zu etwas in der Lage, was kein Neurochirurg der Welt kann: Du kannst beispielsweise deine durch Überaktivierung vergrößerte Amygdala durch Meditation wieder auf ihre ursprüngliche Größe bringen.

Was sich so unspektakulär anhört, fühlt sich im Leben wie eine Erlösung an. Warum? Weil du mit einer vergrößerten Amygdala *Angst haben musst.* Dein Gehirn lässt dir einfach keine andere Option mehr. Und wieder angstfrei leben zu können, kann im Extremfall bedeuten, sich nicht mehr jeden Morgen bereits unmittelbar nach dem Aufwachen – bei einer Pulsfrequenz von 200 – vor überschießendem Cortisol übergeben zu müssen. Und glaub mir, das macht den Start in den Tag gleich viel angenehmer!

- *Atmung*

Wie bedeutsam und komplex in ihrer Wirkung die Atmung ist, habe ich dir bereits etwas weiter oben, im Zusammenhang mit dem Atem-Qi, erklärt. Für unsere Zwecke ist vor allem die Bauchatmung von zentraler Bedeutung. Sie ermöglicht dir den direkten Zugang sowohl zu deinem physiologischen wie auch zu deinem psychologischen System. Insbesondere das Shaolin Qigong, das eine komplexe Symbiose aus kontemplativer Bewegung, Atemübung und Mentaltraining ist, ermöglicht dir diese Zugänge.

So hat beispielsweise die Neuropsychologie herausgefunden, dass Atemfluss und Gedankenfluss in gegenseitiger Abhängigkeit stehen. Konkret bedeutet das, dass wir mit dem Atem die Qualität der Denkprozesse, damit die Qualität unserer Emotionen, und dadurch die Qualität unserer Handlungen gedeihlich und zielführend beeinflussen können.

Mit dem Einatmen beruhige ich meinen Körper, mit dem Ausatmen beruhige ich meinen Geist. Das kontrollierte, tiefe und langsame Atmen gibt dem Körper das Signal, dass er im Moment weder kampf- noch fluchtbereit sein muss. Langsames und tiefes Atmen nimmt aber nicht nur dem Körper die Spannung, es reduziert gleichzeitig die Menge und die Geschwindigkeit deiner Gedanken. Das wiederum dämpft die Stressreaktionen des Körpers bereits nach kurzer Zeit dramatisch.

So, nun bist du eigentlich schon sehr gut gerüstet. Eines möchte dir aber mithilfe des Buddhas unbedingt noch klarmachen, bevor wir dann im nächsten Kapitel vom KÖNNEN zum TUN kommen, weil es so ungeheuer wichtig ist …

»Niemand rettet uns, außer wir selbst. Niemand kann und niemand darf das. Wir müssen selbst den Weg gehen.«

Dieser einfache Satz beinhaltet die Quintessenz des *Weges des Shaolin Kung Fu*. Es geht darum, das Maß an mentaler Stärke zu erlangen, das nötig ist, damit du den stärksten Gegner von allen besiegen kannst, und zwar den Endgegner, nämlich deine eigene Angst! Nur wer die nötige mentale Stärke entwickelt, kann, selbst in extremen Situationen, seine Konzentration aufrechterhalten, seine Kräfte bündeln, gelassen bleiben und stets mit Bedacht gedeihlich handeln. Wenn du das erkannt hast und es schaffst, diese Erkenntnis nicht nur anzunehmen, sondern sie dir auch zu eigen zu machen, dann kannst du auch all das loslassen, was in dir Leid erzeugt. Denn es sind genau diese drei zentralen Schritte, die du gehen musst, wenn du dich nachhaltig verändern willst.

> *Erkennen, was dein Leid verursacht.*
> *Annehmen, was du erkennst.*
> *Und loslassen, was Reibungsverluste erzeugt und Blockaden aufrechterhält!*

Das Fundament, auf dem dein Entschluss zur Veränderung beständig, stabil und sicher ruht, ist die buddhistische Psychologie. Diese ist, entgegen dem, was die meisten Menschen denken, wenn sie den Begriff zum ersten Mal hören, eben keine Religion, denn die macht nur einen Teil der buddhistischen Psychologie aus. Die *buddhistische Psychologie* ist eine *Bewusstseinsdisziplin*, wie sie Walsh (1980) einmal bezeichnet hat. Und damit du noch besser verstehst, was mit buddhistischer Psychologie nun genau gemeint ist, dass und warum sie so hilfreich ist, habe ich etwas recherchiert und ein wunderbares Buch (eine absolute Lese-Empfehlung, exakte Quelle am Ende dieses Kapitels) gefunden.

Psychotherapie und buddhistisches Geistestraining, aus dem ich auch die nachfolgende Erklärung entnommen habe, schlagen eine Brücke zwischen den westlichen Wissenschaften und eben dieser Bewusstseinsdisziplin. Du fragst dich nun sicher, warum ich das extra erwähne. Ich erwähne das deshalb so dezidiert, weil die Erklärung von meinen Kollegen und Kolleginnen aus der Wissenschaft kommt, und eben nicht aus der spirituell angehauchten Ecke. Meine Kolleginnen und Kollegen sind daher völlig unverdächtig, die buddhistische Psychologie zu glorifizieren, nur weil sie daran glauben. Tun sie eben nicht!

Sie haben sich mit der buddhistischen Psychologie wissenschaftlich befasst, haben geforscht und sich ihre Erkenntnisse durch praktisches Tun erarbeitet. In diesem Buch zeigen beeindruckende Menschen völlig sachlich, was buddhistische Psychologie ist, was mit ihrer Hilfe möglich ist und wie wunderbar sie gleichermaßen alle bereichert. Und dies völlig gleichgültig, von welcher Seite man sich ihr nähert. Ich kann den Kolleginnen und Kollegen dafür nur sehr herzlich danken und ihnen meinen allergrößten Respekt aussprechen.

> *»[…] Es ist nicht unproblematisch, Begriffe einer 2500 Jahre alten Bewusstseinsdisziplin (Walsh 1980) und einer seit ca. 100 Jahren bestehenden westlichen Wissenschaft miteinander in Verbindung zu bringen. Während die westliche Psychologie die empirische Nachprüfbarkeit und Objektivität ihrer Paradigmen in den Vordergrund stellt, betont der Buddhismus die Erforschung und Schulung des Geistes und die damit verbundene Ebene der persönlichen Erfahrung (s. auch Kap. 18, S. 263 ff.). Bei Tarab Tulku Rinpoche (2005), einem tibetischen Gelehrten und Meditationsmeister,*

findet man für die Bezeichnung der psychologischen Aspekte des Buddhismus den Begriff ›Wissenschaft vom Bewusstsein‹, der Dalai Lama spricht von der ›Wissenschaft vom Geist‹ (Kornfield 2008).

Erfahrung, Emotion, Bewusstsein, Geist oder Ego haben in einer buddhistischen Psychologie aber eine völlig andere Bedeutung als in der westlichen Psychologie. »Ihre Verwendung hat ein sehr spezielles Ziel, denn sie verfolgt die Einsicht, wie der nicht erleuchtete Geist entsteht und sich verfestigt und wie der Lotos der Erleuchtung zum Blühen gebracht werden kann« (de Wit 2001, S. 89). Die Prinzipien einer buddhistischen Psychologie können dem Grunde nach nur im Kontext der gesamten buddhistischen Lehre verstanden werden. Diese besteht aus aufeinander bezogenen religiösen, philosophischen und psychologischen Aspekten und ist in der buddhistischen Tradition stets im Sinne dieser Ganzheit gelehrt worden.

Als buddhistische Psychologie kann man am ehesten die Aussagen des Buddha über die Struktur und Natur des Geistes sowie die Ursachen des Leidens ansehen, wie sie in den Schriften des Abhidharma (Kompendium des höheren Wissens) niedergeschrieben wurden. Die Lehren des Buddha wurden mit der Aufzeichnung der zuvor mündlich überlieferten Unterweisungen in die sogenannten ›drei Körbe‹ (Sanskrit Tipitaka) eingeteilt. Dies sind die drei kanonischen Lehren: Vinaya Pitaka – Ordenslehren (Ethik), Sûtra Pitaka – Lehrreden des Buddha, bestehend aus fünf Sammlungen, sowie Abhidharma Pitaka – Kompendium buddhistischer Psychologie und Philosophie (Fischer, Schreiber u. Schuhmacher 1995).

Buddhas Bestreben war es nicht, eine in sich schlüssige psychologische Theorie zu vermitteln, sondern einen praktischen Weg aufzuzeigen, wie man sich aus dem Leiden befreien kann. Er vermittelte der Welt einen Weg, den er selbst gegangen ist, und entwickelte Lehren darüber, wie man durch meditative Übung und Geistes-

schulung selbst frei werden kann. Da er aber dennoch eine konsistente Theorie der menschlichen Psyche entwarf und zudem eine empirisch begründete Methode zur Linderung von Leiden vermittelte, wird in diesem Kontext von einer ›buddhistischen Psychologie‹ gesprochen.
»Stets voller Furcht ist dieses Herz, stets voll Besorgnis ist der Geist. Durch Nöte, welche droh'n und solche, welche sind. Furchtfreies Leben, gibt es solches denn? O künd' es an, von mir befragt! Wirrsal innen, Wirrsal außen – In Wirrsal ist verwirrt das Volk. Dies frag' ich nun, o Gotama: Wer kann die Wirrsal wohl entwirren?« (Nyanaponika 1993)
Diese Zeilen, welche vermutlich vor 2500 Jahren zu Buddhas Zeiten in Indien verfasst wurden, zeigen, dass Menschen schon immer unter Sorgen, Ängsten und Nöten gelitten haben (Nyanaponika 1993). Sie fühlten sich auch damals verwirrt von inneren und äußeren Bedrängnissen und haben nach einem Weg gesucht, der ihnen verhelfen könnte, aus diesen belastenden Erfahrungen heraus zu finden. Der Buddha hatte diesen Weg gefunden und – motiviert von dem Wunsch, den Lebewesen zu helfen – entschied er sich, seine Erkenntnisse weiterzugeben […]«

Nun solltest dir zwei Dinge bewusst geworden sein. Erstens, es war schon immer so, dass die Menschen sich mit belastenden Erfahrungen schwer getan haben, und zweitens, dass es um belastende Gedanken und das gedeihliche Denken im Allgemeinen geht. Warum? Weil Gedanken eben sehr machtvoll sind, weil sie zu Emotionen werden, weil sie dein Handeln beeinflussen und weil sie dein Erleben bestimmen.

Und wie du deine Existenz erlebst, entscheidet darüber, wie du dich in deiner Lebenswelt verhältst: reaktiv oder kreativ. Denn nur, wenn du unter allen Umständen deine Mitte im Hier und Jetzt finden und auch aufsuchen kannst, verfügst du jederzeit über 100 Prozent deiner Leistungskraft im gegenwärtigen Moment. Nur dann bist du maximal selbstwirksam! Um genau das zu erreichen, nutzen die Meister des Shaolin-Tempels die buddhistische Psychologie.

Denn es sind niemals die Anderen, die deinen Stress und dein Leid verursachen. Es bist stets nur du selbst! Dein eigener, leidvoller Geist – und dein eigenes, leidvolles Denken. Du musst verstehen, dass du scheitern wirst, wenn du krampfhaft versuchst, stehen zu bleiben, aus Angst, dass du fallen könntest. Du solltest besser, schon lange bevor du fällst, lernen aufzustehen.

Es geht darum, dass du anfängst, an dich selbst zu glauben. Dass du aufhörst, ständig andere überzeugen zu wollen, mit dir selbst zufrieden und nicht auf die Anerkennung anderer angewiesen zu sein. Es geht darum, dass du dich endlich selbst so annimmst, wie du bist, und dass du erkennst, dass dich – und nur dann – auch die ganze Welt annehmen wird.

Innerlich stark im Hier und Jetzt *(ERKENNEN)*

Den Körper stärken und mit dem Geist synchronisieren

Das Fundament dieser und auch der nachfolgenden drei Dimensionen ist die buddhistische Psychologie. Die Methode, die zur Anwendung kommt, ist Shaolin *Qi Gong*. Der Gedanke dabei ist, dass man nur auf einem soliden Fundament einen selbstwirksamen und stabilen Geist errichten kann. Du kennst einen Teil meiner Geschichte, und du weißt, dass zunächst *nur* meine innere Stärke geschwunden ist. Das Problem war, dass ihr kurz darauf auch meine Selbstwirksamkeit gefolgt ist. Und mit der Zeit hat, zunächst völlig unbewusst und deshalb auch unbemerkt, mein vom Geist geschundener Körper begonnen, sich gegen sich selbst zu wenden.

> »*Verweile nicht in der Vergangenheit, träume nicht von der Zukunft, konzentriere den Geist auf den gegenwärtigen Moment.*« (Buddha)

Was alles möglich ist, wenn sich ein kraftvoller Körper mit einem starken Geist synchronisiert, hat mich Meister Shi Yan Lu gelehrt. Und dass es funktioniert, habe ich bewiesen, denn schließlich sitze ich nicht mehr im Rollstuhl! Mithilfe kontemplativer Bewegung, in Form von Qi Gong, kannst du Körper und Geist synchronisieren. Befinden sich dein Körper und dein Geist in Kohärenz, bist du im Hier und Jetzt, und dein Geist kann weder in der Vergangenheit bedauern, noch in der Zukunft befürchten, denn dein Körper ist stets im Hier und Jetzt. So verfügst du jederzeit über 100 Prozent deiner Energie, brennst nicht aus und bleibst gesund und selbstwirksam!

Sich selbst, sein innerstes Selbst, zu erkennen, ist von zentraler Bedeutung, wenn man innere Stärke erlangen möchte. Um es klar zu sagen: Dabei handelt es sich um einen Prozess, der akut – auch oder gerade für einen Psychologen – überaus schmerzhaft sein kann, der aber alternativlos ist, wenn man eine dauerhafte Befreiung von Leid anstrebt. Vor diesem Hintergrund wird deutlich, welche Bedeutung dem *Shifu* (übersetzt in etwa ›alter weiser Lehrer‹) zukommt. Er ist derjenige, der diesen Prozess moderiert. Er ist derjenige, der die richtigen Fragen stellt, die dann zur notwendigen Erkenntnis führen. Allein um den Mut dafür aufbringen zu können, habe ich das *Mitgefühl*, die *Geduld*, und die volle *Autorität* eines Shaolin-Meisters gebraucht. Was er gesagt hat, war für mich Gesetz. Was er gesagt hat, konnte ich akzeptieren, annehmen und umsetzen. Kein Arztkollege hätte das leisten können, denn das hätten meine alten Glaubenssätze noch verhindert.

Wie wohl die meisten Menschen, die jeden Tag im Hamsterrad unterwegs sind und sein müssen, war auch ich kaum mehr in der Lage, zeitnah zur Ruhe zu kommen, geschweige denn, Ruhe in mir überhaupt noch aushalten zu können. Und weil dem so ist, bedarf es oftmals verschiedener Tricks. Du erinnerst dich daran, dass unser Gehirn doof, faul und süchtig ist? Deshalb muss man medial sozialisierten Menschen (insbesondere Kindern und Jugendlichen) eine Brücke in die Stille bauen. Diese führt über die *kontemplative Bewegung*, die *geführte Meditation*, die *Meditation mit Musik* und die *Meditation mit*

Naturgeräuschen (im Sinne einer kontinuierlichen Reizreduktion) hin zur Quelle von innerer Stärke und äußerer Kraft – hin zur Stille. Hier sind die Selbsterkenntnis und das Selbstbewusstsein zu finden, die in einer Welt des medialen Scheins und der medialen Selbstinszenierung so entscheidend für eine nachhaltige Heilung sind.

Überquerst du diese Brücke, kommt es unmittelbar zu einer Absenkung der Aktivierung und es entstehen sehr schnell Dankbarkeit und Mitgefühl. Durch die Schulung der Achtsamkeit, basierend auf entsprechenden Unterweisungen in buddhistischer Psychologie, entwickelst du schlussendlich die Erkenntnisfähigkeit in Bezug auf die Welt an sich, auf die dich umgebenden Menschen und vor allem auf dein Selbst. Das entspricht im Übrigen der ursprünglichen und eigentlichen pädagogischen Definition von Bildung! Du erinnerst dich, ganz zu Beginn, Sozialisation, Erziehung und Bildung?

Nachfolgend nun die Methode, mit der ich meinen überaktivierten, geschundenen Geist und Körper zur Ruhe bringen konnte. Ausgangspunkt war ein Zustand, der es mir unmöglich gemacht hat, auch nur eine Minute still zu meditieren.

Phase 1 – In der ersten wichtigsten und mit Abstand schwierigsten Phase gilt es, die habituelle Aktivierung zu reduzieren. Konkret geht es darum, dem Geist und in der Folge dem Körper wieder beizubringen, was einmal deren ganz normaler Ruhezustand war. Für diesen Prozess gibt es übrigens keine medikamentöse Abkürzung. Die dauerhafte Absenkung der habituellen Aktivierung, und damit die Rekalibrierung der funktionellen Neuroanatomie (vergrößerte Amygdala), gelingt nur mittels kontemplativer Bewegungsformen, die so komplex sind, dass sie ein hohes Maß an Konzentration erfordern, dabei aber gleichzeitig so eingängig sind, dass man leicht in einen meditativen Fluss findet. Genannt seien hier Formen von Taijiquan oder Qi Gong. Ich bevorzuge hier ganz eindeutig (und das hat nicht der Shaolin, sondern der Wissenschaftler in mir entschieden) Shaolin Qi Gong, weil es gleichermaßen den Körper fordert und den Geist trainiert.

Phase 2 – In der zweiten Phase geht es darum, die Achtsamkeit konkret zu schulen, die in Phase 1 sozusagen nur als Nebenprodukt sensibilisiert wurde. Achtsamkeit kannst du nur erlernen, indem du sie praktizierst. Und weil unser Gehirn so ist, wie es ist, bietet es sich auch hier wieder an, mit Tricks zu arbeiten. Und wenn es der Sache dient, auch mit technischen Hilfsmitteln. Jetzt werden wahrscheinlich die Traditionalisten aufschreien: »*Wie kannst du nur?*« Ja, wie kann ich nur? Ganz einfach, ich kann, weil ich die Shaolin-Regeln gewissenhaft studiert habe, von denen eine besagt:

»Sei aufgeschlossen allem Neuen gegenüber!«

Ich habe dem entsprochen, indem ich während meiner Qi Gong-Praxis eine GoPro-Stirnkamera mit Weitwinkel (so kann man seine eigenen Hände, Arme, Füße und Beine sehen) getragen habe, mit der ich mein subjektives Erleben der Übung aufgezeichnet habe. Gleichzeitig hat mich Meister Shi Yan Lu während des Praktizierens mit einer Kamera im Außen begleitet. Ich habe dann diese beiden Perspektiven mithilfe des Computers aufeinander abgestimmt und so montiert, dass sie in einem Video gelaufen sind.

So konnte ich nicht nur die subjektive Perspektive der Übung erleben, sondern diese auch gleichzeitig mit der objektiven Ansicht von außen abgleichen. Nach einer Woche, in der ich mit der kombinierten Perspektive gearbeitet habe, habe ich eine weitere Woche nur mit der subjektiven Perspektive gearbeitet und versucht, mir im Rahmen meiner Meditation die objektive Perspektive vorzustellen. Das hat meine Reflexionsfähigkeit sensibilisiert. Dann habe ich, für eine weitere Woche, nur mit der objektiven Perspektive gearbeitet und versucht, mir die subjektive Perspektive im Rahmen meiner Meditation vorzustellen. So habe ich meine Imaginationsfähigkeit sensibilisiert.

Anschließend habe ich die Bilder im Rahmen meiner Meditation nur noch vor dem geistigen Auge ablaufen lassen und dabei ausschließlich auf meine Gedanken und Emotionen geachtet. Sehr zielführend kann es in diesem Zusammenhang sein, wenn du während der Imaginationsübung deine Emotionen (die nichts mit der imaginierten Übung zu tun haben müssen, sondern lediglich im Rahmen der Imagination auftauchen) verbalisierst und völlig frei und ohne jede Struktur auf dein im Aufnahmemodus bereit liegendes Smartphone sprichst. Die Reflexion dieser Sprachaufnahmen kann überaus erhellend und ein guter Einstieg in Phase 3 sein. Es geht selbstverständlich auch völlig analog, aber eben leider bei Weitem nicht mehr bei allen, insbesondere bei Jugendlichen.

Phase 3 – In der abschließenden dritten Phase geht es darum, dass du in den Spiegel schaust, dass du dich erkennst und dass du an einen Punkt kommst, wo du Frieden machen kannst, und zwar nicht nur mit den Anderen, sondern und vor allem, Frieden mit dir selbst. Diesen Frieden findest du in der Dankbarkeit für alle Dinge und alles, was du bisher erfahren hast. Und ja, für ALLE Dinge! Denn nur wegen all der Dinge, bist du der, der du hoffentlich gerne bist. Es geht um die völlige und wertfreie Akzeptanz von allem, was ist, als Basis für einen milderen Umgang mit uns selbst. Es geht darum, zu erkennen, dass wir selbst unsere brutalsten Kritiker sind. Kein Mensch beschert uns so viel Leid, wie wir uns selbst durch unser leidvolles Denken.

Aber wie erkennt man sich selbst? Und wie kann man mit dem zurechtkommen, was man sieht, völlig gleichgültig, was auch immer es sein mag? Hierfür habe ich eine Methode entwickelt, die unsere Schüler gleichermaßen fürchten wie lieben. Sie werden zunächst, ohne jede weitere Unterweisung, angeleitet, eine *Digital Story* anzufertigen (Quelle zur Methode *Digital Storytelling* am Ende des Buches). Das Thema: *Was sehe ich, wenn ich in den Spiegel schaue?* Sie werden gebeten, diese Story zunächst unter Verschluss zu halten. Anschließend bekommen sie die Grundlagen buddhistischer Psychologie und der Shaolin-Philosophie vermittelt. Dann, am Ende des Kurses, bitten wir sie, eine weitere *Digital Story* zum gleichen Thema anzufertigen: *Was sehe ich, wenn ich in den Spiegel schaue?* Auch diese Story sollen sie zunächst unter Verschluss halten. Am Ende des Kurses oder des Mentoring sollen sie sich dann allein beide Storys nacheinander ansehen. In einem finalen Video (es funktioniert – gerade bei Älteren – auch nur mit Audio, wohingegen Video für Jüngere besser geeignet ist, weil es durch die Verbindung von Audio und Video mehr Optionen bietet) sollen sie dann festhalten, was ihnen beim Ansehen der beiden ersten Videos durch den Kopf geht. Erst dieses Video bekommt dann, natürlich nur mit Einverständnis, die ganze Gruppe oder vom Schüler ausgewählte Menschen zu sehen.

Die Fassungslosigkeit, die in den Videos zu sehen ist, ist immer wieder beeindruckend. Vor allem dann, wenn sich jemand traut, alle drei Videos zu zeigen. In der Regel hat man den Eindruck, dass es sich dabei um drei verschiedene Personen handelt. So entstehen Selbstbewusstsein und Selbsterkenntnis sowie ein Verständnis davon, wovon das eigene Selbstbild und die Selbstbeurteilung abhängen, nämlich vom Außen.

Am Ende geht es darum, dass du erkennst, inwieweit das, was dir passiert, mit dir zu tun hat, und was dich aus welchem Grund verletzt. Das Prinzip von *Ursache und Wirkung*, du erinnerst dich? Es geht darum, welche Erwartungen realistisch sind, und welche Erwartungen unweigerlich Enttäuschungen zur Folge haben müssen (die vier edlen Wahrheiten). Es geht schlussendlich um die Erkenntnis, dass es nicht die Welt im Außen ist, die dein Glück verhindert. Was dein Glück in der Regel verhindert, ist lediglich das Leid, das du dir oft pausenlos selbst denkst.

Selbstwirksam leben *(ANNEHMEN)*

Den Geist beruhigen, Körper, Gedanken & Emotionen verstehen

Auch das Fundament dieser Dimension ist die buddhistische Psychologie. Die Methode, die hier zur Anwendung kommt, ist *Shaolin*

Mental Training. Der Gedanke dabei ist, dass dir nichts und niemand so sehr schaden kann, wie dein eigener, unkontrollierter, leidvoller Geist. Kommt dein Geist nicht mehr zur Ruhe, ist die unabwendbare Folge eine starke mentale Erschöpfung. Diese Erschöpfung fügt aber nicht nur deinem Geist extremen Schaden zu, sondern auch deinem Körper. Dein kreatives, selbstbestimmtes Denken und Handeln verkommen immer mehr zu einem reaktiven, fremdbestimmten Funktionieren. Du genügst und erfüllst alle Ansprüche – mit Ausnahme deiner eigenen.

»Nicht außerhalb, nur in sich selbst soll man den Frieden suchen. Wer die innere Stille gefunden hat, der greift nach nichts, und er verwirft auch nichts.« (Buddha)

Du musst dir bewusst machen, dass die Quelle der *Selbstwirksamkeit* der STILLE entspringt! Und eben weil sie es sich bewusst gemacht haben, halten Shaolin-Meister mithilfe von *Shaolin Mental Training* ihren Geist stets stabil in Ruhe. Denn ist der Geist erst einmal ruhig und hört mit seinem sinnlosen Geplapper auf, kannst du die Bedürfnisse von Körper, Geist und Seele (Herz) besser verstehen und – was noch viel wichtiger ist – ihnen auch entsprechen! So bleibst du nachhaltig gesund. Und so wirst und bleibst du selbstwirksam.

Es geht also darum, wie du deinen Geist zur Ruhe bringst und wie du ihn stabil in Ruhe halten kannst. Denn nur so bleibst du stets im Bereich des kreativen, selbstbestimmten Denkens und Handelns, und nur so kannst du deine Bedürfnisse erkennen und ihnen auch entsprechen. Ziel ist es, deine Gedanken so weit zu beruhigen, dass sie gebündelt und schlussendlich fokussiert in eine bestimme Richtung oder auf ein bestimmtes Ziel gelenkt werden können. Allerdings wäre *das* deutlich zu einfach.

Es ist von größter Wichtigkeit, dass du dir bewusst machst, dass es die Gedanken sind, die deine Emotionen hervorrufen und damit die

Sicht auf dich selbst, auf die Anderen und auf die Welt erschaffen. Deine eigenen Gedanken entscheiden darüber, in was für einer Welt du lebst! Wenn du das erkannt hast, achtest du sehr genau darauf, was du wahrnimmst und vor allem, wie du es wahrnimmst. Und du wirst sehr darauf achten, welche Wahrnehmungen zu welchen Gedanken, und welche Gedanken zu welchen Emotionen werden.

Am Ende des Buches wirst du in der Lage sein, diesen Prozess zu steuern, genau so, wie du dein Auto steuerst. Denn du setzt dich auch nicht in dein Auto und wartest einfach ab, wo du ankommst. Du wählst ein Ziel, entscheidest dich für einen Weg, du überprüfst und optimierst das Fahrzeug, nimmst das Steuer in die Hand, gibst Gas, bleibst achtsam und rücksichtsvoll, bis du an deinem Ziel angekommen bist. Wenn du an diesen Punkt kommst, setzt bereits jetzt allmählich das Wohlbefinden ein.

Und wenn du dich jetzt fragen solltest, wie du an diesen Punkt kommen sollst, dann hast du schon alles richtig gemacht. Du fragst nämlich auf ganz selbstverständliche Weise nur, wie du da hinkommen kannst, und gehst nicht mehr davon aus, dass das gar nicht möglich ist. So einfach geht das. Ich habe dir doch gesagt, wenn wir es schaffen konnten, dann kannst du das auch. Bleib dran, glaub an dich und tue alles Weitere auch mit ganzem Herzen, so wie du es auch bisher schon getan hast. Und bereits dafür hast du unseren größten Respekt!

Und die Antwort auf deine Frage ist: Du erreichst den Punkt, wenn du die völlige wertfreie Akzeptanz von allem, was ist, habitualisiert hast. Dies ist die Grundvoraussetzung, um Leid annehmen zu können. Denn das Leid, das dein Leben oftmals dominiert, dringt niemals von außen in dein Inneres ein. Das Leid, das du zu spüren bekommst und oftmals Geist und Körper gleichermaßen peinigt, ist stets das Resultat deiner inneren Bewertung des Außen. Die jeweiligen Bewertungskriterien werden von den verschiedenen Filtern und Katalysatoren deiner Psyche festgelegt, die im Rahmen deiner Sozialisation entstanden sind.

Mit anderen Worten: Du musst Leiden *wollen,* um auch tatsächlich leiden zu *können.* Stell dir nur einmal vor, wie viel Energie ein Mensch freisetzen muss, um eine Depression oder eine Angsterkrankung aufrechterhalten zu können. Stetig Katastrophenszenarien durchzudenken, sich alle denkbaren Varianten des Scheiterns ständig, immer und immer wieder bewusst zu machen, kostet Unmengen an Energie. Da in der Regel nichts im Außen diese Gedanken rechtfertigt, bedarf es einer Relativierung.

Am besten beruhigst du das Denken, indem du die Beruhigung an sich aktiv trainierst. Hierzu sollte dein Training in Intervallen aufgebaut sein (wie das genau geht, erfährst du später), zum Beispiel im ständigen Wechselspiel zwischen hoch aktivierendem Freikampf, Training an den Schlagpolstern oder am Holzmann und tief entspannender Meditation oder reflektierender Kontemplation. Und gerade bei medial sozialisierten Kindern und Jugendlichen, die verschiedene Problemgemenge mitbringen, bietet es sich an, sofort im Anschluss an das jeweilige Intervall die spontanen Gedanken auf ein Smartphone zu sprechen. Also beispielsweise unmittelbar nach einer Niederlage im adrenalingeladenen Freikampf, ebenso wie nach einer kontemplativen Besinnung im stillen Sitzen. Was verändert sich? Man kann das zunächst einmal nur für sich tun und dann am Ende entscheiden, mit wem man diese Gedanken teilen und besprechen möchte. Durch die Selbstverpflichtung zur Aufzeichnung wird das Denken zielführend motiviert, fokussiert und zielführend ausgerichtet. Denn wenn man etwas aufzeichnen soll, muss man darüber nachdenken, was man aufzeichnen will! Im Laufe der Zeit fällt einem dadurch auf, wie sehr sich das eigene Denken zum Positiven verändert hat. Ich bin bis heute bei dieser Methode geblieben; zwar nicht bei jedem Training, aber doch regelmäßig immer wieder. Es hilft mir, zu erkennen, was nötig ist, um nicht gedeihliche Dinge abzustellen.

Und eines noch: Weißt du, was der wahrhaftige Grund dafür war, dass ich anfangs oft die Ausrede gebraucht habe, dass das alles zu aufwändig sei? Genau, es war die nackte Angst! Die Angst vor meinen eigenen Gedanken und der Erkenntnis, zu der sie mir verholfen haben. Ich bin nur der Atem, mehr nicht. Aber mehr ist auch nicht nötig! Macht dir die Leere, die dich gerade anstarrt, Angst? Nur der Atem? Ja genau, und diese Erkenntnis, die dir jetzt vielleicht noch Angst macht, wird dir am Ende dieses Buches zur Gelassenheit verhelfen. Allerdings führt kein Weg daran vorbei, dich auch noch intensiv mit dem nachfolgenden Unterkapitel über den mittleren Weg zu befassen, wodurch sich deine Angst in Gelassenheit verwandeln wird.

Und weil auch ich nur ein Mensch bin und jeden Tag zahllose Fehler mache, obwohl ich mich stets selbst genau beobachte und mich so sehr bemühe, all diese Fehler nicht zu machen, gebrauche auch ich von Zeit zu Zeit Hilfsmittel. Auch wenn das Smartphone extrem negative Effekte hat, so ist es aber nun mal zu einem Teil unserer Lebenswelt gemacht worden, zum Guten, aber auch zum Schlechten. Benutzt du es nur widerwillig (›nicht haben wollen‹, das erste der 5 Hindernisse) für zu erledigende Dinge, oder überlegst du dir, wie es deine Übungspraxis verbessern oder sogar hilfreich sein kann? Es liegt an dir, ob es dich einfach nur Energie kostet oder ob es dich weiterbringt.

So haben es mir die Meister beigebracht. Deshalb spreche ich immer, nachdem mich etwas aus meiner Mitte gebracht hat, egal ob positiv oder negativ, meine Gedanken und Emotionen auf mein Smartphone. Ich beschreibe dann kurz die Situation und das, was ich dabei denke und fühle. Diese kurzen Beschreibungen höre ich mir jeden Abend an, formuliere eine klärende Frage für die Kontemplation und dann praktiziere ich für mindestens eine Stunde.

Anschließend fasse ich in einem 1-Minuten-Video kurz zusammen, was mir nach Abschluss meiner Kontemplation noch durch den Kopf geht. Bin ich (noch) wütend, empfinde ich Ablehnung und Widerwillen – oder empfinde ich Freude, Glück oder gar Liebe? Am Ende entscheide ich, was davon ich mit Meister Shi Yan Lu teilen möchte, weil ich dazu seinen Rat benötige. Und dazu noch eine Sache, die zu lernen überaus hilfreich war …

> *Ich habe mir in Bezug auf die Unterweisungen des Meisters das Wort ABER abgewöhnt. Nicht nur deshalb, weil er der Meister ist, sondern weil ich selbst nach so langer Zeit noch immer mit jedem Tag besser verstehe, was dazu nötig ist und was es bedeutet, ein wahrhaftiger Meister zu sein. Deshalb vertraue ich ihm bedingungslos! Weil ich immer wieder erfahren darf, dass er besser weiß, was wirklich gut für mich ist. Ich weiß, wie schwer das ist. Aber Vertrauen – vor allem in dich selbst – ist die Tür, durch die du gehen musst. Und Dankbarkeit für alles, was ist, ist DER Schlüssel, der diese Türe öffnet.*

Gesund werden, gesund sein und bleiben *(LOSLASSEN)*
Den Atem beherrschen, Körper, Gedanken & Emotionen kontrollieren

Die buddhistische Psychologie bildet auch das Fundament dieser letzten der drei Dimensionen. Die angewandte Methode ist die Shaolin Meditation. Der Gedanke dabei ist, dass du mithilfe des Atems Kontrolle über deinen Körper, deine Gedanken, deine Emotionen und dein Handeln gewinnst. So bleibst du biopsychosozial gesund, verbesserst deine Lebensqualität, dein universelles Vertrauen ins Leben (Kohärenzgefühl) kommt zurück und wird gestärkt! So reduzierst du die stetig zunehmende Überaktivierung durch die (digitale) Lebenswelt auf ein gedeihliches Maß.

»Lerne loszulassen,
das ist der Schlüssel zum Glück.« (Buddha)

Eines der zentralen Ziele der Shaolin Meditation ist es, den Kreislauf aus subjektiver Wertung, schädlicher Wirkung und NICHT kreativer Reaktion zu durchbrechen. Die Grundlage hierfür ist die Erkenntnis, dass das Leben inhärent leidvoll ist, spätestens bei Krankheit oder im Alter, und dass nichts, was ist, so bleibt, wie es ist. Dass es zwar eine absolute Wahrheit, aber eben keine absolute, objektive Wirklichkeit gibt, und dass sogar das, was wir als unser feststehendes Selbst, als unsere Persönlichkeit betrachten, einem stetigen Wandel unterworfen ist.

Je mehr du dich den ohnehin unausweichlichen Veränderungen zuwendest, anstatt ständig Energie damit zu verschwenden, dich von ihnen abzuwenden, desto weniger wirst du selbst leiden. Aber nicht nur das. Du wirst sogar länger biopsychosozial gesund bleiben und erkennen, dass die Ursache für wahrhaftiges Glück im Außen nicht zu finden ist. Und das ist kein spiritueller Mythos! Diese Erkenntnis, die Akzeptanz von allem, was ist und wie es ist, wird alle Last von deinen Schultern nehmen und zu einem starken Fundament deiner Gelassenheit werden.

Es gibt eine schöne Aussage der westlichen Neurowissenschaften, wonach Alter *»eine entsprechende Anhäufung von Vergangenem in unserer Psyche ist.«* Das lässt nur einen logischen Schluss zu. Du musst nicht altern, wenn du das nicht möchtest. Um das zu erreichen, musst du nur dafür sorgen, dass es nicht zu dieser Anhäufung kommt. Und wie das geht, haben wir schon besprochen. Wenn du im Hier und Jetzt bleiben kannst (deine Gedanken = Erinnerungen), dann ist da nichts Vergangenes, das du in deiner Psyche anhäufen könntest. Denn erstens existiert Vergangenes nicht mehr, weil es vergangen ist, und zweitens, selbst wenn es in Form von Gedanken noch existieren würde, würde es keine Rolle spielen, weil du diese Gedanken nicht mehr denken müsstest, wenn du sie nicht denken wolltest.

Je mehr du an alten Glaubenssätzen anhaftest (die irgendwann einmal funktioniert haben, es nun aber nicht mehr tun), desto mehr Schwierigkeiten bekommst du, sowohl im Inneren als auch im Äußeren. All diese unnötigen Schwierigkeiten sind mit Kämpfen verbunden, die du allesamt verlierst!

Dabei ist es gleich, ob du mit den Anderen im Außen oder mit dir selbst im Inneren kämpfst. Das Ergebnis ist stets gleich: DU verlierst! Warum? Nun, es ist ganz einfach. Du kannst nicht gut genug kämpfen, logisch oder? Ja schon, aber eben nicht so, wie du denkst, eben weil du noch nicht entsprechend der buddhistischen Psychologie denkst. Denn ein wirklich guter Kämpfer wäre so gut, dass er gar nicht erst kämpfen müsste, eben weil er weiß, dass bei einem Kampf immer alle verlieren. Deshalb raten wir dir, das folgende Shaolin-Prinzip zu beherzigen …

»Sei perfekt im Denken und Handeln und lerne so gut zu kämpfen, dass Du niemals kämpfen musst.«

GedankenExperiment

Stell dir bitte einmal folgende Situation vor: Du bist ein begnadeter Kampfkünstler. Alle Bekannten und Freunde wissen das und haben entweder großen Respekt oder möglicherweise sogar Angst vor dir. Du bist in deiner Lieblingsbar, all deine Bekannten und Freunde sind da und jemand beginnt, dich zu provozieren. Dann wird er sogar tätlich, schüttet dir ein Bier über den Kopf und verhält sich vor all deinen Freunden und Bekannten verächtlich. Nun warten alle darauf, dass du diesem Rüpel nicht nur eine Lektion erteilst, sondern ihn regelrecht fertigmachst. Wann glaubst du, hast du den Kampf ›gewonnen‹?

1. *Indem du die Menge anstachelst, dich über den Rüpel lustig zu machen, ihn und alle Umstehenden spüren lässt, dass er noch einmal Glück gehabt hat, dann mitleidig lächelst und dich abwendest?*
2. *Indem du den Wünschen der Menge entsprichst, ihn in seine Schranken verweist, ihn nicht nur schlägst, sondern zudem noch demütigst, und allen zeigst, dass du der großartige Typ bist, den sie in dir sehen?*

3. *Indem du lächelst, dich dafür entschuldigst, dass du den Rüpel in eine derartige Rage versetzt hast, ihm einen Drink spendierst, einen weiterhin schönen Abend wünschst, dich umdrehst und gehst?*

Bevor du nun antwortest, bedenke bitte, wie die Menge reagieren könnte.

Im ersten Fall könnten sie von dir enttäuscht sein, weil du ihren Erwartungen nicht entsprichst. Sie würden dich möglicherweise für ein Großmaul, wohl aber nicht für einen Feigling halten, wenn du, zumindest verbal, entsprechend hart konterst.

Im zweiten Fall könnten viele den Respekt vor dir verlieren, weil du das Notwenige überschreitest, und diejenigen, die vor dir ohnehin schon Angst hatten, jetzt noch mehr Angst bekommen, weil du offenbar keinerlei Hemmungen hast.

Im dritten Fall könnten dich viele für einen Schwächling oder Feigling halten, sich über dich lustig und dich lächerlich machen.

Bedenke alle drei Szenarien gut und entscheide dich dann für 1, 2 oder 3.

GE → **Antwort**

Du kannst diesen Kampf nur auf eine einzige Art wirklich gewinnen. Nämlich dann, wenn du diesem Kampf aus dem Weg gehst, indem du Szenario 3 wählst. Warum? Ganz einfach …

> »*Wie die Menschen dich behandeln, ist ihr Karma.*
> *Wie du darauf reagierst, ist das deine!*« (Buddha)

Würdest du den Wünschen der Menge entsprechen, nur weil dein Ego die Beurteilung durch die anderen, die ja nur in deren Gehirnen entsteht, nicht ertragen kann, dann hättest du sogar nicht nur den Kampf verloren, sondern dich selbst, und das schon lange vorher!

Du weißt, dass du den Rüpel *vernichten* könntest, dennoch entscheidest du dich dafür, es nicht zu tun. Und wenn du richtig gut bist, hast du vielleicht sogar die Größe, eine Situation herbeizuführen, aus der er oder bestenfalls ihr beide ohne Gesichtsverlust herauskommt. Ich habe das vor langer Zeit im Rahmen meiner Situation lernen dürfen. Ich hatte sowohl physisch als auch technisch und mental stets die Möglichkeit, mich *vernichtend* zu wehren.

Und leider muss ich sagen, dass ich davon in jungen Jahren häufiger Gebrauch gemacht habe. Und was habe ich dabei gelernt? Dass man auf diese Weise nur verbrannte Erde hinterlässt! Heute, als Shaolin, würde ich von dem, was ich lernen durfte, nur noch dann Gebrauch machen, wenn es darum geht, schwächere fühlende Wesen zu schützen. Nur in diesem Fall ist es mir erlaubt. Selbstverständlich dürfte ich mich auch selbst verteidigen (physisch und/oder mental). Aber eben nur mich selbst, und nicht mein Ego.

Selbstverteidigung meint in diesem Fall, das eigene Leben an sich zu verteidigen. Aber sicher nicht den eigenen Stolz, die eigene Verblendung oder gar das Zerrbild von uns, das uns unser Ego immer wieder aufzuzwingen versucht.

Spätestens dann, wenn man einmal eine Shaolin-Demonstration persönlich miterleben durfte, stellen sich viele Fragen. Wie kann man eine Gusseisenstange über den Schädel gezogen bekommen, die dann auch noch zerbricht, ohne dass der Schädel verletzt wird, eine Gehirnblutung auftritt oder zumindest eine stark blutende Platzwunde sichtbar wird? Wissenschaftlich kann man sich das so erklären, dass die Shaolin-Mönche offenbar in der Lage sind, spezifische Bereiche im Körper punktuell anzusteuern und dort schützende Bedingungen zu schaffen, die beispielsweise ein Platzen der Kopfhaut oder eine Einblutung verhindern.

Was ich hier jetzt so locker schreibe, konnte ich lange Zeit selbst nicht glauben. Bis ein vom Dalai Lama initiiertes Forschungsvorhaben, bei dem es um durch Meditationspraxis erworbene Fähigkeiten der Mönche ging, etwas Erstaunliches ergeben hat: Der trainierte Geist der Mönche ist dazu in der Lage, das zentrale Nervensystem zu steuern und entsprechend regelnd einzugreifen, was bis dahin als unmöglich galt. So war es Mönchen zum Beispiel möglich, in eisiger Nacht, nur mit einem Lendenschurz bekleidet, die Temperatur in ihren Extremitäten willentlich zu beeinflussen und ihre Körpertemperatur konstant zu halten. Kurz: Der durch Meditation und Kontemplation trainierte Geist der Mönche ist in der Lage, das Qi genau auf den Punkt zu konzentrieren, der physiologisch akut relevant ist.

Nachdem ich das erkannt habe, war mir klar, dass in diesem Kontext noch mehr möglich sein muss. Deshalb habe ich mich wissenschaftlich intensiv mit diesen Phänomenen befasst, die es, nach unserer westlichen Vorstellung, eigentlich gar nicht geben dürfte. Und die Tatsache, dass es diese Phänomene eben doch gibt, hat mir gezeigt, dass wir noch unglaublich viel zu lernen haben. Mit etwas mehr Demut wären wir vielleicht sogar in der Lage, zu erkennen, wozu Gedanken, die so stark sind, dass sie schwerste psychophysiologische Erkrankungen hervorbringen können, fähig wären, wenn man ihre Wirkrichtung um 180 Grad ins Gegenteil verkehren könnte. Sobald man es schafft, sich eine positive Wirkung in entsprechendem Ausmaß vorzustellen, fällt es einem leichter zu verstehen, warum Shaolin-Mönche scheinbar unverwundbar sind. Sie sind deshalb unverwundbar, weil ihre Gedanken sie nicht schwächen, wie das bei vielen von uns der Fall ist, sondern eben das genaue Gegenteil bewirken.

Nun stellt sich nur noch die Frage, wie das funktionieren soll. Man kann sich schließlich unmöglich jeden Tag eine gusseiserne Stange über den Schädel ziehen lassen, so lange, bis man es schafft, endlich unverletzt zu sein?! Die Antwort lautet: Man muss einfach nur richtig denken.

Und zwar derart, dass wir uns die betreffende Situation immer und immer wieder vorstellen, in jeder noch so kleinen Einzelheit. Wie riecht es? Ist es warm oder kalt? Tut mir etwas weh? Wie fühle ich mich? Wie sieht es dort aus? Wer ist noch da? Wie nehme ich die wahr, die noch da sind? Es geht darum, mit jeder Übung die Vorstellung von dem, was angestrebt wird, weiter und weiter zu konkretisieren, und so die Vorstellung immer plastischer und authentischer werden zu lassen.

Das funktioniert, weil unser Gehirn nicht zwischen dem unterscheiden kann, was tatsächlich passiert, und der Vorstellung von dem, was tatsächlich passiert. Es arbeiten immer und immer wieder die gleichen Hirnareale. So werden mit der Zeit aus neuronalen Feldwegen ganze Autobahnen der Imagination, auf denen die Impulse hocheffizient und ohne große Verluste an ihr Ziel gelangen. Und wenn du dich jetzt fragst, was es denn in diesem Zusammenhang für Verluste geben könnte, schließlich geht es um das Denken, dann möchte ich dich noch mal an Sozialisation, Katalysatoren und Filter erinnern. Und wer jetzt an einen Autoservice denkt, dem empfehle ich, unbedingt noch einmal bei Kapitel 1 zu beginnen und dringend an seiner Achtsamkeit zu arbeiten.

Zunächst geht es nur darum, eine Vision von dir selbst als Mensch zu entwickeln. Idealerweise lässt du dich dabei von einem Meister anleiten und wir hoffen, dass dir dieses Buch eine Hilfestellung bietet, bis du deinen Meister gefunden hast. Und die Vision von dir selbst als Mensch bezieht sich auf all das, was du im Leben erreichen möchtest, darauf, welchen Weg du gehen möchtest, was du dazu benötigst, und wie du ihn auch tatsächlich gehen kannst. Handlungsleitende Fragen hierzu könnten beispielsweise sein:

- Was will ich erreichen?
- Warum will ich es erreichen?
- Wie will ich es erreichen?

- Wie wird sich der Weg dorthin anfühlen?
- Wie werde ich mich am Ziel fühlen?
- Bin ich dann tatsächlich angekommen?
- Wie werde ich gesehen?
- Wie will ich gesehen werden?
- Was bin ich dafür zu tun bereit?

Diese Fragen gilt es im Rahmen kontemplativer Bewegung und der Meditation zu reflektieren, um herauszufinden, welche Reibungsverluste herrschen, welche Blockaden bestehen und über welche Ressourcen du bereits verfügst. So kannst du recht bald sehr genau einschätzen, was darüber hinaus noch nötig ist, um dort hinzukommen, wo du gerne hinmöchtest. Auf den Punkt gebracht, findest du auf diese Weise heraus, wo du stehst. Denn: Wenn du woanders hinmöchtest und nicht dort bleiben möchtest, wo du aktuell bist, dann ist für die Auswahl des gedeihlichen Weges von entscheidender Bedeutung, dass du nicht nur dein Ziel kennst, sondern insbesondere auch den Ort, an dem du dich gegenwärtig aufhältst und von wo aus du startest.

Abschließend solltest du im Rahmen deines Trainings eine Vision von dir selbst entwickeln, und zwar in Bezug auf das, was du erreichen möchtest, auf das, was du übst und insbesondere in Bezug auf deinen individuellen Lebensweg. Dafür kannst du dir die obigen handlungsleitenden Fragen stellen. Dazu reflektierst du all diese Fragen, die du dann durch Imagination zur angestrebten Zukunft transformierst. Je klarer und plastischer du diese imaginierte Zukunft vor Augen hast, desto mehr Klarheit, Selbstbewusstheit und Entschlossenheit entstehen. Unsicherheit, und mit ihr die Angst, nehmen ab, und so reduzieren sich zunächst die Reibungsverluste, bis sich dann schlussendlich auch die Blockaden auflösen.

Weiter steigern lässt sich diese Wirkung noch, wenn man die imaginierte Zukunft in eine digitale Geschichte gießt (Digital Storytelling; Quelle am Ende des Buches), von deren Realität man sich dann – medial intensiviert und emotional aufgeladen – jederzeit selbst *überzeugen* kann. So konnte ich mir jederzeit das Leben ansehen, und all das fühlen, von dem ich genau wusste, dass es eintreten würde. Und heute lebe ich genau dieses Leben. Möglich war das, weil ich gelernt habe, meiner Buddha-Natur bedingungslos zu vertrauen. Seitdem weiß ich, dass alles, was ist, genau so ist, wie es sein soll.

Der mittlere Weg – Struktur und Orientierung

Du wirst wohl kaum bestreiten, dass wir in einer Welt der Extreme leben, die zudem kaum noch sinnhaft, handhabbar oder gar verstehbar ist. Das zu vertiefen, würde allerdings ein eigenes Buch füllen und zudem den Fokus auf Dinge richten, die wir kaum beeinflussen und die deshalb zu einem vermeidbaren Energieverlust führen können, wenn wir uns zu intensiv damit befassen.

Erkenne, was zu Reibungsverlusten und Blockaden führt. Kontempliere, was du aus eigener Kraft verändern kannst und was nicht, und verwende deine gesamte Energie auf das, was DU verändern kannst. Und dann: TU ES! Alles andere solltest du nicht weiter beachten, denn es ist, wie es ist. Lebe, ohne damit zu hadern, denn so und nicht anders ist es! Auch wenn du es nicht gut findest oder es sogar bedauerst, akzeptiere es! Als man den Dalai Lama gefragt hat, warum man in einer solchen Welt noch optimistisch sein sollte, hat er gelächelt und geantwortet: »Weil es sich besser anfühlt!«

Setz dich nieder, fokussiere den Atem und kontempliere diesen Satz …

Nimm dir so viel Zeit, wie du brauchst. Erinnere dich an das, was du bis hierhin erfahren hast, und versuche dir bewusst zu machen, was der Dalai Lama damit zum Ausdruck bringt. Möglicherweise bestätigen diese fünf Worte sogar all die Aussagen, die wir gemein-

> *sam hergeleitet haben? In der Kontemplation wirst du DEINE Antwort bekommen. Und bevor du anfängst, bedenke dabei bitte noch das Folgende: Die Energie folgt immer der Aufmerksamkeit!*

Um aber in einer solchen Welt, angesichts all der Ungerechtigkeiten und des Leids, gelassen und ruhig bleiben zu können, bedarf es …

- eines strukturierten Denkens
- einer gedeihlichen Orientierung.

Denn nur, wenn deine Gedanken eine gedeihliche Richtung vorgeben, macht es auch Sinn, in diese Richtung zu gehen. Deine Gedanken können dir aber nur dann eine gedeihliche Orientierung geben, wenn sie kreativ sind, und nicht reaktiv. Und kreativ können sie, wie du gelernt hast, eben nur dann sein, wenn du deine Aktivierung kontrollierst, und nicht umgekehrt, deine Aktivierung dich kontrolliert. Nur dann kannst du steuern, ob du überhaupt denkst, wenn du denkst, was du denkst, welchen Gedanken du erlaubst, zu welchen Emotionen zu werden, und welchen Emotionen du gestattest, zu einem Handlungsimpuls zu werden.

Eine Option, das zu erreichen und dein Leben entsprechend gedeihlich auszurichten, ist der mittlere Weg. Und bevor ich dir eine präzise Definition des mittleren Weges gebe, möchte ich dir anhand meiner Geschichte gerne bewusst machen, was dieser Weg ist, indem ich dir das genaue Gegenteil illustriere …

> *Meine Sozialisation hat zu allerlei Verwerfungen in Bezug auf mein Selbstverständnis geführt. Sowohl meine chronische Erkrankung als auch meine Traumata haben dazu geführt, dass sich zwar mein Selbstbewusstsein geschärft, dafür aber mein Selbstwert zersetzt hat. Das hat dazu geführt, dass ich gezwungen war, meinen Selbstwert durch einen Fremdwert zu ersetzen. Ich konnte meinen Wert nur dann fühlen, wenn mir Menschen im Außen gespiegelt haben, dass ich – in ihren Augen – auch einen Wert habe. Das*

führt zwangsläufig zu extrem fremdbestimmtem, reaktivem Funktionieren und Genügen. Und je besser ich – in ihren Augen – war, desto besser habe ich mich gefühlt. Dieser Fremdwert hat mein Ego gefüttert, und wenn mein Ego nicht gefüttert wurde, dann ist der Wert meines Selbst verhungert. Um das zu verhindern, habe ich mich in eine Welt der Extreme begeben, als Wissenschaftler, als Heiler, als Einsatzleiter, als Athlet – und als Mensch.

Solange man sich in dieser Welt aufhält, in die sich ›normale Menschen‹ kaum wagen, ist man über jeden Zweifel erhaben, weil man Dinge tut, die diese Menschen entweder nicht wagen, nicht denken oder nicht tun können. Und weil dem so ist und weil man es kann, macht man einfach immer mehr davon, so lange, bis das Leben dazwischenkommt. Denn diese Selbstwertsubstitution hat einen Preis, den man weder kennt noch einschätzen kann. Und dass er immer höher ausfällt, als man sich das in seiner Achtlosigkeit vorgestellt hat, ist den Menschen meist nicht bewusst.

Ich möchte damit sagen, dass ich den Weg der Extreme nicht bewusst gewählt habe. Er war vielmehr das zwingende Resultat aus der Unkenntnis meiner Persönlichkeit und der daraus resultierenden – unbeabsichtigten – Misshandlung derselben. Als Meister Shi Yan Lu mich gefunden und sich mit meiner Geschichte befasst hat, handelte seine allererste Unterweisung vom ›mittleren Weg‹, und meine erste Aufgabe auf dem Weg nach Shaolin lautete: »Lerne alles, was es über den mittleren Weg zu lernen gibt, leite aus diesem Wissen das nötige Können ab, übe gewissenhaft, fleißig und so hart es dir möglich ist, und dann mach dich auf den Weg!«

Und nun zur Erklärung, was der mittlere Weg konkret ist. Es war Gautama Buddha selbst, der den mittleren Weg bereits in seiner ersten Unterweisung im Rahmen seiner ersten Lehrrede erklärt hat. Dabei handelt es sich um nichts weniger als um das Fundament seiner so lebensnahen und lebenspraktischen Weisheitslehre von Meditation und Ethik. Mittlerweile reicht die Wirkung dieser

Weisheitslehre weit über die rein buddhistischen Lehren hinaus. Auch in der Lebenspraxis des Westens gewinnt sie immer mehr an Bedeutung.

Dabei ist es wichtig zu verstehen, dass der mittlere Weg nicht vom Himmel gefallen ist. Er ist vielmehr sowohl die Konsequenz aus dem Leben des Buddha als auch aus seiner Lehre. Es ist eben alles Ursache und Wirkung. Denn ursprünglich lebte Gautama als Prinz mit Frau und Kind in einem prunkvollen Palast, ferngehalten von allem Leid des irdischen Lebens. So lange, bis ihn das Leben hinausführte, vor die Mauern des Palastes. Das Leid und das Unglück, das er nun sah, stand im fundamentalen Gegensatz zu dem Luxus und Glück, das für ihn normal war. So folgte dem Luxusleben im Palast die strenge Askese im Wald, und daraus die Erkenntnis des mittleren Weges, weil weder das eine noch das andere erstrebenswert ist. Es sind Extreme.

Die Geschichten, die Parabeln und Metaphern in seinen Lehrreden, wie die Lautensaiten, das Floß, der Pfeil oder die Blinden mit dem Elefanten, sind dabei weit mehr als bloße Allegorien buddhistischer Lehren. Sie leiten sich vielmehr aus all den vielen universellen Erfahrungen ab, die Menschen während ihrer Lebensspanne machen, und illustrieren damit einen erfahrungsbasierten, ethischen Lebensweg, den wir heute als den mittleren Weg kennen.

Obwohl der mittlere Weg praktisch immer im Zusammenhang mit Buddha gesehen und gelehrt wird, gilt es zu verstehen, dass es sich dabei um einen erfahrungsbezogenen, authentischen und kreativen Weg handelt, der über einen universellen Charakter verfügt und den ALLE Menschen beschreiten können, auch dann, wenn sie sich nicht als Buddhisten verstehen. Buddha hat sich selbst nie als Buddha bezeichnet und er nannte seine Schüler deshalb auch nicht Buddhisten. Für Buddha waren sie allesamt nur eines – Übende und Praktizierende! Für all jene, die tiefer in dieses faszinierende und so hilfreiche Thema einsteigen wollen, hat Robert M. Ellis, der Gründer der Middle Way Society ein wunderbares Buch verfasst, mit dem Titel: *Buddhas Mittlerer Weg: Erfahrungsbasiertes Lebensprinzip in seinem Wirken und Lehren* (Quelle am Ende des Buches).

Und hier nun die genaue Definition des mittleren Weges von der Buddha-Stiftung (https://buddhastiftung.org/glossary/mittlerer-weg/). Sie ist auch die verlässliche Quelle für die daran anschließenden Erläuterungen.

> *»Der Mittlere Weg ist ein erfahrungsbasiertes Lebens- und Bewertungsprinzip, das sich darauf konzentriert, wie wir auf unsere Erfahrungen reagieren, und keine Aussage darüber, wie Dinge letztendlich sind. Als solches entfaltet sich der Mittlere Weg vollständig innerhalb der immer vorläufigen und mehrdeutigen Welt unseres Lebens als ethische Lebewesen, die immer auch auf unsicherem Boden stehen. Der Mittlere Weg bezeichnet im Buddhismus die Praxis, die Extreme von Genusssucht und Selbstkasteiung zu vermeiden, wie sie in Buddhas erster Lehrrede im Hirschpark von Sarnath beschrieben wurden. Solche Extreme zu vermeiden ist jedoch nur ein nützliches Beispiel, um ein weit umfassenderes Prinzip zu veranschaulichen. Der Mittlere Weg ist eine Metapher für eine ganzheitliche Lebensweise, die auf alle metaphysischen Verabsolutierungen und Wahrheiten verzichtet. Denn verkündete Wahrheiten und Verabsolutierungen sind auch Extreme, indem sie keinen anderen Standpunkt zulassen. Im weiteren Sinne wird der Begriff Mittlerer Weg auch als Synonym für den achtfachen Pfad benützt.«*

Die vier edlen Wahrheiten (https://buddhastiftung.org/was-sind-die-vier-edlen-wahrheiten/)

Die vier edlen Wahrheiten stellen den Kern der buddhistischen Lehre dar. Sie waren Gegenstand der ersten Lehrrede des Buddha und erscheinen auch entsprechend häufig an anderen Stellen in den buddhistischen Schriften, dem Pali-Kanon. Mit ihrer Hilfe wird man in die Lage versetzt, Klarheit in Bezug auf das Leben an sich zu erfahren, um so das Leid überwinden und das Leben selbstbestimmt bewältigen zu können.

Und in Bezug auf alles bisher Gesagte, sind die vier edlen Wahrheiten deshalb so wichtig, weil sie den Maßstab hinterfragen, den du – ganz selbstverständlich – an dein Leben anlegst. Wenn du nämlich davon ausgehst, dass Glück und Wohlbefinden normal sind, wirst du immer mit dem Unglück, den Reibungsverlusten und den Blockaden hadern, die dir vom Leben in den Weg gestellt werden. Dabei sind doch aber genau sie das Normale!

Du darfst die vier edlen Wahrheiten jedoch nicht nur im herkömmlichen Sinn als Wahrheiten verstehen, die du einfach nur glauben sollst. Du musst die vier Aufgaben, die aus den vier edlen Wahrheiten resultieren, als etwas verstehen, das dich jeden einzelnen Tag in deinem Leben vor Herausforderungen stellt, die es gedeihlich zu bewältigen gilt.

1. *Das Leben ist Leiden.*
   Das ist die edle Wahrheit über das Leiden (die Erkenntnis, dass jedes Leben leidvoll ist und mit dem Tod endet).
2. *Das Verlangen ist die Ursache des Leidens.*
   Das ist die edle Wahrheit über die Ursache des Leidens (das wertfreie Annehmen der Ursachen des Leidens).
3. *Das Leiden kann beendet werden.*
   Das ist die edle Wahrheit über die Beendigung des Leidens (das Loslassen können von allem, was uns behindert).
4. *Der edle achtfache Pfad führt zum Ende des Leidens.*
   Das ist die edle Wahrheit über den Pfad der Ausübung, der zur Beendigung des Leidens führt (die buddhistische Praxis).

Die Rolle des Buddha darf in diesem Zusammenhang nicht mit der eines Heiligen verwechselt werden, der das Leben mit Leiden gleichsetzt. Ganz im Gegenteil. Die Rolle des Buddha ist vielmehr die eines Heilers, dessen Wissen und Können dazu beitragen soll, das Leid zu überwinden und gedeihliche Genese zu ermöglichen. Deshalb werden die vier edlen Wahrheiten auch oft mit einer medizinischen Therapie verglichen.

> *»Wenn du zum Arzt gehst (der Buddha), werden deine Symptome (Leiden) erfasst und die zugrunde liegenden Ursachen (Ursache des Leidens) identifiziert. Aus der Diagnose ergeben sich die Behandlungsmöglichkeiten und die Prognose (Ende des Leidens). Abschließend wird ein Therapieplan erstellt (achtfacher Pfad).« (https://buddhastiftung.org/was-sind-die-vier-edlen-wahrheiten/)*

Die *vier Aufgaben* sind demnach eine ganz praktische Bedienungsanleitung für dein Leben, um nicht gedeihliche Entwicklungen zu vermeiden (dukkha = Leiden). Eine Anleitung, wie du mit dem, was dir in deiner Existenz gegeben oder in den Weg gestellt wird, und mit der Tatsache, dass deine Existenz endlich ist, umgehen solltest, wenn du Leid vermeiden möchtest. In diesem Zusammenhang könntest du *Leiden* auch durch *Belastung* oder *Stress* ersetzen.

Bewältigst du diese vier Aufgaben gewissenhaft, wird dir das dabei helfen, eine gelassene Haltung zu dir selbst und zu deinem Leben in all seiner Komplexität einzunehmen. Und du ahnst es wahrscheinlich schon: All das erreichst du nur, wenn du bereit bist, konsequent zu üben. Durch die Übungen kannst du verhindern, dass du – über das unvermeidliche Leid (dukkha) des Lebens hinaus (Alter, Krankheit, Tod) – mit deinem Denken, Fühlen und Handeln noch weiteres Leid erschaffst.

Und weil es so wahrhaftig anmutet, möchte ich dir im Folgenden die ursprünglichen Ausführungen zu den *vier Aufgaben* zugänglich machen, gerade weil sie auch einen gewissen Interpretationsspielraum lassen. Die Quelle ist auch hier wieder die *Buddha-Stiftung*.

Du erinnerst dich? Erfasse das Wesen der Dinge und gib den Dingen deine Form.

1. *So ist dukkha (Leiden).*
   Es kann vollständig erkannt werden.
   Und es ist vollständig erkannt worden.
   - *Nimm das Leben an. Es ist die Aufforderung, das Leben in seiner Gesamtheit anzunehmen, das heißt Erfreuliches, aber auch Leiden (dukkha), also Schmerzhaftes, Unangenehmes, Ungewolltes und Schwieriges.*
2. *So ist das Entstehen.*
   Es kann losgelassen werden.
   Und es ist losgelassen worden.
   - *Das Verlangen kann losgelassen werden wie auch Hass und Verblendung und vor allem Reaktivität. Reaktivität äußert sich im Verlangen, vielleicht nach etwas Angenehmem, was wir nicht haben; sie äußert sich in Hass, vielleicht auf eine Person, die uns missfällt; und sie äußert sich in Verblendung und Nicht-Wahrhaben-Wollen, vielleicht um nicht mit der realen Situation konfrontiert zu sein. Solche Reaktionen gehören teilweise zur evolutionären Überlebensstrategie der menschlichen Spezies. Wir müssen uns allerdings nicht mit ihnen identifizieren, wir können uns darin üben, sie loszulassen.*
3. *So ist das Aufhören.*
   Es kann erfahren werden.
   Und es ist erfahren worden.
   - *Erfahre das Loslassen. Die Erfahrung des Loslassens, und sei es für kurze Zeit, ist eine Befreiung aus den Fesseln der automatischen und reaktiven Ich-Bezogenheit und ein Gewinn an Freiheit von den eigenen Mustern und Konditionierungen.*
4. *So ist der Weg.*
   Er kann kultiviert werden.
   Und er ist kultiviert worden.

- *Handle und setze den achtfachen Pfad um. Es ist der Wunsch und das Engagement, eine Kunst des Lebens zu entwickeln, die mit Mitgefühl, Aufrichtigkeit und Kreativität den Situationen des Lebens gerecht wird. Diese Art des authentischen und ethischen Lebensweges ist im achtfachen Pfad beschrieben.*

Die sechs Wurzeln (drei gedeihliche Wurzeln des Guten und drei schädliche Wurzeln des Bösen)

Wartest du auch immer darauf, dass sich die Anderen ändern, weil du denkst, dass dein Leben besser und einfacher wäre, wenn die Anderen doch bloß anders wären? Und regst du dich auch oft furchtbar darüber auf, dass die Anderen es einfach nicht tun? Dass sie sich nicht so verändern, wie du es gerne hättest?

Hast du dir schon einmal die Frage gestellt, warum sie sich nicht verändern, anstatt dich immer nur darüber aufzuregen, dass sie es nicht tun? Ich kann dir diese Frage gerne beantworten: Sie haben keine Zeit! Ja, du liest richtig! Sie haben wirklich keine Zeit. Und weißt du warum? Weil sie alle darauf warten, dass die Anderen sich so verändern, wie SIE es gerne hätten! Du siehst also, das wird so nichts!

Nun hast du zwei Möglichkeiten. Erstens, du änderst dich und zwingst damit die Anderen, darauf zu reagieren. Dann nämlich, und nur dann, verändern sie sich, und das Beste daran ist, du hast durch DEINE Veränderung einen direkten Einfluss auf IHRE Veränderung. Oder zweitens, du akzeptierst, dass die Anderen sind, wie sie eben sind! Und weißt du, was meine Erfahrungen mich gelehrt haben? Oft sind die härtesten und gemeinsten Gegner die allerbesten Lehrmeister!

Und lass mich mal ganz direkt fragen: Hast du nur gute Eigenschaften? Oder nervst du die Anderen nicht auch hin und wieder mal ganz furchtbar? Oder sogar dich selbst? Na, siehst du! Sei ruhig etwas milder mit all den Anderen. Und wenn du schon dabei bist, sei auch milder im Umgang mit dir selbst. Es genügt völlig, wenn du deine Fehler erkennst, du musst dich dafür nicht auch noch tadeln. Verschwende damit keine Energie, sondern lenke diese lieber in deine gedeihliche Veränderung! »Erkennen, nicht tadeln, ändern«, hat Ayya Khema gesagt.

Denn dir muss klar sein: Könntest du dich mit den Augen all der Menschen sehen, die dich lieben, wären deine vermeintlichen Fehler sehr wahrscheinlich ganz einfach nur Eigenheiten, die dich einzigartig und liebenswert machen. Aber eben leider nur in den Augen der Menschen, die dich lieben. Doch sei dir stets bewusst: Du bist richtig, wichtig und liebenswert, und zwar genau so, wie du bist!

> *Akzeptiere das und komme klar damit!*

Und wenn du dich jetzt fragst, wieso ich das sagen kann, obwohl ich dich gar nicht kenne und auch nicht weiß, was du denkst und fühlst, dann möchte ich dir eine Frage stellen: Glaubst du nicht auch, dass, wenn alle Menschen – am besten schon vor der Zeugung – die Liebe bedingungslos bekommen hätten, derer sie ohne jeden Zweifel wert gewesen sind, es dann nichts gäbe, worüber du dich ärgern oder gar aufregen müsstest. Warum? Weil dann nur die drei gedeihlichen Wurzeln gewachsen wären – und nicht auch die drei schädlichen.

Denn wir alle kommen mit sechs Wurzeln zur Welt, mit drei gedeihlichen Wurzeln des Guten und drei schädlichen Wurzeln des Bösen. Es ist eben nicht dein Ego, das dich zwingt, dir selbst oder anderen fühlenden Wesen Schaden zuzufügen, und dein Selbst konnte nichts dagegen tun. Das alles bist du, das Gute ebenso wie das Böse. Das trifft im Übrigen auf mich ebenso zu wie auf Meister Shi Yan Lu. Und auf alle anderen Menschen. Genau das ist das Leben!

Nachfolgend nun die drei Wurzeln des Guten sowie die drei Wurzeln des Bösen, die uns allesamt mit Energie versorgen; es kommt einfach nur darauf an, welche Wurzeln man kultiviert. Denn wie bereits erwähnt, die Energie folgt immer der Aufmerksamkeit.

Die drei Wurzeln des Guten sind …

- *Freigiebigkeit*
  → Selbstlosigkeit, freiwilliger Verzicht
- *Liebe*
  → Freundlichkeit, Güte, Mitgefühl
- *Weisheit*
  → Wissen, Wahrhaftigkeit, Integrität

Die drei Wurzeln des Bösen sind …

- *Gier*
  → haben wollen, Anhaftung
- *Hass*
  → nicht haben wollen, Ablehnung
- *Verblendung*
  → Nichtwissen, Ignoranz, Ideologie

Der edle achtfache Pfad

Wenn du den Pfad beschreitest, musst du weder Vergangenes bedauern noch Zukünftiges befürchten. Schlicht deshalb, weil du die Dinge ethisch und gedeihlich betrachtest, weil du dementsprechend ethisch und gedeihlich denkst, weil du dann ethisch und gedeihlich fühlst und entsprechend ethisch und gedeihlich handelst. Da gibt es nichts zu bedauern, und da ist auch nichts mehr, vor dem du Angst haben müsstest.

Der *edle achtfache Pfad der Erkenntnis* umfasst die wichtigsten Lebensregeln im Buddhismus. Versuche dich möglichst daran zu halten, dann wird es dir ein Leichtes sein, ins *Hier und Jetzt* zu kommen und auch dort zu bleiben, so lange du das möchtest.

Die Regeln des *edlen achtfachen Pfades der Erkenntnis* lauten:

1. *Bemühe dich um Weisheit und verhalte dich immer richtig.*
2. *Sei gelassen und friedfertig.*
3. *Lüge niemals.*
4. *Tue keinem Lebewesen Böses und stehle nicht.*

5. *Schade niemandem und zerstöre nicht die Natur.*
6. *Gib dir Mühe und erfülle deine Pflichten, auch in der Religion.*
7. *Sei achtsam, denke und handle stets besonnen.*
8. *Konzentriere dich, denke nach und meditiere.*

Wer sich an diese Regeln hält, lebt genau in der Mitte zwischen *Luxus* und *Armut.* Und wem es gelingt, sich immer an diese Regeln zu halten, der wird nicht nur von seinem Leid befreit, sondern nach buddhistischem Glauben auch von der ewigen Wiedergeburt. Er wird erleuchtet und damit selbst ein Buddha. Sein Geist kehrt nach dem Tod des Körpers nicht wieder auf die Erde zurück, sondern findet sein Glück im Nirwana. Das ist das höchste Ziel aller Praktizierenden.

Die Lebensregeln des *achtfachen Pfades* sind der Kern der vierten edlen Wahrheit im Glaubensbekenntnis der Praktizierenden. Sie sind so wichtig, dass sie sich in vielen buddhistischen Symbolen wiederfinden, so zum Beispiel in den acht Speichen des Dharma-Rades, die für die acht Regeln des *edlen achtfachen Pfades der Erkenntnis* stehen.

Fünf Hindernisse auf dem Weg zur Selbstbeherrschung

Wenn du Achtsamkeit praktizierst, wird dir auffallen, dass es immer wieder die gleichen Zustände sind, die sich als Reaktion auf das Außen sowohl psychisch als auch physisch einstellen.

Dir wird mit der Zeit außerdem auffallen, dass es nicht nur immer die gleichen Zustände sind, sondern dass sie auch immer die gleichen Ursachen haben. Das kann dir allerdings nur dann auffallen, wenn du diese immer gleichen Ursachen nicht nur kennst, sondern auch stets präsent hast.

Es dürfte dir nicht schwerfallen, sie auswendig zu lernen, zumal sie dir ja ohnehin ständig begegnen und dich daran hindern, selbstbestimmt und selbstwirksam zu leben. Ich illustriere dir im Folgenden alle fünf Ursachen (also die fünf Hindernisse), mit Beispielen aus deinem Leben.

Sinnliche Begierde
(sensual desire – Gier – haben wollen)
Du bist gerade eben verlassen worden, du leidest furchtbare Qualen und in deinem Denken wäre alles gut, wenn nur die Person, die dich verlassen hat, wieder bei dir wäre. Wäre es eben nicht, denn wäre es so, wie du es dir denkst, wärst du ja nicht verlassen worden. Es war nicht gut. Und wenn du die Person, die dich verlassen hat, tatsächlich so liebst, wie du denkst, dann müsste dein oberstes Interesse sein, dass diese Person glücklich ist, auch wenn du dabei keine Rolle spielst. Liebe ist nur dann auch wahrhaftig Liebe, wenn sie nicht an Bedingungen geknüpft ist. Ansonsten ist es bloße Anhaftung, und damit bist du bereits am ersten Hindernis gescheitert.

Schädlicher Wille
(harmful will – Hass – nicht haben wollen)
Du hast einen Job, der dir keinen Spaß macht, und den du nur machst, weil es bequem ist, weiter diesen Job zu machen. Dein Chef mobbt dich und deine Kollegen tuscheln schon hinter deinem Rücken. Du leidest jeden Tag unter diesen Bedingungen, aber weil du denkst, du könntest ohnehin nichts in deinem Sinne verändern, ballst du die Fäuste in den Taschen, trinkst mehr als dir guttut und würdest am liebsten sofort kündigen. Die Wahrheit ist aber: Da du Alternativen hättest, leidest du nicht unter den gegebenen und veränderbaren Bedingungen, sondern primär unter dem Energieverlust deiner eigenen Einstellung und der damit einhergehenden ablehnenden Haltung, womit du auch am zweiten Hindernis gescheitert wärst.

Faulheit und Erstarrung
(sloth and torpor – Lässigkeit und Trägheit des Geistes)
Es ist Sonntag, es regnet, das Streaming-Portal deiner Wahl präsentiert den neuen Film, auf den du schon so lange gewartet hast.

Dabei solltest du doch unbedingt noch etwas für die Schule oder die Arbeit am Montag vorbereiten. Und du weißt genau, dass es Stress und negative Konsequenzen geben wird, wenn du es nicht tust. Dabei wäre die Sache in einer knappen halben Stunde locker erledigt. Während du den Film schaust, drehen sich deine Gedanken die ganze Zeit um das, was du tun solltest, und dein Gewissen lässt dich unruhig werden. Dennoch schaust du weiter den Film, spulst auch immer wieder zurück, weil dein Kopf woanders ist und die Hälfte nicht mitbekommt. Selbst wenn jemand dir schlimme Prügel androhen würde, könntest du dich einfach nicht aufraffen. Am nächsten Tag – du bist hundemüde, weil du kaum geschlafen hast –, treten genau die Konsequenzen ein, die absehbar waren. Nun hast du noch mehr Stress an der Backe, nur um dich dann in zwei Wochen wieder exakt gleich zu verhalten, womit du auch das dritte Hindernis gerissen hättest.

Rastlosigkeit
(restlessness – monkey mind – unruhiger Geist)
Du hast einen stressigen Tag hinter dir. Alles ist gut gelaufen, aber ein paar Dinge sind noch zu klären. Einige der Menschen, von denen dein Erfolg abhängt, sind schwer einzuschätzen, und du bist dir nicht sicher, wie sie dich sehen; ob sie dich mögen und ob sie dich für kompetent genug halten. All diese Gedanken hast du schon unzählige Male gedacht, denkst sie aber immer und immer wieder. Und obwohl es keine objektiven Anzeichen dafür gibt, dass etwas nicht passt, kommst du nicht zur Ruhe, weil die immer gleichen Gedanken ständig wieder aufkommen. Du schaffst es nicht, einzuschlafen, und bist am nächsten Morgen wie gerädert. Und weil du dich nicht leistungsstark und selbstwirksam fühlst, sondern hundemüde und ängstlich, peinigen dich deine immer wiederkehrenden, völlig sinnlosen Gedanken mehr als am Abend zuvor, womit du gerade eben auch gegen das vierte Hindernis gerannt bist.

Unangemessener Zweifel
(sceptible doubt – mangelnde Entschlossenheit – Grübeln)
Und zum Abschluss beziehe ich mich noch auf meine eigenen Unzulänglichkeiten, weil ich nicht möchte, dass du denkst, ich würde denken, ich wäre anders oder gar besser als du. Das bin ich nämlich nicht, ich habe wahrscheinlich nur mehr geübt! Ich hatte meine Doktorarbeit fertiggestellt und dafür 1500 Seiten in zehn Monaten verfasst, die ich dann auf circa 500 Seiten, zusammen mit meinem wunderbaren Freund und hochkompetenten Lektor Prof. Dr. Colin Gregory-Moores komprimiert habe. Die Rückmeldung von den Professoren war überwältigend und man hat mich wissen lassen, dass ich mit Auszeichnung promoviert werde. Ich wurde von allen Seiten beglückwünscht und bewundert, sogar von den Menschen, die mich eigentlich sonst nicht mochten. Allerdings stand noch die Verteidigungsrede an, die ich vor Top-Professoren halten musste. Es ist nicht einfach, 500 Seiten in einen Vortrag zu packen, vor allem dann nicht, wenn es sich um ein hochkomplexes Thema handelt. Deshalb habe ich meine Vorbereitung mit den Professoren besprochen und bekam wieder das gleiche überwältigende Feedback. Die Zeit verging und der Tag der Wahrheit kam näher. Ich habe alles immer und immer wieder kontrolliert, an Formulierungen gefeilt, gestrichen und ergänzt, mich immer wieder versichert, aber statt Gewissheit stellten sich immer mehr Zweifel ein, obwohl ich nur Bestätigung erfahren hatte. Ich habe in der Nacht davor kein Auge zu bekommen und musste mich vor der Rede übergeben. Mein Kopf bestand ausschließlich aus unangemessenen Zweifeln. Schlussendlich habe ich brilliert. Ich wurde mit Auszeichnung promoviert. Besser ging es nicht, mehr konnte ich nicht erreichen. Und jetzt kommt es: Die Zweifel sind noch über viele Jahre geblieben, so lange, bis ich mich ihnen gestellt habe. Manchmal denke ich nicht nur, dass ich nur mit Anlauf gegen das fünfte Hindernis geknallt bin, sondern dass ich es eigens für mich erfunden habe. Buddha sei Dank, konnte ich all das mithilfe der Meditation hinter mir lassen.

Vier Schritte zur Überwindung von Hindernissen

Das Fundament, auf dem alles, was wir hier zusammen entwickeln, aufbaut, ist die Achtsamkeit. Sie ist die grundlegende Fertigkeit, die du benötigst, wenn du meditieren möchtest, wenn du deine Energie managen möchtest, wenn du *Qi Gong* oder *Kung Fu* praktizieren möchtest, aber auch dann, wenn du Dinge einfach nur loslassen möchtest.

Tatsächlich *praktizierte Achtsamkeit* verändert einfach alles, weil sie DICH verändert. Achtsamkeit erlernst du aber keinesfalls, wenn du denkst, es genügt auf einem Kissen zu sitzen und darauf zu warten, bis sich die Erleuchtung einstellt und du zu schweben beginnst. Glaub mir, Meditation ist sehr, sehr mächtig, aber die Schwerkraft ist mächtiger …

> *Achtsamkeit erlernt man nur, indem man sie praktiziert.*

Wir hören immer wieder auf unseren *Shaolin-Tagen Lindau* und im Rahmen von Seminaren oder Mentorings, dass die Menschen achtsam seien. Wenn wir sie dann fragen, wie sie das denn machen oder woran sie das festmachen, kommt da meist nicht sehr viel. Warum? Nun, es ist ganz einfach: Eben deshalb, weil sie nicht achtsam sind! Die vier Schritte zur Überwindung der Hindernisse kannst du nur dann gehen, wenn du dich bemühst, stets achtsam zu sein!

Versuch dich einmal an genau den Moment zu erinnern, als du heute morgen die Augen geöffnet hast, oder daran, wie du zuletzt eine Tür geschlossen hast. Du kannst es nicht, richtig? Und selbst wenn du dich erinnern kannst, hast du die Dinge BEWUSST getan? Und überhaupt: Wieso hast du, als du heute nach Hause gekommen bist, deine Tasche einfach nur achtlos in die Ecke geworfen und deine Schuhe vor den Schuhschrank gekickt? Das soll kein Vorwurf sein, ich möchte dir damit nur vor Augen führen, *was Achtsamkeit bedeutet.*

Es bedeutet beispielsweise beim Aufwachen zu spüren, dass man wach wird, sich angenehm hinzulegen, mental kurz durch den Körper und den Geist zu reisen, zu realisieren, was ist, und dann hoffentlich zufrieden die Augen zu öffnen. Es bedeutet auch, eine Tür mit Bedacht zu schließen, und nicht nach dem Motto, Hauptsache zu. Und es bedeutet, deine Tasche zum Schreibtisch zu bringen, das herauszunehmen, was du morgen nicht benötigst, und das hineinzupacken, was du morgen benötigst. Und es bedeutet, deine Schuhe – dankbar, dass du überhaupt Schuhe hast – gegebenenfalls zu reinigen und zu pflegen und schön sauber, parallel in den Schuhschrank zu stellen.

Und wenn du jetzt denken solltest, was für ein Spießer, dann verstehe ich das sehr gut, vor allem dann, wenn du noch jung bist, denn ich war genauso! Es geht in diesem Fall auch nicht um Ordnung. Die ist zwar oft sehr hilfreich, tut aber hier nichts zur Sache. Es geht hier darum, wie und wie bewusst du die Dinge machst, die du machst. Es geht um *mentales Training*, und jeder, der Kampfkunst ernst nimmt, Buddhismus ernsthaft praktiziert, Hochleistungssport betreibt oder im Top-Management ist, weiß um die Wichtigkeit von mentalem Training.

Und weil es nachfolgend, neben der Grundhaltung, um den Prozess der Überwindung der *fünf Hindernisse* geht, möchte ich dir gerne noch einmal etwas bewusst machen: Die einzige Option, wie du das oft übermächtig erscheinende Außen, die Situationen, die Dinge und die Menschen gedeihlich und in deinem Sinne verändern kannst, ist die, DICH selbst zu verändern.

Ansonsten bedeutet das einen Kampf *David gegen Goliath*! Und lass dir ja nichts erzählen: David hat nicht nur gewonnen, weil er sehr schlau war. Er war zudem geschult im Umgang mit der Wurfschleuder. Außerdem hatte er, was oft nicht erwähnt wird, einfach nur unverschämtes Glück.

- *Grundhaltung → Achtsamkeit und Mitgefühl (buddhistische Psychologie)*
  Hinterfrage ständig deinen mentalen und emotionalen Zustand und stelle dir die richtigen Fragen.

- *Erkennen → Reflexion (Mental Training)*
  Hinterfrage deinen körperlichen, mentalen und emotionalen Zustand.
- *Annehmen → Kontemplation (Qi Gong)*
  Akzeptiere, was du erkennst, und erlaube den Situationen und den Menschen, sich so zu entwickeln, wie sie sich entwickeln.
- *Loslassen → Imagination (Meditation)*
  Übe Nicht-Identifikation im Rahmen von Mental Training, Kontemplation und Meditation: Nicht-Identifikation bedeutet: *Ich bin nicht dieser Körper. Ich bin nicht diese Gedanken. Ich bin nicht diese Gefühle. Ich bin atmendes Bewusstsein.*

Zwei Fehler, die man machen kann

Und bevor du nun ans Aufgeben denkst, weil das alles so komplex und echt schwer zu verstehen und noch schwerer ist, das alles auch zu leben, möchte ich dich daran erinnern, dass es nur zwei Fehler gibt, die du machen kannst. Denn von all dem Gesagten, wird sich dein Unterbewusstes genau das merken und zu eigen machen, was es braucht. Vertraue einfach deiner Buddha-Natur!

> *»Auf dem Weg der Weisheit und der Selbstbeherrschung gibt es nur zwei Fehler, die du machen kannst. Der erste Fehler ist, du machst dich gar nicht erst auf den Weg, und der zweite Fehler ist, du gehst den Weg nicht konsequent zu Ende.«*

Was hilfreich ist: Setz dich nieder und fokussiere deinen Atem. Nimm wahr, was sich gut anfühlt und was du brauchst, und tue einfach erstmal nur das, was dir Kraft gibt und was dir dabei hilft, dich besser zu fühlen! Denk bitte immer an die Worte von Ayya Khema: *Erkennen, nicht tadeln, ändern!*

Folge keinem Plan, auch nicht unserem. Mach dich zunächst nur vertraut mit all den Dingen, die du bis hierhin erfahren hast. Mach, was sich gut anfühlt, und lass alles, was dich triggert, Widerstand hervorruft oder deine Aktivierung nicht absenkt. Hast du etwas Kraft geschöpft, dann beginne, etwaige Widerstände zu hinterfragen und kontempliere sie. Und hadere bitte nicht mit dem, was du erkennst. Ändere es einfach, wenn es möglich ist. Und wenn nicht, lächle und nimm es einfach so, wie es ist. Warum? Ganz einfach, weil es so ist, wie es ist und es nicht in deiner Hand liegt, es zu verändern! Das ist womöglich die Aufgabe, die einem anderen fühlenden Wesen gestellt wurde.

Und für den Moment: genug gelernt! Bist du bereit? Dann beginnt dein neues Leben genau JETZT …

Gönne dir JETZT eine Lesepause …

> *Setz oder leg dich bequem hin und schließe für 10 Minuten deine Augen. Versuche deinen Atem zu fokussieren und lass deinen Geist, mit den Gedanken, die du jetzt hast, einfach machen. Lass all die Gedanken kommen und gehen und halte sie nicht fest. Heiße sie alle herzlich willkommen und verabschiede sie in Dankbarkeit. Bewerte sie nicht, nimm sie – im Vorüberziehen – einfach nur achtsam zur Kenntnis.*

Und bitte bedenke …

> *Wenn du nicht ins Tun kommst, wenn du nicht übst – und auch Denken üben ist Üben –, wirst du auch am Ende dieses Buches nur eines können, nämlich ein Buch lesen. Unsere besten Wünsche begleiten dich, aber Glück und dein Leid hängen einzig von deinen Taten ab, und nicht von unseren Wünschen für dich.*

8. Die Methode: In jeder Form dein Wesen bewahren und wachsen

Ich habe kürzlich wieder unser Online-Seminar *Denken wie ein Shaolin* an einer österreichischen Schule für mehrere Klassen gehalten. Es war von einer hochkompetenten Fach-Lehrerin (Katholische Religion) perfekt vorbereitet, super organisiert und die jungen Erwachsenen hatten sehr großes Interesse. Kurz: Es war ein toller Erfolg! Die Mail, die ich von der wunderbaren, hochengagierten Lehrerin als Dankeschön erhalten und über die ich mich unglaublich gefreut habe, verdeutlicht, wo das Problem liegt.

> *»Lieber Kelisi, ich habe in den meisten Klassen eine Nachbereitungsstunde gemacht und Feedback eingeholt. Das Seminar war ein voller Erfolg und hat uns auch noch viel Möglichkeit zum Weiterarbeiten geboten! Die SchülerInnen waren sehr begeistert und ich war erstaunt, wie viel da hängen geblieben ist und welche Gedanken sie sich darüber gemacht haben.*
> *Einige haben nach Ihren Kontaktdaten gefragt und auch die Homepage besucht. Auch eine Exkursion zu Ihnen wurde gefordert, allerdings von Schülern, die in Geografie nicht so gut aufgepasst haben dürften, sie meinten, der Bodensee kann maximal 200 Kilometer von uns entfernt sein …*
> *Einziger Wermutstropfen bei vielen Schülern war, dass auch der ›Weg der Shaolin‹ offensichtlich kein ›Trick‹ ist, den man aus dem Nichts anwenden kann, sondern eine jahrelange Praxis und Übung erfordert, für die viele leider zu faul sind, wie sie ganz offen zugeben ;)*
> *Vielen herzlichen Dank, dass Sie sich so viel Zeit genommen haben, ich habe auch an Young Science eine Rückmeldung weitergeleitet und Ihr Engagement sehr gelobt …«*

Entscheidend ist der vorletzte Absatz. Wir scheinen offenbar bereit zu sein, über eine sehr lange Zeit, völlig unreflektiert, Dinge zu tun, die uns erheblichen Schaden zufügen. Wenn wir dann unter diesem Schaden leiden, suchen wir nach einem *Trick,* der den Schaden repariert und das Leid beendet. Und wenn es keinen Trick gibt, dann leiden wir lieber weiter, weil wir zu faul sind?

> *Come on, really?!?*

Was für ein wunderbares Beispiel für das dritte der fünf Hindernisse, *Lässigkeit und Trägheit des Geistes.* Offenbar glauben immer mehr Menschen immer öfter, dass ihnen die Dinge einfach zustehen oder zufallen würden und sie dafür nichts tun müssten. Und wenn sie sich tatsächlich dazu aufraffen (müssen), etwas zu tun, dann suchen sie nach Abkürzungen anstatt nach dem gedeihlichsten Weg. Ich denke aber, dass es weniger mit vorsätzlicher *Trägheit* und *Faulheit* zu tun hat, sondern vielmehr mit Unsicherheit, die oft schon längst zur Angst mutiert ist. Es ist primär die oft lange unbewusste Angst, die den Menschen die Energie raubt und die sie schlussendlich blockiert. Spätestens dann, wenn sie – unbehandelt – in einer oft chronischen Depression mündet. Aber wie heißt es in Shaolin …

> *»Mach dir keine Sorgen, wenn du den Weg nicht gleich finden kannst, wenn es an der Zeit ist, dann findet der Weg dich!«*

Das gilt für die Menschen, die sich bei mir im Nachgang gemeldet haben. Und jetzt fragst du dich sicher, warum einige zu faul sind und manche wiederum die Gelegenheit zur Veränderung ergreifen. Nun, es ist ganz einfach. Es kommt auf die Qualität des Leidens an, das jeder Einzelne subjektiv empfindet. Ist der aktuelle Zustand nur unangenehm, dominiert das dritte Hindernis, die *Lässigkeit und Trägheit des Geistes.* Wird der aktuelle Zustand aber als belastend oder sogar als überlastend empfunden, dann wird aus dem Wunsch nach Veränderung sehr schnell die nötige ENTSCHLOSSENHEIT, die einfach ALLES verändert.

Und weil ich genau weiß, wie abstrakt sich das alles anhört, möchte ich dir gerne anhand meiner eigenen Situation zeigen, was damit gemeint ist, *in jeder Form sein Wesen zu bewahren und zu wachsen*. Ich möchte, dass du dir bewusst machst, dass du alles, was du möglicherweise an uns bewunderst oder worum du uns vielleicht sogar beneidest, selbst erreichen kannst.

Es kommt nur darauf an, wie wichtig es dir ist und was du dafür zu tun bereit bist. Denn den Wunsch nach Veränderung und den Wunsch, die damit verbundenen Vorteile zu genießen, haben viele Menschen. Allerdings nehmen diese Vielen anscheinend lieber ihr Leid in Kauf, anstatt die dadurch ohnehin verpuffende Energie zu nutzen, um an sich zu arbeiten. Aber auch das ist eine bewusste Entscheidung, die jeder selbst trifft – oder eben auch nicht.

Gedanken**E**xperiment

Stell dir bitte einmal folgende Situation vor. Ich bin vor über 20 Jahren Professor geworden, weil ich forschen und lehren wollte. Und weil ich Bücher schreiben wollte. Um es auf den Punkt zu bringen: Ich wollte Wissen schaffen, mich mit anderen Forschern austauschen, um die besten Argumente ringen, damit ich mir am Ende ein Bild von der Sichtweise der anderen machen kann. Und um es den anderen zu ermöglichen, meine Sicht der Dinge kennenzulernen, immer in der Hoffnung, dass mein Gegenüber in der Sache besser und schlauer ist, als ich es bin. Nur so kommt man in der Wissenschaft weiter, indem man jemand anderen findet, der einen auf seine Fehler im Denken aufmerksam macht.

Allerdings setzt das eine gedeihliche, harte, respektvolle und offene Diskussion voraus, die heute in der Form nicht mehr mög-

lich ist. Nur wer in einem bestimmten narrativen Rahmen bleibt und zu den ›richtigen‹ Dingen die ›richtigen‹ (nicht die wesentlichen!) Fragen stellt, besteht im Kampf um Fördermittel für Forschungsarbeiten. Und wer gut um Fördermittel kämpfen kann, bekommt dann möglicherweise sogar einen Lehrstuhl angeboten. Fördermittel wiederum sind der Kleber, der einen Professor mit seinem Lehrstuhl verbindet, und der dafür sorgt, dass er auch darauf sitzen bleiben darf. Ähnliche Mechanismen wirken auch in der Lehre. Man darf nicht nur nicht mehr sagen, was ist; man darf nicht einmal mehr Fragen stellen, die das gedankliche Spektrum der Studenten über die vorherrschende Ideologie hinaus erweitern würde, wenn man nicht das Opfer einer ›anonymen Evaluation‹ mit entsprechender Öffentlichkeitswirksamkeit werden will und seinen Job behalten möchte.

Man wird immer häufiger mit Menschen konfrontiert, die lediglich eine bestimmte ›Ideologie‹ vor sich hertragen und eine entsprechende Meinung haben, statt über evidenzbasiertes Wissen zu verfügen und entsprechend gute Argumente vorzubringen und diese zu vertreten. Wagt man es nun, als Professor mit über 20 Jahren Lehr- und Forschungshintergrund, diese Ideologie und die entsprechenden Meinungen durch zweifelsfrei belegte Tatsachen in Frage zu stellen, kommt es nicht selten vor, dass man als ›Nazi‹, als ›homophob‹ oder gar als ›homophober Nazi‹ – selbstverständlich anonym, wie es heute aus Datenschutzgründen üblich ist – evaluiert wird. Wohlgemerkt, ohne jeden Bezug zu einer konkreten Aussage, nur aufgrund einer ideologischen Meinung. Gelangt eine solche Meinung in die Presse, endet die Professorenkarriere in der Regel abrupt. Dabei spielt es keine Rolle, ob die Aussagen, die man getroffen hat, ethisch einwandfrei oder gar zweifelsfrei belegt sind. Auf Rückendeckung von den Kollegen und Kolleginnen oder etwa von der Institution kann man lange warten, denn sie stecken im exakt gleichen Dilemma, und dafür habe ich absolut Verständ-

nis. Denn auch Institutionen sind eigentlich nur die Menschen, die sie am Laufen halten.

Damit ist alles, was ich einst mit dem Beruf und der Berufung des Professors verbunden habe – aktuell – nicht nur nicht mehr existent, sondern vielmehr sogar existenzbedrohend. Wenn ein Professor nicht mehr kritisch und der Wahrheit verpflichtet, sondern nur noch im Auftrag das Beauftragte denken darf, dann ist er kein Wissenschaftler mehr, sondern ein hochmanipulativer Propagandist oder gar ein Agitator. Und sollte er sogar dafür bezahlt werden, dass er auch das Richtige herausfindet, oder, wenn nicht, zumindest das Ergebnis im Sinne des Auftraggebers öffentlich richtig darstellt, dann kann er zwar bald Porsche fahren, hat sich aber damit selbst verraten und ist – in meinen Augen – als Wissenschaftler (nicht als Mensch!) ›verbrannt‹.

Dies ist nur ein kleiner Teil des Spektrums der Dinge, die sich für mich in beruflicher Hinsicht dramatisch verändert haben. Aber ich bin der Ansicht, dass bereits dieser kleine Ausschnitt deutlich macht, dass ich meine Intention, mit der ich als Professor angetreten bin, auf dieser Bühne nicht mehr verwirklichen kann. Denn für den Fall, dass ich meine Motivation, meinen Standpunkt und meinen Maßstab geltend machen würde, wäre ich bei sehr vielen Kollegen und Kolleginnen unten durch und auch für eine Hochschule in der aktuellen Situation nicht mehr tragbar. Dabei würde es auch keine Rolle spielen, ob ich für mein Wirken und mein kritisches Denken 20 Jahre lang belobigt und ausgezeichnet worden bin.

Ich kenne viele Berufskollegen, die diesen Wandel nicht gut bewältigt haben, und einige von ihnen sind sogar mittlerweile bei mir im Mentoring. Dazu drei Fragen …

1. *Wie geht es wohl einem Menschen, der mit Leib und Seele Wissenschaftler ist, wenn mit einem Mal Ideologie über evidenten Fakten steht, und wenn er nur noch in bestimmte Richtungen denken und sich äußern darf?*

2. *Wie ginge es dir in dieser Situation oder wie geht es dir, wenn du gerade selbst eine analoge Situation erlebst oder bereits erlebt hast?*
3. *Würde dir eine solche Situation Energie rauben oder dich mit neuer Energie versorgen?*

Bedenke bitte alles, was wir bis hierher gemeinsam erarbeitet haben. Welche Konsequenzen hat es, wenn die Menschen mehrheitlich nur glauben, zu wissen, statt zu wissen, dass sie nur glauben? Macht es Sinn, gegen Ideologie zu argumentieren? Und ist das überhaupt möglich? Was bedeutet es und welche Konsequenz hat es, wenn Beschimpfungen sich gar nicht mehr auf den Stein des Anstoßes beziehen (können)? Als Beispiel hierfür könnte man die mittlerweile völlig inflationierte Beschimpfung ›Nazi‹ wählen, die oftmals wohl eher eine Verleumdung, und schon damit eine strafbare Handlung darstellt, weil sie in der Regel jeder Grundlage entbehrt (Verharmlosung wäre eine andere …). Oft genügt es, anderer Meinung zu sein als diejenigen, die einem bestimmten, vorgegebenen Narrativ folgen. Selbst wenn die Meinung evident ist und mit validen Quellen belegt werden kann, muss man sich dafür in der Regel rechtfertigen, ganz gleich, ob man nur seine Existenz sichern, weiter mitspielen oder gar eine wichtige Rolle spielen will.

GE → **Antwort**

*An diesem Beispiel kannst du die Analogie von BE***WATER** *gut nachvollziehen. Ich war wie das Wasser. Ich habe mir ein Gefäß (die Hochschule) ausgesucht, von dem ich angenommen habe, dass es das für mich ideale Gefäß wäre. Und es war ja auch eine lange Zeit so, denn es hat mir nicht nur zu Status und Reputation verholfen, sondern in erster Linie dazu, dass ich – der*

Freiheit von Forschung und Lehre sei Dank – mich mit den Dingen beschäftigen konnte, die mich interessiert haben.

Mit der Zeit sind dann allerdings Umstände eingetreten, die das Gefäß verändert haben. Es bekam zunächst nur einen Deckel, bevor dann, ganz allmählich, immer mehr Energie zugeführt wurde. Und weil ich zu dieser Zeit nicht wusste, wie ich damit umgehen sollte, ist es mir nicht gelungen, Wasser zu bleiben. Ich wollte das nicht, aber ich konnte es auch nicht steuern. Die zugeführte Energie verwandelte mich zunehmend in flüchtigen Dampf. Und als der Druck zu groß wurde, flog zuerst der Deckel weg, bevor alle Energie verpufft ist und ich schließlich im Rollstuhl gelandet bin.

Als ich dann versucht habe, wieder zurück in die Spur zu finden, war bereits ein Teil von mir als Dampf verpufft, und durch meine Bemühungen, zurück in die alte Spur zu finden, wurde mir so viel Energie entzogen, dass das übriggebliebene Restwasser in dem Gefäß ohne Deckel langsam zu gefrieren begann. Und weil ich auch diesen Prozess (noch) nicht steuern konnte, passierte das Unvermeidliche. Nachdem der Dampf den Deckel bereits abgesprengt hatte, erledigte das Eis nun den Rest. Das Gefäß ohne Deckel zerbrach und aus dem wenigen, verbliebenen Eis wurden wieder ein paar Tropfen Wasser.

In einem solchen Fall, wenn du es selbst einfach nicht mehr in der Hand hast, rät der leitende Meister des Shaolin Temple Europe, Meister Shi Heng Yi: »Let it rain!« Und er hat recht damit, denn das frische Regen-Wasser wird sich genau dort sammeln, wo sich auch die wenigen verbliebenen Wassertropfen gesammelt haben. Hört der Regen auf, und hat sich genügend frisches Wasser gesammelt, musst du nur wieder ein geeignetes Gefäß dafür finden.

Und wenn du vermeiden willst, dass auch dieses Wasser wieder unkontrolliert zu Dampf oder Eis wird, würde sich als Gefäß eine gut gedämmte Thermoskanne eignen. Was aber, wenn du dir das Gefäß nicht selbst aussuchen kannst, in das du gefüllt wirst? Dann bleiben dir nur zwei Optionen, wenn du dich nicht wieder unkontrolliert zu Dampf oder Eis machen lassen möchtest: Du musst die Eigenschaften des Wassers so verändern, dass sein Siedepunkt ansteigt und sein Gefrierpunkt absinkt, oder du musst lernen, wie du – egal aus welchem Gefäß – eine Thermoskanne machen kannst.

Empty your mind. Be formless, shapeless, like water. BE**WATER**, my friend!

Sehen wir uns zunächst einmal an, was der unvergessene *Shifu* Bruce Lee mit seiner Aussage denn nun genau gemeint hat, bevor wir uns bewusst machen, was daraus resultiert und wie BE**WATER** konkret funktioniert. Shifu bedeutet übrigens alter, weiser Lehrer und ist ein Ehrentitel.

Zunächst einmal die gute Nachricht: Du bestehst bis zu 80 Prozent aus Wasser, der Rest sind Sauerstoff, Metalle, Nichtmetalle und EGO. Das Ego ist das Element, das dafür sorgt, dass du nicht immer selbstbestimmt Wasser bleiben kannst, weil dein Ego dein Energiemanagement korrumpiert, indem es den Siedepunkt des Wassers absenkt und den Gefrierpunkt erhöht. Das Wasser kann so schon bei einem geringen Temperaturanstieg zu Dampf, und bei minimalem Temperaturabfall zu Eis werden. Mit anderen Worten: Unter diesen Bedingungen bleibt Wasser nur noch in einem sehr schmalen Temperaturbereich Wasser und schon die kleinste Veränderung kann dazu führen, dass das Wasser sein Wesen verändert, obwohl es scheinbar seine Form behält (s. o. Gedankenexperiment).

Willst du also den Temperaturbereich möglichst breit halten, ist das Ego der Schlüssel. Es ist die Ichlosigkeit, die dich unter allen Umständen Wasser bleiben lässt. Sie verändert die Eigenschaften des Wassers so, dass sein Siedepunkt ansteigt, während sein Gefrierpunkt absinkt. Ichlosigkeit ermöglicht es dir, dich anzupassen, ohne dass sich dadurch dein Wesen verändert. Das meint der weise Shifu mit »*be formless, shapeless …*«. Und genau das ist unser Ziel: Ichlosigkeit oder Nicht-Identifikation. Bleibst du allerdings in deinem Denken verhaftet, mit all den Glaubenssätzen, die dich an diesen Punkt gebracht haben, dann werden stets *die Anderen* Macht über dein Wesen haben. Womit wir wieder bei Bruce Lee wären.

Du kennst sicher auch die alten Kampfkunst- und Actionfilme aus den 1970er- und 1980er-Jahren, die Filme mit Bruce Lee, Chuck Norris und Jean Claude van Damme, oder? Und damit niemand von den jüngeren Lesern eine Ausrede hat, weise ich darauf hin, dass du exakt die gleiche Szene, die ich meine, auch im Film *2012* von Roland Emmerich finden kannst: Ein junger Schüler kommt zu einem weisen Meister, beschreibt sein Problem und was er denkt, und bittet um Rat. Auf dem Tisch stehen zwei Teetassen. Beide Tassen sind bereits zu drei Vierteln voll. Bevor er antwortet, nimmt der Meister die Teekanne und füllt die Tasse des Schülers bis zum Rand. Allerdings hört er damit nicht auf, selbst dann nicht, als die Tasse überläuft. Es gibt einen Grund, warum diese Szene seit Jahrzehnten immer wieder in Filmen auftaucht: Sie taucht auf, weil wir zu wissen GLAUBEN, statt tatsächlich zu WISSEN. Man kann ein neues Denken nicht auf den Ruinen eines alten Denkens errichten. Das ist unmöglich, weil das neue Denken so kaum habitualisiert werden kann, denn es wird immer in Relation zum alten Denken gesetzt. So entstehen unnötige Reibungsverluste und Blockaden.

Mit anderen Worten: Der wenige heiße Tee, den du in eine noch fast volle Tasse mit kaltem Tee gießen kannst, macht den Tee nicht heiß, sondern bestenfalls lauwarm und wenig genussvoll. Gießt du aber dennoch immer weiter, auch wenn die Tasse bereits voll ist, steigt mit der Zeit zwar die Temperatur, allerdings fließt dabei eine Menge Tee über. Möchtest du einen frischen, heißen Tee genießen, dann solltest du vorher die Tasse nicht nur leeren, sondern sie am besten gleich gründlich auswaschen. In unserem Fall: Schütte den alten, kalten Tee vollständig aus, der dir mehr geschadet, als genutzt hat, und schaffe Platz für den frischen, heißen, köstlichen Tee, der deinen Magen heilen, deinen Geist beruhigen und deinen Körper stärken wird.

Ichlosigkeit und *Selbstbewusstsein* mit dem Ziel der *Selbstlosigkeit* helfen dir, dein Wesen zu bewahren, völlig gleich, in welches Gefäß auch immer man dich füllen oder wie viel Energie man dir zuführen (z. B. Angst) oder dir wegnehmen (z. B. Depression) will. So wirst du maximal selbstwirksam, denn Selbstwirksamkeit setzt Energiemanagement voraus. Ein zu viel an Energie (Stress durch Angst) erzwingt, ebenso wie ein zu wenig an Energie (Stress durch Depression), ein reaktives Denken und Handeln, während ein ausbalanciertes Energiemanagement, das dem *mittleren Weg* entspricht, ein kreatives Denken und Verhalten, und damit maximale Selbstwirksamkeit ermöglicht.

Gelassenheit und Frieden erwachsen nur aus Zu-FRIEDEN-heit

Einleiten möchte ich dieses Unterkapitel mit einem Zitat von Jack Kornfield, von dem ich sehr viel gelernt habe. Ich möchte ihn deshalb zitieren, weil mich seine Art, die Dinge auszudrücken, weit über den eigentlichen Informationsgehalt hinaus berühren.

> *»Das natürliche Mitgefühl und die natürliche Liebe des Herzens, durch die wir in schwierigen Zeiten für uns selbst und andere sorgen, braucht einen Ausgleich durch die Weisheit der Gelassenheit. Wenn wir uns zu tief in das Mitgefühl und die Liebe sinken lassen, aber keinen Ausgleich durch Weisheit und Gelassenheit haben, klammern wir uns möglicherweise an eine Vorstellung davon, wie die Dinge sein sollen, und werden von den Kämpfen der Anderen überwältigt. Durch Gelassenheit und Frieden lernen wir, dass wir zwar die Welt lieben, den Kummer und die Kämpfe der Welt in unser eigenes Leben aufnehmen und mit dem großen Herzen des Mitgefühls annehmen können, wir aber auch den großen Frieden hinter allem finden müssen.«*

Damit ist eigentlich alles Wesentliche auch schon gesagt. Wir können den mittleren Weg nur dann beschreiten, wenn unser natürliches Mitgefühl und die natürliche Liebe einen Ausgleich durch Weisheit erfahren. Durch sie werden die Dinge handhabbar, verstehbar und sinnhaft. So können Kohärenz und Vertrauen ins Leben entstehen und du kannst leicht dankbar sein für all die kleinen und großen Zuwendungen, die du vom Universum erhältst, selbst dann, wenn das Leben zwischendurch auch einmal etwas holprig sein sollte.

Und wenn du dir regelmäßig bewusst machst, dass es auch in deinem Leben jede Menge Dinge gibt, für die du dankbar sein kannst, kultivierst du damit nicht nur dein Vertrauen ins Leben, sondern gleichzeitig eine gedeihliche Gelassenheit, die deine Aktivierung senkt. Gelassenheit zu erreichen, ist kein Problem, wenn du weise genug bist, um dem Leben vertrauen zu können. Hast du sie erreicht, wirst du unweigerlich Zufriedenheit erfahren. So entsteht innerer Friede, und ist dieser erst einmal entstanden, dann musst du ihn eigentlich nur noch in die Welt tragen. So kommt Frieden in die Welt – und zwar NUR SO!

»Es ist besser, sich selbst zu besiegen,
als tausend Schlachten zu gewinnen.« (Buddha)

Buddhistische Psychologie und Persönlichkeit

Unserer Erfahrung nach sind die meisten Menschen ziemlich enttäuscht von sich, wenn sie beginnen, sich intensiver mit ihrer Persönlichkeit zu befassen. Ich weiß sehr genau, wovon ich spreche, denn auch ich habe genau das erlebt. Als ich nämlich genauer hingesehen habe bzw. als ich mich getraut habe, näher hinzusehen, ist mir sehr schnell klar geworden, was mein Leid und in der Folge meine Schmerzen verursacht. Nur, um in dem Moment, in dem mir das klar geworden ist, schon den nächsten Fehler zu machen. Nicht etwa, weil ich noch nicht genug wusste, sondern deshalb, weil ich noch nicht genug konnte, und weil ich das Wenige, was ich konnte, nicht konsequent getan habe.

Ich habe vielmehr schon wieder versucht, mich an Anderen zu orientieren, an Menschen, die schon weiter waren, an den großen Lehrern und an Meister Shi Yan Lu. So wollte ich werden, dachte ich. Hätte ich zu diesem Zeitpunkt schon mehr von dem gewusst, was Buddha vor über 2500 Jahren gelehrt hatte, dann hätte ich viele Irrwege gar nicht erst beschritten …

»Willst du wissen, wer du warst,
so schau, wer du bist. Willst du wissen,
wer du sein wirst, so schau, was du tust.« (Buddha)

Als ich diese Aussage ausgiebig kontempliert hatte, wurde mir klar, dass ich nicht werden kann, was ich nicht bin. Mir wurde klar, dass ich nur mit dem arbeiten kann, was mir zur Verfügung steht. So wie ich mit über einem Meter achtzig und 100 Kilo Muskelmasse niemals diese Leichtigkeit beim Kung Fu würde erreichen können, wie sie Meister Shi Yan Lu zu eigen ist, so kann ich auch mit meiner Geschichte und den damit verbundenen Erfahrungen nicht das Denken verwirklichen, dass ein Shaolin-Meister entwickelt hat, der ab dem achten Lebensjahr für 10 Jahre in einem Shaolin-Tempel gelebt hat und dort rund um die Uhr sozialisiert und ausgebildet wurde.

Mein einziger Vorteil war, dass ich nach 25 Jahren Bodybuilding über eine ähnliche Leidensfähigkeit verfügen (und daher nutzen) konnte, was bedeutet, dass es – zumindest theoretisch – möglich war, wenngleich auch nur in einer Variation. Aber ich würde nie ein neuer Bruce Lee werden, ein Jack Kornfield oder eine Ayya Khema, und auch kein Meister Shi Yan Lu. Ich konnte nur endlich wieder der werden, der ich bin, anstatt der zu bleiben, der aus mir geworden war, weil ich dachte, dass die Anderen mich so haben wollen.

Denn in allerletzter Konsequenz geht es doch nur um eines: Wir alle wollen geliebt werden. Und genau das ist es, was uns zu Menschen macht. Dass wir Liebe brauchen und bereit sind, unsererseits auch Liebe zu geben. Und mit *geben* meine ich, sie zu verschenken, ohne dafür eine Gegenleistung zu erwarten.

»Vergangene Liebe ist bloß Erinnerung. Zukünftige Liebe ist ein Traum und ein Wunsch. Nur in der Gegenwart, im Hier und Heute, können wir wirklich lieben.« (Buddha)

Man kann eben aus Eisen einen hohen, stabilen Turm bauen, aber auch aus Holz. Beide Türme haben ihre unterschiedlichen Vor- und Nachteile, und dennoch erfüllen beide Türme bestens den gleichen Zweck, obwohl sie sich vom Wesen her erheblich unterscheiden. Solltest du also vorhaben, dich komplett von deiner Persönlichkeit zu verabschieden und so zu werden, wie ein anderer Mensch, mit dem du dich vergleichst oder den du sogar bewunderst, dann vergiss es! Die Welt braucht die beste Version von DIR, und nicht die schlechte Imitation eines Anderen! Die Frage, die sich in diesem Zusammenhang stellt, ist, was oder inwieweit man sich überhaupt verändern kann oder sollte?

Als praktizierender Buddhist strebt man einen umfassenden und weitreichenden gedeihlichen Wandel der eigenen Persönlichkeit sowie des Erlebens und Verhaltens an. Aber selbst wir versuchen nicht, ein anderer zu werden als der, der wir sind. Erstens, weil wir es gar nicht könnten, egal wie sehr wir uns bemühen, und zweitens, weil es gar nicht Sinn der Übung ist. Es ist deshalb nicht Sinn der Übung, weil der Kern unserer Persönlichkeit von jeher völlig in Ordnung war und es auch noch immer ist. Das Problem ist aber der ganze Müll, den wir selbst auf diesen Kern gekippt oder gekippt bekommen haben.

Du kannst bzw. solltest allerdings diesen Müll sauber trennen, damit du zum Kern deiner Persönlichkeit vordringen, ihn nutzen und dich an ihm erfreuen kannst. Achte bei der Mülltrennung auf Biomüll, der sich mit der Zeit von selbst erledigt, auf Wertstoffe, die du wiederverwerten kannst und solltest, und auf Sondermüll, der deine Reibungsverluste und deine Blockaden verursacht, multidimensional toxisch wirkt und deshalb fachgerecht entsorgt werden muss.

Auf den Punkt gebracht geht es darum, dass du die drei gedeihlichen Wurzeln (Großgiebigkeit, Liebe und Weisheit) nährst und die drei Leid verursachenden Wurzeln (Gier, Hass und Verblendung) nach Möglichkeit umwandelst.

Sei dir bitte jederzeit darüber bewusst, dass auch weitreichende Veränderungen möglich sind, dass sie aber stets nur, nach Jack Kornfield, im Rahmen der Möglichkeiten deiner Persönlichkeiten und deines Temperaments vollzogen werden sollten. Gemeint ist damit, dass du dich im Rahmen der Kontemplation mit dem Wesen und der Qualität deiner sechs Wurzeln vertraut machen solltest, weil sie es sind, die deine Persönlichkeit maßgeblich bestimmen.

»Wie Menschen dich behandeln, ist ihr Karma,
wie du reagierst, ist das deine.« (Buddha)

Hast du die nötige Erkenntnis erst einmal gewonnen, nimm sie an und nutze die Achtsamkeit, um deine unheilsamen Wahrnehmungs-, Denk- und Verhaltensmuster in heilsame Muster zu verwandeln. Wenn du diese Methode konsequent praktizierst, wirst du erstaunt feststellen, dass das, was du stets ganz selbstverständlich als deine feststehende Persönlichkeit wahrgenommen hast, möglicherweise wohl doch nicht so feststehend ist, wie du bisher immer gedacht hast. Und genau diese Erfahrung, die aus deiner Erkenntnis resultiert, ist es, die dir Dinge ermöglichen wird, von denen du bisher noch nicht einmal zu träumen gewagt hast.

Du musst deine Persönlichkeit verstehen und dich entsprechend verhalten.

Wenn du jetzt sagen solltest, dass du dich kennst, dass du sehr genau weißt, wer du bist, dann beantworte doch folgende Frage, damit ich dir das glauben kann: Wenn du deine Persönlichkeit kennst und genau weißt, wer du bist, kannst du mir dann auch erklären, warum du tust, was du tust? Und vor allem, warum du das, was du tust, so tust, wie du es tust?

Okay, das war jetzt vielleicht etwas schräg, aber mit anderen Worten: Könntest du jemandem, der dich noch nie zuvor erlebt hat, beschreiben, wer und vor allem wie du bist, warum du dein Leben so lebst, wie du es lebst, und warum du die Dinge auf *deine Art und Weise* angehst?

Meiner Erfahrung nach würde das entweder ein sehr kurzes oder aber ein sehr langes Gespräch werden. Allerdings mit dem vermutlich gleichen Ergebnis. Am Ende würde sich dein Gesprächspartner wohl im besten Fall ein Phantombild von dir machen können, das zudem auch noch in etwa dem Bild ähnlich sieht, das du von deinem Umfeld gespiegelt bekommen und das du auch noch selbst interpretiert hast. Na prima! Sein Bild von dir wird am Ende so aussehen, wie *du denkst,* dass andere dich wahrnehmen; überlagert von dem Bild, das du selbst von dir zeichnest, weil du denkst, dass diese Zeichnung bei ihm zu der von dir gewünschten Wahrnehmung führt.

Wir glauben alle zu wissen, wer wir sind, selbst dann, wenn wir noch nie richtig hingesehen haben. Wir sollten dringend unseren Standpunkt variieren, damit wir erkennen können, dass ein solches Wissen eben nur auf Glauben basiert. Woher ich weiß, dass die meisten Menschen noch nie richtig hingesehen haben? Nun, das ist ganz einfach: Ihnen fehlen schlicht die geeigneten Werkzeuge! Das ist jedoch nicht das eigentliche Problem, denn die könnte man sich beschaffen. Das Problem ist vielmehr, dass oft sogar das Wissen darüber fehlt, dass es dafür überhaupt bestimmter Werkzeuge bedarf, und wo man sich diese Werkzeuge beschaffen kann.

Sehr mächtige Werkzeuge, die zu Selbsterkenntnis verhelfen können, sind Kontemplation und Meditation (Selbstbetrachtung). Sie werden dir im gedeihlichen Umgang mit dir selbst eine große Hilfe sein. Ich hatte dir weiter oben bereits anhand meines eigenen

Beispiels illustriert, was passieren kann, wenn man seine Persönlichkeit misshandelt. Einfach nur deshalb, weil man sie nicht kennt und deshalb auch nicht wissen kann, was ihr entspricht, welche Ressourcen sie bereitstellt, was sie unterstützt und was ihr Schaden zufügt. In diesem Zusammenhang möchte ich dich nochmals auf den *16Personalities Persönlichkeitstest* aufmerksam machen (https://www.16personalities.com/de). Es ist kein klinischer Test, aber er kann überaus hilfreich sein, allein schon deshalb, weil er dir die Möglichkeit bietet, in einen Spiegel zu sehen, der eben kein *Zerrspiegel im Geist der Anderen* ist.

Hätte ich bereits als Jugendlicher von meiner Hochsensitivität gewusst, wäre mein Lebensweg mit absoluter Sicherheit ein anderer gewesen. Ich kann auch nicht sagen, ob dieser Weg noch leidvoller oder weniger leidvoll gewesen wäre. Ich kann nur sagen, es wäre ein anderer gewesen. Denn hätte ich meine Persönlichkeit in all ihren Facetten gekannt, all ihre Ressourcen, ihre Bedürfnisse, und vor allem ihre Grenzen, dann wäre ich wahrscheinlich gleich Meditationslehrer, Musiker und Mönch geworden, was ich ja heute, nachdem ich meine Persönlichkeit sehr intensiv kennenlernen durfte, auch tatsächlich bin. Buddha sei Dank!

Aber Jammern gilt nicht, denn was haben wir gelernt? *Erkennen, nicht tadeln, ändern!* Diese Erkenntnis ist wichtig, denn ohne sie hält dich weiter die Depression in der Vergangenheit, und die Angst in der Zukunft gefangen. Es ist im Leben eben nicht so einfach, wie sich das die meisten Menschen denken: *Hätte ich das gewusst, dann …*

Aber so funktioniert das Leben eben nicht, denn:

> *»Das Leben ist kein Problem, das es zu lösen, sondern eine Wirklichkeit, die es zu erfahren gilt.«* (Buddha)

Das Leben ist ein Prozess, den du durchläufst. Ziel dieses Prozesses ist eben nicht, ständig sehnsüchtig darauf zu warten, bis die Dinge endlich so sind, wie du sie gerne haben möchtest, oder damit zu hadern, dass du gerade eben den Bus verpasst hast. Ein sehr weiser Zen-Meister hat mir mal gesagt, dass es darum geht, zu verstehen und zu akzeptieren, dass du *bereits im Bus sitzt.*

Die geheimnisvolle Illusion des Selbst

Nachfolgend versuche ich für dich zusammenzufassen, was einer der wichtigsten und von mir überaus geschätzten Meditationslehrer unserer Zeit, Jack Kornfield, dessen Bücher ich sehr empfehle, zur *geheimnisvollen Illusion des Selbst* sagt.

Ich hatte bereits weiter oben etwas über die *Illusion des Selbst* ausgeführt. Denn du bist eben NICHT, was auf deiner Visitenkarte steht. Und ich habe dir bereits gesagt, dass du, wenn du deine Persönlichkeit etwas genauer unter die Lupe nehmen möchtest, das richtige Werkzeug dafür brauchst. Eines dieser Werkzeuge ist die *systematische Selbstuntersuchung*, wie Jack Kornfield es nennt. Allerdings haben auch schon andere vor Jack erkannt, dass Selbstbetrachtung nottut, und einer von ihnen war der römische Kaiser *Marc Aurel*, der darüber sogar ein Buch verfasst hat, das den Titel (Achtung!) *Meditation* (übersetzt: Selbstbetrachtung) trägt.

Bei der systematischen Selbstuntersuchung betrachtest du zunächst den Körper. Bist du *dieser Körper*, bist du *die Haare, die Knochen, die Muskeln, die Organe* oder *das Blut?* Bedenke dabei die Erkenntnisse der modernen Wissenschaft, denn die sagt, dass jedes Molekül, aus dem dieser Körper besteht, binnen sieben Jahren vergeht und neu entsteht. Das bedeutet, dass du alle sieben Jahre von einem anderen Körper durch dein Leben getragen wirst! Bist du der *»sich wandelnde Strom der Gefühle und Wahrnehmungen, der Erinnerung und der Gedanken, der Überzeugungen und Meinungen?«* (Jack Kornfield).

Je nachdem, wie du diese Fragen beantwortest, fallen die Konsequenzen aus: Du wirst entweder in Verstrickungen und Kämpfe verwickelt oder aber Freiheit und Leichtigkeit erfahren. Vor diesem Hintergrund wirst du verstehen, wie wichtig es ist, dass du deine Situation als Mensch in diesem Leben gedeihlich einschätzen kannst.

Nach dem klassisch-buddhistischen Verständnis sind für das Gefühl eines Selbst insbesondere zwei verschiedene Geisteszustände verantwortlich: Den ersten nennt man *Selbstsicht,* was die Erfahrung von ICH oder MEIN beinhaltet. Den zweiten bezeichnet man als *vergleichende Sicht,* was meint, dass wir das von uns geschaffene Selbst in Relation zu anderen Menschen setzen und Vergleiche anstellen – besser, schlechter oder gleich gut.

Du musst dir bewusst machen, dass du immer dann, wenn du dich mit deinem Körper, deinem Geist, deinen Emotionen, deinen Überzeugungen, deinen Rollen oder deiner Lebenssituation identifizierst, ein Selbstgefühl erschaffst. Diese Identifikation passiert völlig unbewusst ständig, immer und immer wieder, sobald du glaubst, dass deine Gedanken, deine Gefühle oder deine Wahrnehmungen du selbst bist oder dass sie dir gehören.

Wichtig ist, dass du verstehst, dass dieses Selbst auf zwei verschiedene Arten erschaffen werden kann, nämlich auf eine heilsame und eine unheilsame Art. Auf dem *mittleren Weg* versuchen wir als Praktizierende unsere Identität so umfassend wie möglich zu erforschen. Wir fragen uns, wer wir hinter all den Rollen, die wir jeden Tag zu spielen gezwungen sind, wahrhaftig sind?

In der praktischen Umsetzung nutzen wir die systematische Praxis der Achtsamkeit. Mit ihrer Hilfe legen wir die von unserer Sozialisation und unserer eigenen Misshandlung verschüttete Persönlichkeit Schicht um Schicht frei. Während dieses Prozesses machen wir die Erfahrung, dass unser Leid ein direktes Resultat der Identifikation mit einem derart begrenzten Selbst ist. Wir machen aber auch die Erfahrung, dass uns das von allen Kämpfen des Lebens befreit, wenn es uns gelingt, diese Begrenzung hinter uns zu lassen.

Sowohl in der westlichen Psychologie als auch im Buddhismus weiß man, dass der Mensch ein SELBST respektive ein ICH braucht.

Und hat ein Mensch keine klare Identität, gilt er nach unserem Verständnis als krank. Allerdings bietet dir die buddhistische Psychologie einen Weg, der dir einen Blick ermöglicht, der weit über die Grenzen des *funktionalen Selbst* hinausreicht. Die buddhistische Psychologie geht zwar von einem funktionalen Selbst aus, ermöglicht es dir aber, die Selbstlosigkeit zu entdecken, indem sie dir aufzeigt, wie das Selbstgefühl in jedem einzelnen Augenblick, immer und immer wieder, entsteht. Dann löst sie die Identifikation auf und ermöglicht uns den Blick auf *»die freudvolle Offenheit, jenseits der Grenzen des Selbst«* (Jack Kornfield).

Du ahnst es wahrscheinlich schon, denn das, worauf dieses Unterkapitel abzielt, ist die NICHT-IDENTIFIKATION. Du bist eben weder dieser Körper noch diese Gedanken, und auch nicht diese Emotionen. Du bist noch nicht einmal das, was du denkst, das du bist. Du BIST – that's it! Ich möchte es dir etwas leichter machen, weil ich genau weiß, wie sehr all das Gesagte das Denken vom Kopf auf die Füße stellt.

> *Stell dir bitte Folgendes vor …*
> *Ich halte meine Hand hoch, und zwar so, dass sich mein Daumen und mein Zeigefinger berühren. Wenn ich mich nun mit meinem Zeigefinger identifiziere, bin ich der Fühlende, und mein Daumen ist das Objekt. Kehre ich die Identifikation um, werde ich zum Daumen, und der Zeigefinger zum Objekt. Es geht demnach um MOTIVATION, MASSSTAB und STANDPUNKT. »Wenn ich also meine Aufmerksamkeit verlagere, werde ich zum Objekt, das ich ansehe. Ich bezeichne diese Fähigkeit, andere Standpunkte im Bewusstsein nachzuvollziehen, als Liebe … Die Liebe sagt, ich bin alles, die Weisheit sagt, ich bin nichts. Zwischen diesen beiden fließt mein Leben dahin … Wir entdecken, dass unsere Identität weit flüchtiger ist, als wir bisher angenommen haben … Wir können den Identifikationsprozess studieren, indem wir die Rollen unter die Lupe nehmen, die uns das Leben zu spielen aufgibt …*

> *Wenn wir uns weise verhalten wollen, müssen wir jede Rolle ganz annehmen können, in Mitgefühl und Weisheit, um sie dann wieder loszulassen, wenn wir unseren Part gespielt haben …« (Jack Kornfield).*

So funktioniert **BEWATER** …

Kontemplation, Synchronisation & Meditation

Gedanken sind sehr machtvoll, weil sie zu deinen Emotionen werden. Deine Emotionen sind es dann, die dein Erleben bestimmen. Und wie du deine Existenz erlebst, entscheidet darüber, wie du dich in deiner Lebenswelt verhältst.

> *Nur du entscheidest, wie sich dein Leben anfühlt!*

Nur wenn du unter allen Umständen deine Mitte im Hier und Jetzt finden und aufsuchen kannst, verfügst du jederzeit über 100 Prozent deiner Leistungskraft im gegenwärtigen Moment und bist maximal selbstwirksam.

> *Du bist besser, als du denkst!*

Um das zu erreichen, nutzen die Meister des Shaolin-Tempels die buddhistische Psychologie. Mit ihrer Hilfe können sie den

> *Geist zur Ruhe bringen, um den Körper, die Gedanken und die Emotionen besser verstehen zu können.*

Du wirst erkennen, und du wirst diese Erkenntnis habitualisieren, dass es niemals *die Anderen* sind, die deinen Stress und dein Leid verursachen. Das bist stets nur du selbst! Dein eigener leidvoller Geist und dein eigenes leidvolles Denken. Und was du denkst, das fühlst du! Es wird dir bewusst werden, dass du scheitern wirst, wenn du krampfhaft versuchst, stehen zu bleiben, aus Angst, zu fallen.

Und du wirst lernen, wie man aufsteht, und zwar bevor du fällst. Du wirst lernen, an dich selbst zu glauben, und aufhören, andere überzeugen zu wollen. Auf den Punkt gebracht …

> *Du wirst lernen, mit dir selbst zufrieden, und nicht auf die Anerkennung anderer angewiesen zu sein. Und du wirst erfahren, dass, wenn du dich selbst annimmst, du von der ganzen Welt angenommen wirst!*

Unser Fokus

- *Biopsychosoziale Gesundheit*
  (Widerstandsfähigkeit, Angstfreiheit und emotionale Intelligenz)
- *Mentale Stärke*
  (Selbsterkenntnis, Selbstbewusstsein und Selbstsicherheit)
- *Selbstwirksamkeit*
  (Selbstvertrauen, Selbstbeherrschung und Selbstbestimmung)

Unsere Methoden

- *Buddhistische Psychologie*
  (Den Geist beruhigen, Körper, Gedanken und Emotionen verstehen)
- *Shaolin Qi Gong*
  (Den Körper stärken und mit dem Geist synchronisieren)
- *Shaolin Mental Training*
  (Blockaden auflösen und entschlossen handeln)
- *Shaolin Meditation*
  (Den Atem beherrschen, Körper, Gedanken und Emotionen kontrollieren)

Schritt 1 – KONTEMPLATION. Den Geist beruhigen, Körper, Gedanken und Emotionen verstehen.

> *Selbstwirksamkeit entspringt der Stille.*
> *Nichts und niemand kann dir so sehr schaden wie dein eigener, unkontrollierter und leidvoller Geist. Kommt dein Geist nicht mehr zur Ruhe, ist die unabwendbare Folge eine starke mentale Erschöpfung. Diese Erschöpfung fügt nicht nur deinem Körper extremen Schaden zu, sondern auch deinem Geist. Dein kreatives, selbstbestimmtes Denken und Handeln verkommt immer mehr zu einem reaktiven, fremdbestimmten Funktionieren. Du genügst, und erfüllst alle Ansprüche, außer deinen eigenen. Shaolin-Meister halten mithilfe von buddhistischer Psychologie und Mental Training ihren Geist stets stabil in Ruhe. Ist der Geist ruhig, kannst du die Bedürfnisse von Körper, Geist und Herz (Seele) besser verstehen und ihnen entsprechen. So bleibst du nachhaltig gesund, so wirst und bleibst du selbstwirksam.*

Durch BE**WATER** wirst du nicht nur lernen, wie du deinen Geist zur Ruhe bringst, du wirst vielmehr lernen, wie du ihn stabil in Ruhe hältst, sodass du stets kreativ und selbstbestimmt denken und handeln kannst. So erkennst du jederzeit deine Bedürfnisse und kannst ihnen entsprechen. So wird das Entstehen von Reibungsverlusten vermieden, die mit der Zeit zu Blockaden werden könnten.

Schritt 2 – SYNCHRONISATION. Den Körper stärken und mit dem Geist synchronisieren.

> *Der Körper ist das Fundament des Geistes.*
> *Einen selbstwirksamen und stabilen Geist kannst du nur auf einem soliden Fundament errichten. Obwohl chronisch krank, war ich über 20 Jahre ein starker Bodybuilder, sowohl innerlich als auch äußerlich. Aufgrund meiner chronischen Erkrankung und der psychischen Belastungen in meinem Beruf begann zunächst meine innere Stärke zu schwinden, der sich bald darauf*

> *meine Selbstwirksamkeit anschloss. Und mit einem Mal begann sich mein vom Geist geschundener Körper gegen mich zu wenden. Am Ende saß ich im Rollstuhl. Was alles möglich ist, wenn sich ein kraftvoller Körper mit einem starken Geist synchronisiert, hat mich Meister Shi Yan Lu gelehrt. Mithilfe von kontemplativen Bewegungsformen wie Shaolin Qi Gong und Taijiquan habe ich es sogar geschafft, den Rollstuhl zu verlassen.*

Durch BE**WATER** wirst du lernen, wie du mithilfe von Shaolin Qi Gong deinen Körper mit deinem Geist synchronisierst. Befinden sich dein Körper und dein Geist erst einmal in Kohärenz, kann dein Geist weder in der Vergangenheit bedauern noch in der Zukunft befürchten, weil dein Körper stets im Hier und Jetzt ist. So wirst du gelassen, widerstandsfähig, selbstbewusst und selbstwirksam, weil du jederzeit über 100 Prozent deiner Energie im gegenwärtigen Moment verfügen kannst.

Schritt 3 – MEDITATION. Den Atem beherrschen, Körper, Gedanken und Emotionen kontrollieren.

> *Können bedeutet nichts. Es tun können, bedeutet alles!*
> *Wir glauben, viel zu wissen. Und wir glauben, viel zu können. Dennoch schaffen wir oft die einfachsten und banalsten Dinge nicht (mehr). Und genau das ist das Problem! Die meisten Menschen verfügen in der Regel tatsächlich über viel Wissen und sie können oft tatsächlich sehr viel, aber wie gesagt: Sie tun es nicht, weil … Ja, warum eigentlich nicht? Wenn du mithilfe der Shaolin Meditation lernst, deinen Atem zu beherrschen, dann wirst du es nicht nur herausfinden, sondern auch endlich wieder selbstbestimmt und selbstwirksam ins Tun kommen!*

Durch BE**WATER** wirst du lernen, wie du mithilfe deines Atems die Kontrolle über deinen Körper, deine Gedanken und deine Emotionen gewinnst. So bleibst du biopsychosozial gesund und verbesserst deine Lebensqualität. Dein universelles Vertrauen ins Leben (Kohärenzgefühl) kommt zurück. So reduzierst du die stetig zunehmende Überaktivierung durch die (digitale) Lebenswelt auf ein gedeihliches Maß und kannst unter allen Umständen gelassen bleiben und kreativ wahrnehmen, denken und handeln.

Bewusstsein und Nicht-Identifikation

Das mit dem Bewusstsein ist so eine Sache, denn eigentlich wissen wir kaum etwas darüber. Ich hatte dir weiter oben schon von meinem geschätzten Kollegen *Colin McGinn* erzählt, der das Buch *Wie kommt der Geist in die Materie* geschrieben hat. Sein Buch hat mir bei der Übung der Nicht-Identifikation sehr geholfen, weil es sowohl mein Wahrnehmungsspektrum als auch meine Perspektive verändert hat. Aber warum ist das überhaupt so wichtig? Nun, lass es mich dir anhand des Selbstbewusstseins erklären.

Einem mangelnden Selbstbewusstsein liegt nicht selten eine bestimmte Form von Angst zugrunde. Diese Angst führt häufig dazu, dass wir uns deutlich weniger zutrauen, als wir eigentlich zu leisten im Stande wären. Dadurch kommt es zu Gefühlen der Minderwertigkeit, nicht zuletzt deshalb, weil wir in unseren eigenen Augen noch nicht einmal die Ansprüche erfüllen können, die wir selbst an uns haben. Dieses Gefühl der Minderwertigkeit blockiert aber nicht nur auf dramatische Art unsere Motivation, sondern hat darüber hinaus auch einen gewaltigen Einfluss auf den Maßstab, den wir anlegen, und den Standpunkt, den wir einnehmen.

> *Stell dir bitte Folgendes vor …*
> *Du sollst einen Vortrag halten und deine Motivation ist es, es allen zu zeigen und von allen als smart und kompetent wahrgenommen zu werden, vielleicht sogar, weil du selbst denkst, du wärst tat-*

sächlich smarter und kompetenter als das Publikum (übersteigertes Selbstbewusstsein). Da aber nur Top-Experten im Publikum sitzen, beginnst du schon zwei Wochen vorher, dir Gedanken darüber zu machen. Und du bekommst Angst! Angst, nicht zu genügen und nicht den Vorstellungen zu entsprechen, von denen du denkst, dass sie die anderen (die Top-Experten) haben. Und nun stell dir die gleiche Situation vor, allerdings ist deine Motivation diesmal eine andere. Du gehst diesmal nämlich nicht auf die Bühne, um den Anderen zu zeigen, was du für ein toller Typ bist. Du gehst diesmal auf die Bühne, motiviert vom Wunsch, dein Wissen zu teilen, auf dass es für die Anderen hilfreich sein möge. Wenn du dieses Anliegen authentisch vermitteln kannst, ist Angst kein Thema mehr, denn die Menschen werden dir für deine Bemühungen dankbar sein, selbst dann, wenn sie die Informationen schon hatten, und selbst dann, wenn sie ihnen im Moment noch gar nicht hilfreich sind. Kritisiert werden verhinderte Selbstdarsteller, aber sicher niemand, der sich authentisch und ernsthaft darum bemüht, für die Anderen einen hilfreichen Mehrwert zu schaffen. Und der Witz an der Sache ist, dass du in beiden Fällen den gleichen Vortrag halten kannst, es kommt eben nur darauf an, wie deine Motivation beschaffen ist, welchen Maßstab du anlegst und welchen Standpunkt du einnimmst.

Ein übersteigertes, egogetriebenes Selbstbewusstsein wiederum birgt andere Gefahren. Zum Beispiel dann, wenn das Ideal zum Maßstab gemacht wird. Wer das Ideal, das oft vom Außen definiert wird und selten etwas mit dem uns innewohnenden Ideal zu tun hat, zum Maßstab macht, kann nur scheitern. Sollte er nämlich versuchen, einem Ideal zu entsprechen, das von seinem Wesen (seiner Persönlichkeit), weil nicht kompatibel, abgestoßen wird, wird er am Ende einen hohen Preis zahlen müssen. Es wird ihn seine Integrität, seinen Selbstwert, sein Selbstvertrauen, seine Selbstbestimmung und, am Ende, seine Selbstwirksamkeit kosten!

Identifikation und Nicht-Identifikation: Wer bist du?

Die Folgen von Minderwertigkeitsgefühl und Dünkel kannst du vermeiden, wenn du beiden die Bühne nimmst. Ja genau! Beide stehen auf derselben Bühne. Und bitte verwechsle weder Bescheidenheit mit Minderwertigkeit noch Selbstvertrauen mit Dünkel, denn es handelt sich dabei um nahe Feinde. Die Bühne, von der ich spreche, ist, wie du es sicher schon ahnst, dein EGO!

Sobald wir uns mit etwas identifizieren, also an etwas anhaften, machen wir uns zur Geisel der bereits erwähnten *fünf Hindernisse*. Denn du BIST NICHT, du HAST NUR! Ich kann es gar nicht oft genug wiederholen: Du bist nicht der Körper, nicht der Geist und auch nicht die Emotionen. Du bist auch nicht depressiv oder ängstlich, sondern du HAST eine Depression oder du HAST Angst. Solange du aber DENKST, dass du all das BIST, kann man beschädigen, was du zu sein glaubst.

Und ich weiß, dass sich das völlig verrückt anhört, das ist es aber mitnichten. Denn wenn deine Selbstwahrnehmung von einer diffusen Fremdwahrnehmung und einer entsprechend positiven Bestätigung des Außen abhängig ist, wirst du stets versuchen, das zu tun, von dem du denkst, dass es vom Außen erwartet und wertgeschätzt wird, mag es auch noch so wenig sinnhaft oder gedeihlich sein. Völlig reaktiv, und oft nur, um eine Imitation von Sicherheit zu erfahren, die deine Angst so weit lindert, um funktionsfähig zu bleiben, und zwar so lange, bis du eben nicht mehr funktionsfähig bist, weil die Angst dich am Ende blockiert. Deshalb ist es so wichtig, Nicht-Identifikation zu üben!

Früher, in jungen Jahren, war meine Motivation in Teilen zweifelhaft. Ich dachte, ich müsste mich so verhalten, dass *die Anderen* mich als relevanten, kompetenten Professor wahrnehmen. Schließlich stand das auf meiner Visitenkarte! Ich habe mich so sehr mit dem Wissenschaftler identifiziert, dass für mich JEDE Kritik persönlich war. Sicher, oft war auch persönliche, unqualifizierte Kritik dabei, aber in letzter Konsequenz war es meine eigene Interpretation, die daraus ein persönlichkeitsvernichtendes Mobbing gemacht hat. Ich selbst habe das Gift angerührt, das mich fast um die Ecke gebracht hätte.

Heute bleibt mein SELBST auf dem Meditationskissen sitzen, während es mein EGO zum Broterwerb an die Hochschule schickt. Dort hört mein Ego zwar noch immer das Gleiche, allerdings sitzt mein Selbst nun währenddessen auf dem Meditationskissen. Und wenn mein Ego vom Broterwerb zurückkommt, dann fragt mein Selbst: *Und, wie war's?* Dann erzählt mein Ego, was es gehört hat, und mein Selbst sagt: *Das ist ja interessant, aber Hauptsache ist, dass du das Geld für's Essen verdient hast. Nun begib dich zur Ruhe, ich wecke dich morgen rechtzeitig, wenn es weitergeht.* Merkst du was? Früher *dachte* ich, ich BIN Professor, heute *weiß* ich, dass es nur ein Job ist, den ich HABE. Habe ich diesen Job nicht mehr, bleibe ich aber dennoch das, was ich bin – reines Bewusstsein.

Was du beobachtest, veränderst du bereits!

Nein, das ist kein spiritueller Nonsens, sondern Quantentheorie. In der Quantentheorie besagt nämlich eine der sonderbarsten Annahmen, »*dass durch die Beobachtung einer Gegebenheit der Beobachter diese beeinflusst*« (https://idw-online.de/de/news391). Diese Annahme haben Forscher des Weizmann-Instituts bereits 1998 bestätigt, und zwar im Rahmen des sogenannten *Doppelspalt-Experiments*. Worauf ich damit hinaus will, ist dir natürlich längst klar.

Nicht erst dann, wenn du auf dem Meditationskissen sitzt oder beim Training Blut und Wasser schwitzt, beginnt deine Transformation, sondern genau in dem Moment, in dem es dir gelingt zu erkennen, was zu deinen Reibungsverlusten und Blockaden führt. Das besagt die Quantentheorie.

Du bist nicht, was du beobachtest!

Es ist wichtig, dass du dir jederzeit bewusst machst, dass du nicht sein kannst, was du beobachtest. Wir haben das kleine Gedankenexperiment weiter oben bereits gemacht: Du kannst den Körper beobachten, aber du bist nicht dieser Körper. Du kannst den Geist beobachten, aber du bist nicht dieser Geist. Du kannst die Emotionen beobachten, aber du bist nicht diese Emotionen. Und so kannst du auch das Ego und sogar das Selbst betrachten, dennoch BIST du weder das eine noch das andere, auch wenn du es HAST. Erinnerst du dich, was Jack Kornfield gesagt hat? Es geht um Selbstlosigkeit!

Bis es aber soweit ist, Erleuchtung dauert erfahrungsgemäß dann ja doch in aller Regel etwas länger, musst du daran arbeiten, möglichst viel Distanz zwischen deinem Ego und deinem Selbst zu schaffen. Also zwischen dem, was auf deiner Visitenkarte steht, und dem, von dem du glaubst, dass es deine feststehende Persönlichkeit wäre. Ich bleibe hier im Konjunktiv, weil ich dir ja weiter oben gezeigt habe, dass es so etwas wie eine feststehende, überdauernde Persönlichkeit nicht gibt. Wie alles, ist auch sie einem steten Wandel unterworfen. Neue Persönlichkeitsausprägungen entstehen, während alte vergehen. Veränderung ist, so lehrt es uns die moderne (kognitive) Verhaltenstherapie, nichts anderes als Lernen, Einüben und Habitualisieren (zur Gewohnheit machen).

Tut man Dinge nur oft genug, entstehen neue Verschaltungen im Gehirn, die bereits erwähnten Feldwege und Autobahnen. Tut man Dinge nur noch selten oder gar nicht mehr, bilden sich Verschaltungen zurück. Auch wenn sie nicht ganz verschwinden, so rücken sie doch in der Priorisierung immer weiter nach hinten.

Du siehst also, Veränderung ist keine Raketenwissenschaft! Es geht dabei eigentlich nur darum, zu erkennen, welche Dinge man weniger häufig oder gar nicht mehr tun sollte, und zu erkennen, welche Dinge man vermehrt tun sollte.

Wissen führt zu Erkenntnis, Erkenntnis leitet den Veränderungsprozess ein und generiert Motivation. Und Motivation führt zu den notwendigen Kompetenzen, die eine nachhaltige Veränderung ermöglichen. Wenn du allerdings möchtest, dass Veränderung tatsächlich passiert, musst du ins TUN kommen. Denn wie gesagt: *Ohne TUN ist alles KÖNNEN nichts!*

Und bitte bedenke noch Folgendes: Es ist nicht Sinn der Übung, dass du das, was du beobachtest und erkennst, bewertest oder gar verurteilst. Mach dir immer wieder die Regel von Ayya Khema bewusst, die gar nicht oft genug wiederholt werden kann, weil sie einfach so wichtig ist:

> *Erkennen, nicht tadeln, ändern!*

Die Dimensionen deiner Psyche, die dein Erleben und Verhalten definieren

So, und nun noch einmal zusammengefasst zur Wiederholung, weil es so wichtig ist. Im Wesentlichen hängen dein Zustand, dein Erleben und dein Verhalten von drei Dimensionen ab: Motivation, Maßstab und Standpunkt. Weißt du auch noch, dass es lediglich diese drei Faktoren sind, die du verändern musst, wenn du möchtest, dass sich ALLES verändert? Veränderst du nämlich dein Erleben, dann verändert sich auch dein Verhalten. Und wenn du dein Verhalten änderst, dann wirst du entsprechend gespiegelt (Spiegelneuronen), was dazu führt, dass du auch andere, gedeihlichere Dinge wahrnimmst. Und wenn du schon gedeihlichere Dinge wahrnimmst, weil deine Veränderung deine Lebenswelt zu einer entsprechenden gedeihlichen Anpassung zwingt, dann kommt es nur noch auf deine Interpretation dieser Wahrnehmung an.

Es ist wichtig, dass du verstehst, dass deine gesamte bisherige Lebensspanne nötig war, um deine Motivation zu formen, deinen Maßstab zu definieren und deinen Standpunkt einzunehmen. Zu glauben, dass du all das ändern kannst, indem du mal eben schnell ein dickes Buch liest, wäre wirklich sehr vermessen und würde jegliche Demut vor dem Wunder der Existenz vermissen lassen. So wie du deinen aktuellen Zustand im wahrsten Sinn des Wortes erlernt hast, so kannst du auch einen anderen, gedeihlicheren Zustand erlernen.

Weder deine Persönlichkeit noch deine Psychologie ist unveränderbar, auch wenn das so scheinen mag, weil man immer wieder in alte Muster zurückfällt. Aber der einzige Grund für diese *Rückfälle* ist, dass du über die Jahre genau dafür Autobahnen im Gehirn gebaut hast, über die es sich angenehm, leicht und sicher brettern lässt.

Und weil auch dein Gehirn doof, faul und süchtig ist, nimmt es immer den Weg des geringsten Widerstands, und das ist nun mal die Autobahn. Und wenn du weißt, wie lange an Autobahnen gebaut wird, bis sie erst einmal fertig sind, dann kannst du dir sicher auch vorstellen, wie lange eine Renaturierung dauert. Veränderung benötigt Zeit, ebenso wie Verheerung Zeit braucht. Und wenn du nun glauben solltest, dass es eine gute Idee wäre, dich nicht auf den Weg zu machen, in der Hoffnung, dass dann zumindest alles so bleiben wird, dann bist du auf dem Holzweg!

Du wirst Energie aufwenden müssen, entweder zum Erhalt eines mehr oder weniger leidvollen Status Quo, mit einer klaren Tendenz nach unten, weil dir die Energie ausgehen wird, oder aber für einen Weg, der dich Schritt für Schritt wieder zu dem Menschen macht, der du schon von Beginn an warst, und den du so bitter vermisst …

Übung → Kontemplation …

Die nachfolgenden Fragen können dir als Leitfaden für deine Kontemplation dienen. Nimm dir den ersten Punkt und lerne dann die nachfolgenden Fragen auswendig. Setze dich anschließend nieder, schließe die Augen, vielleicht möchtest du eine Meditationsmusik verwenden, und dann fokussiere den Atem. Wenn du das Gefühl hast, dass sich dein Atem beruhigt hat, beginne dir die Fragen zu stellen, eine nach der anderen. Gehe aber immer erst dann zur nächsten Frage weiter, wenn du eine Frage zweifelsfrei kontempliert hast. Ich meine damit, dass du den Fragen WIRKLICH auf den Grund gehen musst, wenn sie dich weiterbringen sollen.

> *Beginne zunächst mit 10 Minuten morgens und abends. Solltest du nicht fertig werden, mache bei der nächsten Kontemplation genau dort weiter, wo du aufgehört hast. Es kann selbstverständlich sein, dass du auch mal eine Woche nur bei einer Frage bleibst. Die Beantwortung der Frage, woher meine eigene Angst kommt, hat mich zum Beispiel Jahre gekostet.*

Die Motivation, die deinem Erleben und Verhalten zugrunde liegt

Die Fragen, um die es hier geht, sind …

- *Warum tust du, was du tust?*
- *Warum tust du das, was du tust, so, wie du es tust?*
- *Was ist es, das dich in deinem tiefsten Inneren antreibt?*
- *Warum kannst du manche Dinge nicht tun, die du tun solltest oder die du gerne tun würdest?*

Der Maßstab, an dem du dich selbst, das Leben und andere misst

Die Fragen, um die es hier geht, sind …

- *Warum (be)wertest du dich?*
- *Warum (be)wertest du dich so, wie du es tust?*
- *Warum (be)wertest du andere?*
- *Warum (be)wertest du andere so, wie du es tust?*
- *Warum (be)wertest du das Leben an sich?*
- *Warum (be)wertest du das Leben so, wie du es tust?*
- *Welche Erwartungshaltung in Bezug auf das bzw. dein Leben hast du?*

Der Standpunkt, auf den dich deine Sozialisation gestellt hat

Die Fragen, um die es hier geht, sind…

- *Warum hast du die Meinung, die du hast?*
- *Warum vertrittst du die Meinung, die du vertrittst (Glauben und Wissen)?*

- *Was hat dich auf den Standpunkt gestellt, auf dem du stehst?*
- *Wie nimmst du dich selbst, das bzw. dein Leben und die Anderen von diesem Standpunkt aus wahr?*
- *Bist du in der Lage, auch den Standpunkt der Anderen einzunehmen?*
- *Wenn ja, was macht das mit dir?*
- *Wenn nein, was hindert dich daran? Ist es dein Ego?*

Wenn du DICH veränderst, veränderst du ALLES!

Deine Motivation, dein Maßstab und dein Standpunkt sind sozusagen ein Produkt deiner Psychologie und charakterisieren diese gleichermaßen. Deine Psychologie ist wiederum ein Produkt deiner Emotionsstabilität, deiner Fähigkeit zur Konfliktbewältigung und der Art deiner Beziehungsgestaltung. Willst du also Einfluss auf deine Motivation, deinen Maßstab und deinen Standpunkt nehmen, musst du Einfluss auf deine Psychologie nehmen, also auf Emotionsstabilität, Konfliktbewältigung und Beziehungsgestaltung. Und eben diese veränderst du mithilfe der buddhistischen Psychologie, durch Mental Training, Kontemplation und Meditation. Es ist das, was auch die Psychotherapie macht, nur eben selbstbestimmt und in einem anderen Setting.

Mach dir bitte auch noch einmal das Folgende bewusst: Solange du darauf wartest, dass *Andere* sich so verändern, wie du sie gerne hättest, so lange wirst du enttäuscht und frustriert sein. Warum? Weil sie es nicht tun werden. Sie warten nämlich darauf, dass *die Anderen* sich so verändern, wie sie sie gerne hätten, du erinnerst dich? Der einzige Weg, wie du einen gedeihlichen Einfluss auf deine Lebenswelt nehmen kannst, besteht darin, bei dir zu beginnen. Mache dich selbst zu dem Menschen, dem du gerne begegnen möchtest. Mach dich selbst zu dem Menschen, zu dem du *die Anderen* so gerne machen würdest, und wundere dich dann bitte nicht, wenn sich die Dinge tatsächlich so entwickeln, wie du es gerne haben möchtest. Zwar haben die wenigsten Menschen die nötige Disziplin, um selbst *buddhistische Psychologie* zu praktizieren, aber die meisten Menschen umgeben sich gerne mit den Menschen, die eben diese Disziplin haben!

> ***Übung → Kontemplation …***
> *Bitte gehe analog zur ersten Kontemplationsübung (s. o.) vor!*

Emotionsstabilität

Die Fragen, um die es hier geht, sind …

- *Was ist es, was dich emotional destabilisiert?*
- *Warum destabilisiert es dich?*
- *Sind es immer verschiedene Dinge, die dich triggern oder sind es immer wieder die gleichen?*
- *Wie lange hält der Zustand der Destabilisierung an?*
- *Was hilft dir, diesen Zustand zu überwinden und wieder zur Mitte und in Balance zu kommen?*
- *Gibt es einen emotionalen Zustand, in den du immer wieder zurückfällst?*
- *Was bewirkt das Zurückfallen in den immer gleichen emotionalen Zustand?*

Konfliktbewältigung

Die Fragen, um die es hier geht, sind …

- *Was ist es, was dich in Konflikte zieht?*
- *Was ist es, was deinen Umgang mit Konflikten definiert?*
- *Vermeidest du Konflikte oder stellst du dich ihnen?*
- *Eskalierst du in Konfliktsituationen oder wirkst du eher ausgleichend?*
- *Kannst du die persönliche und sachliche Ebene voneinander trennen?*
- *Und wenn nicht, was ist der Grund dafür?*

Beziehungsgestaltung

Die Fragen, um die es hier geht, sind …

- *Was ist es, was deine Beziehungen kennzeichnet?*
- *Bist du ein Mensch, der Beziehungen sucht oder sie eher meidet?*
- *Welche Qualität erwartest du von einer Beziehung?*
- *Bist du ein Mensch, der von Beziehungen abhängig ist, oder kannst du gut mit dir allein sein?*
- *Möchtest du ›gesehen‹ werden, oder genügt dir die ›zweite Reihe‹?*
- *Wie wichtig ist dir Verbindlichkeit und wie verbindlich bist du selbst?*
- *Bist du in der Lage und willens, Beziehungen auf Augenhöhe zu führen?*
- *Wenn nicht, dominierst du eine Beziehung dann oder unterwirfst du dich lieber?*

Vielleicht möchtest du dir, bevor du die Fragen kontemplierst, noch einmal dein Ergebnis vom 16Personalities Test (https://www.16personalities.com/de) bewusst machen? Mach dir bitte klar, was deine Persönlichkeit unbedingt braucht und was du unbedingt vermeiden solltest, weil es ihr schadet. Wenn du dir das bewusst gemacht hast, kannst du mit der Kontemplation beginnen. Setze alles, was du erkennst, in Bezug zu deiner Persönlichkeit!

Für eine gedeihliche Veränderung sind Energiemanagement und Wasserqualität von entscheidender Bedeutung!

Wenn du dich selbst und die Situation, in der du lebst, gedeihlich und nachhaltig verändern möchtest, musst du zwei Dinge beherrschen lernen. Zum einen dein Energiemanagement, zum anderen die Qualität des Wassers, genauer gesagt, seinen Gefrier- und seinen Siedepunkt.

Zunächst musst du lernen, deine Energie so zu lenken, dass sie nicht nur dort hingeht, wo du sie gerne haben möchtest, sondern dass ALLE Energie dort hingeht, wo du sie gerne haben möchtest, und zwar ohne Verluste. So können wir Bruchtests unbeschadet und unverletzt überstehen, obwohl wir von einem vier Zentimeter dicken Hartholz-Stab mit voller Wucht getroffen werden (das Video dazu findest du auf der Titelseite von www.kelisi.online). Mit anderen Worten: Deine Energie folgt deiner Achtsamkeit. Worauf du deine Achtsamkeit lenkst, dorthin geht deine Energie. Bist du nicht in der Lage, dich zu fokussieren, also dein Denken *konzentriert* auf einen Punkt zu richten, dann werden sich deine Gedanken so viel Energie krallen, wie sie können und damit sozusagen *zurück (und) in die Zukunft* verschwinden, wo sie Depression (Vergangenheit) und Angst (Zukunft) oft nicht nur nähren, sondern geradezu mästen. Letztes vor allem dann, wenn sich die *Überaktivierung* bereits deiner Selbstbestimmtheit und Selbstwirksamkeit bemächtigt und im Laufe der Zeit und ganz allmählich dein *kreatives Selbst* bereits zu einem *reaktiven Ego* transformiert hat.

Als Zweites musst du lernen, das *Wesen des Wassers,* also seine Qualität, zu beherrschen, sodass du entscheiden kannst, wo sowohl Gefrier- als auch Siedepunkt jeweils liegen. Du musst dir bewusst machen, dass nur du entscheidest, wie sich dein Leben anfühlt, NIEMAND sonst! Wenn du deine Energie managen kannst und der Meister über Gefrier- und Siedepunkt bist, hast du die völlige SELBSTBEHERRSCHUNG erreicht. Die Meisterschaft über Gefrier- und Siedepunkt erlangst du, wenn du die IDENTIFIKATION hinter dir lassen und NICHT-IDENTIFIKATION (Ich- und Selbstlosigkeit) tatsächlich leben kannst. Du erinnerst dich? Lass dein Selbst auf dem Meditationskissen ruhen, während dein Ego zur Arbeit geht, um sich dem alltäglichen Narzissmus der Karrierewelt zu stellen. Schaffe Distanz zwischen Ego und Selbst, und kein Angriff, sei er auch noch so brillant und hart vorgetragen, kann dich mehr verletzen. So wirst du nicht mehr in die Kämpfe der Anderen hineingezogen, weil du selbst entscheiden kannst, ob und wenn ja, wie du dich stellst. In Form von Wasser: bewusst, passiv, anpassungsfähig und nicht komprimierbar; in Form von Dampf: flüchtig, gefährlich heiß und nicht greifbar; oder aber in Form von Eis: stoisch, beruhigend kalt und mit enormer Sprengkraft. Ganz egal, wie du dich jeweils entscheidest, das einzig Wichtige ist, dass die Entscheidung über deinen Aggregatzustand allein bei dir liegt und nicht von den Anderen beeinflusst werden kann. Warum das so wichtig ist, versuche ich dir nachfolgend einmal aufzuzeigen.

Eis *(Depressionsprofil)*

Die Metapher des Eises habe ich gewählt, weil Eis einige Eigenschaften aufweist, die ich auch immer wieder bei Menschen beobachte, denen Energie entzogen wird. So wie Wasser zu Eis wird, so verändern auch Menschen ihr Wesen, wenn ihnen Energie entzogen wird. Zu Eis werden sie vor allem dann, wenn ihre Energie in die Vergangenheit abfließt, weil sie dort etwas bedauern oder weil sie dort mit etwas oder jemandem hadern.

Und da man Dinge, die nicht mehr existieren, auch nicht mehr verändern kann, führt der Zwang, mit der Erinnerung leben zu müssen, häufig zu depressiven Gedanken und in der Folge zu entsprechenden Emotionen. Dauern diese lange genug an, und sind sie zudem noch intensiv genug, resultiert daraus, als Symptom einer Depression, in der Regel eine kräftezehrende Antriebslosigkeit, die wiederum erheblichen Stress auslöst, der dann die Aktivierung auf ein schädliches Maß anhebt. So kommt der letzte Rest kreativen Handelns unter die Räder der Überaktivierung. Erleben und Verhalten werden zunehmend reaktiv und Selbstbestimmung erodiert zugunsten der Fremdbestimmung.

Und wenn am Ende die Selbststeuerung völlig versagt, geht auch die Selbstwirksamkeit gegen Null. So werden Menschen zu sprödem, (selbst)zerstörerischem Eis. Erhöht man den Druck sogar darüber hinaus, dann zerbrechen sie entweder, oder aber sie werden, versucht man sie weiter in dieser Form zu halten, diese Form sprengen, ebenso wie Wasser es tun würde, wenn es gefriert.

Wasser *(Kohärenzprofil)*

Die Metapher des Wassers habe ich gewählt, weil Wasser einige Eigenschaften aufweist, die ich auch immer wieder bei Menschen beobachte, die ihre Mitte gefunden haben und dort jederzeit selbstbestimmt zur Ruhe kommen können. Sie bleiben stets Wasser, ganz gleich, wie heftig die Temperaturschwankungen auch immer sein mögen, denen sie ausgesetzt sind oder werden. Sie können sanft, umschmeichelnd und wohltuend sein und sie finden auch immer einen Weg. Oder aber, weil steter Tropfen sogar den Stein höhlt, können sie bestimmt, formgebend und fordernd sein und schaffen sich einfach ihre eigenen Wege.

Du stellst dir jetzt bestimmt gerade die Frage, warum diese Menschen das können, richtig? Nun, das ist eigentlich ganz einfach, denn sie haben ihre Mitte gefunden! Und wenn auch du nun *deine Mitte* finden möchtest, dann weise ich dir sehr gerne den Weg.

> *Deine Mitte findest du auf dem mittleren Weg, im Zentrum deines Seins, eben dort, wo Vergangenheit und Zukunft sich begegnen, im gegenwärtigen Moment, inmitten deines Körpers, dort, wo es dich atmet!*

Mit anderen Worten: Du findest deine Mitte beim Atemfokus. Denn der Geist, wie du ja bereits gelernt hast, kann weder in der Vergangenheit bedauern noch in der Zukunft befürchten, wenn er sich mit dem Atem befasst, der den Körper am Leben erhält, in dem dein Bewusstsein aktuell wohnt, und der nur im gegenwärtigen Moment sein kann. Zumindest noch so lange, bis es Zeitreisen gibt.

Man könnte sagen, dass das Beschreiten des *mittleren Weges* eine *nachhaltige, kohärente Balance* herstellt, die vom Vertrauen ins Leben (Kohärenzsinn) stabil gehalten wird, indem es *Handhabbar-*

keit, Verstehbarkeit und *Sinnhaftigkeit* (wieder)herstellt. Es geht also um ein selbstbeherrschtes *Energie-* und *Wassermanagement* durch *Selbstlosigkeit.* So stellst du eine maximale Selbstwirksamkeit sicher. Ohne Ego haben die Anderen keine Fernbedienung mehr, mit der sie dich *fremdbestimmen* könnten. Fremdbestimmung funktioniert nur solange du glaubst, dem Diktat deines Egos folgen zu müssen. Mehr darüber erfährst du im nächsten Kapitel.

Dampf *(Angstprofil)*

Die Metapher des Dampfes habe ich gewählt, weil auch Dampf einige Eigenschaften aufweist, die ich immer wieder bei Menschen beobachte, denen Energie zugeführt wird. So wie Wasser zu Dampf wird, so verändern auch Menschen ihr Wesen, wenn ihnen übermäßig Energie (Aktivierung) zugeführt wird. Zu Dampf werden sie vor allem dann, wenn ihre Energie in die Zukunft abfließt, weil sie dort etwas befürchten oder weil sie dort vor etwas oder jemandem Angst haben.

Und da man auch Dinge, die noch nicht existieren, nicht verändern kann, führt der Zwang, mit der Vorstellung leben zu müssen, häufig zu zweifelnden Gedanken der Unsicherheit und in der Folge zu entsprechenden Emotionen. Dauern diese lange genug an, und sind sie zudem noch intensiv genug, resultiert daraus, als Symptom einer Angststörung, oft eine verzweifelte Unsicherheit, gepaart mit einer Form resignierender Panik, die wiederum erheblichen Stress auslösen, der dann die Aktivierung ebenfalls auf ein schädliches Maß anhebt. So kommt auch in diesem Fall der letzte Rest kreativen Handelns unter die Räder der Überaktivierung, Erleben und Verhalten werden wieder zunehmend reaktiv, und die Selbstbestimmung erodiert zugunsten der Fremdbestimmung.

Und wenn am Ende die Selbststeuerung wieder völlig versagt, geht auch in diesem Fall die Selbstwirksamkeit gegen Null. So werden Menschen zu geschmeidigem, flüchtigem Dampf. Erhöht man den Druck sogar darüber hinaus, dann nimmt die Temperatur des

Dampfes weiter zu, und wenn man dann versucht, sie weiter in einer bestimmten Form zu halten, werden auch sie diese Form sprengen, ebenso wie Wasser es tun würde, wenn es zu Dampf wird.

Wenn es dir also gelingt, durch konsequentes Üben zu lernen, wie du deine Energie lenken und deinen Aggregatzustand beherrschen kannst, dann sind jeder Reibungsverlust und jede Blockade ein hoch angesehener und höchst willkommener Lehrer, der es dir ermöglichen wird, über dich selbst hinauszuwachsen. Das ist es, was du mit BE**WATER** erreichen kannst.

Gönne dir JETZT eine Lesepause …

> *Setz oder leg dich bequem hin und schließe für 10 Minuten deine Augen. Versuche deinen Atem zu fokussieren und lass deinen Geist, mit den Gedanken, die du jetzt hast, einfach machen. Lass all die Gedanken kommen und gehen und halte sie nicht fest. Heiße sie alle herzlich willkommen und verabschiede sie in Dankbarkeit. Bewerte sie nicht, nimm sie – im Vorüberziehen – einfach nur achtsam zur Kenntnis.*

Und bitte bedenke …

> *Wenn du nicht ins Tun kommst, wenn du nicht übst – und auch Denken üben ist Üben –, wirst du auch am Ende dieses Buches nur eines können, nämlich ein Buch lesen. Unsere besten Wünsche begleiten dich, aber dein Glück und dein Leid hängen einzig von deinen Taten ab, und nicht von unseren Wünschen für dich.*

9. Möglich ist, was du denken kannst

Das sage nicht ich, das sagt Buddha. »*Entstehen kann nur, was auch gedacht werden kann.*« Da drängt sich doch unweigerlich die Frage auf: *Was kannst du denken?* Ich hatte dir dazu weiter oben bereits eine kleine Geschichte erzählt. Weißt du noch, was ich im dritten Studiensemester bei einer Supervision auf die Frage, in welchem Feld ich denn einmal arbeiten möchte, geantwortet habe? Ich habe – wohlgemerkt, bereits im dritten Semester – geantwortet, dass ich meinen Doktor machen und Professor werden will. Und weißt du auch noch, was dann passiert ist? Genau! Alle haben mich ausgelacht, sich lustig über mich gemacht und mich als *arrogantes Großmaul* beschimpft.

Und weißt du auch noch, was aus all diesen Menschen geworden ist, die mich damals ausgelacht und beschimpft haben? Richtig, sie sind heute das, was sie damals dachten. Sie sind genau das geworden, von dem sie dachten, dass sie es werden, aber eben *nicht mehr!* Wie gesagt, nicht etwa, weil sie nicht gut genug gewesen wären, denn sie waren gut genug, allesamt! Aber sie konnten sich schlicht nicht *mehr* denken. Oder anders ausgedrückt: Sie konnten sich einfach nicht vorstellen, zu was sie TATSÄCHLICH fähig sind, über welches Potenzial sie verfügen und welcher Weg eigentlich für sie vorgesehen war! Ihnen mangelte es an …

- SELBSTERKENNTNIS
- SELBSTBEWUSSTSEIN
- SELBSTSICHERHEIT
- SELBSTVERTRAUEN
- SELBSTBESTIMMUNG

Und deshalb einmal mehr die Frage: Was lernen wir daraus? Richtig, nur du entscheidest, wie sich dein Leben anfühlt! Und diese Entscheidung musst du nun treffen. Was möchtest du erreichen? Möchtest du dich spirituell weiterentwickeln, sodass du mit der Lebenswelt, in der du lebst, besser klarkommst, oder kannst du *mehr* denken? Lässt dein DENKEN die Vorstellung zu, dass da noch viel mehr auf dich wartet? Dass du zu dem Menschen werden könntest, von dem die Anderen immer gesagt haben, dass es für dich unmöglich sei, und dass du Dinge schaffen kannst, über die du bis jetzt noch nicht einmal nachzudenken gewagt hast? Wenn du jetzt bereit bist, über genau diese Dinge nachzudenken, von denen sie dir immer gesagt haben, dass es dir nicht möglich sei, dann trennen dich von der Umsetzung dessen, was du nun endlich denken kannst, nur noch drei Dinge, nämlich …

- SELBSTLOSIGKEIT
- SELBSTBEHERRSCHUNG
- SELBSTWIRKSAMKEIT

Und nun ist es an dir. Du hast die Wahl! Und erinnere dich vor deiner Entscheidung bitte an eines der wichtigsten Shaolin-Prinzipien:

»Auf dem mittleren Weg hin zur selbstbeherrschten Selbstwirksamkeit (Selfmastery) kann man nur zwei Fehler machen: Man macht sich gar nicht erst auf den Weg, oder man geht ihn nicht konsequent bis zum Ende …«

Der Weg – Spirituelle Entwicklung

Wenn du den Weg der spirituellen Entwicklung beschreitest, wirst du dich verändern. Du wirst dadurch nicht nur in den Augen der Anderen, sondern auch in deinen eigenen Augen ein besserer Mensch. Dies bedeutet, dass du weniger Leid erfahren wirst. Es bedeutet nicht mehr, aber eben auch nicht weniger! Du hast im Leben schon einiges erreicht, wenn du in der Lage bist, die Wunden, die das Leben schlägt, gut zu verbinden, sodass sie nicht wieder aufreißen und schneller heilen können.

Aber was wäre, wenn du gar keine Wunden mehr zu verbinden bräuchtest? Was wäre, wenn du gar nicht mehr verletzt werden würdest? Weder von dir selbst – noch von den Anderen? Allein das wäre schon beeindruckend, oder? Es ist aber noch weitaus beeindruckender: Denn du wirst nicht nur praktisch *unverwundbar,* du wirst darüber hinaus zu einem Menschen werden, der sich bemüht, dafür Sorge zu tragen, dass auch keine anderen fühlenden Wesen mehr verletzt werden. Oder wie Jack Kornfield es so wunderbar formuliert …

»Wenn wir uns von der leidenden Person verabschieden,
die wir zu sein glauben, tragen wir
unseren Segen überall hin.«

SELBSTERKENNTNIS

Bei der Selbsterkenntnis geht es eigentlich darum zu erkennen, dass es weder so etwas wie ein ICH noch ein EGO oder auch nur ein SELBST gibt. Da all diese Begriffe in der westlichen und in der buddhistischen Psychologie völlig unterschiedliche Bedeutungen haben und auch unterschiedlich verwendet werden, entsteht oft der Eindruck, dass ohnehin alles gut wäre, wenn nur das EGO nicht so oft die Oberhand über das Selbst gewinnen würde. Das führt zu der irrigen Annahme, dass das SELBST an sich ja eigentlich gut wäre, wenn das EGO nicht andauernd Mist bauen würde.

Leider ist die niederschmetternde Erkenntnis die, dass du beides bist. Zumindest solange du weiter so denkst, wie du denkst. Denn auch wenn dein Selbst nur gut und zudem noch dominant wäre, würde es doch die Illusion nähren, dass es da etwas gibt, das dich einzigartig macht, das dich von den Anderen unterscheidet oder sogar trennt. Aber so ist es nicht. Das verstehen sogar Schüler, wenn ich mit ihnen eine einfache Übung mache.

Alle sitzen mit geschlossenen Augen im Kreis. Ich stelle den Jugendlichen Fragen, und wenn sie zustimmen, heben sie die Hand. Ich bitte die Lehrerinnen und Lehrer, die Situation zu filmen, damit die Jugendlichen das Ergebnis selbst sehen können. Die Fragen sind in etwa: *Möchtest du glücklich sein? Möchtest du erfolgreich sein? Möchtest du eine liebevolle Beziehung? Möchtest du, dass es den Menschen gut geht, die dich umgeben? Möchtest du Frieden?* usw. Es gehen immer alle Hände nach oben.

Sobald die Jugendlichen das kleine Video gesehen haben, erkennen sie, dass sie grundsätzlich alle die gleichen Bedürfnisse haben und sich wohl offensichtlich doch nicht so voneinander unterscheiden, wie sie dachten. So haben wir in Schulklassen schon die schwierigsten Mobbing-Situationen gedeihlich auflösen können.

»Nicht, wie der Nächste geirrt oder was er versäumt hat, betrachte. Schaue auf dich und sieh, was du selbst getan und versäumt hast.« (Buddha)

SELBST**BEWUSSTSEIN**

Beim Selbstbewusstsein geht es darum, anzunehmen, was man erkannt hat, und zwar ohne sich zu tadeln, zu be- oder gar zu entwerten. Es geht darum, dass du dir darüber klar wirst, was ist, und nicht was sein soll oder wie du es gerne hättest. Und es geht darum, dass du dir wirklich bewusst machst, wer du – im Moment – bist, was du – im Moment – brauchst, über welche Ressourcen du – im Moment – verfügst, und was dich – im Moment – behindert oder gar blockiert.

Wenn du weißt, wer du bist, können dich Trigger im Außen, Kritik, Anfeindungen oder Mobbing nicht mehr verunsichern. Mag sein, dass du in den Augen der Anderen, und vielleicht auch in deinen eigenen, nicht perfekt bist. Was dich aber von den Anderen maßgeblich unterscheidet, ist, dass du das weißt und nicht mehr so tun musst, *als ob.*

»Wir sind, was wir denken. Alles, was wir sind, entsteht in unseren Gedanken. Mit unseren Gedanken erschaffen wir die Welt.« (Buddha)

SELBSTSICHERHEIT

Wenn du dir deiner eigenen Unzulänglichkeiten bewusst bist und sie angenommen und akzeptiert hast, kannst du dir deiner Selbst sicher sein. Du weißt, wer du bist, du weißt, was du kannst, und du kennst deine roten Linien, also deine Tugendregeln und Werte.

Wenn du dir all dessen sicher bist, dann wirst du nie nur ein fremdbestimmter, reaktiver Mitläufer auf deinem eigenen Lebensweg sein. Wenn du dir all dessen sicher sein kannst, wirst du stets der selbstbestimmte, kreative Schöpfer deiner eigenen Existenz sein, der sich stets bewusst ist, dass er nur in der Verbindung mit allem, was ist, existieren kann.

»Jeder von uns ist allwissend. Wir müssen lediglich unser Bewusstsein öffnen, um unserer eigenen Weisheit zu lauschen. Das Herz kennt den Weg.« (Buddha)

SELBSTVERTRAUEN

Beim Selbstvertrauen geht es darum, dass du nicht nur erkennst, wer du bist und was du kannst, sondern insbesondere darum, ob du dir selbst glaubst, was du erkannt hast. Der Unterschied besteht darin, ob du es nur akzeptieren kannst, wenn du beispielsweise erkennst, dass du in etwas sehr gut bist, oder ob du in der Lage bist, es tatsächlich anzunehmen. Klingt kompliziert, oder?

Es geht darum, dass du dir bewusst machst, dass du im ersten Fall zwar scheinbar weißt, dass du gut bist, weil es dir vom Außen so gespiegelt wird, dass du dir aber nie sicher sein kannst. Während du im zweiten Fall tatsächlich erfahren hast, dass du gut bist, weil es sich auch so anfühlt. Es geht also nicht darum, die möglicherweise zweifelhaften Erwartungen der Anderen so zu erfüllen, damit du gespiegelt bekommst, dass du in ihren Augen gut bist. Es geht darum, die möglicherweise zweifelhaften Erwartungen der Anderen eben nicht zu erfüllen, im Wissen, dass du gespiegelt bekommst, dass du in ihren Augen versagt hast.

Wenn es sich gut anfühlt, obwohl du in ihren Augen versagt hast, eben weil du gedeihlich gehandelt und das Richtige getan hast – dann, mein Freund, verfügst du über ein unbezwingbares Selbstvertrauen.

»Was du denkst, bist du. Was du bist, strahlst du aus. Was du ausstrahlst, ziehst du an.« (Buddha)

SELBSTBESTIMMUNG

Bei der Selbstbestimmung geht es zentral darum, dass du dir immer und immer wieder bewusst machst, was den Unterschied zwischen Fremd- und Selbstbestimmung ausmacht. Ob du nämlich fremd- oder selbstbestimmt lebst, ist eine Frage des Grades von Identifikation oder eben Nicht-Identifikation. Die Anhaftung an das Ego und sogar die Anhaftung an die Illusion des Selbst bieten der Fremdbestimmung reichlich Nahrung, wohingegen das Loslassen aller Identifikation, durch das Üben der Ich- oder Selbstlosigkeit, die Selbstbestimmung nährt.

»Du bist dein eigener Herr und Meister. Deine eigene Zukunft hängt von dir selbst ab.« (Buddha)

Das Ziel – Persönliches Wachstum

Auch wenn du das Ziel des persönlichen Wachstums anstrebst, wirst du dich verändern. Allerdings weit mehr, als oben bereits beschrieben. Sowohl deine Motivation als auch dein Maßstab und Standpunkt verändern sich dramatisch. Deine Motivation ist nicht mehr vom Außen getriggert, dein Maßstab misst nur noch absolut und in nicht mehr in Relation zu den Anderen, und dein Standpunkt ermöglicht dir einen so umfassenden Blick, dass du sogar in der Lage sein wirst, die tatsächlichen Bedürfnisse – nicht nur die Wünsche – der Anderen zu sehen, weil dein Ego dir nicht mehr pausenlos im Weg steht. Und das, mein Freund, verändert einfach alles!

Du wirst erkennen und diese Erkenntnis habitualisieren, dass es niemals die Anderen sind, die deinen Stress und dein Leid verursachen. Es sind niemals die Anderen, weil es die Anderen gar nicht gibt, denn alles ist mit allem verbunden. Leid fügst du dir stets nur durch deinen eigenen leidvollen Geist und dein eigenes leidvolles Denken zu. Und was du denkst, das fühlst du! Es wird dir bewusst werden, dass du scheitern wirst, wenn du krampfhaft versuchst, stehen zu bleiben, aus Angst, zu fallen. Und du wirst lernen, wie man aufsteht, und zwar bevor du fällst. Und auch das ist dir nicht neu: Du wirst lernen, an dich selbst zu glauben, und aufhören, andere überzeugen zu wollen. Auf den Punkt gebracht: Du wirst lernen, mit dir selbst zufrieden und nicht auf die Anerkennung anderer angewiesen zu sein. Und du wirst erfahren, dass, du von der ganzen Welt angenommen wirst, wenn du dich selbst annimmst.

Aber das Wichtigste ist: Du wirst erkennen, wer du wirklich bist, und du wirst staunen, zu was dieser Mensch, dessen DENKEN und FÜHLEN nicht mehr von Reibungsverlusten gebremst oder gar von Blockaden behindert wird, imstande ist! Oder wie *Laozi* (wichtiger chinesischer Philosoph des 6. Jh. v. Chr.) es so wunderbar auf den Punkt bringt:

»Andere zu kennen ist nichts als Wissenschaft,
sich selbst zu kennen aber ist Intelligenz.«

SELBSTLOS

Wenn du nicht nur immer das eigene Fortkommen an die oberste Stelle setzt, sondern auch einmal etwas tust, nur weil es einem anderen fühlenden Wesen hilfreich ist, ohne eine Gegenleistung dafür zu erwarten, bist du auf einem guten Weg.

Es geht eben nicht darum, dich selbst aufzugeben, es geht vielmehr darum, dass du dir bewusst machst, dass dich das Geben bereichert, und nicht das Nehmen. Das gilt sowohl für die materielle als auch für die spirituelle Dimension. So kommt zum Beispiel Liebe nur dadurch in die Welt, wenn du bereit bist sie – auch dir selbst – bedingungslos zu geben, und nicht dadurch, dass alle sie nur immer einfordern und darauf warten, dass sie hin und wieder mal von einem echten Gefühl berührt werden. Wären alle gleichermaßen dazu bereit, würde uns die Liebe die Türen eintreten.

»Du selbst, genauso wie jeder andere im ganzen Universum, verdienst deine Liebe und Zuneigung.« (Buddha)

SELBSTBEHERRSCHT

Ich denke, dass ich niemandem zu nahe trete, wenn ich sage, dass wir alle damit zu kämpfen haben, dass wir das, was wir uns vornehmen, auch in aller Konsequenz umsetzen. Kannst du dich noch an die Vorsätze der letzten Silvesternacht erinnern? Abnehmen, weniger rauchen, weniger arbeiten, mehr Zeit für die Familie, den Kontakt zu Freunden pflegen? Was davon hast du umgesetzt? Und? Wie fühlt sich das an? Mies, oder?

Ich weiß! Deshalb liebe ich die Shaolin-Kultur so sehr. Dank ihr ist das für mich kein Thema mehr. Was ich denken kann und was ich erreichen möchte, ist praktisch in dem Moment passiert, in dem ich es DENKE. Die Umsetzung ist dann meist nur noch konsequentes Abarbeiten. Und da kommt mir zur Hilfe, dass ich seit meinem 6. Lebensjahr Kampfkunst, und seit meinem 14. Lebensjahr Bodybuilding betreibe, trotz oder gerade wegen meiner Krankheit. Und ja, ich weiß, dass die Shaolin-Meister oft noch sehr viel früher mit der Ausbildung beginnen. Aber Meister Shi Yan Lu hat mich darauf aufmerksam gemacht, dass ich praktisch das gleiche geleistet habe. Und dass ich das habe, hätte ich selbst nicht einmal bemerkt.

Wenn du also mit 6 bzw. mit 14 Jahren anfängst (und damit 40 Jahre nicht mehr aufhörst), ernsthaft, mit Leidenschaft und vor allem mit Leidensbereitschaft sechs Mal pro Woche drei Stunden zu trainieren, nach Plan zu essen, zu schlafen und zu arbeiten, und zwar ohne, dass dich jemand dazu zwingen müsste, dann manifestiert sich im Laufe der Jahre eine Konsequenz, die so solide ist wie eine Brechstange. Sie ist zwar ein sehr rohes Werkzeug, aber man bekommt damit wirklich beinahe jedes Schloss auf und nahezu jede Blockade zerlegt. Oder wie Arnold Schwarzenegger mir gesagt hat: *»It's all about repetition!« – oder wie Buddha sagt …*

»Der einzige wirkliche Misserfolg im Leben besteht darin,
sich nicht treu zu sein.«

SELBSTWIRKSAM

Selbstwirksamkeit ist alles – und ohne Selbstwirksamkeit ist alles nichts! So kann man es auf den Punkt bringen. Selbstwirksam zu sein bedeutet, dass du aus dir selbst heraus alles Nötige bewerkstelligen kannst, um zu erreichen, was du erreichen möchtest. Und es bedeutet auch, dass du selbst wirksam bleibst, egal was das Außen oder die Anderen dir spiegeln.

Du hast richtig gedacht, hast überprüft, was du fühlst, du kennst den Weg, du weißt, wo er hinführt, wie man ihn geht, und was dazu nötig ist. Und du bist in der Lage, diesen Weg konsequent und ausdauernd zu gehen, völlig unabhängig von auftretenden Reibungsverlusten oder bestehenden Blockaden. Du kannst das, weil für dich Reibungsverluste ein gedeihliches Training und massive Blockaden deine Lehrmeister sind.

»Niemand rettet uns, außer wir selbst.
Niemand kann und niemand darf das.
Wir müssen selbst den Weg gehen.«
(Buddha)

Zusammenfassung …

Bevor wir dann endlich ins TUN kommen, möchte ich alles Gesagte noch einmal komprimiert zusammenzufassen, damit du dich optimal auf deine nachfolgende Übungspraxis einstellen kannst.
Nichts und niemand kann dir so sehr schaden wie dein eigener, unkontrollierter und leidvoller Geist. Kommt dein Geist nicht mehr zur Ruhe, ist die unabwendbare Folge eine starke mentale Erschöpfung. Diese Erschöpfung fügt nicht nur deinem Körper extremen Schaden zu, sondern auch deinem Geist. Dein kreatives, selbstbestimmtes Denken und Handeln verkommen immer mehr zu einem reaktiven, fremdbestimmten Funktionieren. Du genügst, und erfüllst alle Ansprüche, außer deine eigenen.
Und mach dir das bitte noch einmal bewusst, bevor du dich fragst, ob es das wert ist und ob das alles wirklich sein muss: Obwohl ich Professor für Psychologie und Experte für Stresserkrankungen war und in Teilzeit noch immer bin, saß ich am Ende meines Irrweges halb tot im Rollstuhl.
Shaolin-Meister halten mithilfe von Shaolin Mental Training, basierend auf buddhistischer Psychologie, mithilfe von kontemplativen Bewegungsformen, wie Kung Fu, Qi Gong oder Taijiquan, und von Meditation ihren Geist stets stabil in Ruhe. Ist der Geist ruhig, kann man die Bedürfnisse von Körper, Geist und Herz (Seele) besser verstehen und ihnen entsprechen. So bleibt man nachhaltig gesund, so kann man wachsen und so wird man SELBSTWIRKSAM wie ein Shaolin-Meister.

Durch BE**WATER** wirst du lernen, wie du mithilfe deines Atems die Kontrolle über deinen Körper, deine Gedanken und deine Emotionen gewinnst. So bleibst du biopsychosozial gesund, verbesserst deine Lebensqualität und dein universelles Vertrauen ins Leben (Kohärenzgefühl) kommt zurück. So reduzierst du die stetig zunehmende Überaktivierung durch die (digitale) Lebenswelt auf ein gedeihliches Maß und kannst unter allen Umständen gelassen bleiben und kreativ wahrnehmen, denken und handeln.

»Empty your mind …
Be formless, shapeless, like water.
Be water, my friend.« (Bruce Lee)

Wenn es dir gelingt, durch konsequentes Üben zu lernen, wie du deine Energie lenken und deinen Aggregatzustand beherrschen kannst, dann sind jeder Reibungsverlust und jede Blockade ein hoch angesehener und höchst willkommener Lehrer, der es dir ermöglichen wird, über dich selbst hinauszuwachsen. Das ist es, was du mit BE**WATER** erreichen kannst.

Gönne dir JETZT eine Lesepause …

> *Setz oder leg dich bequem hin und schließe für 10 Minuten deine Augen. Versuche deinen Atem zu fokussieren und lass deinen Geist, mit den Gedanken, die du jetzt hast, einfach machen. Lass all die Gedanken kommen und gehen und halte sie nicht fest. Heiße sie alle herzlich willkommen und verabschiede sie in Dankbarkeit. Bewerte sie nicht, nimm sie – im Vorüberziehen – einfach nur achtsam zur Kenntnis.*

Und bitte bedenke …

> *Wenn du nicht ins Tun kommst, wenn du nicht übst – und auch Denken üben ist Üben –, wirst du auch am Ende dieses Buches nur eines können, nämlich ein Buch lesen. Unsere besten Wünsche begleiten dich, aber dein Glück und dein Leid hängen einzig von deinen Taten ab, und nicht von unseren Wünschen für dich.*

UNBEDINGT BEACHTEN, bevor du ins TUN kommst …

> *Unsere Methode soll dir helfen, Widerstandskraft zu entwickeln und persönlich zu wachsen. Sie soll es dir aber auch ermöglichen,*

dich von einer Erkrankung, einer belastenden Situation oder einer fordernden Lebensphase nachhaltig zu erholen.
Solltest du aktuell akut erkrankt sein, insbesondere bei Angststörungen, bei schwereren Depressionen und wiederholtem Burnout, konsultiere bitte zunächst den Arzt deines Vertrauens, bevor du mit BE**WATER** *startest!*
Manchmal muss ein schädlicher Status medikamentös durchbrochen werden oder es bedarf einer bestimmten Medikation oder Therapie. Hat der Arzt dich durch die Akutphase der Erkrankung begleitet, dann stabilisiere dich zunächst, gönne dir Ruhe, sammele Kraft, stimme dich mit deinem Arzt ab. Und dann kannst auch du dich auf den Weg nach Shaolin machen.

做

— Tun —

TEIL 3

BITTE BEACHTE

Mehr hilfreiche und kostenlose *Tipps*, wie du von deinem *WISSEN* und *KÖNNEN* zu einem selbstbestimmten *TUN* gelangst, umfassende, ebenfalls kostenlose *Übungsanleitungen*, einen *Notfallkoffer* für ausweglos scheinende Situationen, in denen es dir richtig schlecht geht, und weiterführende *Online-Kurse* findest du auf → www.bewater.jetzt

Aber erst noch mal zurück auf Anfang. Die Geschichte, die du eben gelesen hast, ist, wie du weißt, keine fiktive Geschichte. Es ist meine Geschichte. Und es ist unsere Geschichte – und schon bald kann es auch DEINE Geschichte sein. Ich habe es, ebenso wie Meister Shi Yan Lu, geschafft – entgegen aller ärztlichen Prognosen – aus dem Rollstuhl aufzustehen, um Schüler eines Shaolin-Meisters zu werden.

> *Warum? Weil ich es konnte!*

Auch wenn ich irrtümlicherweise vom Gegenteil überzeugt war, wie du weißt. Wie das MÖGLICH und was dazu NÖTIG war, haben wir dir in diesem Buch dargelegt. Aber um mich oder um uns geht es hier gar nicht. Wir haben dir unsere Geschichten erzählt und dieses Buch geschrieben, weil es um DICH geht. Es geht darum, was DU schaffen kannst, und es geht darum, dass DU glücklich wirst. Das ist es, was WIR wollen. Wir wollen, dass DU glücklich wirst, denn um …

> *GLÜCK, darum geht es vor allem anderen!*

Unsere westliche Sozialisation, die zunehmend von einer immer gnaden- und seelenloseren Medialität geprägt ist, macht uns zunehmend zu unmenschlichen Kampf-*SPORTLERN*, die brutal bewertet werden und die selbst ebenso brutal bewerten. Wir definieren unser Selbst beinahe vollständig nur noch über das *Äußere*, über die *Bewertungen* anderer, und über unsere *Erfolge* im alltäglichen, narzisstischen *Wettkampf der Egos*. Und wir vergessen dabei völlig, dass wir doch eigentlich Kampf-*KÜNSTLER* sein sollten. Und solange das so ist, legt ein nicht gedeihliches Äußeres deine Grenzen im Inneren fest. Damit entscheiden andere darüber, was für dich möglich ist, und was nicht. Über das, was du schaffen kannst, und was nicht.

> *Die meisten Menschen limitieren sich – beeinflusst durch das Außen – entweder selbst, indem sie an die Grenzen glauben, die ihnen aufgezeigt werden, oder aber sie erkennen tatsächliche, psychische oder physische Grenzen nicht oder zu spät. Für das Ergebnis spielt das aber keine Rolle, denn welcher Fall auch immer dich betrifft, du wirst dein Potenzial NICHT ausschöpfen können …*

Befreie dich so schnell wie möglich von solchen Gedanken und warte nicht darauf, dass dies von allein geschieht. Fang an, stets gewissenhaft und fleißig KÖRPER, GEIST und HERZ zu trainieren, dann wirst du, ebenso wie die Kampfmönche des Shaolin-Tempels, erkennen, dass dir kein anderer als du selbst die Grenzen setzt.

Ganz einfach deshalb, weil nur du allein wissen kannst, wo deine Grenzen liegen. Das ist es, woran die Shaolin-Meister tagtäglich arbeiten. Sie spüren ihren Grenzen nach. Das könnte allerdings wohl jeder von uns, oder? Was die Shaolin-Meister von uns *gewöhnlichen* Menschen unterscheidet, ist, dass sie ihren Grenzen nicht nur nachspüren, sondern dass sie sie verschieben und sogar überschreiten können, falls es notwendig sein sollte. Und das Bemerkenswerte daran ist, dass sie dies können, ohne dabei auch nur den geringsten Schaden zu nehmen, weil sie in der Lage sind, von den Extremen jederzeit wieder zurück zu ihrer Mitte zu finden. Ganz im Gegensatz zu vielen von uns …

»Glaubt nicht an irgendwelche Überlieferungen, nur, weil sie für lange Zeit in vielen Ländern Gültigkeit besessen haben. Glaubt nicht an etwas, nur weil es viele andauernd wiederholen. Akzeptiert nichts, nur weil es ein anderer gesagt hat, weil es auf der Autorität eines Weisen beruht oder weil es in einer Heiligen Schrift geschrieben steht. Glaubt nicht an Einbildungen und Visionen, die ihr für gottgegeben haltet. Glaubt nichts, nur weil die Autorität eines Lehrers oder Priesters dahintersteht. Glaubt an das, was ihr durch lange eigene Prüfung als richtig erkannt habt, was sich mit eurem Wohlergehen und dem anderer vereinbaren lässt.« (Buddha)

Wenn du aber einen Menschen (einen Lehrer oder eine Lehrerin) findest, der dir helfen kann, das RICHTIGE, das GEDEIHLICHE zu erkennen, dann gibt es für dich keine Grenzen mehr. Weil du dann erkannt haben wirst, wer du wirklich bist, und wer du wirklich warst, bevor das Leben dazwischengekommen ist. Und das, was du erkennen wirst, ist GRENZENLOS und mit allem VERBUNDEN, was ist. Dann wird dir völlig selbstverständlich klar, warum es ein ICH gar nicht geben *kann*, und dann wirst auch du erkennen, dass nur ein WIR existiert …

»Wirkliche Sinnhaftigkeit erleben wir Menschen – ausschließlich – in der wahrhaftigen Verbindung mit anderen Menschen ...« (Jack Kornfield)

Es ist unglaublich schwer, seinem SELBST einen Wert beizumessen, wenn man das Gefühl verliert, eine Bedeutung für irgendetwas oder, weitaus schlimmer, für irgendjemanden zu haben. Die buddhistische Psychologie hilft uns, ohne in den Spiegel des Außen blicken zu müssen, jederzeit unseren Wert SELBST erkennen und stabil halten zu können. So entsteht eine Form der Gelassenheit, die der Zufriedenheit ein tragfähiges Fundament bietet, auf dem sie stabil und sicher ruhen kann. Das beugt schädlicher Überaktivierung vor und sorgt so dafür, dass du stets kreativ und selbstbestimmt denken, fühlen und handeln kannst, anstatt reaktiv und fremdbestimmt vom Außen in eine Richtung getrieben zu werden, die dir garantiert nicht gefallen und schlimmstenfalls erheblichen Schaden zufügen wird.

BE**WATER** gibt dir eine konkrete Anleitung, wie du die wichtigen Eigenschaften entwickeln und trainieren kannst, die die Shaolin-Mönche unbesiegbar machen. Und wolltest auch du unbesiegbar werden, was du theoretisch könntest, müsstest du nur dafür leben, und zwar mindestens 10 Jahre lang. Das scheint mir dann aber doch etwas unrealistisch. Und um ganz ehrlich zu sein: Obwohl ich über 20 Jahre Bodybuilding betrieben, dabei zigtausende von Tonnen Gewicht bewegt habe und weiß, was Leidensfähigkeit bedeutet, weil ich als chronisch kranker Sechsjähriger mit den Kampfkünsten begonnen habe (weil ich musste), bin ich mir selbst heute noch immer nicht sicher, ob ich diese Ausbildung, mit den körperlichen und mentalen Fähigkeiten, über die ich damals verfügen konnte, hätte bewältigen können. Denn die eine Wahrheit ist, dass wir zwar alle nur mit den Karten spielen können, die wir vom Leben bekommen haben, die andere Wahrheit ist aber, dass wir es in der Hand haben, wie gut wir als Spieler werden!

Und kannst du dich erinnern, was wir dir über die *vier edlen Wahrheiten* und über *Erwartungshaltungen* erzählt haben? Was wäre demnach ein realistisches Ziel, wenn es die Unbesiegbarkeit *möglicherweise* nicht sein kann? Ein realistisches Ziel wäre zum Beispiel, konsequent und Schritt für Schritt daran zu arbeiten, *Wasser* bleiben zu können, so lange DU das möchtest. Das ist realistisch! Erlaube *den Anderen* nicht länger, über deinen Aggregatzustand zu bestimmen. Denk daran, nur DU entscheidest, wie sich dein Leben anfühlt. Und jetzt hast DU die Wahl!

Du kannst entweder dauerhaft Energie verschwenden, um das zu kompensieren, was *die Anderen* und *das Außen* mit dir machen, und immer wieder oder gar ebenso dauerhaft, darunter zu leiden, oder die Energie, die dir zur Verfügung steht, kontinuierlich so investieren, dass du eben nicht mehr dauerhaft Energie verschwendest, durch das, was *die Anderen* und *das Außen* mit dir machen, sondern über dich selbst hinauswachsen kannst.

> *Was ist dir lieber?*

Bitte beachte, dass du Option 2 nur dann verwirklichen kannst, wenn du *bereit* und *entschlossen* bist, *besser denken* zu lernen. Du musst *bereit sein*, so denken zu lernen, wie die Meister des sagenumwobenen Shaolin-Tempels es tun, im vollen Bewusstsein, dass du dieses Ziel kaum verwirklichen können wirst. Aber du kannst dich auf den Weg machen und einfach einen Schritt nach dem anderen gehen, ebenso wie ich es gemacht habe. Wenn dir das gelingt, wirst du zwar noch immer nicht über die innere Stärke eines Shaolin-Meisters verfügen können, aber du wirst dich ihr Schritt für Schritt annähern und dabei immer stärker und stärker werden, jeden einzelnen Tag!

> *Ist dir WIRKLICH KLAR, was das bedeutet?*

Gönne dir JETZT eine Lesepause …

> *Setz oder leg dich bequem hin und schließe für 10 Minuten deine Augen. Versuche deinen Atem zu fokussieren und lass deinen Geist, mit den Gedanken, die du jetzt hast, einfach machen. Lass all die Gedanken kommen und gehen und halte sie nicht fest. Heiße sie alle herzlich willkommen und verabschiede sie in Dankbarkeit. Bewerte sie nicht, nimm sie – im Vorüberziehen – einfach nur achtsam zur Kenntnis.*

Und bitte bedenke …

> *Wenn du nicht ins Tun kommst, wenn du nicht übst – und auch Denken üben ist Üben –, wirst du auch am Ende dieses Buches nur eines können, nämlich ein Buch lesen. Unsere besten Wünsche begleiten dich, aber dein Glück und dein Leid hängen einzig von deinen Taten ab, und nicht von unseren Wünschen für dich.*

Du hast selbstverständlich recht! Es bedeutet *nicht,* dass du dadurch ein *Kung Fu Meister* wirst, der Steine zertrümmern oder dem ein Stockhieb nichts anhaben kann. Aber darauf kommt es auch gar nicht an. Es bedeutet – neben einer erfüllten Beziehung zu anderen Menschen und beruflichem Erfolg – den Unterschied, ob du ein Leben voller verzehrender Sehn-SUCHT leben wirst, die du möglicherweise niemals aus eigener Kraft wirst stillen können, oder aber ein Leben voller gedeihlichem Selbst-BEWUSSTSEIN, das dich vor den Stürmen des Lebens schützt, die uns alle von Zeit zu Zeit immer mal wieder heimsuchen.

Und mach dir das bitte absolut bewusst: Beide Leben verlaufen nur einen einzigen *Entschluss* weit voneinander entfernt. Der eine *fremdbestimmt* und *leidvoll*, der andere *selbstbestimmt* und *gedeihlich.* Hast du dich aber erst einmal auf den gedeihlichen Weg begeben, und bist du ihn eine Weile gewissenhaft gegangen, wirst du sehr schnell überrascht und fasziniert davon sein, was das mit dir macht, und wie deine Lebenswelt und die fühlenden Wesen in ihr darauf reagieren. Das können wir dir versichern!

Du fragst dich nun bestimmt, warum wir uns da so sicher sein können, oder? Nun, es ist ganz einfach: Weil hunderte Menschen, die mit uns den *mittleren Weg* bereits gegangen sind, es uns immer wieder berichten und versichert haben!

> *Wir raten dir auf jeden Fall, dich darauf gefasst zu machen, einen wirklich wunderbaren, einzigartigen, achtsamen und mitfühlenden Menschen zu treffen: DICH SELBST!*

Am Ende des letzten Kapitels haben wir für dich noch einmal zusammengefasst, was BE**WATER** ist und was BE**WATER** kann. Und wir haben dir auch gezeigt, was DU tun musst, um die Wirkung von BE**WATER** genießen und über dich selbst hinauswachsen zu können. Zu Beginn dieses Kapitels möchten wir es dir nun sogar noch leichter machen. Denn bei BE**WATER** geht es eigentlich nur darum, ein einziges Ziel zu erreichen …

> *Suche und finde den Menschen vor dem Zerrspiegel des Außen, und lass den los, der dich durch diesen Spiegel ansieht. Das war's!*

Und wenn du dich jetzt fragen solltest, wie das möglich sein soll, dann möchte ich dir die Frage stellen, mit der mich Jack Kornfield auf den *mittleren Weg* geschubst hat …

> *»Hat der Weg, auf dem du dich befindest, ein Herz?«*

Lautet die Antwort NEIN, ist es der *falsche Weg*. Ja, es ist tatsächlich so einfach: *Hat dein Weg ein Herz?* Diese einfache Frage hat mir den *mittleren Weg* erschlossen und ihn für mich gangbar gemacht. Ich wollte keinen Weg mehr gehen, der kein Herz hat. Und mein Weg hatte nun wirklich alles, aber ganz sicher kein Herz! Und weißt du, warum er kein Herz hatte? Weil mich mein Ego in die Irre geführt hat, indem es sich *Motivation, Maßstab* und *Standpunkt* zur Beute gemacht hat. Ich denke manchmal, dass ich letztendlich den Menschen nur noch in der Hoffnung geholfen habe, dass jemand erkennen möge, wie sehr ich selbst auf Hilfe angewiesen war. Nur war da leider niemand (mehr), der mir hätte helfen können. Und die, die noch da waren, hatten mit sich selbst mehr als genug zu tun.

Aber wenn du jetzt denkst, was sind das nur für Menschen, dann denkst du zwar *menschlich*, aber eben nicht *gedeihlich*. Warum? Nun, ist das nicht offensichtlich? Denk noch einmal kurz darüber nach, was du bisher gelernt hast. Was wäre wohl der gedeihliche Gedanke, unter Berücksichtigung der *vier edlen Wahrheiten*, der *sechs Wurzeln* und des *edlen achtfachen Pfades?* Richtig, ich wusste, dass du das noch weißt. Klasse!

Diese Menschen waren und sind nämlich *nicht* für mich verantwortlich. Nur *ich* bin es. Deshalb war es zwar nicht meine *Schuld*, aber es war doch mein eigenes *Unvermögen*, das mich in diese Situation gebracht hat. Niemand außer mir selbst hat damit etwas zu tun. Nicht meine chronische Krankheit, nicht der frühe Tod meines Freundes, nicht das Mobbing an der Hochschule, und auch nicht die Traumata, die der Beruf mit sich bringen kann. Nichts davon hat etwas damit zu tun! Es sind nichts weiter als Ausreden, um sich vor der Verantwortung zu drücken, die man für sich selbst hat. Diese Erkenntnis habe ich *Ayya Khema* zu verdanken, eben jener wunderbaren buddhistischen Nonne, die gleich hier bei mir hinter dem nächsten Hügel im Allgäu gewirkt hat.

Es ist eben so viel einfacher, irgendjemanden oder irgendetwas für dein Leiden verantwortlich zu machen, und für all das, was in deinem Leben nicht funktioniert oder schiefgelaufen ist, als zu erkennen, welche Rolle du selbst in deinem Lebensfilm spielst. Du musst dir klarmachen, dass du es warst, der *selbst* und *bewusst* ein Ticket für diesen Film gelöst hat. Aber eben leider nur selbst und bewusst, und nicht *SELBSTBEWUSST*. Aber damit nicht genug.

Denn du hast zwar nicht das Drehbuch geschrieben, aber du hast dir das Genre (von Horror → Vergangenheit → Depression, bis Science-Fiction → Zukunft → Angst) selbst ausgesucht, und DU hast Regie geführt. Oder, und das trifft leider auf sehr viele Menschen zu, DU hast *die Anderen* und *das Außen* Regie führen lassen!

Nur DU trägst die Verantwortung für dich, und sonst niemand! Das muss dir ebenso klar sein wie die Tatsache, dass es im Umgang mit dir selbst niemals um die Schuldfrage geht. Und wenn es sogar ein Formel 1-Team (Mercedes) schafft, eine *no blaming culture* zu leben und damit 7-mal Weltmeister zu werden, dann ist da ja möglicherweise etwas dran, oder wie siehst du das? Wie gesagt: Du musst zwar die *Verantwortung* für dich selbst tragen, aber keinesfalls eine *Schuld*, von der man oft nur selbst glaubt, sie auf sich geladen zu haben. Der Grund dafür ist oftmals, so sagt Buddha, *unangemessener Selbstzweifel* (das letzte der fünf Hindernisse: *der skeptische Zweifel).* Wenn du merkst, dass dir das passiert, dann wende dir selbst gegenüber sofort die buddhistische Form der *no blaming culture* an. Mach es so, wie Ayya Khema es uns lehrt …

> *»Erkennen, nicht tadeln, ändern!«*

Es hat auch bei mir eine ganze Weile gedauert und Meister Shi Yan Lu einiges an Geduld abverlangt, bis ich annehmen und akzeptieren konnte, dass ich mich selbst in diese Situation, in dieses Krankenhaus, in diesen Rollstuhl und in diesen dunklen, kalten Abgrund befördert habe, weil ich über die Jahre zunehmend die Fähigkeit eingebüßt habe, gedeihlich zu denken. Und weil dieser Prozess oft so langsam vonstatten geht, denkt man oft nicht im Traum daran, dass man möglicherweise selbst der Verursacher von alledem ist. Natürlich nicht vorsätzlich. Man stellt einfach keinen Bezug mehr her, weil man seine Kreativität einbüßt und immer reaktiver wird, weil es ja (scheinbar) offensichtlich ist, welche finsteren Kräfte es da im Außen auf unser Glück und Seelenheil abgesehen haben. Und dann kommt das eine zum anderen, die Dinge gehen in Resonanz und verstärken sich gegenseitig. Dies hat zur Folge, dass man, um diese zumindest unterschwellig wahrgenommene Entwicklung zu stoppen, noch mehr vom Falschen wahrnimmt, denkt, fühlt und tut oder eben nicht mehr tut, weil Angst und Depression bereits zu großen Reibungsverlusten geführt und in der Folge dementsprechende Blockaden errichtet haben.

> *Selbstlosigkeit und Aufrichtigkeit führen zur Harmonie. Und Harmonie ist das Fundament, auf dem sowohl äußere Kraft als auch innere Stärke aufbauen.*

Wir alle, und das schließt dich, mich und Meister Shi Yan Lu mit ein, müssen uns täglich darum bemühen, unsere *Selbstwirksamkeit* aufrecht zu erhalten, egal welche *Reibungsverluste* oder *Blockaden* auch be- oder entstehen mögen, wenn wir nicht wollen, dass uns die Tsunamis des Lebens überrollen. Oder wie es auf einem Plakat des indischen spirituellen Lehrers *Swami Satchidananda,* einer der Lehrer von Jack Kornfield, zu lesen stand:

*»Du kannst zwar die Wellen des Lebens nicht aufhalten,
aber du kannst lernen auf ihnen zu surfen. Lerne meditieren,
mit Swami Satchidananda.«*

Und damit wählt Swami Satchidananda zwar eine andere Analogie, sagt aber grundsätzlich das gleiche wie Bruce Lee in seinem legendären Zitat:

*»Empty your mind … Be formless, shapeless, like water.
Be water, my friend.«*

Du siehst also, dass viele der großen Geister, sogar kulturübergreifend, zum gleichen Schluss kommen. Und da wohl kaum einer von uns an diese Meister heranreichen oder sie gar übertreffen wird, sollten wir uns die Frage stellen, ob wir nicht besser auf sie hören sollten, um dann unsere eigenen Erfahrungen machen zu können, ohne dabei Schaden zu nehmen und Leid zu erfahren. Ich denke mir oft, hätten wir etwas mehr *Demut*, sehr viel mehr *Mut*, und noch viel mehr *Menschlichkeit*, müssten wir uns diese Frage gar nicht erst stellen. Warum? Nun, ganz einfach. Diese Art zu denken wäre für uns dann schlicht völlig selbstverständlich.

Und das bringt uns zum Kern der Sache …
In einer Zeit, in der sich *Bildungsinstitutionen* wie Schulen und Hochschulen selbst zunehmend delegitimieren, stellt sich ab einem bestimmten Punkt die Frage, was die von eben diesen Bildungsinstitutionen zertifizierten *Bildungsabschlüsse* eigentlich noch wert sind, und welche Relevanz sie überhaupt noch haben. Dies gilt umso mehr, als sich im digitalen Raum immer mehr individualisierbare Lern- und Ausbildungsoptionen auftun, die man selbstbestimmt, zeit- und ortsunabhängig absolvieren kann und die Kompetenz attestieren – und keine *ideologisierte Pseudo-Bildung*, die lediglich dazu befähigt, mit Erlaubnis und auf Kommando über Stöckchen zu springen.

Allerdings gibt es da ein Problem: Wer mit *Selbstbestimmung* nicht umgehen kann, wird diese Optionen kaum nutzen, selbst dann, wenn er sowohl über das *Wissen* verfügen würde, dass es diese Optionen gibt, als auch über das *Können*, diese Optionen zu nutzen. Wer mit Selbstbestimmung nicht umgehen kann, wird nur sehr schwer ins *Tun* kommen können. Schlicht deshalb, weil Selbstbestimmung nur unter zwei Bedingungen gelebt werden kann und diese sind: Selbstverantwortung und Selbstbeherrschung! Das bedeutet, dass man erstens für sein Denken, Fühlen und Handeln die volle Verantwortung übernimmt, was allerdings nur dann möglich ist, wenn man zweitens jederzeit und unter allen Umständen sein Denken, Fühlen und Handeln kontrollieren kann.

Die Frage wird zukünftig also nicht mehr lauten, welchen Abschluss du hast, sondern, was du tatsächlich selbstbestimmt, kompetent, effizient und zielführend tatsächlich *tun* kannst. Es wird niemanden mehr interessieren, wie du an das vorgegebene Ziel kommst, sondern nur noch, *ob und wann* du in der Lage bist, das vorgegebene Ziel zu erreichen. Denn bezahlt wird künftig nicht mehr der Weg, sondern das, was am Ende des Weges steht. Deshalb wird es künftig nicht mehr genügen, nur als kompetent zu erscheinen, du wirst durch *TUN* zeigen müssen, was tatsächlich in dir steckt und wer du tatsächlich bist. Wenn die Zeit kommt, in der der *Schein* dem *Sein* weichen muss, kannst du dir ganz sicher keine Reibungsverluste oder gar Blockaden mehr leisten. Dies gilt umso mehr, wenn es denen, mit denen du zu wetteifern gezwungen bist, gelingt, eben diese zu vermeiden.

10. Los geht's – Gedeihliche Vorbereitungen

Es ist zwar nicht schön, aber wir müssen dir jetzt leider etwas *gedeihliches Leid* zufügen. Und wir sind uns bewusst, dass wir das tun. Dennoch investieren wir ein paar Karma-Punkte, weil du nur so einen Schritt weiterkommen kannst, denn …

> *»Alles, was uns widerfährt, ist das Ergebnis dessen, was wir selbst gedacht, gesagt oder getan haben. Wir allein sind für unser Leben verantwortlich.«* (Buddha)

Bitte mache dir Folgendes bewusst …

Ebenso lange, wie *der nicht gedeihliche Weg* war, der dich an den Punkt gebracht hat, an dem du dich aktuell befindest, ebenso lange ist natürlich grundsätzlich auch der *Rückweg*. Logisch, oder? Nun, nicht wirklich! Grundsätzlich mag das zwar so sein, aber wer sagt denn, dass du auf dem gleichen Weg zurückgehen musst, auf dem du an diesen Punkt gelangt bist, an dem es nun nicht mehr weiterzugehen scheint?

Wir zeigen dir einen deutlich kürzeren Weg, der zwar etwas mühsamer ist, der dich dafür aber in die Lage versetzen wird, zukünftig über dich hinauszuwachsen und deine Grenzen zu verschieben! Du fragst dich, wie das gehen soll? Nun, ganz einfach! Um diese anspruchsvolleren, kürzeren Wege gehen zu können, wirst du Fähigkeiten benötigen, die dir kontinuierlich zuteilwerden, sobald du den ersten Schritt auf diesem Weg gehst.

Die Zitate des Buddha, vor allem die, die evident auf ihn zurückgehen, bedürfen meist der Erklärung durch so wunderbare und weise Lehrer und Lehrerinnen wie Ayya Khema, wenn man den größtmöglichen Nutzen aus ihnen ziehen möchte. Einfachere Zitate, die Buddha möglicherweise nur zugeschrieben worden sind, können unter günstigen Umständen auch von einfacheren Geistern wie mir erklärt und interpretiert werden. Um ein solches Zitat, das dem Buddha möglicherweise nur zugeschrieben wird, handelt es sich bei dem folgenden …

»Du kannst den Weg nicht gehen,
bevor du nicht selbst zum Weg geworden bist.«

Nun, was glaubst du? Worauf will diese buddhistische Weisheit unser Bewusstsein lenken? Und was genau ist damit gemeint?

Gönne dir JETZT eine Lesepause …

> *Setze oder leg dich bequem hin und schließe für 10 Minuten deine Augen. Versuche deinen Atem zu fokussieren und lass deinen Geist, mit den Gedanken, die du jetzt hast, einfach machen. Lass all die Gedanken kommen und gehen und halte sie nicht fest. Hei-*

> *ße sie alle herzlich willkommen und verabschiede sie in Dankbarkeit. Bewerte sie nicht, nimm sie – im Vorüberziehen – einfach nur achtsam zur Kenntnis.*

Und bitte bedenke …

> *Wenn du nicht ins Tun kommst, wenn du nicht übst – und auch Denken üben ist Üben –, wirst du auch am Ende dieses Buches nur eines können, nämlich ein Buch lesen. Unsere besten Wünsche begleiten dich, aber dein Glück und dein Leid hängen einzig von deinen Taten ab, und nicht von unseren Wünschen für dich.*

Nun, hast du dir Gedanken gemacht? Zu welchem Schluss bist du gekommen? Du bist dir nicht sicher? Das macht gar nichts! Wir werden versuchen, das Dunkel des Zweifels zu erhellen und dir eine kleine gedankliche Hilfestellung zu geben.

Gedanken**E**xperiment

Stell dir einen Menschen vor, der sich nichts sehnlicher wünscht, als auf die höchsten Gipfel der wunderbaren Alpen zu gelangen. Das ist das Einzige, was er im Kopf hat. Diesen einen Wunsch, diese eine Sehnsucht. Also macht er sich auf den Weg, so wie er ist. Bekleidet mit einem T-Shirt, Shorts und Flipflops. Außerdem ist er mit den Jahren übergewichtig geworden – und überhaupt völlig aus der Form geraten. Er ist selig, als er den Fuß der Berge endlich erreicht und beginnt sogleich mit dem Aufstieg. Zunächst kommt er noch recht gut voran, aber dann zieht ein furchtbares Gewitter auf und die Temperatur fällt rapide. Er ist mutterseelenallein, er friert fürchterlich und ist völlig am Ende seiner Kräfte. Die einzige Option, die ihn möglicherweise retten kann, besteht darin, den gleichen Weg zurückzugehen, den er gekommen ist. Das Problem daran ist: Beim Aufstieg war es warm und er war noch im Vollbesitz seiner Kräfte. Nun ist es eiskalt und seine Kräfte sind beinahe völlig erschöpft. Der gleichlange Rückweg würde für ihn zu einem kaum bewältigbaren Kraftakt und die Wahrscheinlichkeit, dass er auf seinem Heimweg aufgibt, ist deshalb leider sehr groß.

Setz dich wieder nieder, verschränke deine Beine, halte deinen Rücken gerade, lege deine Hände in deinen Schoß, wobei die linke unter der rechten Hand liegt. Schließe deine Augen und atme 10-mal möglichst langsam und tief in deinen Bauch ein und aus. Versuche dann, den beschriebenen Weg nachzugehen und schau, ob du Analogien zu deinem Leben, zu deinem Weg oder zu deiner Situation erkennen kannst. Mache diese Übung für mindestens 10 Minuten. Dann atme wieder 10-mal möglichst langsam und tief in deinen Bauch ein und aus. Öffne dann die Augen, komme im Hier und Jetzt an und lies weiter.

GE → **Antwort**

So wie der Wanderer verhalten wir uns alle, wenn wir glauben, wir würden unsere Wünsche verwirklichen können, indem wir ihnen naiv, unvorbereitet und blind nachrennen. Und vor allem dann, wenn wir – vom Ego getrieben – überzeugt davon sind, dass der beste Weg zurück derjenige sei, der uns überhaupt erst in diese lebensbedrohliche Situation gebracht hat, anstatt nach Menschen Ausschau zu halten, die in den Bergen zuhause sind und die genau wissen, ob und welche alternativen Wege es gibt, und die einem auch zeigen und beibringen können, wie man diese alternativen Heimwege findet und geht. Nun nehmen wir einmal an, wir hätten zwei Wanderer, die sich jeweils, wie oben beschrieben, verhalten und es schaffen, tatsächlich wieder heil und wohlbehalten nach Hause zu kommen. Was denkst du, unterscheidet die beiden?

Setz dich wieder nieder, verschränke deine Beine, halte deinen Rücken gerade, lege deine Hände in deinen Schoß, wobei die linke unter der rechten Hand liegt. Schließe deine Augen und atme 10-mal möglichst langsam und tief in deinen Bauch ein und aus. Versuche dann, den beschriebenen Weg nachzugehen und schau, ob du Analogien zu deinem Leben, zu deinem Weg oder zu deiner Situation erkennen kannst. Mache diese Übung für mindestens 10 Minuten. Dann atme wieder 10-mal möglichst langsam und tief in deinen Bauch (vier Finger breit unter deinen Nabel) ein und aus. Öffne dann die Augen, komme im Hier und Jetzt an und lies weiter.

> *Zunächst einmal das, was die beiden gemeinsam haben, nämlich einen erheblichen Trainingseffekt, der mit einem ebenso erheblichen Energieverlust einhergegangen ist. Der erste Wanderer, derjenige, der den gleichen Weg zurückgegangen ist, ist wieder dort, wo er zu Beginn schon war. Allerdings befindet er sich in einem deutlich schlechteren psychischen und physischen Zustand und unterliegt insgesamt einem erheblichen Verschleiß. Der zweite Wanderer, also derjenige, der sich nach einem ortskundigen Helfer umgesehen hat, ist auch wieder dort, wo er zu Beginn schon war. Aber der Zustand, in dem er sich befindet, ist ein deutlich anderer. Er hat zwar ebenfalls Gewicht verloren und zeigt Spuren der Ermüdung, allerdings ist seine Psyche wesentlich stabiler und der Körper deutlich muskulöser. Sein Denken, sein Fühlen und sein Handeln haben sich verändert, weil sich seine Motivation, sein Maßstab und sein Standpunkt verändert haben.*

Warum ist das so? Nun, es ist ganz einfach. Er hatte auf seinem Heimweg niemals Todesangst und konnte stets sicher sein, dass er trotz aller Herausforderung nach Hause kommen würde, weil er jemanden hatte, der ihn geführt und ihm alle Fähigkeiten vermittelt hat, die nötig waren, um diesen alternativen, fordernden, kürzeren Weg gehen zu können. Im Gegensatz zu unserem ersten Freund, der wohl auch in Zukunft die Gipfel des Lebens besser aus sicherer Entfernung betrachten sollte, ist unser zweiter Freund jeder Herausforderung gewachsen, völlig egal, wie hoch der Gipfel auch sein mag, den er besteigen möchte. Warum? Nun, weil er sich den Herausforderungen nicht nur gestellt hat, sondern sogar an ihnen gewachsen ist.

1. *Er hat sein Ego überwunden und um Hilfe gebeten, als er Hilfe gebraucht hat und sie nötig war.*
2. *Er hat gelernt, auf die Anleitungen seines ortskundigen Helfers nicht nur zu hören, sondern diese auch zu befolgen.*
3. *Er hat erfahren, was es bedeutet, zu vertrauen. Und zwar nicht nur anderen Menschen, sondern auch sich selbst.*
4. *Er hat neue Fertigkeiten entwickelt, sowohl mental als auch körperlich.*
5. *Aufgrund seines alternativen Heimwegs hat er biopsychosozial eine Leistungsfähigkeit ausgebildet, die ihm alles, was er im flachen Land zu erledigen hat, erheblich erleichtert.*
6. *Er ist weiser und stärker zurückgekehrt, sodass ihm das flache Land nichts mehr anhaben kann, und er, wenn gewünscht oder nötig, jeden Berg nicht nur gefahrlos bezwingen kann, sondern auch dabei erneut wachsen wird.*
7. *Seine erworbene körperliche Kraft und mentale Stärke befähigen ihn, über sich selbst hinauszuwachsen, weil er jede Herausforderung als Training verstehen und nutzen kann.*
8. *Sein Denken, Fühlen und Handeln werden zunehmend wieder kreativ und selbstbestimmt. Das reaktive Momentum löst sich auf.*
9. *Ab diesem Moment hat er aufgrund der eigenen Erfahrung verstanden, was nötig ist, um selbstbestimmt und selbstwirksam denken, fühlen und handeln zu können.*
10. *Er ist nun in der Lage, jederzeit SELBST und WIRKSAM darüber zu entscheiden, welche Form im gegenwärtigen Moment gedeihlich wäre und ob er sie annehmen möchte oder eben nicht. Nur*

er entscheidet darüber, ob und unter welchen Bedingungen er zu Eis oder Dampf wird, oder ob er völlig zentriert, ruhig, geduldig, gelassen und selbstbestimmt Wasser bleiben möchte.

Gönne dir JETZT eine Lesepause …

> *Setz oder leg dich bequem hin und schließe für 10 Minuten deine Augen. Versuche deinen Atem zu fokussieren und lass deinen Geist, mit den Gedanken, die du jetzt hast, einfach machen. Lass all die Gedanken kommen und gehen und halte sie nicht fest. Heiße sie alle herzlich willkommen und verabschiede sie in Dankbarkeit. Bewerte sie nicht, nimm sie – im Vorüberziehen – einfach nur achtsam zur Kenntnis.*

Und bitte bedenke …

> *Wenn du nicht ins Tun kommst, wenn du nicht übst – und auch Denken üben ist Üben –, wirst du auch am Ende dieses Buches nur eines können, nämlich ein Buch lesen. Unsere besten Wünsche begleiten dich, aber dein Glück und dein Leid hängen einzig von deinen Taten ab, und nicht von unseren Wünschen für dich.*

Prioritäten setzen: DU bist dein wichtigstes Projekt!

Du hast dich vielleicht schon die ganze Zeit gefragt, wie jemand, der sich seit 20 Jahren wissenschaftlich mit Meditation und buddhistischer Psychologie befasst hat, aus eigener Dummheit im Rollstuhl landen konnte, richtig? Nun, es ist ganz einfach. Der Professor war das Subjekt. Meditation und buddhistische Psychologie waren das Objekt. Das Problem dabei ist, dass das Subjekt stets im Zentrum des Strebens steht, und eben nicht das Objekt. Hä, wie bitte? Wie eine buddhistische Weisheit besagt:

»Du kannst den Weg nicht gehen, bevor du nicht selbst zum Weg geworden bist.«

Es hat eine Weile gedauert, bis ich verstanden habe, wie die Sache laufen muss, wenn sie funktionieren soll. Der Trick war, die Meditation und die buddhistische Psychologie zum Subjekt, und den Professor zum Objekt zu machen. Und erinnere dich bitte an das, was wir dir über Objektifizierung und Kohärenz gesagt haben. Ganz praktisch bedeutet das, dass ich früher die Meditation und die buddhistische Psychologie dann praktiziert habe, wenn das Geltungsstreben des Professors es erlaubt hat. Das war von Anfang an zum Scheitern verurteilt und konnte nur schiefgehen. Heute mache ich das genaue Gegenteil davon. Heute stelle ich Meditation, buddhistische Psychologie und die Trainingspraxis in den Mittelpunkt, und wenn dann noch Zeit übrig ist, darf der Professor *gedeihlich* und *auf der Basis buddhistischer Psychologie* nach Geltung streben. Mir ist klar geworden, dass man, wenn man Mönch sein will, mit allen Vor- und Nachteilen, die diese Entscheidung begleiten, dies nicht nebenbei sein kann. Deshalb bin ich nach dem Shaolin-Prinzip verfahren, das wie folgt lautet:

> *Tue etwas aus voller Kraft und mit ganzem Herzen – oder tue es nicht!*

Ich habe meinen Besitz aufgegeben, so gut wie alles verschenkt, was ich hatte, und lebe heute ein *monastic life* auf knapp 20 Quadratmetern in einer Mönchsklause in den Allgäuer Bergen. Und ich verstehe, wenn Menschen das nicht verstehen. Lass es mich dir deshalb noch einmal anders verdeutlichen, und dabei geht es mir nicht darum, dass du Mönch werden sollst. Es geht darum, dass du verstehst, dass *alles* einen Preis hat, oder wie Arnold Schwarzenegger zu mir gesagt hat:

> *»There is no lunch for free in this life ...«*

Wenn man Bodybuilding auf Topniveau betreibt, kann man das heute unmöglich als *Nebenberuf* betreiben, weil man eben nicht nur für zwei Stunden am Tag, und zwar dann, wenn man im Gym ist, Bodybuilder sein kann. Man muss den kompletten Tag und die komplette Nacht über Bodybuilder sein, sonst wird das nichts. Alles muss ineinandergreifen, vom Lebensunterhalt über das Mindset und die Ernährung bis hin zu Training und Erholung. Was man aber sehr wohl tun kann, ist, sich selbst, praktisch nebenberuflich, als Marke über *Social Media* zu vermarkten. So setzt man sich zum Beispiel selbst gedeihlich und selbstgesteuert unter Druck, und so greifen die Dinge ineinander und befeuern sich gegenseitig.

Und genauso verhält es sich auch mit der Meditation. Man ist nicht für 2x30 Minuten auf dem *mittleren Weg*, dann, wenn man auf dem Kissen sitzt und sehnsüchtig darauf wartet, dass sich ein *sanftes Schweben* einstellt. Die eigentliche Meditation, also die eigentliche Selbstbetrachtung, findet während der gesamten wachen Zeit dazwischen statt, und zwar dann, wenn man Achtsamkeit praktiziert! Oder wie Meister Shi Yan Lu stets zu sagen pflegt, wenn jemand damit prahlt, dass er jeden Tag zwei Stunden trainiert und eine Stunde meditiert:

> *Und was, mein Freund, machst du in den restlichen 21 Stunden?*

Ja, meine Freunde, genau *das* ist die Frage, um die es im Kern geht. Was machst du die restlichen 21 Stunden? Auch um dieser Frage auf den Grund zu gehen, mach dir nun bitte eine Tabelle mit drei Spalten – LEBEN, FREIZEIT und PASSION. Fülle dann die drei Spalten entsprechend der nachfolgenden Anleitung aus.

1. *Schreib bitte die drei Aktivitäten auf, die in deinem* LEBEN *die meiste Zeit beanspruchen. (Schlafen zählt nicht!)*
2. *Schreib bitte die drei Aktivitäten auf, die in deiner* FREIZEIT *die meiste Zeit beanspruchen. (Schlafen zählt nicht!)*

3. *Schreib bitte die drei Aktivitäten auf, die deine* PASSION *sind, also die Aktivitäten, denen du auch dann nachgehen würdest, wenn niemand davon wüsste, und wenn du keine Anerkennung dafür bekommen würdest. Auf den Punkt gebracht: Das, was DU nur für DICH tust, weil du nicht anders kannst, weil du dafür brennst, oder weil es eine Sehn-SUCHT in dir stillt. (Und NEIN 😉 schlafen zählt auch hier nicht!)*

Und damit du deine Tabelle für dich auswerten und interpretieren kannst, möchte ich dir nun gerne erzählen, was ich erlebe, wenn Schüler- oder Studentengruppen ihre Tabellen auswerten.

Ich verwende diese kleine Tabelle auch an der Hochschule. In diesem Fall ging es darum, dass die potenziellen *Maturanten* eine vorwissenschaftliche Arbeit schreiben müssen, um überhaupt eine Zulassung zur Matura (Matura = Abitur in Österreich) zu bekommen. Natürlich sind diese jungen Menschen noch völlig ahnungslos und in der Regel völlig überfordert mit dieser Aufgabe. Deshalb bietet meine Hochschule den Schulen Kurse an, wo die Schüler lernen, wie man wissenschaftlich arbeitet. Ich habe mir erlaubt, diesen Auftrag noch etwas zu erweitern, indem ich versuche, den Schülern auch noch das nötige Selbstvertrauen zu vermitteln, dass sie gut genug sind, und die Sicherheit, dass sie imstande sind, zu leisten, was ihnen abverlangt wird. Begegnet man den Mädels und Jungs auf diese Weise, kann man sich der uneingeschränkten Aufmerksamkeit sicher sein, und ganz nebenbei haben wir auch noch gemeinsam eine richtig gute Zeit, in der auch ich immer noch dazulerne!

Konkret verwende ich die Tabelle, um den Schülern die Themenfindung zu erleichtern. Nun passiert Folgendes: Die erste Spalte (LEBEN) können alle problemlos ausfüllen. Bei der zweiten Spalte (FREIZEIT) wird es dann schon schwieriger. Wirkliche Hobbys haben bei Weitem nicht mehr alle, wobei wir in Vorarlberg, aufgrund der wunderbar ländlichen Struktur und der vielen Vereine, aber noch gesegnet sind. In der Regel werden in der Spalte FEIZEIT dann auch, wie zu erwarten, *Gaming, Social Media* und *Fitness* genannt. Und bei der dritten Spalte (PASSION) kommt dann die *Apokalypse!* Apokalypse bedeutet altgriechisch Enthüllung, Entschleierung oder Offenbarung, und genau das war es auch. Denn acht von zehn dieser unglaublich engagierten, wunderbaren und talentierten jungen Menschen konnten in dieser Spalte nicht einen einzigen Eintrag machen!

Nun, was denkst du, bedeutet das? Nachdem ich diese *Apokalypse* mit Meister Shi Yan Lu diskutiert habe, komme ich zu folgender Antwort:

Ich denke, dass die jungen Menschen engagiert tun, was von ihnen gefordert wird, solange es gefordert wird. Das Warum, das Wie oder gar die grundsätzliche Sinnhaftigkeit werden nicht hinterfragt, solange die fordernde Instanz als *unvermeidliche* Autorität gesehen werden *muss*. Die Konsequenz ist ein lethargisches *über sich ergehen lassen,* möglichst ohne dabei unangenehm aufzufallen. Sie warten darauf, was ihnen gesagt wird. Und sie tun, was von ihnen erwartet wird. Kurz: Sie entsprechen und genügen den Erwartungen, die sie wahrnehmen (oder wahrzunehmen glauben) und versuchen es allen recht zu machen. Getrieben von der Angst, den Erwartungen nicht zu genügen und es womöglich eben nicht allen recht zu machen, sind sie damit so beschäftigt, dass sie sich die wesentliche Frage gar nicht mehr stellen: Warum glaube ich, es *allen* recht machen zu müssen, allen, außer mir selbst? Aber was sind *meine* Erwartungen und *meine* Bedürfnisse? Als wir dann eine Weile miteinander gearbeitet hatten, begann sich diese Blockade zu lösen, und mit einem Mal haben die Schülerinnen und Schüler wieder angefangen sich zu spüren, und das war einfach großartig. Auch und gerade, wenn dabei manchmal Tränen fließen.

Grundsätzlich geht es bei der Tabelle aber um etwas ganz anderes, nämlich darum, ob Überschneidungen sichtbar werden und ob sich Bezüge zwischen den drei Spalten herstellen lassen. Die größten Reibungsverluste und sogar Blockaden entstehen nämlich üblicherweise dann, wenn sich weder eine *Überschneidung* erkennen noch ein *Bezug* zwischen den Spalten herstellen lässt. Erscheint aber etwas, zumindest vom Wesen her, ähnliches in allen drei Spalten, stehen die Chancen gut, dass du bereits tendenziell lebst, was du bist. Du hast dir die Frage »*Warum glaube ich, es allen recht machen zu müssen, allen, außer mir selbst?*« offenbar schon gestellt und möglicherweise auch schon an deren Beantwortung gearbeitet. Aber warum ist das so wichtig? Nun, weil es mit Aktivierung zu tun hat. Lässt du dich fremdbestimmt treiben oder wirst du fremdbestimmt getrieben, kannst du dir weder deiner Sache noch dir selbst jemals sicher sein. Diese Unsicherheit erhöht unter solchen Bedingungen kontinuierlich die Aktivierung, bevor der entstehende Stress dann zunehmend Angst und Depression ermächtigt.

Mach dir bitte bewusst: Unsicherheit zieht das Denken antizipativ in die Zukunft, wo die Angst sich nährt. Unzufriedenheit zieht das Denken retrospektiv in die Vergangenheit, wo die Depression sich nährt. Und wenn du nicht möchtest, dass sich die dadurch entstehende destruktive Energie gegen dich richtet, müsstest du mindestens einmal am Tag *kämpfen* oder *flüchten*. Das wäre die natürliche Reaktion eines Körpers, der unter Stress gerät. Nun kannst du aber nicht anfangen, Leute zu verhauen oder einfach wegzurennen, wenn du in eine belastende Situation kommst, in der du das Gefühl hast, die Kontrolle (ohnehin eine Illusion) zu verlieren. Auch dann nicht, wenn du auf diese Weise wahrscheinlich gesünder bleiben würdest. Also bedarf es einer Alternative, die deine Aktivierung gar nicht erst derart ansteigen lässt. Diese Alternative bietet dir BE**WATER**, und es liegt an dir, ob und wie du diese Alternative nutzen möchtest.

In jedem Fall ist es wichtig, dass du nicht (gleich) zu viel von dir verlangst! Es ist ein Prozess, der Geduld erfordert, Zeit benötigt und zudem die Erkenntnis voraussetzt, dass dich jeder Zweifel, jeder Fehltritt und jede Dummheit deinem Ziel nicht nur näher bringt, sondern *multidimensional*, also biopsychosozial, stärker macht. Es gibt KEINEN Knopf, auf den du drücken kannst, damit die Dinge (wieder) so werden, wie du sie gerne hättest oder wie du sie herbeisehnst.

Es hat eine erhebliche Weile gebraucht, bis du an dem Punkt warst, an dem du nun eine neue Richtung einschlagen willst (oder vielleicht sogar musst). Gib dir Zeit, denn auch *Geduld* ist eine wichtige Fähigkeit, die erst kultiviert werden muss. Denk daran, es spielt keine Rolle, ob du den Bus verpasst, wenn dir dabei klar ist, dass du bereits im Bus (des Lebens) sitzt, von dem ein Teil in diesem Moment das Verpassen des Busses ist. Und es werden auch härtere Tage dabei sein, an denen du möglicherweise scheinbar am Verzweifeln und den Tränen nahe bist. Lasse die Tränen zu, denn …

»Tränen sind die Waffe des Körpers gegen
den Schmerz des Lebens.« (Jack Kornfield)

Und sie füllen oft das emotionale Loch, in das wir alle hin und wieder fallen, sodass wir das rettende Ufer aus eigener Kraft erreichen können – auch wenn es manchmal quälend lange dauert. Ich bin mittlerweile überzeugt, dass das Ziel nicht darin liegt, eine bestimmte Form perfekt zu beherrschen, sondern die Formen, für die man gemacht ist, zu erkennen, zu erlernen und so in sich zusammenzuführen, dass man selbst zu einer neuen Form wird. So ähnlich muss auch *Bruce Lee* seine auf *Wing Chun Kung Fu* basierende, hoch integrative Kampfkunst *Jeet Kune Do* entwickelt haben.

»Wenn du dein Hier und Jetzt unerträglich findest und
es dich unglücklich macht, dann gibt es drei Möglichkeiten:
Verlasse die Situation, verändere sie oder akzeptiere sie ganz.
Wenn du Verantwortung für dein Leben übernehmen willst,
dann musst du eine dieser drei Möglichkeiten wählen,
und du musst die Wahl jetzt treffen.« (Eckhart Tolle)

Und *Dale Carnegie* illustriert die Aussagen von Eckhart Tolle ganz wunderbar, indem er sagt:

»Anstatt die Menschen zu verurteilen (Anm. d. Autoren: Das gilt auch für dich selbst!), sollten wir besser versuchen, sie zu verstehen, versuchen herauszufinden, warum sie so und nicht anders handeln. Das ist vermutlich einträglicher und interessanter als Kritik. Dadurch schaffen wir eine Atmosphäre der Sympathie, Nachsicht und Güte. Alles verstehen heißt alles verzeihen. […] Auf die Zukunft bereitet man sich am besten vor, wenn man sich mit seiner ganzen Intelligenz und Begeisterung darauf konzentriert, die Arbeit von heute auch heute ganz vorzüglich zu leisten. Das ist die einzig mögliche Methode, sich auf die Zukunft vorzubereiten. […] Wie kommt es, dass eine so einfache Sache, wie Beschäftigung, hilft, unsere Sorgen und Nöte zu vertreiben? Weil das ein Gesetz ist. Eines der wichtigsten Gesetze, die die Psychologie je entdeckte. Es handelt sich dabei um Folgendes: Es ist völlig unmöglich, dass irgendein menschlicher Verstand, und sei er noch so brillant, mehr als einen Gedanken auf einmal denken kann. […] Beherrschen Sie sich, und denken Sie daran, dass sich die Größe eines Menschen darin zeigt, worüber er sich ärgert.«

Wo übe ich?

Den *Weg des Shaolin Kung Fu* (Kampfkunst, Heilkunst und Kunst) findet man dort, wo man auch alle anderen Wege findet: in der Natur! Unsere Schüler – und natürlich auch wir selbst – trainieren (fast) ausschließlich in der Natur. Dabei ist es egal, ob Temperaturen von plus 40 oder minus 20 Grad herrschen, ob die Sonne scheint oder gerade ein Schneesturm tobt. Das hat mehrere Gründe. Einer der wichtigsten ist, dass man leichter ein Verständnis dafür entwickelt, dass man ein Teil dieser Natur ist, die uns hervorgebracht hat, die uns am Leben erhält und zu der wir einst zurückkehren. Zudem *erdet* uns die Übungspraxis in der Natur, sie *öffnet* uns, und sie *härtet* uns *ab.* Die Übungen sowohl in der Hitze als auch in der Kälte zu absolvieren, stärkt aber nicht nur unser physiologisches System, also unsere Biologie. Das ist nur ein höchst willkommener Nebeneffekt. Der angestrebte und zentrale Effekt ist, mit jeder einzelnen Überwindung, mit jedem Mal, wenn Schmerzen und Erschöpfung zu dominieren beginnen, wenn es furchtbar heiß, bitterkalt oder klatschnass ist, den Geist gelassener, stärker und stabiler zu machen. Eine sehr wirkungsvolle Form des *Shaolin Mental Trainings.* Es ist nur eine etwas extremere Form der morgendlichen kalten Dusche, wenn man sie auch im Winter, wenn das Bad morgens noch bitterkalt ist, anwendet.

Wenn ich etwa in der dunklen, kalten Jahreszeit erkenne, dass mein Geist häufiger die Nähe zu Angst und/oder Depression zu suchen beginnt, vor allem weil meine rheumatischen Schmerzen aufgrund meiner chronischen Erkrankung dann bisweilen extrem belastend werden, versuche ich zu verstehen, anzunehmen und zu akzeptieren, warum er das tut. Mein Ziel ist, das ERKANNTE schlussendlich loslassen zu können, damit Reibungsverluste und Blockaden gar nicht erst entstehen können. Ich nutze hierfür eine bestimmte Meditationsform (Tummo Meditation), die ich vor Sonnenaufgang (ca. 30 Minuten), nur in kurzer Hose bekleidet, praktiziere, am liebsten im Winter, bei sehr frostigen Temperaturen und Schneefall. Ich liebe diese Form der Meditation, weil sie mich in jeder Hinsicht stärker macht, indem sie alle wünschenswerten und wesentlichen Effekte integriert. Wenn du es versuchen möchtest, wirst du feststellen, dass Zeit wirklich *sehr relativ* ist. Dreißig Minuten können sich bei Minusgraden anfühlen wie ein ganzes Leben. Bei dieser Übung geht es mir um die drei wesentlichen Dimensionen, und zwar:

> *Abhärtung, Fokus und Erdung!*

Hilfreich ist es, wenn du dir ein Plätzchen in der Natur suchst, wo es wahrhaftig schön ist, wo du zur Ruhe kommst und wo du auch deine Ruhe hast. Dieses Plätzchen sollte deiner Spiritualität ebenso Raum geben wie deinem physischen Körper. Mit anderen Worten: Du solltest dort einen ruhigen, am besten magischen Meditationsplatz haben, und einen Platz, an dem du deine körperlichen Übungen machen kannst, mit Bäumen, Bänken, großen Felsen o. ä. Hier, bei uns am Bodensee, haben wir all das. Ich kann am Morgen bei mir auf dem Berg oder an den Wasserfällen Meditation praktizieren. Und wenn ich das möchte, kann ich nachmittags am Bodenseeufer *Qi Gong* üben. Und noch eines: Verfahre bei deiner Auswahl deiner Kraftorte weise und bedenke dabei …

> *Die beste Medizin für einen unruhigen Geist ist das Wahre, das Schöne und das Gute. Die beste Medizin ist die Wahrhaftigkeit der Natur! Suche dir einen solchen Ort in der Natur, dessen Energie dich zurück zu dir selbst bringt und im Leben erdet, damit du nicht den Fokus verlierst und dir immer klar ist, was Leben – wahrhaftig – bedeutet.*

Da wir aber alle nur Menschen sind und bisweilen eben nicht über die nötige innere Stärke verfügen, kann ein Meditationsplatz in unserem Zuhause eine gute Unterstützung unserer Übungspraxis sein, da er uns die Ausreden nimmt, wenn es draußen angeblich zu heiß ist, wenn es regnet und stürmt, oder gar frostig ist und schneit!

Wie gesagt, unser Gehirn ist *doof*, *faul* und *süchtig*, du erinnerst dich? Arbeite mit diesem Wissen! Wenn du hundertmal am Tag an deinem Meditationsplatz vorbeiläufst, ohne dich zu setzen und zu atmen, wird das etwas mit dir machen. Nach dem Prinzip, steter Tropfen höhlt den Stein, garantiere ich dir, dass du nach kurzer Zeit so unzufrieden mit dir sein wirst, dass du dich hinsetzt und zu atmen beginnst. Und dann wirst du unvermeidlich die Erfahrung machen, dass es dich erleichtert. Halte genau diese Erfahrung und die guten Emotionen, die damit verbunden sind, gedanklich fest. Kontempliere sie regelmäßig und schon nach kurzer Zeit wirst du feststellen, dass du nicht mehr genervt bist, wenn du meditieren sollst, sondern dann, wenn dich jemand oder etwas daran hindert. Und irgendwann nervt dich dann nicht einmal mehr das.

Such dir eine schöne Ecke in deiner Wohnung, in deinem Schuppen, in deinem Haus oder in deinem Wintergarten aus, die zwar etwas abgelegen, dennoch aber gut sichtbar sein sollte. Stelle eine Buddhastatue auf, eine Klangschale, Bilder von für dich wichtigen und geliebten Menschen, Bilder von Menschen, die den Weg schon vor dir gegangen sind. Ergänze alles mit Räucherwerk, Mandalas, Gebetsfahnen oder was immer dir gefällt und dir hilft, zur Ruhe zu finden und zu dir selbst zu kommen. Auf jeden Fall aber weg vom Alltag. Schaffe dir einen Platz, an dem sich dein Körper wohlfühlt und dein Geist *in vollkommener Sicherheit* zur Ruhe kommen kann.

Was benötige ich?

Im Gegensatz zu vielen anderen Aktivitäten, brauchst du für **BE-WATER** absolut nichts, außer deinem ENTSCHLUSS. Allerdings können schon ein paar einfache Dinge deine Übungspraxis gedeihlich unterstützen. Wie viel du dafür ausgeben möchtest, ist natürlich dir überlassen, aber bitte bedenke dabei Folgendes:

Völlig egal, was du kaufst und wie viel es kostet, es ist nur ein Werkzeug, das nicht für dich praktizieren, üben und schwitzen wird! Ich sehe das immer wieder, wenn ich Seminare in Fitness-Studios halte oder selbst dort trainiere. Die Leute haben die teuerste Trainingskleidung, Fitness-Armbänder, Nahrungsergänzungsmittel, und einige greifen sogar zu Steroiden, obwohl sie in aller Regeln nicht wissen, was sie tun. Sie stylen sich sogar oft noch extra für den Auftritt im Gym. Sie tun alles, um gut zu scheinen, aber sie tun kaum etwas, um auch gut zu werden und gut zu sein. Sie reden viel und sehen dabei auch gut aus, aber sie tun wenig. Und sie schwitzen dabei praktisch nie. Sie haben nicht verstanden, für wen sie das machen. Wüssten sie es, würden sie wahrscheinlich herzhaft über sich selbst lachen.

Um es klar zu sagen: Das Einzige, was du wirklich brauchst, um mit dem Training zu beginnen und es auch konsequent durchzuhalten, ist ein ENTSCHLUSS – kein Wunsch! Denn ein bloßer Wunsch wird in aller Regel nicht ausreichen, weil er wahrscheinlich nicht in dir selbst entstanden, sondern suggeriert vom Außen, in dich hinein diffundiert worden ist. Stell dir bitte folgende Situation vor, die ich als Mentor selbst erlebt habe:

> *Ein junger Mann, Anfang 20, stark übergewichtig und allgemein nicht in guter Verfassung, hatte sich zu einem Mentoring angemeldet. Er hat mir erzählt, dass er keine Freundin finden würde, weil er so eine »fette Sau« sei. Schon diese Selbstverurteilung hat mir physisch wehgetan. Er meinte, dass er deshalb Bodybuilding machen möchte und dass er auf jeden Fall auf die Wettkampfbühne möchte, denn dann, so seine Überzeugung, würden sich ALL seine Probleme in Luft auflösen. Ich bot ihm an, ihm für die nächsten vier Wochen einen Plan zu machen, den er einfach nur abarbeiten müsse. Ich wollte erst einmal sehen, wie ernst es ihm überhaupt war: Ernährung, Training, Supplemente, Erholung und mentales Training. Ein sehr lockeres Programm, ausreichend gesundes Essen, zwanzig Minuten körperliches Training täglich, aktive Erholung, wie Wandern und Schwimmen, und eine Anleitung zur Kontemplation verschiedener Fragen. Allein aufgrund der moderaten Kalorienreduktion und Ernährungsumstellung, hätte in vier Wochen – zumindest physisch – etwas passieren müssen. Es ist auch etwas passiert: Er hat nämlich fast 3 Kilo zugenommen …*
> *Was war hier passiert?*

Nun, er hat sich einfach nicht an den Plan gehalten. Begründung: Es seien zwei Geburtstage in diese Zeit gefallen, in der Firma sei so viel Stress und er hätte einfach generell zu wenig Zeit. Ich bat ihn daraufhin, seinen kompletten Tagesablauf in Stichpunkten zu dokumentieren, damit ich sehen konnte, wie viel Zeit er wofür aufwendet. Vier Wochen später ging es ihm mental noch schlechter und er machte mir Vorhaltungen. Er meinte, dass der Plan für ihn einfach nicht passen würde, – wohlgemerkt der Plan, den er NICHT befolgt hat. Ich musste lächeln, weil es immer dasselbe ist. Dann habe ich ihn gefragt, ob er mit mir einen Spaziergang machen wolle, weg von den Menschen, um zu reden. Er wollte! Und so gingen wir in den Wald zu meinem Meditationsort. Stille. Kein Wort. Dann habe ich mich bei ihm dafür entschuldigt, dass ich ihm einen SO schlechten Plan gegeben habe, dass er sich nicht an ihn halten konnte. Er sah mich verdattert an und meinte, dass das nicht stimmen würde. Es sei seine Schuld. Das sei es immer. Und ich spürte, dass die Nichterfüllung des Plans nur ein Symptom war. Der Auslöser lag, wie ich noch erfahren durfte, ganz woanders. Und dann ist mir noch diese unglaubliche, hoffnungslose Traurigkeit in ihm aufgefallen. Aber wie dem auch sei, er war ÜBERZEUGT davon, es nicht schaffen zu können und dass es seine SCHULD sei.

Ich verstand seine Gefühle sehr gut, und weil ich sah, wie sehr er sich quälte und litt, habe ich ihm dann auch nur eine einzige Frage gestellt: »Was ist deine allergrößte Sehnsucht?« Er fing daraufhin an, bitterlich zu weinen, und sagte schluchzend und mit sehr leiser Stimme: »Ich wünsche mir so sehr, dass mir ein Mensch erlaubt, ihn zu lieben.« Und dann musste auch ich weinen, weil es mit großem Abstand das Wahrhaftigste war, was ich seit vielen Jahren gehört habe. Heute, nur zwei Jahre später, ist er nicht nur glücklich, er hat sogar bereits mehrere Wettkämpfe gewonnen, obwohl er gar nicht speziell dafür trainiert hatte.

Aber wie war das möglich? Und was ist geschehen?

Wahrscheinlich wird dich das ebenso überraschen, wie es mich überrascht hat. Aber genau das ist das Wunderbare an den fühlenden Wesen. Das ist es, was ich an ihnen so sehr liebe …

> *Wenn die Liebe eines Menschen, die er gerne geben möchte, von niemandem gewollt wird, lässt das tief blicken. Wenn aber die Liebe eines Menschen, die er geben muss, von keinem anderen Menschen gebraucht wird, dann beginnt diese Liebe mit der Zeit das eigene SELBST – vor aller Augen, aber dennoch meist unbemerkt – aufzulösen. Man kann die Hülle zwar noch scheinen und umhergehen sehen, aber das Qi, die Lebensenergie, ist erloschen. Und viel zu oft beginnt damit der destruktive Countdown zur Selbstzerstörung. Nur weil die Menschen das Gefühl dafür verloren haben, für irgendjemanden oder irgendetwas eine Bedeutung zu haben. Wie grausam das sein kann, habe ich über die Jahre viel zu oft gesehen und – leider oder zum Glück – im Rahmen meiner eigenen Biografie selbst erfahren.*

Nun aber weiter im Text. Begonnen hat nämlich alles damit, dass er Schritt für Schritt immer besser erkennen konnte, für wen er tut, was er tut. Er hat verstanden, was hilfreich für ihn ist. Und davon hat er kontinuierlich immer mehr gemacht. Jetzt wirst du dich sicher fragen, warum er das nicht schon früher gemacht hat, richtig? Das ist ganz einfach. Er musste – entgegen seinen alten Glaubenssätzen – zuerst erkennen, dass er selbst LIEBENSWERT ist. Er musste erkennen, dass ein Mensch ihm nur dann erlauben kann, ihn zu lieben, wenn sich dieser Mensch sicher sein kann, dass ihm dasselbe erlaubt wird. Wie aber kann er sich dessen sicher sein, wenn sein Gegenüber sich selbst nicht als liebenswert empfinden kann?
Man bekommt eben nur dann die Erlaubnis, jemanden bedingungslos zu lieben, wenn man selbst bereit ist, eben diese Erlaubnis zu geben. Wer sich selbst nicht lieben kann, kann einem anderen nicht die Erlaubnis geben, es zu tun, denn seiner eigenen

Überzeugung nach ist er es nicht wert. Es funktioniert nur dann, wenn man sich seiner SELBST sicher sein kann. Sicher, dass man der Liebe auch wert ist, dass man sie verdient, kurz, dass man LIEBENSWERT ist! Und zu eben dieser Erkenntnis hat ihm die buddhistische Psychologie verholfen.

»Du kannst im ganzen Universum nach jemandem suchen,
der deine Liebe und Zuneigung mehr verdient als du selbst,
und dieser Mensch wird nirgendwo zu finden sein.
Du selbst verdienst deine Liebe und Zuneigung genauso
sehr wie jeder andere im gesamten Universum.«
(Buddhistische Weisheit)

Nur diese eine buddhistische Weisheit und die angeleitete Kontemplation darüber haben bei ihm bereits ausgereicht, um sein Denken, sein Fühlen und sein Handeln völlig zu verändern. Und mit einem Mal hat er damit begonnen, völlig von selbst Themen der buddhistischen Psychologie zu recherchieren, die ihm nahe waren. Ich habe ihn dann online fast zwei Jahre weiterbetreut, aber nicht mehr persönlich gesehen, bis ich eines Tages eine wunderliche Kurznachricht von ihm bekommen habe, die wie folgt lautete:

> *»Lieber Meister! Buddha sagt, die Liebe sei ein Geschenk des eigenen Seeleninneren an den anderen, damit beide ganz sein können, und er hat recht … 😉. Lieber Meister, ich möchte dich in tiefer Dankbarkeit und Demut um ein Gespräch bitten, um dir für den schlechten Plan zu danken, den ich nicht befolgen konnte …«* 😉

Ich mache das schon eine ganze Weile, aber hin und wieder passieren Dinge, die mir einfach zeigen, dass wir diese Existenz und die wunderbare ihr innewohnende Magie möglicherweise nicht vollumfänglich verstehen. Oft schätzen wir sie nicht nur nicht in dem

Maße, wie es geboten wäre, wir ignorieren sie oft sogar auf geradezu vorsätzliche Weise. Aber schon dieser kurze Moment, als ich die Nachricht gelesen habe, hat mir die Magie einmal mehr vor Augen geführt. Wir trafen uns jedenfalls auf eine wunderbare Tasse Tee, und er sah wirklich beeindruckend aus. Er war zudem sehr, sehr ruhig, hatte eine unglaubliche Ausstrahlung, und als er mich sah, umarmte er mich, als sei ich für ihn ein wirklich wichtiger Mensch, bevor er zu erzählen begann …

Als er noch wesentlich fülliger gewesen sei (keine Rede mehr von »fette Sau«), aber schon sehr »committed«, habe er begonnen, statt einmal, zweimal pro Tag zu trainieren. Sehr früh am Morgen und sehr spät am Abend, um den Menschen aus dem Weg zu gehen. Er sagte das auf eine Art, dass man sofort verstand, dass es ihm dabei eigentlich nicht um DIE Menschen, sondern um einen bestimmten Menschen ging. Dann sei etwas Eigenartiges passiert. Der Mensch, um den es dabei ging, und er sagte wirklich Mensch, habe stets am Nachmittag trainiert, und erst als er sein Training gesplittet hatte, war dieser Mensch auf einmal auch sehr früh am Morgen und sehr spät am Abend beim Workout. Es handle sich dabei um einen jungen Mann, der einen absoluten Traumkörper, und ihn damit so verunsichert habe, dass er ihm aus dem Weg gehen wollte, weil er ihn für arrogant hielt, und weil er dachte, er würde ihn nur beobachten, um sich dann über ihn lustig zu machen.

Alte Glaubenssätze sind wirklich sehr, sehr mächtig!

Als er eines Morgens um 6 Uhr beim Bankdrücken gewesen sei, habe er mit 120 kg bis zum Muskelversagen trainiert, und sei in der letzten Wiederholung gescheitert. Die 120 kg lagen auf seiner Brust und in genau diesem Moment sei der ›Traumkörper‹ über ihm gestanden und habe ihm das Gewicht mit Leichtigkeit von der Brust genommen. Es sei ihm zuerst unsagbar peinlich gewesen, bis wieder etwas Komisches passiert sei. Der ›Traumkörper‹ begann

ein Gespräch und erzählte ihm, dass er es hassen würde, morgens um 6 Uhr zu trainieren, dass er aber sehr gerne mit ihm trainieren würde, weil er einer der ganz wenigen sei, die die Sache offenbar wirklich ernst nähmen, und überhaupt sei Bodybuilding eine Lebensphilosophie und kein »dumpfes Pumpen«. Von da an hätten sie gemeinsam trainiert, jetzt wieder am Nachmittag, sie hätten aber auch ihre freie Zeit immer häufiger gemeinsam verbracht. Er wollte wissen, ob ich noch wüsste, was wir damals im Wald am Meditationsplatz besprochen hatten. Und natürlich konnte ich mich erinnern …
Er lächelte auf eine Art, die man nur bei den Menschen sehen kann, die wissen, wer sie tatsächlich sind. Die sich nicht nur selbst erkannt haben, sondern die, auch ohne zu werten, den annehmen konnten, den sie erkannt haben. Dann begann er sehr leise, aber umso bestimmter, davon zu sprechen, dass er noch immer keine Freundin hätte, obwohl er doch nun diesen Körper habe. Als ich ihn gerade trösten wollte, fiel er mir ganz sanft ins Wort. Das sei gar nicht schlimm, weil er gar keine Freundin mehr brauchen würde. Jetzt war ich doch etwas verwundert. Er sagte: »Meister, ich brauche keine Freundin mehr, weil ich jemanden gefunden habe, der mir erlaubt hat, ihn zu lieben.« Dann winkte er in Richtung Tür, und herein kam ein wirklich blendend aussehender junger Mann, der schnurstracks auf mich zulief und mich umarmte, gerade so, als sei ich auch für ihn ein wirklich wichtiger Mensch. Dann sahen mich die beiden an, und er sagte zu mir: »Lieber Meister … Buddha sagt, die Liebe sei ein Geschenk des eigenen Seeleninneren an den anderen, damit beide ganz sein können. Du hast uns beide gerettet, du hast uns endlich beide ganz gemacht. Dafür wollten wir uns bei dir bedanken, und wir wollten fragen, ob es für dich in Ordnung ist …«, dann wurde er noch leiser und fügte hinzu: »… und ob du wohl VON UNS (und ich wusste, was er mir damit sagen wollte) eine Einladung zum Essen akzeptieren würdest?«

> *Und da musste ich zum zweiten Mal weinen, aber diesmal, weil es mich persönlich berührt hat, weil ich schon deshalb SEHR, SEHR GLÜCKLICH war, und weil ich mich wegen meiner eigenen Geschichte, die ich den beiden dann erzählt habe, unglaublich für die beiden Jungs gefreut habe! Ich habe Buddha mehrfach gedankt, weil die beiden es so sehr verdient hatten. Und als ich am Abend dieses Erlebnis kontemplierte, wurde mir auf einmal klar, warum es mich so glücklich gemacht hat. Glücklich hat mich die Tatsache gemacht, dass die beiden zusammengekommen sind, als mein Schüler noch wirklich übergewichtig war, und dass der andere junge Mann IHN gefragt hat, ob er sich vorstellen könnte, mit ihm (dem ›Traumkörper‹) zusammen zu sein.*

Aber warum denkst du, erzähle ich dir diese Geschichte? Weil sie *woke* ist und so wunderbar zum erzwungenen Zeitgeist passt? Ganz sicher nicht, und zum Beweis, habe ich noch genug Narben und Verletzungen aus einer Zeit, als Mut noch nicht gratis, schwul sein gefährlich, und *eine derartige Liebe* (dabei gibt es doch nur eine Art von Liebe) potenziell existenzgefährdend war. Ich erzähle diese Geschichte deshalb immer wieder gerne, weil sie ein paar ganz wichtige Dinge verdeutlicht und alle Menschen zwingt, ihre Motivation und ihren Maßstab zu hinterfragen, ihren Standpunkt zu verändern, ihr Denken aus der Komfortzone zu zerren, kritisch zu betrachten und sich die Frage zu stellen:

> *Warum denke ich eigentlich was ich denke – und will ich das überhaupt?*

1. *Mein Schüler war zu Beginn der Meinung, dass, wenn er dem entspräche, von dem er dachte, dass es von ihm erwartet würde, er sein Glück finden würde. Er hat dann erfahren, dass er dieser vermeintlichen Erwartung nicht entsprechen kann. Sein Denkfehler war, dass er dachte, nicht gut genug zu sein, um sie zu erfüllen.*

Dabei war er ZU GUT, um sie erfüllen zu können, denn etwas hat in ihm genagt und ihn wissen lassen, dass er dieser vermeintlichen Erwartung nicht entsprechen darf. Er war stark genug, um Hilfe zu bitten, und er hat dann schnell erkannt, dass er auf SEINE echten Bedürfnisse achten, zu sich SELBST stehen, und, was am wichtigsten war, dass er sich SELBST LIEBHABEN können muss.

2. *Mein Schüler hat gelernt, auf das zu hören, was er spürt, nachdem er gelernt hatte, überhaupt wieder etwas zu spüren, was nicht unmittelbar wehtut. Er hat mit dem Maßstab, von dem er dachte, er würde an ihn angelegt, gebrochen, und gelernt, sich selbst und seine wahren Bedürfnisse wieder zum Maßstab seines Lebens zu machen.*
3. *Mein Schüler war so sehr in vermeintlichen Erwartungshaltungen gefangen, dass für ihn der Blick, den die Anderen auf die Dinge haben, unmerklich und über die Jahre, zu seinem eigenen geworden ist. Er war von diesem Standpunkt aus nicht in der Lage zu erkennen, was sein Leid verursacht hat. Er dachte, dass der Grund dafür der sei, dass er nicht gut genug wäre, um die vermeintlichen Erwartungen zu erfüllen. Dabei hat ihn sein Geist lediglich geschützt, indem er ihn mit Leid konfrontiert hat. Nachdem diese Reibungsverluste aufgelöst und die damit assoziierten Blockaden beseitigt wurden, konnte er sein SELBST entwickeln, und ab diesem Moment konnte nichts mehr verhindern, dass er über sich hinausgewachsen ist, im Sport und im Beruf, vor allem aber als Mensch!*

Buddha sagt: Wenn ein weiser Mensch leidet, so fragt er sich:
»Was habe ich bisher getan, um mich von meinem Leiden
zu befreien? Was kann ich noch tun, um es zu überwinden?«
Wenn aber ein törichter Mensch leidet, so fragt er:
»Wer hat mir das angetan?« (Thich Nhat Hanh)

- Kleidung
  Zum Thema Bekleidung gibt es eigentlich nicht viel zu sagen. Die Kleidung sollte bequem sein und Bewegung ermöglichen. Wir tragen beim Training in der Natur, wenn wir uns dreckig machen müssen, einfach die älteste Trainingskleidung, die wir haben. Wollen wir beim Training in der Natur hingegen nicht dreckig werden, tragen wir die traditionelle Trainingskleidung der Shaolin-Mönche. Ich trage diese traditionelle Kleidung sehr gerne, weil sie mir hilft, mir klarzumachen, dass ich hier gerade keine *Sportstunde* mache, sondern dass ich mich konzentriert auf einen über 1500 Jahre alten spirituellen Weg begebe, der auf drei Säulen der Weisheit gründet, nämlich dem *Buddhismus*, dem *Konfuzianismus* und dem *Daoismus*. Und dabei geht es, nebenbei für all diejenigen, die das abschrecken könnte, nicht um Religion! Es geht darum, ein möglichst guter Mensch zu werden und zu verstehen, was dazu nötig ist. Deshalb trage ich traditionelle Trainingsbekleidung und die Ornate (Mönchsgewänder) so gerne. Sie helfen mir, den Fokus zu behalten.

  Du kannst also jederzeit in Jogging-Klamotten trainieren, wenn es dir bei deinem Training *nur* um biopsychosoziale Gesundheit geht. Wenn es dir aber um spirituelles Wachstum geht, solltest du möglicherweise doch etwas traditioneller an die Sache herangehen und dich über die geeignete Kleidung für dein Vorhaben informieren. Bei den Schuhen gibt es noch etwas zu beachten: Für dein Lauftraining solltest du dir am besten Barfuß-Schuhe (Kosten ca. 75 Euro) zulegen. Beim Laufen geht es nämlich erst in zweiter Linie um Kondition und Kalorienverbrennung. In erster Linie geht es beim Laufen darum, die Fußreflexzonen zu stimulieren, da diese sehr viele Prozesse im Körper positiv beeinflussen. Für die anderen Übungen sind Tai-Chi/Qi Gong/Kung Fu-Schuhe (Kosten ca. 25 Euro) sehr gut geeignet, aber Barfuß-Schuhe sollten auch hier genügen, wenn du die 25 Euro nicht ausgeben möchtest.

- Trainingszubehör & Hilfsmittel
  Neben der Bekleidung und den Schuhen wären noch folgende Dinge hilfreich:
  - Yoga-Matte für Meditation und Übungen (mind. 1,5 cm dick)
  - Timer für die Meditation, idealerweise mit einem *Gong-Ton* als Alarm
  - Nackenkissen für die Meditation, wenn du Probleme mit dem Nacken oder permanent einen verspannten Rücken hast
  - Verschiedene Faszienrollen
  - Sonstiges: Buddha-Figur, Räucherwerk, Klang- und Feuerschale

Wie viel Zeit muss ich aufwenden?

Bevor du darüber überhaupt nachdenkst, solltest du dir zunächst bewusst machen, wie viel Zeit du in deinen aktuellen Zustand *investiert* hast. Wir lange hat es gedauert, bis du an dem Punkt warst, wo du nun sagst, dass du etwas verändern möchtest bzw. musst? Na, wie lange? Ein paar Stunden? Ein paar Wochen? Ein paar Jahre? Gar Jahrzehnte? Merkst du was?

Genau! Es wird nicht ausreichen, nur für ein paar Stunden oder Wochen etwas *mentale und physische Gymnastik* zu machen. Wenn du dich wirklich gedeihlich verändern möchtest, wenn du entscheiden können möchtest, wie sich dein Leben anfühlt, und wenn du über dich selbst hinauswachsen möchtest, musst du auch etwas *gedeihlich* verändern. Denn es verändert sich nur dann etwas, wenn DU etwas veränderst!

Aber das bedeutet nicht, dass du diese Veränderung mit einer hohen Intensität, wovon auch immer, betreiben solltest, nur um möglichst schnell ein Wunschziel zu erreichen, von dem du (noch) glaubst, dass es lohnend wäre. Denn Fakt ist, dass du zu Beginn noch gar nicht in der Lage bist, das *wirklich* lohnende Ziel zu sehen (Standpunktproblematik – denn hättest du es erkannt, wärst du nicht an diesen Punkt gelangt, wo du etwas ändern möchtest oder gar musst). Es geht zunächst darum, zu erkennen, was alles losgelassen werden muss, und erst dann, langsam, und ganz allmählich, konsequent immer mehr von dem zu machen, was dir guttut, und dir hilft, auf dem Weg, den du nach gedeihlicher Abwägung eingeschlagen hast, voranzuschreiten. Du musst die Tasse erst leeren, bevor du sie neu befüllen kannst! Kannst du dich noch erinnern?

Wie du bereits gelernt hast, erwirbst du alle nötigen Kompetenzen ab dem Moment, in dem du den ersten Schritt auf diesem Weg gehst. Du wirst eine Zeit lang unter Umständen jeden Tag nur ein klein wenig besser, aber immerhin jeden Tag! So machen es die Shaolin-Meister. Nicht mit der Brechstange, sondern mit einer Menge Geduld und mit so viel Konsequenz, wie sie aufbringen können. Und wenn du einmal falsch abbiegst und es möglicherweise nicht so gut läuft, dann hilft dir auch das weiter, weil du wieder einen Pfad ausschließen kannst, der dich vom Weg abbringt.

In der Shaolin-Kultur gibt es, ganz im Gegensatz zur westlichen Kultur, einen gravierenden Unterschied. Wir fürchten uns nicht davor, Fehler zu machen, und wir verurteilen auch niemanden, der Fehler macht oder etwa scheitert. Ganz im Gegenteil! Wir begrüßen jeden einzelnen Fehler herzlich, eben weil er uns hilft, künftig nicht mehr zu scheitern. Für uns ist das Scheitern aber nicht nur ein hoch willkommener Lehrmeister, vielmehr betrachten wir das Scheitern als den besten Lehrmeister, den wir uns wünschen können! Leider haben wir das Scheitern in der westlichen Kultur stigmatisiert und mit dem Makel des Nicht-Genügens belegt. Dabei ist es einzig das Scheitern, das uns zu wahren Meistern machen kann. Scheitern wird nur dann zum Problem, wenn DU es nicht gedeihlich interpretierst und stattdessen negativ bewertest …

> *Ob du bekommst, was du brauchst, liegt nicht immer in deiner Hand. Aber ob du teilst, was dir zuteil geworden ist, sehr wohl.*

- Ziele
  Hinsichtlich der Ziele, die du anstreben kannst, gibt es zwei Optionen:
  - Die erste der beiden Optionen kann dafür sorgen, dass erlittene *biopsychosoziale Verletzungen* nicht mehr ganz so lange so schmerzhaft sind.
  - Die zweite Option kann dafür sorgen, dass du dir erst gar keine Verletzungen mehr zuziehst.

Aber auch wenn die zweite Option zweifelsfrei der ersten vorzuziehen wäre, glauben die meisten Menschen nicht an die zweite Option. Die meisten Menschen denken sich: *»Es wäre schon klasse, wenn ich die erste verwirklichen könnte.«* Und genau da liegt das Problem, denn …

> *Möglich ist, was du DENKEN kannst.*

Das bedeutet, dass du die zweite Option ebenso schwer oder leicht verwirklichen kannst wie die erste. Aber eben nur dann, wenn du das auch *denken* kannst. Womit wir wieder am Anfang wären, denn…

> *Du bist besser, als du DENKST.*

Und nur *du entscheidest*, wie sich *dein* Leben anfühlt. Denkst du klein, bleibst du klein. Wer um alles in der Welt soll an dich glauben, wenn nicht einmal *du* es tust?

»Du musst dich selbst lieben, bevor du einen anderen liebst. Wenn du dich selbst akzeptierst und ganz so bist, wie du bist, kann deine bloße Anwesenheit andere glücklich machen.«
(Buddhistische Weisheit)

1. Biopsychosoziale Gesundheit *(Option 1)*
   Meine Freunde und Kollegen aus der Medizin, explizit die Hausärzte, erzählen mir immer wieder, dass ca. 8 von 10 Patienten eigentlich direkt zu einem Facharzt für Psychosomatische Medizin überwiesen werden müssten. Das bedeutet nach ihrer Einschätzung, und aktuelle Zahlen erhärten diese, dass 8 von 10 Menschen körperliche Probleme bekommen, weil ihr Geist sie nicht nur nicht davor schützen kann, sondern weil ihr Geist diese körperlichen Probleme verursacht. Das breite Symptomspektrum, das man geboten bekommt, ist dabei in der Regel auf eine chronische Überaktivierung zurückzuführen, die dazu führt, dass der Geist den Körper nicht mehr zu Ruhe kommen lässt. Die Syndrome, also die Symptombündel, reichen dabei von der Verlegenheitsdiagnose *Burn-out*, was ja eigentlich eine komplexe Stresserkrankung beschreibt, über chronische Kopf-, Nacken-, Schulter- und Rückenschmerzen bis hin zum chronischen Erschöpfungssyndrom, um nur einige zu nennen.

   Geht es dir also um Option 1, dann stehen diese zwei Dinge im Mittelpunkt:

   - *wie du deine Überaktivierung wieder auf ein gedeihliches Maß absenken und deine habituelle, also die dir eigene Aktivierung wiederherstellen kannst;*
   - *wie du das Maß deiner Aktivierung – unbeeinflusst von äußeren Bedingungen – jederzeit SELBSTBESTIMMT steuern kannst.*

2. Spirituelles Wachstum *(Option 2)*
   Die meisten Menschen, die die Erfahrung gemacht haben, wie sehr bereits die erste Option ihr Leben verbessert, kommen wieder, weil sie nun *selbst erfahren* haben, was möglich ist. Nun können sie es sich *denken*, und was noch wichtiger ist, sie können es sich selbst auch *glauben*. Das Interessante daran

ist, dass fast alle immer sagen: Wenn ich das gewusst hätte, dann hätte ich gleich die Verwirklichung der zweiten Option angestrebt. Ich sage ihnen dann immer: »*Du hast es gewusst, weil ich es dir erklärt und weil ich es dir vorgelebt habe. Aber du konntest es nicht denken, und selbst wenn, hättest du es dir dann auch glauben können?*«

Der Vorteil dieses kleinen Umwegs ist, dass du dich bei der Verwirklichung der zweiten Option sehr viel leichter tust. Und weißt du, warum das so ist? Nun, ganz einfach. Die Menschen verzichten darauf, eine ganz bestimmte Sache zu tun. Sie verzichten darauf, jede Unterweisung mit ihrem persönlichen ABER zu beenden. Sie hören sich die Unterweisungen an, lernen das, was nötig ist, um sie umsetzen zu *können*, und *tun* dann einfach das Nötige – ganz ohne ABER. Sie tun es, weil sie *wissen*, dass nach einer Weile des fleißigen, konsequenten, fokussierten Übens die Erfahrung alle Fragen beantwortet, um sie dann völlig aufzulösen. Dann sind die Dinge wie sie sind, weil sie so sein sollen, und weil sie gut sind, so wie sie geworden sind.

So entsteht die Gewissheit (Kohärenz = Urvertrauen), dass alles, was passiert, nur der gedeihlichen persönlichen Entwicklung dient (die wiederum allen dient), und dass alles, was passiert, auch wenn es manchmal unsagbar weh tut, notwendig ist, um dich wieder zu dem Menschen zu machen, der du von jeher warst und der du so gerne wieder sein möchtest. So entstehen keine Reibungsverluste mehr, die zu Blockaden werden könnten. Und selbst wenn du einmal gegen eine Blockade laufen solltest, die da noch irgendwo einsam und verlassen herumsteht, wird eher die Blockade Schaden nehmen, als du es tust!

Geht es dir also um Option 2, dann stehen diese zwei Dinge im Mittelpunkt:

  - *wie du deinen Geist mit deinem Körper synchronisierst, um jederzeit und unter allen Umständen in der Mitte zwischen Vergangenheit und Zukunft, also im Hier und Jetzt sein zu können;*
  - *wie du mithilfe des Atems Körper und Geist steuern und deine Emotionen so kontrollieren kannst, dass du SELBST und WIRKSAM der Herr über deinen Aggregatzustand bleibst – ob und wann du dich für Eis, Wasser oder Dampf entscheidest, ist dann nur noch deine Entscheidung.*

- Wege
  Ich denke, dass du mittlerweile so viel gelernt hast, dass du ganz genau weißt, dass Option 1 billiger zu haben sein wird als Option 2. Und genauso ist es auch. Wenn du schon etwas Erfahrung hast, sei es mit mentalem Training, mit kontemplativer Bewegung oder Meditation, kannst du darüber nachdenken, ob du die Option 1 überspringen und dich besser gleich Option 2 zuwenden solltest. Hast du noch keinerlei Erfahrung, dann würden wir dir raten, mit der ersten Option zu beginnen. Und außerdem hast du ja ohnehin für beide bezahlt, oder? Aber jetzt einmal Spaß beiseite. Selbst wir üben immer und immer wieder die Grundlagen, aus dem einfachen Grund, weil sie unglaublich hilfreich sind und einen immer wieder Demut lehren. Das durfte ich gerade wieder erfahren, als ich die nachfolgenden Übungen für dich ausgewählt und zusammengestellt habe.

> *Wähle also weise – und denke daran …*

Es geht nicht darum, auf einem *bestimmten Weg* möglichst schnell an ein *vermeintliches Ziel* zu kommen. Es geht darum, den Weg zu genießen, und ihm möglichst viel abzugewinnen. Es geht nicht darum zu versuchen, »*den Bus noch zu erreichen*«, es geht darum zu verstehen, »*dass du bereits im Bus sitzt*« (*Suzuki*

Roshi, Zen-Meister). Es ist nicht erst so wie es sein soll, wenn *diese* oder *jene Bedingung* erfüllt ist, es ist bereits jetzt schon so, denn du hast ja bereits *diese oder jene Bedingung* erfüllt, die dich an genau *diesen Punkt* gebracht hat!

1. Biopsychosoziale Gesundheit *(Option 1)*
   Bei dieser Option, der Wiederherstellung der biopsychosozialen Gesundheit, geht es in erster Linie darum, den Geist zu beruhigen, um den Körper, die Gedanken und die Emotionen besser verstehen zu können. Dieses Ziel erreicht man, indem man sein Erleben und Verhalten gezielt kontempliert, den Körper mittels kontemplativer Bewegung (Qi Gong) stärkt, und mithilfe des Atems mit dem Geist synchronisiert. Es geht konkret darum, deine Überaktivierung wieder auf deine habituelle, also auf die dir eigene Aktivierung zu reduzieren, und die nötigen Kompetenzen zu erwerben, damit du deine Aktivierung jederzeit und unbeeinflusst von äußeren Bedingungen SELBSTBESTIMMT steuern kannst.

   > *Der Schwerpunkt liegt auf Mental Training und Qi Gong.*

   Der Zeitaufwand ist überschaubar, erfordert aber dennoch eine gewisse verbindliche Regelmäßigkeit, um der Biologie (also dem Körper) die Chance zu geben, sich gedeihlich im Sinne einer Reduktion der Aktivierung zu verändern und neue Strukturen im Gehirn auszubilden, die ein alternatives Denken überhaupt erst wieder möglich machen, das es dann zu habitualisieren gilt. Denk daran, wie aus den Feldwegen im Gehirn schlussendlich Autobahnen werden. Biologie benötigt Zeit zur Veränderung – eine bittere Wahrheit, die jeder Kampfkünstler und Bodybuilder nur zu gut kennt.

2. Spirituelles Wachstum *(Option 2)*
   Die zweite Option geht noch über die Dimensionen der ersten Option hinaus, indem sie Unterweisungen der buddhistischen Psychologie integriert, und zwar mit dem Ziel, deine MOTIVATION, deinen MASSSTAB und deinen STANDPUNKT von deinem Ego unabhängig, und dadurch so anpassungsfähig zu machen, damit es nicht mehr zu unnötigen Energieverlusten durch Kämpfe, sowohl im Innen als auch im Außen, kommen kann. Es geht darum, mithilfe des Atems sowohl den Körper als auch die Gedanken und die Emotionen jederzeit so kontrollieren zu können, dass du unter allen Umständen in der Mitte zwischen Vergangenheit und Zukunft, also im Hier und Jetzt, sein und bleiben kannst. Es geht darum, dass du *selbst* und *wirksam* der Herr über deinen Aggregatzustand bleiben kannst. Ob und wann du dich für Eis, Wasser oder Dampf entscheidest, ist dann nur noch deine Entscheidung.

> *Der Schwerpunkt liegt auf Qi Gong und Meditation.*

Der Zeitaufwand hierfür ist deutlich größer und erfordert eine gewisse Hingabe, der in aller Regel auch eine spezielle Motivation zugrunde liegt. Diejenigen, die das betrifft, wissen jetzt ganz genau, dass ich sie meine. Ich meine damit, dass man diesen Aufwand nur dann betreibt, wenn man den *Return of Investment* zuzüglich einer entsprechenden *Rendite* dringend benötigt, um seinen aktuellen Zustand so verändern zu können, dass er endlich wieder nachhaltig, erträglicher, besser, gut oder vielleicht sogar besser denn je wird.

Noch mehr Zeit als die Biologie benötigt die Persönlichkeit, um sich zu verändern. Denn die Biologie bildet das Fundament, auf dem unsere Psychologie, also unser Erleben und Verhalten, aufbaut. Jeder Mensch, der schon einmal versucht hat, auch nur seine Essgewohnheiten, also noch nicht einmal das Essen selbst, umzustellen, weiß nur zu gut, wie schwer das zu bewerkstelligen ist. Ganz zu schweigen davon, sich das Rauchen abzugewöhnen, wo man auch noch gegen eines der potentesten Suchtgifte der Welt, zu denen Nikotin tatsächlich zählt, antreten muss.

- Zeitaufwand
  Bedenke bei diesem Punkt bitte vor allem das eine: Wie viel Zeit hast du, mehr oder weniger achtlos, verstreichen lassen, bis du an diesem Punkt angekommen bist, an dem du nun sagst:

> *Hier ist Schluss, hier endet es! Ich fasse jetzt den Entschluss, Bedingungen in meinem Leben herzustellen, die unweigerlich eine gedeihliche Veränderung zur Folge haben werden, egal wie beschwerlich es auch sein mag, weil es dann so viel besser sein wird, als es bisher war und aktuell ist!*

Aber mach dir keine Sorgen, du wirst nämlich nicht annähernd so viel Zeit benötigen, wie du jetzt vielleicht glaubst. Denn so, wie bei einer negativen Spirale alles immer schneller immer schlechter wird, so wird mit BE**WATER** alles immer schneller immer besser! Wenn deine Veränderung erst einmal Fahrt aufgenommen hat, wird es *immer schneller immer leichter immer besser.* Das durfte ich selbst erfahren, als ich das erste Mal versucht habe, aus dem Rollstuhl aufzustehen.

1. Biopsychosoziale Gesundheit *(Das ist deine erste Option)*
   Wenn du zweimal pro Tag (und damit meine ich ausnahmslos JEDEN Tag) bewusst 15 Minuten aufwendest, wirst du über die Ergebnisse sehr bald schon erstaunt sein. Und wenn du bereit bist, vielleicht sogar zweimal pro Tag 30 Minuten zu investieren, kann ich dir jetzt schon sagen, dass es dabei nicht bleiben wird. Denn bald schon wirst du die positiven

Effekte der Kontemplation, der Synchronisation und der Meditation herbeisehnen!

2. Spirituelles Wachstum *(Das ist deine zweite Option)*
   Wenn du spirituelles Wachstum anstrebst, das jeden Aspekt deiner Existenz bereichert, ist das etwas aufwändiger. Wenn du etwa dreimal pro Tag (und damit meine ich auch ausnahmslos JEDEN Tag) bewusst 30 Minuten aufwendest, wirst du über die Ergebnisse ebenfalls sehr bald erstaunt sein (Sei dir stets bewusst: Du bist dein wichtigstes Projekt!). Und wenn du bereit bist, vielleicht sogar dreimal pro Tag 45 oder gar 60 Minuten zu investieren (wir wissen, wie unvorstellbar sich das vermutlich für dich anhört), kann ich dir jetzt schon sagen, dass es auch dabei nicht bleiben wird. Und solltest du sogar so viel Interesse und Energie aufbringen können, darüber hinaus in deiner freien Zeit buddhistische Literatur, etwa von Jack Kornfield, Thich Nhat Hanh, um nur einige zu nennen, zu lesen oder die entsprechenden Hörbücher, die es auf Youtube kostenlos gibt, dann werden sich dein Leben und deine Sicht auf die Phänomene darin und auf die Menschen, die dich umgeben, auf eine wahrlich wunderbare Art verändern.

   Du wirst auf einmal all das nicht länger nur sehen können, du wirst es auch spüren lernen. Und du wirst achtsam und mitfühlend werden, auch und vor allem dir selbst gegenüber. Du wirst jederzeit und unter allen Umständen der sein und bleiben können, der du bist und sein möchtest.

Wir bitten dich nun, die nachfolgenden drei Schritte zu durchlaufen.

Wenn du mit deiner Übungspraxis beginnst:
- Schritt 1 → 4 Wochen (Zeitaufwand pro Tag → 3 x 10–30 Minuten)
- Schritt 2 → 4 Wochen (Zeitaufwand pro Tag → 3 x 10–30 Minuten)
- Schritt 3 → 4 Wochen (Zeitaufwand pro Tag → 2 x 30–60 Minuten)

Nachdem du die drei Schritte ausgeführt hast, beginnst du damit, alles Gelernte entsprechend deinen Bedürfnissen zu integrieren. Wie du das genau machst, erklären wir dir, nachdem du die drei Schritte gegangen bist.

Schritt 1 → KONTEMPLATION

Den Geist beruhigen, Körper, Gedanken und Emotionen verstehen

Mit Kontemplation ist im Buddhismus das In-sich-selbst-Versenken, das tiefe, dem eigenen Leben *nach-denken* gemeint. Oder mit anderen Worten: die multiperspektivische, konstruktiv-kritische Betrachtung der Phänomene und des *eigenen Selbst*. Bezogen auf die buddhistische Praxis, bei der man ja, wie du mittlerweile weißt, den *Weg des Erwachens* (im Sinne von Erkenntnis gewinnen) beschreitet, ist damit gemeint, über die Vielschichtigkeit der buddhistischen Lehre nachzudenken. Es geht hier wohlgemerkt nur um die Lebenspraxis, nicht um Religion. Nur weil jemand zum Beispiel das christliche Gebot ›*Du sollst nicht töten*‹ beherzigt, muss er sich noch lange nicht als Christ verstehen. Wir sollten unbedingt aufhören, so dogmatisch zu denken, und uns stets bemühen, auf dem *mittleren Weg* zu bleiben. Denn Extreme jedweder Form schaden uns!

Um etwas zielgerichtet kontemplieren zu können, bedarf es einer gedeihlichen Fragestellung, also Leitfragen, die die Intention der Kontemplation tragen; hierzu gehören:

- *Was bedeutet diese oder jene Weisheit, oder wie ist diese oder jene Aussage zu verstehen, und was hat sie mit mir und meinem Leben zu tun?*
- *Wie würde sich meine Situation zum Positiven hin verändern, wenn ich mit ganzem Herzen und voller Kraft diese Weisheit leben würde?*

(Die Ausführungen basieren auf einem wunderbaren Vortrag von Lama Sönam Lhündrup, durch die Autoren adaptiert; veröffentlicht auf https://www.buddhabuddha.info/2011/06/kontemplation-im-buddhismus.html)

GRUNDLAGEN

Die Kontemplation dient im Buddhismus nicht nur dazu, die Lehre, also die Wegbeschreibung des Lebens, intellektuell zu durchdringen. Sie dient vielmehr und insbesondere dazu, sich von der Weisheit des Weges durchdringen zu lassen und sie mit der Zeit selbstverständlich zu habitualisieren, also sich zu eigen zu machen. Nur so gewinnt die Weisheit Einfluss auf dein *Er*-Leben und Verhalten. Nur das tiefe Nachdenken, die Versenkung in dich selbst, führt dazu, dass du die Dinge, die du verstehst, weißt und kannst, am Ende auch *tun* kannst. Wohl alle Menschen, die rauchen, wissen zwar, dass es gut wäre, damit aufzuhören, *tun* es aber dennoch nicht. Warum ist das wohl so? Und nein, es liegt nicht nur an der Potenz des Suchtgifts Nikotin …

Lama Sönam Lhündrup weist insbesondere darauf hin, dass Kontemplation vor allem dann besonders gedeihlich wirkt, wenn sie auf eine individuelle Unterweisung referenziert, die ein Schüler persönlich von seinem Lehrer erhalten hat. BE**WATER** will und kann einen persönlichen Lehrer zwar nicht ersetzen, schon deshalb, weil es einfach nicht möglich ist. Und wer etwas anderes behauptet, ist nicht ehrlich zu dir. Ich habe sehr viel gelernt und durfte auch viel erfahren. Und ich habe gelernt, stolz zu sein, auf all das, was ich heute – dank Meister Shi Yan Lu – kann. Aber selbst heute noch, wenn ich irgendwo ein Seminar gebe, bei dem mein Meister zugegen ist, bitte ich ihn immer darum, die Unterweisungen zu geben. Es ist unmöglich, die Unterweisungen eines wahrhaftigen Meisters zu ersetzen. Das hat in erster Linie damit zu tun, dass ein Meister in der Regel so viel mehr Zeit, Hingabe, Energie, Schmerz, Leid, Blut, Schweiß und Tränen investiert hat, als die meisten Menschen zu investieren bereit sind.

Deshalb ist BE**WATER** auch nur der Schlüssel, der die Tür öffnet, die dir den Zugang zu dir selbst und dem dir innewohnenden Potenzial bisher verwehrt hat. Im Grunde hilft BE**WATER** dir nur dabei, zu verstehen, warum es dir um so viel besser ginge, wenn du lernen würdest, stets dem Buddha in dir zu vertrauen. Denn der Rest findet sich dann von ganz allein!

- *Kontemplation verstehen*
  Um Kontemplation zielführend praktizieren zu können, ist es unabdingbar, Unterweisungen nicht nur zu empfangen, sondern sich auch darum zu bemühen, sie zu verstehen. BE**WATER** sollte hierfür ein solides Fundament bieten. Ebenso wie zur Meditation, setzt oder legst du dich an den Platz, den du dafür ausgewählt und hergerichtet hast. Du kommst zur Ruhe, fokussierst dich auf deinen Atem und beginnst dann, beispielsweise mithilfe der obigen sich ergebenden Fragen über die hier niedergeschriebenen Unterweisungen intensiv und strukturiert nachzudenken und sie in Bezug zu deinem Leben zu setzen.

  Während du das tust, wirst du feststellen, dass du immer neue, bisher noch nicht oder kaum bemerkte Aspekte an deinem Selbst, deinem Denken, deinem Fühlen und deinem Handeln bemerkst, woraus sich neue Fragen ergeben werden. Du wirst gedeihliche wie nicht gedeihliche Muster in deinem Denken, deinem Fühlen und deinem Handeln erkennen. Selbstverständlich darfst du die Kontemplation auch unterbrechen, um dir wichtige Dinge, die du später in einer anderen Kontemplation oder nach der Kontemplation behandeln möchtest, aufzuschreiben, damit du sie nicht vergisst.

  Um den größtmöglichen Nutzen aus der Kontemplation zu ziehen, verwenden die Shaolin-Meister eine Methode, die sich *Imagination* und *Visualisierung* nennt. Was ist damit gemeint? Nun, auch das ist eigentlich ganz einfach, so wie alle wahrhaftigen Lehren und Methoden. Es geht darum, nicht nur von außen über etwas nachzudenken, sondern sich bewusst zum Teil dessen zu machen, worüber man nachdenkt. Man muss die Situation, in die man sich gedanklich begibt, praktisch mit allen Sinnen wahrnehmen können, ebenso, als ob man sie gerade jetzt, in diesem Moment, erleben würde. Orte, Menschen, Temperaturen, Gerüche, Berührungen, alles, was du in der realen Situation wahrnehmen könntest, solltest du auch in der imaginierten und visualisierten Situation wahrnehmen. Du erinnerst dich doch noch, wie man aus Feldwegen im Gehirn Autobahnen macht, oder? »It's all about repetition!« (Arnold Schwarzenegger)

Mir helfen Imagination und Visualisierung vor allem immer dann, wenn ich mich selbst in meiner Vorstellung erfahren lasse, wie ich mich selbst, meine Situation, mein Leben und das Leben der Menschen in meinem Umfeld, gedeihlich verändern würde, wenn es mir gelänge, all die Weisheit, die ich in den Unterweisungen erfahren durfte, mit all meiner Kraft und mit ganzem Herzen zu praktizieren.

- *Kontemplationspraxis*
Nun hast du bereits ein tieferes Verständnis für die Kontemplation als Werkzeug (und nur das ist sie) entwickelt. Kontemplation hat nichts mit Anstrengung oder mit zwanghaftem Grübeln zu tun. Kontemplation ist ein möglichst gelassenes und nicht wertendes Nachdenken, bei dem du dich möglichst entspannen sollst, ohne etwas zu erzwingen. Dennoch sollst du dich dabei aber nicht völlig in deinen Gedanken und Gefühlen verlieren, sondern stets entspannt und gelassen die leitenden Fragestellungen im Fokus behalten. Selbstverständlich darfst du dich dabei auch neuen Fragen zuwenden, die sich möglicherweise aus den ursprünglichen Fragen ableiten. Aber spätestens dann, wenn sich deine Gedanken im Kreis zu drehen beginnen und aus deinem *Denken* mehr und mehr *Grübeln* wird, kehre zum Atem zurück und beende die Kontemplation in Demut und Dankbarkeit für

alles, was du erkennen durftest, für alles, was du noch nicht erkennen konntest, und für alles Gedeihliche ebenso wie für alles Schmerz- oder Schamhafte. All das hilft dir!

ZIEL

Das Ziel der Kontemplation besteht darin, *die Phänomene zu erkennen, ohne sie zu bewerten*, und ebenso wertfrei anzunehmen, was du erkannt hast. Dazu musst du …

- *Den Geist zur Ruhe bringen können*
  Der erste Schritt besteht darin zu lernen, wie du den Geist zur Ruhe bringen kannst, um dann, im nächsten Schritt, Körper, Gedanken und Emotionen besser verstehen zu können. Unabdingbar hierfür ist es, die Kohärenz, also das Vertrauen ins Leben und in dessen Sinnhaftigkeit, Handhabbarkeit und Verstehbarkeit, so gut es nur geht, wiederherzustellen. Was auf dich und dein Denken bezogen beinahe ein Ding der Unmöglichkeit ist, wird dir mithilfe der geeigneten Unterweisungen gelingen.

  BE**WATER** bietet dir einen Einstieg, sozusagen ein Fundament, auf das du aufbauen kannst. Denn vielleicht liegt dir Yoga ja viel mehr als die Methoden der Shaolin-Meister? Es ist alles völlig ungewiss, wie die Meister stets sagen. Im Übrigen würdest du nur zu den Wurzeln zurückkehren. Denn *Shaolin Kung Fu* ist nur eine Frucht unter vielen, die die Wurzeln des *indischen Yoga* hervorgebracht haben.

  Unterweisungen stellen Kohärenz her, weil sie die Unsicherheit auflösen, indem sie Klarheit in Bezug auf dein Denken, Fühlen und Handeln und dir zudem ein gedeihliches Verständnis deiner Existenz vermitteln. Mit der Zeit, wenn du konsequent (nicht ewig lange, aber täglich) praktizierst, wird sich deine Aktivierung auf ein gedeihliches Maß reduzieren. Dann überwiegt das kreative Momentum wieder nachhaltig das reaktive, der Körper kommt zur Ruhe, weil der Geist ihn an die Hand nimmt. Und zusammen können sie nun der Stille entgegengehen, hin zur Quelle der Kraft, die der Meditation entspringt.

- *Körper, Gedanken und Emotionen verstehen*
  Um dir vor Augen zu führen, wie wichtig Unterweisungen sind, möchte ich dir eine kleine Geschichte von einem meiner ehemaligen Schüler erzählen.

> *Eines Tages, als gerade eine Meditationsunterweisung zu Ende ging, stand ein ehemaliger Schüler in der Tür. Er sah fantastisch aus, gesund, athletisch, seine Präsenz war beeindruckend, und dennoch war da etwas in seinen Augen, das mich irritierte. Wir nahmen Platz und teilten uns eine Tasse köstlichen chinesischen Tee, den ich von Meister Lu als Geschenk erhalten hatte, weil ich im Meditationsraum nur diese eine Tasse zur Hand hatte. Was mich verlegen machte, verstand er als Wertschätzung. Er verstand es als Wertschätzung, dass ich ihm meine (benutzte) Tasse anbot, um den Tee mit ihm zu teilen. Er wertete es als ein Zeichen der Vertrautheit, und genauso war es auch gemeint.*

Aber warum erzähle ich dir das?

> *Nun, ich erzähle dir das, um dir zu zeigen, wie weit dieser Schüler in seinen Bemühungen bereits gekommen war. Dennoch bedrückte ihn etwas. Um das Gespräch in Gang zu bringen, sprach ich ihn auf seine Fitness und seine gedeihliche Präsenz an und lobte, was er erreicht hatte. Er meinte daraufhin: »Meister, wenn ich ein gewissenhafterer Schüler gewesen wäre, was meinst du, wie viel mehr hätte ich erreichen können?« Ich wollte wissen, wie er das meinte. So begann er aufzuzählen, wo er nach seiner Meinung auf seinem Weg versagt hatte, wo er mehr hätte erreichen können – und wo er ein besserer Mensch hätte sein müssen. Als ich ihm sagte, dass er einer der besten*

> *Menschen sei, die ich je kennenlernen durfte, wurde er verlegen. Und als er bemerkt hat, dass ich es bemerkt habe, wurde seine Verlegenheit noch größer. Also ergriff ich das Wort und sagte ihm folgende Worte: »Wie kannst du diesen jungen Menschen, der du warst, derartig verurteilen? Warum tust du das? Warum kannst du nicht verstehen, dass dieser junge Mensch, der du warst, sein Bestes gegeben hat? Warum hast du kein Verständnis für ihn? Ich frage dich in aller Demut, kannst du mir das bitte erklären?« Und plötzlich, nach gefühlten fünf Minuten des Schweigens, hatte er es verstanden und meinte: »Ich habe diesen jungen Menschen, der ich war, verurteilt, weil der, der ich heute bin, diesem jungen Menschen, der ich war, überlegen ist. Statt Mitgefühl zu haben und Verständnis, war ich arrogant und anmaßend.« Ich lächelte und sagte zu ihm: »Dem habe ich nichts hinzuzufügen, außer einer kleinen Bitte: Hab dich selbst bitte stets ein klein wenig mehr lieb, als du es jenen zutraust, die dir ihre Liebe versichern, denn du bist es wert!«*

Gönne dir JETZT eine Lesepause …

> *Setz oder leg dich bequem hin und schließe für 10 Minuten deine Augen. Versuche deinen Atem zu fokussieren und lass deinen Geist, mit den Gedanken, die du jetzt hast, einfach machen. Lass all die Gedanken kommen und gehen und halte sie nicht fest. Heiße sie alle herzlich willkommen und verabschiede sie in Dankbarkeit. Bewerte sie nicht, nimm sie – im Vorüberziehen – einfach nur achtsam zur Kenntnis.*

Und bitte bedenke …

> *Wenn du nicht ins Tun kommst, wenn du nicht übst – und auch Denken üben ist Üben –, wirst du auch am Ende dieses Buches nur eines können, nämlich ein Buch lesen. Unsere besten Wünsche begleiten dich, aber dein Glück und dein Leid hängen einzig von deinen Taten ab, und nicht von unseren Wünschen für dich.*

> *Nun, was hast du erkannt?*

Gerne möchte ich dir mal meine Sicht der Dinge erklären. Sieh bitte selbst, inwieweit du mit mir übereinstimmst, okay?

Ich stelle mir in diesem Zusammenhang immer die Frage, wie man einen Menschen verstehen will, der gar nicht mehr existiert und dem man vor vielen Jahren zum letzten Mal begegnet ist. Genauer gesagt, in dem Jahr, als man eben selbst dieser junge Mensch war, über den man heute – als älterer und erfahrener Mensch – den Daumen hebt oder senkt.

Wenn es dir ernst damit ist, diesen jüngeren Menschen, also dein jüngeres Ich, verstehen zu wollen, gelingt das nur, wenn du ihm in Demut und mit sehr viel Achtsamkeit und noch mehr Mitgefühl in der Stille begegnest. Nur dann wirst du ihn verstehen, und nur so kannst du auch ein wahrhaftig wertfreies *SELBST*VERSTÄNDNIS entwickeln und dir selbst verzeihen, was es zu verzeihen gibt.

Und hin und wieder wirst du im Rahmen deiner Kontemplation auch eine besondere Art der *Erkenntnis* erfahren, die von einem Gefühl völliger Sicherheit und Kohärenz begleitet ist. Du erkennst diese Erfahrung daran, dass es für dich in diesem Moment völlig in Ordnung wäre, wenn es jetzt 1000 Jahre lang genau so bleiben würde. An diesem Punkt bist du *zufrieden* – und genauso funktioniert es! So, und nur so, kommst du zu (innerem) Frieden, und nur so, durch Zu-Frieden-heit, kommt der Frieden auch in die Welt. Du wirst an diesem Punkt, in genau diesem Moment erkennen, dass da nichts mehr ist, das es zu *be*-denken gibt, weil es keine Bedenken mehr gibt, eben, weil du zufrieden bist. Dann, wenn du erkannt hast, was und wie es wirklich ist. Hier endet die *Kontemplation* – und die *Meditation* beginnt.

WERKZEUGE

Nachfolgend stelle ich dir zwei Werkzeuge vor und ich tue das, damit du von Beginn an verstehst, dass es nur Werkzeuge sind.

Es geht nicht darum, ein großer buddhistischer Lehrmeister oder Weltmeister in Achtsamkeit zu werden, ganz und gar nicht. Es geht einzig darum, glücklich zu werden und ein Leben zu erfahren, das deinem Wesen entspricht. Nicht mehr, aber eben auch nicht weniger.

- *Buddhistische Psychologie*
  Du hast bereits gelernt, dass Reibungsverluste und Blockaden ein integraler Bestandteil des Lebens sind (*Die vier edlen Wahrheiten*). Problematisch wird es in diesem Zusammenhang leider immer dann, wenn diese Reibungsverluste und Blockaden einen derartigen Stress verursachen, dass es zu einem entsprechenden Aktivierungsanstieg kommt. Genau dann wird man nämlich zunehmend reaktiv, was oft dazu führt, dass man das Gefühl hat, die Kontrolle über seinen Körper, sein Denken, Fühlen oder Handeln zu verlieren, oder dass man die Kontrolle tatsächlich verliert. Das ist aus buddhistischer Sicht insofern amüsant, weil Kontrolle – nach unserem Verständnis – eine pure Illusion ist. Man kann auf Dauer eben nur mit dem Fluss des Lebens schwimmen, aber nicht dagegen. Und aufhalten lässt er sich schon gar nicht!

  Befinden wir uns erst einmal in einer solchen Situation des gefühlten oder tatsächlichen Kontrollverlusts, benötigen wir in aller Regel Hilfe. Leider leben wir in einer Gesellschaft, in der hilfreiche Unterstützung zunehmend rarer wird, schon allein deshalb, weil am Ende der Individualisierungsillusion sehr oft die Einsamkeit steht, die auf all jene wartet, die dieser Illusion erliegen. Schon allein vor diesem Hintergrund ist eine Beschäftigung mit buddhistischer Psychologie dringend anzuraten, denn am Ende, wenn es wirklich darauf ankommt, dann stehst da nur du – und zwar allein!

  Und wenn du dich schon mal gefragt haben solltest, warum die Shaolin-Meister können, was sie können, dann ist dieser Aspekt einer der wesentlichsten. Denn sie sind in der klösterlichen Gemeinschaft fest verwurzelt, wo auch immer auf der Welt sie sich gerade befinden. Sie können sich jederzeit auf die Gemeinschaft verlassen, auf ihre Brüder, und finden dort stets einen weisen, auf buddhistischer Psychologie basierenden Rat.

> *Das ist im Grunde das Geheimnis.*

Der Rest ist Training, Training und wieder Training! Die Meister des Shaolin-Tempels haben erkannt, dass der *Buddhismus* – sowohl als Glaubenslehre, als auch in Form buddhistischer Psychologie – nicht nur dazu geeignet ist, menschlichem Leid ein Ende zu setzen, sondern in Kombination mit gedeihlichen Übungen, wie Kontemplation, Meditation und dem *Weg des Shaolin Kung Fu* (Kampfkunst, Heilkunst und Kunst) den Menschen unglaubliche Fähigkeiten verleihen kann. Und um ganz korrekt zu bleiben und wie oben bereits erwähnt: Eigentlich ist es nicht nur der Buddhismus, auf dem die Shaolin-Kultur basiert, sondern zudem der *Daoismus* und der *Konfuzianismus.*

Der Buddhismus entstand vor ungefähr 2.500 Jahren als eine philosophische und psychologische Denkschule, ohne jeglichen religiösen Anspruch. *Siddhartha Gautama Buddha* selbst bezeichnete diese Denkschule als *Wissenschaft des Geistes*, die zum Ziel hatte, das Leiden der Menschen zu beenden. Um dies zu erreichen, entwickelte er verschiedene Methoden, um die Phänomene des Lebens (uns selbst, Beziehungen, Situationen usw.) erkennen, annehmen und loslassen zu können. Ein paar davon, wie die *vier edlen Wahrheiten*, habe ich dir weiter oben bereits vorgestellt.

Und eben diese *vier edlen Wahrheiten* bilden das Fundament, wenngleich auch ein, auf den ersten Blick, wenig vertrauenerweckendes. Denn sie postulieren die Wahrheit über das Leiden, nämlich, dass es ein Leben ohne Leiden nicht geben kann. Allerdings verraten sie uns auch, wie wir das Leiden überwinden können, und genau an diesem Punkt, kommt die Meditation ins Spiel, denn …

> *Leid existiert, und dafür gibt es einen Grund!*

Wollen wir diesen Grund erkennen und das durch ihn verursachte Leid überwinden, müssen wir einfach dem *mittleren Weg*, also dem *edlen achtfachen Pfad* folgen.

Der *edle achtfache Pfad* beinhaltet acht Postulate, die bei gewissenhaftem Befolgen und entsprechender Praxis Harmonie, Gleichgewicht und ein absolutes Bewusstsein zur Folge haben. Die *acht Postulate* werden dabei in *drei Dimensionen* unterteilt:

- *Weisheit*
  richtiges Verständnis und Denken
- *Ethisches Verhalten*
  korrekte Wortwahl, angemessenes Handeln und die richtige Beschäftigung
- *Einbindung des Geistes*
  Anstrengung, bewusste Aufmerksamkeit und Konzentration, Meditation oder korrekte Absorption (d. h. die Art, wie man Dinge aufnimmt und in seine Haltung (Standpunkt) integriert).

Willst du den *edlen achtfachen Pfad* beschreiten, ist es wichtig zu wissen, dass du seine acht Postulate nicht Schritt für Schritt, also linear nacheinander, absolvieren sollst. Du sollst sie vielmehr parallel, also praktisch gleichzeitig, entsprechend deinem Potenzial, deiner Ressourcen und Fähigkeiten entwickeln. Und wenn du noch immer Zweifel haben solltest, dann mach dir bitte klar, dass *»[…] 10 % unseres Lebens mit dem zusammenhängen,* *was uns passiert, und die restlichen 90 % mit unserer Art, wie wir darauf reagieren.«* (Stephen R. Covey)

Die buddhistische Psychologie ist ein mächtiges Werkzeug, mit dem du die *fünf Hindernisse* abbauen kannst, die dich daran hindern, frei und bewusst zu entscheiden, ob und wann du Eis, Wasser oder Dampf sein möchtest. Sie ermöglicht es dir, dein Denken, Fühlen und Handeln so zu kontrollieren, dass Reibungsverluste dich immer besser werden und Blockaden dich über dich selbst hinauswachsen lassen. Die buddhistische Psychologie hilft dir zu verstehen, was du wirklich brauchst. Dies gilt für deine persönliche Entwicklung, für harmonische Beziehungen – und nicht zuletzt für Glück und Erfolg im Leben. Und für einen besseren Überblick habe ich dir nachfolgend die wesentlichen Strömungen des Buddhismus zusammengefasst …

- Theravada
  Diese Strömung wird als analytisch beschrieben. Sie versucht, die verschiedenen psychologischen oder meditativen Zustände zu analysieren und zu beschreiben, um die meditativen Erfahrungen zu systematisieren.
- Zen
  Diese Strömung fokussiert auf die Spontaneität und Intuition von Weisheit. Im Mittelpunkt steht die natürliche Harmonie des Individuums, wobei sie den Dualismus, also das extreme eine oder das extreme andere bei ihrem Bemühen um das Verstehen der Realität vermeidet.
  - Vajrayana
    Diese Strömung hat zum Ziel, ein tiefergehendes, umfassenderes Verständnis der Realität zu erlangen. Im Fokus stehen daher die symbolischen und unbewussten Mechanismen des Geistes. Diese Strömung ist wohl die symbolischste und magischste der buddhistischen Lehren.

- Das Reine Land
  Diese Strömung hebt die Hingabe, die Demut und die Dankbarkeit als direkte Wege der spirituellen Entwicklung hervor. Im Zentrum der hingebungsvollen Meditationen dieser Strömung stehen insbesondere Mantras.

Zusammenfassend bleibt zu sagen, dass die buddhistische Psychologie dir eine sehr effektive Möglichkeit bietet, dich wieder mit all dem zu verbinden, was du in dir trägst. Nur wenn du diesen Zugang findest, wenn du es schaffst, dich für dich selbst zu öffnen, wenn du erkennst, dass da noch so viel mehr in dir steckt, wirst du dein Potenzial, eben all das, was du in dir trägst, auch zur vollen Pracht entfalten können. Das Leiden ist ein Teil unserer Existenz, dessen sollten wir uns immer bewusst sein, das ist keine Dystopie, das ist die Realität. Doch ebenso, wie unsere Gedanken und Emotionen kommen und gehen, so kommen und gehen auch Leid und Glück, das ist eine universelle Gewissheit. So wie der Glaube, etwas von alledem kontrollieren zu können, eine universelle Illusion ist.

- *Achtsamkeitstraining*
  Ich beziehe mich nachfolgend auf die Seiten der BUDDHA-STIFTUNG (https://buddhastiftung.org/), die auch für dich eine sehr gedeihliche Quelle sein können, wenn du Gefallen am *edlen achtfachen Pfad* (auch als *mittlerer Weg* bezeichnet) findest. Hier gibt es, komprimiert und sehr gut erklärt, wichtige Hintergründe zum Buddhismus, von der buddhistischen Psychologie bis hin zum säkularen Buddhismus. Du hast die Wahl! Ich würde dir angesichts meiner eigenen Geschichte und Erfahrung raten, diese Möglichkeit zu nutzen.

Bitte glaube mir zu deinem eigenen Wohl und zum Wohl aller fühlenden Wesen, die dir am Herzen liegen, wenn ich dir sage, dass mich die 2.500 Jahre alten Lehren des Buddha sicher durch die schwersten Zeiten meines Lebens geleitet haben. Im Übrigen hat Buddha, ebenso wie der Dalai Lama es tut, seine Lehre nie als Religion betrachtet, er wollte einfach nur das Leid der Menschen lindern. Und noch vor 10 Jahren hätte ich mir das zwar wohlwollend angehört, aber niemals in Betracht gezogen.

Heute, nach einigen extremen Krisen und brutalen Tiefschlägen, danke ich dem Universum täglich dafür, dass *Siddhartha Gautama Buddha* über diese Erde gewandelt ist und mir all das geschenkt hat, was meinen Geist so stark gemacht hat, dass ich wahrscheinlich in der Lage sein werde, auch die nächsten Extreme zu überstehen. Aber um dieses Geschenk erkennen, annehmen und auch in meinem Sinne entsprechend nutzen zu können, bedurfte es zudem noch der Methoden der Shaolin-Meister. Mithilfe dieser Methoden ist es mir gelungen, die Lehren des Buddha in mein alltägliches Leben zu integrieren und auch konsequent zu leben!

Denn schon lange vor meinem Zusammenbruch, lange bevor mich mein Geist in den Rollstuhl gesetzt hat, lange bevor ich so depressiv war, dass ich nur noch sterben wollte, wusste ich viel über buddhistische Psychologie und den Buddhismus an sich. Das Dumme daran war nur, dass ich es nicht (mehr) geschafft habe, mein Leben auch konsequent daran auszurichten, weil ich emotional so hoffnungslos leer und am Ende war, dass ich einfach keine Kraft mehr hatte, um zu praktizieren. Selbst wenn du mich mit einer Waffe bedroht hättest, es wäre mir vollkommen egal gewesen, es war mir nicht mehr möglich. Denn WOLLEN muss man auch KÖNNEN, und eine Depression, die gar nicht wirklich schwer sein muss, wenn sie dafür entsprechend rezidivierend (also wiederkehrend) ist, verhindert eben genau das: Man KANN nicht mehr WOLLEN …

Es kann unmöglich gelingen, wenn man versucht, in einer Lebenswelt, die um einen herum allmählich zerfällt, ein anderer zu werden oder zu sein. Was aber gelingen kann, ist, dir bewusst zu werden, wer du im Innersten bist, und dann für dieses *leidende fühlende Wesen* eine neue, gedeihliche Welt aufzubauen. Damit schaffst *du* die Rahmenbedingungen dafür, dass sich dieses fühlende Wesen, das *du* im Innersten bist, gedeihlich entwickeln und all das, was es in sich trägt, auch zur Entfaltung bringen kann. Um das zu erreichen, bedarf es der Achtsamkeit. Sie ist aber nicht nur die Voraussetzung für den gesamten Veränderungsprozess, sie ist gleichzeitig das stabile Fundament der *Kontemplations- und Meditationspraxis.* Denn es geht darum, das fühlende Wesen zu erkennen, das du tatsächlich im Innersten bist. Es geht darum, zu erkennen, was in deinem Leben gedeihlich und was nicht gedeihlich ist, was die existenziellen Bedürfnisse (damit meine ich nicht die materiellen, sondern die spirituellen und vor allem die emotionalen) sind, die die Sehnsucht dieses fühlenden Wesens, das *du* bist, nähren. Und es geht darum, all diese Erkenntnisse annehmen zu können, ohne dein jüngeres ICH für all das möglicherweise schmerz- oder schamhafte Erkannte zu verurteilen.

Und weil es unmöglich ist, Achtsamkeit zu praktizieren, ohne zu wissen, worum es dabei im Kern geht, findest du nachfolgend sowohl die vertiefenden Erklärungen als auch die Anleitung zur Übungspraxis. All das wird dir helfen, deine Achtsamkeit zu entwickeln, sie im Rahmen deiner Kontemplations- und Meditationspraxis zielführend zu nutzen und sie in jedem Moment deines Lebens zu praktizieren. Das ist die Basis für eine von deinem *Selbst* bestimmte SELBSTWIRKSAMKEIT.

ÜBUNGEN

Unsere Intention bei diesem ersten Schritt ist es, den Geist zu beruhigen, damit du den Körper, die Gedanken und die Emotionen besser verstehen und diesem Verständnis entsprechend gedeihlich handeln kannst. Das erreichst du, indem du mithilfe der buddhistischen Psychologie deine Motivation, deinen Maßstab und deinen Standpunkt kritisch hinterfragst und möglicherweise gedeihliche Veränderungen vornimmst. So wirst du allmählich beginnen, rationaler, konstruktiver und kreativer zu denken und entsprechend diesem Denken werden sich dann deine Emotionen verändern und schließlich auch dein TUN! Wenn du dieses Ziel erreichen möchtest, musst du deine Achtsamkeit trainieren – und genau das werden wir jetzt tun.

- *Die vier Grundlagen (Übungsfelder) der Achtsamkeit (Sati)*
  In Pali *Satipatthana* genannt, können sie als Anleitung dienen, indem sie deine Achtsamkeit auf die relevanten vier Dimensionen, und zwar Körper (rupa), Gefühle (vedana), Bewusstsein oder Geist (citta) und Geistesobjekte oder Kategorien unserer Erfahrung (dhammas) lenken, und wie du mit ihnen umgehen sollst. Diese vier Bereiche, die von Buddha in seiner Lehrrede (Satipatthana Sutta) erklärt werden, bilden auch das Zentrum der Vipassana- bzw. Achtsamkeits-Meditation.

- *Die vier Dimensionen*
  Die vier Dimensionen, die dir nachfolgend bei den Übungsanleitungen wieder begegnen werden, und die du dir deshalb unbedingt bewusst machen solltest, sind:
  - Körper (rupa)
  - Gefühle (vedana)
  - Bewusstsein oder Geist (citta)
  - Geistesobjekte oder Kategorien unserer Erfahrung (dhammas)

> *(Auf den Internetseiten der BUDDHA-STIFTUNG findest du hierzu die Originaltexte, die jede der Dimensionen definieren und auch näher erklären.)*

Wichtig in diesem Zusammenhang ist noch, dass du die Intention der Lehre des Buddha verstehst: Er möchte *auch dich* mithilfe seiner Unterweisungen dabei unterstützen, die genannten vier Dimensionen deines Erlebens zu hinterfragen, und zwar in Bezug auf:

- *Vergänglichkeit*
  (ausnahmslos ALLES entsteht und vergeht – jederzeit)
- *Dukkha*
  (Leiden, Kummer, Elend)
- *Bedingtes Entstehen*
  (*Ich-Losigkeit = Nicht-Identifikation*, und bedeutet, nichts hat einen unveränderlichen Wesenskern, denn alles ist mit allem verbunden und nichts verändert sich, ohne Einfluss auch auf alle anderen Phänomene zu entfalten. Siehe auch weiter oben, *Ursache und Wirkung*)

Das bewusste Erkennen und Annehmen dieser *zwingenden Bedingungen unseres Lebens* ist ein zentraler Aspekt auf dem *mittleren Weg*, der dir ein Leben in Frieden, Glück und Wohlbefinden ermöglicht. Nun liegt es an dir, ob du bereit bist, ihn auch so konsequent wie nötig zu gehen. Es ist einzig deine Entscheidung, ob du weiter Leid erfahren und unnötigerweise Mengen an Lebensenergie (auf die du ohnehin nur einen begrenzten Zugriff hast) verschwenden willst, oder ob du den ENTSCHLUSS fasst, deine begrenzte Lebensenergie so zu investieren, dass sie die größtmögliche Rendite für dich und all die fühlenden Wesen zeitigt, die dich umgeben.

Ich bin sehr gespannt, wie du dich entscheidest. Und vielleicht treffen wir uns demnächst auf einem unserer BE**WATER**-Seminare, und du erzählst mir dann ausführlich, warum du dich so entschieden hast, wie du dich entschieden hast. Ich würde mich jedenfalls sehr freuen, wenn du mir berichten würdest, wie es dir ergangen ist, denn nun kommt es nur noch auf dich an …

- Am Morgen
  Der Zeitaufwand für die nachfolgenden Übungen beträgt zu Beginn der vierwöchigen Übungsphase (Schritt 1) …

> *Übung Bodyscan – Reise durch den Körper → circa 10 Minuten. Im Verlauf der vier Übungswochen kannst du den Bodyscan allmählich auf bis zu 30 Minuten ausdehnen.*
>
> *Übung Shaolin Mind → circa 5 Minuten. Im Verlauf der vier Übungswochen kannst du Shaolin Mind auf bis zu 30 Minuten ausdehnen.*

Der gesamte Zeitaufwand für deine morgendliche Übungspraxis beträgt damit gerade einmal 15 Minuten (die du beliebig ausdehnen kannst)!

1. Bodyscan – Reise durch den Körper
   (Erste Dimension der Achtsamkeit)
   Wichtig – Vergegenwärtige dir die Empfindungen des Körpers, vor allem:
   - *des Atems*
   - *der Körperhaltungen*
   - *der Wahrnehmungen*
   - *der Empfindungen im bzw. mit dem Körper*

   Der *Bodyscan* ist eine imaginative, aufmerksame Reise durch den Körper, die vor allem im Rahmen der *Mindfulness Based Stress Reduction* (MBSR) Anwendung findet. Ziel dabei ist es, zu erkennen was ist, ohne das, was man erkennt, zu bewerten. Bei dieser Übung geht es darum, den Empfindungen des Körpers, der stets nur im Hier und Jetzt sein kann, nachzuspüren, ohne dabei die Gedanken in die Vergangenheit oder in die Zukunft fliehen zu lassen.

Der Fokus beim *Bodyscan* ist stets der natürlich atmende Körper.

Die Reise beginnt …
Du kannst deine Reise entweder im Sitzen oder im Liegen antreten. Da du damit aber deinen Tag beginnst und ihn beendest, solltest du im Liegen praktizieren. Entweder in deinem Bett (allerdings schläft man dort zu Beginn seiner Übungspraxis leicht ein) oder aber auf deiner Yogamatte, was wir dir sehr empfehlen. Und denk bitte daran: Bei dieser Übung geht es primär um deinen Körper, der zur Ruhe kommen soll. Denn erst wenn sich die Spannungen im Körper lösen, kann der Geist zur Ruhe kommen.

- *Achte darauf, dass du bequem liegst oder sitzt. Deine Arme liegen dabei neben dem Körper, Handflächen nach oben (im Liegen) oder entspannt auf deinen Oberschenkeln (im Sitzen).*
- *Beginne, langsam und tief ein- und doppelt so lange auszuatmen. Schließe dann deine Augen und nimm wahr, wie sich durch deinen Atem die Spannungen allmählich lösen. Gib dein bewusstes Atmen nach circa 10 Atemzügen auf und gehe wieder zu deiner natürlichen Atmung über.*
- *Immer dann, wenn du bemerkst, dass deine Gedanken in Richtung Vergangenheit oder Zukunft abschweifen, nimm dies einfach zur Kenntnis und kehre mit deiner Aufmerksamkeit wieder zur jeweiligen Körperregion zurück.*
- *Beginne nun mit deinen Zehen. Nimm deine Zehen, die Fersen, die Fußsohlen und den Fußspann ganz bewusst wahr, auch den Druck, wo deine Füße auf dem Boden aufliegen, und lass die Spannungen gehen, die du wahrnimmst (du wirst dich wundern, was du an Spannungen wahrnimmst, obwohl du denkst, du seiest schon entspannt).*

- *Gehe dann weiter, hinein in deine Unterschenkel, die Waden und die Schienbeine.*
- *Geh mit deiner Aufmerksamkeit dann in deine Knie, die Oberschenkel und nimm wahr, wo und wie die Oberschenkel den Boden berühren und dich ›erden‹.*
- *Wandere dann gedanklich weiter über dein Becken in deinen Bauch. Atme tief in den Bauch hinein (4 Finger breit unter deinem Bauchnabel) und nimm wahr, wie sich deine Bauchdecke beim Einatmen hebt und beim Ausatmen senkt.*
- *Spüre, wo und wie dein Rücken den Boden berührt. Liegt er flach auf? Ist er wirklich entspannt? Vergewissere dich, ob deine Schultern entspannt sind oder ob dein Nacken sie noch nach oben zieht.*
- *Nun entspannst du deine Gesichtsmuskeln. Ist dein Unterkiefer locker? Sind die Augenlider sanft geschlossen oder kneifst du die Augen zu? Ist dein Mund fest geschlossen oder eher leicht geöffnet?*
- *Gehe dann weiter, hinein in deine Arme. An welchen Stellen liegen sie auf der Unterlage auf? Fühle deine Oberarme, deine Ellbogen, deine Unterarme und jeden einzelnen Finger und lass jede Spannung gehen.*
- *Atme dann noch für ungefähr eine Minute weiter und fokussiere den Atem. Atme tief in deinen Bauch hinein, langsam und bewusst. Bereite dich dann auf den Abschluss der Übung vor, indem du zunächst mit deinem Bewusstsein zurückkehrst und die Umgebung wahrnimmst. Bewege dann ein wenig deine Hände und Füße, lasse sie kreisen und öffne langsam deine Augen. Bevor du zur nächsten Übung übergehst, strecke und dehne dich ausgiebig und genieße das Geschenk der Entspannung.*

2. Shaolin Mind
   Mit *Shaolin Mind* wenden wir uns nicht dem Körper, sondern dem Geist – und damit dem Denken und den Gefühlen (Emotionen) – zu.

   a) Gefühle
      (Zweite Dimension der Achtsamkeit)
      Wichtig – Vergegenwärtige dir die Gefühle, die du hast, und …
      - *auf was sie sich beziehen (und welche Reaktionen auf das folgen, was du wahrnimmst oder empfindest – positiv, neutral oder negativ, mehr nicht …)*
      - *wie sie deine Wahrnehmung beeinflussen, wenn du etwas siehst, hörst, schmeckst, berührst oder denkst.*

   b) Bewusstsein oder Geist
      (Dritte Dimension der Achtsamkeit)
      Wichtig – Vergegenwärtige dir, wie häufig sich die Zustände in deinem Geist verändern, und beobachte ihr Kommen und Gehen, und zwar …
      - *wertfrei und ohne jede Reaktion auf sie (nicht-reaktives Gewahrsein der eigenen Geisteszustände)*
      - *in voller Klarheit darüber, dass sich alle Gedanken, unsere geistigen Zustände und Launen fortwährend verändern. Sie kommen und gehen – immer!*

   c) Geistesobjekte oder Kategorien unserer Erfahrung
      (Vierte Dimension der Achtsamkeit)
      Wichtig – Vergegenwärtige dir, dass alle Wahrnehmungen Objekte des Geistes sind (d. h. nichts davon *bist* du), die dieser erschafft, und die alle Elemente des unmittelbaren Erlebens einschließen. Buddha hat all diese Elemente in seinen Lehrreden ausführlich beschrieben. Dazu gehören:

- *die fünf Hindernisse* für ein achtsames Leben
- unsere Sinnesbereiche, Wahrnehmung, Denken, Motivation, Antrieb sowie verschiedene Gefühlszustände – bis hin zu den vier Aufgaben, die sich aus den *vier edlen Wahrheiten* ergeben.

- *Tagsüber*
Die nachfolgenden *Achtsamkeitsübungen* sollten dich den gesamten Tag über begleiten. Sie setzen die Kenntnis der *vier Dimensionen der Achtsamkeit* und die Fokussierung auf die *fünf Achtsamkeitsübungen* des Buddhismus voraus. Was sich vielleicht sehr schwierig anhört, ist in Wirklichkeit aber ganz einfach. Allein die Tatsache, dass du die *vier Dimensionen der Achtsamkeit* und die *fünf Achtsamkeitsübungen* kennst, wird dazu führen, dass du praktizierst. Denn wie du sicher weißt, kann man nicht NICHT an einen rosa Elefanten denken, wenn man sich darüber bewusst ist, dass man nicht an einen rosa Elefanten denken soll. Wenn du weißt, worauf du achten solltest, wird es dir unweigerlich auffallen, wenn du den Fokus verlierst.

> *»Die fünf Achtsamkeitsübungen verkörpern die buddhistische Vision einer globalen Spiritualität und Ethik. Sie sind ein konkreter Ausdruck der Lehren des Buddha über die vier edlen Wahrheiten und den edlen achtfachen Pfad, den Pfad des rechten Verstehens und der wahren Liebe, der zu Heilung, Transformation und Glück in uns und in der Welt führt. Die fünf Achtsamkeitsübungen zu praktizieren bedeutet, die Einsicht des Interseins [Anm. d. Autoren: Damit ist die Verbundenheit allen Seins gemeint] und damit rechte Sichtweise zu entwickeln, die alle Formen von Diskriminierung, Intoleranz, Ärger, Angst und Verzweiflung aufzulösen vermag. Wenn wir in Übereinstimmung mit den fünf Acht-*

> *samkeitsübungen leben, sind wir schon auf dem Weg eines Bodhisattvas. In dem Wissen, dass wir auf diesem Weg sind, verlieren wir uns nicht in Verwirrung über unser Leben in der Gegenwart oder in Sorgen über die Zukunft.«*

- Ehrfurcht vor dem Leben – Die erste Achtsamkeitsübung

> *»Im Bewusstsein des Leidens, das durch die Zerstörung von Leben entsteht, bin ich entschlossen, Mitgefühl und Einsicht in das Intersein zu entwickeln und Wege zu erlernen, das Leben von Menschen, Tieren, Pflanzen und unserer Erde zu schützen. Ich bin entschlossen, nicht zu töten, es nicht zuzulassen, dass andere töten, und keine Form des Tötens zu unterstützen, weder in der Welt noch in meinem Denken oder in meiner Lebensweise. Im Wissen, dass schädliche Handlungen aus Ärger, Angst, Gier und Intoleranz entstehen, die ihrerseits dualistischem und diskriminierendem Denken entspringen, werde ich mich in Unvoreingenommenheit und Nicht-Festhalten an Ansichten üben, um Gewalt, Fanatismus und Dogmatismus in mir selbst und in der Welt zu transformieren.«*

- Wahres Glück – Die zweite Achtsamkeitsübung

> *»Im Bewusstsein des Leidens, das durch Ausbeutung, soziale Ungerechtigkeit, Diebstahl und Unterdrückung entsteht, bin ich entschlossen, Großzügigkeit in meinem Denken, Reden und Handeln zu praktizieren. Ich bin entschlossen, nicht zu stehlen und nichts zu besitzen, was anderen zusteht. Ich werde meine Zeit, Energie und materiellen Mittel mit denen teilen, die sie brauchen. Ich werde mich in tiefem Schauen üben, um zu erkennen, dass das Glück und das Leiden anderer nicht getrennt sind von*

> *meinem Glück und meinem Leiden, dass wahres Glück nur möglich ist mit Verstehen und Mitgefühl und dass es viel Leiden und Verzweiflung bringen kann, hinter Reichtum, Ruhm, Macht und sinnlichem Vergnügen herzujagen. Ich bin mir bewusst, dass Glücklichsein von meiner geistigen Haltung und nicht von äußeren Umständen abhängig ist und dass ich glücklich im gegenwärtigen Augenblick leben kann, indem ich mich daran erinnere, dass ich bereits mehr als genug Bedingungen habe, um glücklich zu sein. Ich bin entschlossen, rechten Lebenserwerb zu praktizieren, um so dazu beizutragen, das Leiden der Lebewesen auf dieser Erde zu verringern und den Prozess der globalen Erwärmung umzukehren.«*

- Wahre Liebe – Die dritte Achtsamkeitsübung

> *»In dem Bewusstsein, das durch sexuelles Fehlverhalten Leiden entsteht, bin ich entschlossen, Verantwortungsgefühl zu entwickeln und Wege zu erlernen, die Sicherheit und Integrität von Individuen, Paaren, Familien und der Gesellschaft zu schützen. In dem Wissen, dass sexuelles Verlangen nicht Liebe ist und dass sexuelles Handeln, durch Begierde motiviert, immer sowohl mir als auch anderen schadet, bin ich entschlossen, keine sexuelle Beziehung einzugehen ohne gegenseitiges Einverständnis, wahre Liebe und die Bereitschaft zu einer tiefen, langfristigen und verantwortungsvollen Bindung. Zur spirituellen Unterstützung der Integrität meiner Beziehung beschließe ich, mich an die Familienmitglieder, Freundinnen, Freunde und die Sangha zu wenden, zu denen ein unterstützendes und vertrauensvolles Verhältnis besteht. Ich werde alles tun, was in meiner Macht steht, um Kinder vor sexuellem Missbrauch zu schützen und um zu ver-*

> *hindern, dass Paare oder Familien durch sexuelles Fehlverhalten auseinanderbrechen. In dem Bewusstsein, dass Körper und Geist wechselseitig miteinander verbunden sind, bin ich entschlossen, geeignete Wege zu erlernen, um gut mit meiner sexuellen Energie umzugehen und die vier grundlegenden Elemente wahrer Liebe – liebevolle Güte, Mitgefühl, Freude und Unvoreingenommenheit – zu entwickeln, sodass mein eigenes Glück wachsen kann, und ebenso das Glück anderer. Ich erkenne die Vielfalt menschlicher Erfahrungen an und verpflichte mich, keine der verschiedenen Formen von Geschlechtsidentität oder sexueller Orientierung zu diskriminieren. Indem wir uns in wahrer Liebe üben, setzen wir uns auf eine sehr schöne Weise in die Zukunft fort.«*

- Liebevolles Sprechen und tiefes Zuhören – Die vierte Achtsamkeitsübung

> *»Im Bewusstsein des Leidens, das durch unachtsame Rede und aus der Unfähigkeit, anderen zuzuhören, entsteht, bin ich entschlossen, liebevolles Sprechen und mitfühlendes Zuhören zu üben, um Leiden zu lindern und Versöhnung und Frieden in mir und zwischen anderen Menschen, ethnischen und religiösen Gruppen und Nationen zu fördern. Im Wissen, dass Worte sowohl Glück als auch Leiden hervorrufen können, bin ich entschlossen, wahrhaftig zu sprechen und Worte zu gebrauchen, die Vertrauen, Freude und Hoffnung wecken. Wenn Ärger in mir aufsteigt, bin ich entschlossen, nicht zu sprechen. Ich werde achtsames Atmen und Gehen praktizieren, um meinen Ärger zu erkennen und tief in seine Wurzeln zu schauen, besonders in meine falschen Wahrnehmungen und mein fehlendes Verständnis für mein eigenes Leiden und das*

> *der anderen Person. Ich werde in einer Weise sprechen und zuhören, die mir und dem anderen helfen kann, Leiden zu transformieren und einen Weg aus schwierigen Situationen zu finden. Ich bin entschlossen, keine Nachrichten zu verbreiten, wenn ich nicht sicher bin, dass sie der Wahrheit entsprechen, und Äußerungen zu unterlassen, die Trennung oder Uneinigkeit verursachen können. Ich werde rechtes Bemühen praktizieren, um meine Fähigkeit zu Liebe, Verstehen, Freude und Unvoreingenommenheit zu nähren und um allmählich Ärger, Gewalt und Angst, die tief in meinem Bewusstsein liegen, zu verwandeln.«*

- Nahrung und Heilung – Die fünfte Achtsamkeitsübung

> *»Im Bewusstsein des Leidens, das durch unachtsamen Konsum entsteht, bin ich entschlossen, auf körperliche und geistige Gesundheit für mich selbst, meine Familie und meine Gesellschaft zu achten, indem ich achtsames Essen, Trinken und Konsumieren praktiziere. Ich werde mich darin üben, tief zu schauen, um meinen Konsum und meinen Umgang mit den vier Arten von Nahrung – Essbarem, Sinneseindrücken, Willenskraft und Bewusstsein – zu erkennen. Ich bin entschlossen, weder Alkohol noch Drogen oder andere Dinge zu benutzen, die Gifte enthalten, wie bestimmte Internetseiten, Glücksspiele, elektronische Spiele, Fernsehsendungen, Filme, Zeitschriften, Bücher oder Gespräche. Ich werde mich darin üben, zum gegenwärtigen Augenblick zurückzukommen, um mit den erfrischenden, heilenden und nährenden Elementen in mir und um mich herum in Berührung zu sein. So lasse ich mich weder von Bedauern und Kummer in die Vergangenheit ziehen noch von Sorgen, Angst oder Begierden aus dem gegenwärtigen Augenblick bringen. Ich*

> *bin entschlossen, nicht zu versuchen, Einsamkeit, Angst oder anderes Leiden zu überdecken, indem ich mich im Konsum verliere. Ich werde das Intersein tief betrachten und auf eine Weise konsumieren, die Frieden, Freude und Wohlergehen sowohl in meinem Körper und Bewusstsein als auch im kollektiven Körper und Bewusstsein meiner Familie, meiner Gesellschaft und unserer Erde bewahrt.«*

(Quelle: https://plumvillage.org/de/die-funf-achtsamkeits-ubungen/)

- *Am Abend*
  Der Zeitaufwand für die nachfolgenden Übungen beträgt zu Beginn der vierwöchigen Übungsphase (Schritt 1) …

> *Übung Bodyscan – Reise durch den Körper → circa 10 Minuten. Im Verlauf der vier Übungswochen kannst du den Bodyscan allmählich auf bis zu 30 Minuten ausdehnen.*
>
> *Übung Shaolin Mind → circa 5 Minuten. Im Verlauf der vier Übungswochen kannst du Shaolin Mind auf bis zu 30 Minuten ausdehnen.*

Der gesamte Zeitaufwand für deine abendliche Übungspraxis beträgt damit gerade einmal 15 Minuten (die du beliebig ausdehnen kannst)!

1. Bodyscan – Reise durch den Körper
   Ausführung → wie am Morgen.
2. Shaolin Mind
   Dankbarkeit ist das Fundament der Zufriedenheit. Und Zufriedenheit ist das Fundament, sowohl für inneren als auch für äußeren Frieden. Und der innere und äußere Frieden

ist es, der Spannungen gar nicht erst aufkommen lässt, dadurch Überaktivierung verhindert und Reibungsverluste minimiert, sodass Blockaden gar nicht erst entstehen können. Wichtig: Mach dir bitte klar, dass du für ALLES dankbar sein kannst, auch für die Dinge, die wehtun oder dir das Leben (scheinbar) schwer machen. Es ist so, wie die Meister sagen: Es sind nicht die Dinge, die uns leichtfallen, die uns *am meisten lehren*. Die besten Lehrmeister sind die Dinge, die uns *am meisten abverlangen* …

a) Mach dir all das bewusst, was dir während des Tages widerfahren ist. Und dann untersuche es gewissenhaft im Hinblick auf den ›Lehrinhalt‹. Was kannst du lernen? Demut, Geduld, Mitgefühl, Verständnis? Und wo funkt dir dein EGO dazwischen? War es tatsächlich so falsch und gemein, was man dir vorgehalten hat? Wenn ja, kannst du zum Beispiel Nicht-Identifikation lernen, wenn nein, Demut und Respekt, weil sich jemand getraut hat, dich auf einen Fehler aufmerksam zu machen, den du nun nicht mehr wiederholen musst.
b) Mach dir all das bewusst, was dir während deines bisherigen Lebens widerfahren ist. Verfahre analog zu Punkt a).

Schritt 2 → SYNCHRONISATION

Den Körper stärken und mit dem Geist synchronisieren

Mit Synchronisation ist hier die Wiederherstellung der *harmonischen Einheit* von Körper und Geist gemeint, die vor allem in den westlichen Industrienationen durch eine stetige Überforderung (Überaktivierung) des Geistes und eine ebenso stetige Unterforderung des Körpers gestört wird. Die so entstehende Dysbalance hat zur Folge, dass du in einer dauerhaften Überaktivierung lebst, die deine habituelle Aktivierung stetig weiter ansteigen lässt, weil du die Spannung, die der Geist aufbaut, über den Körper nicht mehr ableiten kannst. Dieser Umstand führt, wie weiter oben ausgeführt, zu einer dauerhaft erhöhten Stresshormonkonzentration in deinem Körper, die dich auf Kampf oder Flucht einstellt. Da du aber nicht ständig kämpfen oder flüchten kannst, wenn dein System unter Stress gesetzt wird, benötigst du eine andere Option, um den Stress (die Überaktivierung) zu kompensieren und die Balance zwischen Körper und Geist wiederherstellen zu können. Und mithilfe der regelmäßigen Synchronisation kannst du sogar vermeiden, dass es überhaupt zu dieser Dysbalance kommt.

GRUNDLAGEN

Im Gegensatz zur Kontemplation und Meditation ist die Synchronisation ein vergleichsweise einfaches Konzept, bei dem du dir nur ein paar wenige Dinge bewusst machen musst.

Emotionen, die den Stress und in der Folge die Überaktivierung bedingen, sind Phänomene, die dadurch imponieren, dass sie ihre gedeihliche, ebenso wie ihre schädliche Wirkung, multidimensional generieren. Was ist damit gemeint? Nun, es ist so, dass bestimmte gedankliche Prozesse in der Folge bestimmte körperliche Prozesse anstoßen. Mit anderen Worten: Das, was du beispielsweise als die Emotion *Angst* wahrnimmst, hat einen gedanklichen Anteil, wie katastrophisierendes Denken, skeptische Zweifel oder Gedankenrasen, und einen körperlichen Anteil, wie Übelkeit, Schwitzen oder extreme Verspannungen. Und so wie die Angst hat jede Emotion immer einen psychologischen und einen physiologischen Anteil, der sie definiert.

Wenn du dir das erst einmal bewusst gemacht hast, dann hast du im Prinzip das *Konzept der Psychosomatik* verstanden. Es ist nämlich durchaus nicht nur so, dass die Psyche dem Körper Schaden zufügen kann, der Körper kann nämlich sehr wohl auch der Psyche

Schaden zufügen. Und warum glaubt du, dass ich explizit genau darauf hinweise? Richtig, wenn nämlich der Körper einen negativen Einfluss auf den Geist nehmen kann, dann kann er ebenso einen positiven Einfluss auf den Geist nehmen. Und umgekehrt gilt natürlich auch: Wenn der Geist einen negativen Einfluss auf den Körper nehmen kann, dann kann er ebenso einen positiven Einfluss auf den Körper nehmen.

Fakt ist: Sowohl der Körper als auch der Geist kann seine volle Leistungsfähigkeit nur dann entfalten, wenn beides eine harmonische, ausbalancierte Einheit bildet. Wer ständig seinen Geist (über-)fordert und dabei den Körper vernachlässigt, wird ebenso Schwierigkeiten bekommen, wie derjenige, der ständig seinen Körper überfordert und dabei seinen Geist vernachlässigt.

Es ist der Körper, der stets im Hier und Jetzt ist, weil er nirgendwo anders sein kann. Er ist der Ort, an dem dein Atem zuhause ist, und damit dein Anker im gegenwärtigen Moment. Das ist aber bei weitem noch nicht alles, denn der Körper ist damit gleichzeitig der Ort, an dem du die Quelle sowohl deiner äußeren Kraft als auch deiner inneren Stärke finden kannst.

Im Gegensatz zum Körper, der stets nur im Hier und Jetzt sein kann, sind die Gedanken nicht an den gegenwärtigen Moment gebunden. Es sind demnach deine Gedanken, die verhindern, dass du dich, wenn es dringend nötig wäre, an dieser Quelle laben kannst. Eben weil sie dich ständig entweder in die Vergangenheit oder aber in die Zukunft entführen, wenn du nicht in der Lage bist, genau das zu verhindern. Stark vereinfacht lauten die entsprechenden Gleichungen:

- Spannung im Körper = Spannung im Geist
- Spannung im Geist = Spannung im Körper

Das ist auch der Grund, weshalb sich so viele Menschen mit Meditation so unglaublich schwertun. Wie soll ein Geist am Abend zur Ruhe kommen, der den Körper den ganzen Tag mit Stresshormonen überschwemmt und dadurch in maximale Anspannung versetzt hat? Nun kann es sein, dass der Geist am Abend zwar erschöpft ist, aber trotzdem nicht zur Ruhe kommt, weil der Körper noch immer unter Spannung steht, da er akut mit Stresshormonen geflutet ist. Und je weiter der Anstieg der habituellen Aktivierung schon vorangeschritten ist, desto höher ist die Konzentration der Stresshormone und desto größer ist die körperliche Spannung, die eine geistige Entspannung unmöglich macht.

Mit anderen Worten: Soll der Geist zur Ruhe kommen, muss die Spannung raus aus dem Körper. Und soll der Körper zu Ruhe kommen, muss die Spannung raus aus dem Geist!

- *Qi Gong verstehen (Bedeutung von Energiefluss und Atem)*
  Ich möchte mich an dieser Stelle insbesondere auf ein Buch beziehen, das ich für eines der besten Bücher über *Qi Gong & Gesundheit* halte, das ich bisher gelesen habe. Der Titel lautet *Generating Energy. Burnout-Prophylaxe und -Therapie durch Shaolin Qi Gong.* Geschrieben hat es *Hans Urach*, ein von Shaolin Austria zertifizierter Qi Gong Lehrer, dem ich an dieser Stelle meinen allergrößten Respekt zolle. Seinetwegen habe ich Meister Shi Yan Lu gebeten, mich auch zum Qi Gong Lehrer auszubilden, weil er mir (damals noch mehr Wissenschaftler als Mönch) mit seinem Buch geholfen hat, zu verstehen, wie Qi Gong funktioniert und was damit alles möglich ist. Bei den nachfolgenden Ausführungen beziehe ich mich primär auf die wunderbaren Arbeiten von Hans Urach, den ich in diesem Bereich aufgrund seines unglaublichen Wissens und Verständnisses für einen *wahrhaftigen Meister* halte, an dem wir uns orientieren sollten! Erlaubst du mir an dieser Stelle einen kleinen Exkurs? Denn ich möchte gerne, dass auch du von seiner Meisterschaft profitieren kannst.

  Zunächst ein paar Worte zur eigentlichen Bedeutung von *Qi Gong.* Ganz grundsätzlich bedeutet *Qi Gong* ›Bearbeitung des

Qi‹, ›Fertigkeiten im Umgang mit Qi‹ oder ›Lenkung des Qi‹. So weit, so gut. Nun stellst du dir sicher die Frage, was *Qi* bedeutet, richtig? Und da muss ich dir leider sagen, dass diese Erklärung dann doch etwas komplexer ist, zumal man sich nicht einmal in der traditionellen chinesischen Medizin (TCM) an eine Definition heranwagt. Warum? Weil *Qi* weder Materie noch Energie ist. Und weil du bis hierher sehr aufmerksam studiert hast, wirst du dir spätestens jetzt noch eine weitere Frage stellen: Wie sollte man etwas bearbeiten oder etwas lenken können, das man nicht beschreiben kann? Die Frage ist sehr schlau, zumal du ja gelernt hast, dass man Dinge gedanklich nur dann greifen kann, wenn man sie auch benennen kann. Das ist so auch richtig, allerdings habe ich dir noch eine Dimension vorenthalten – bis jetzt. Denn in der chinesischen Kultur ebenso wie in der traditionellen chinesischen Medizin versteht man *Qi* allein durch sein Wirken!

- *Die Auswahl der geeigneten Qi Gong-Form*
  Damit du die geeignete Qi Gong-Form für dich und die jeweilige individuelle Situation auswählen kannst, musst du zunächst verstehen, was Qi Gong genau ist. Qi Gong ist ein Trainingssystem, das auf der taoistischen Philosophie basiert und Übungen zur Stärkung, Gesunderhaltung und Lenkung des Qi bereitstellt. Die TCM lehrt uns, dass das Qi aus drei Quellen entspringt:

  - *Ur-Qi*
    Ist das *Yuan Qi*, das von unseren Vorfahren und Eltern auf uns übertragen wird.
  - *Nahrungs-Qi*
    Ist das *Gu Qi*, das wir mit der Nahrung zu uns nehmen.
  - *Luft-Qi*
    Ist das *Kong Qi*, das wir über den Atem aufnehmen.

Wichtig für dein Verständnis von Qi Gong ist zudem, dass du dir bewusst machst, dass Qi Gong aus *drei Säulen* besteht:

- Atmung
    - *Jing Gong* (Ruhe-Übungen, nahezu ohne Bewegung, oft auch als *Nei Gong* – innere Übungen – bezeichnet)
    - *Dong Gong* (Bewegungsübungen, die körperliche Arbeit mit dem Qi, oft auch als *Wai Gong* – äußere Übungen – bezeichnet)
- Bewegungsübungen
    - Dao Yin
- Ernährung
    - Chang Ming (taoistische Ernährungsempfehlungen für andauernde Gesundheit)

Neben den inneren Übungen des *Nei Gong* und den äußeren Übungen des *Wai Gong* gibt es noch eine sagenumwobene Form des *Qi Gong*, die den allerbesten Kämpfern vorbehalten bleibt und zu Befähigungen und Leistungen führt, die oftmals kaum zu erklären sind. Dennoch kann man mit eigenen Augen sehen, dass es möglich ist, womit wir wieder bei der Nicht-Definierbarkeit von Qi angelangt werden. Diese dritte, extrem fordernde und der Abhärtung dienende Form des *Shaolin Qi Gong*, die den Meistern vorbehalten bleibt, wird als *Ying Gong* bezeichnet.

- Qi Gong-Praxis
  Für deine Übungspraxis ist darüber hinaus folgende Einteilung von Bedeutung, wobei für dich primär Yijia relevant ist:

    - *Yijia* betrachtet primär die Gesundheitsaspekte (medizinische Ausrichtung).
    - *Wujia* betrachtet primär die Kampfkunstaspekte.

Von Bedeutung ist außerdem die Einteilung nach den jeweiligen Methoden, die zur Anwendung kommen, wobei für dich im gegenwärtigen Zusammenhang in erster Linie Tuna-Pai von Bedeutung ist:

- *Jing-Zuo-Pai*, die *Schule der Stille*, bei der die Meditation im Vordergrund steht.
- *Tuna-Pai*, die *Schule der bewussten Atmung*, bei der die Atemtechnik und die Atemführung im Vordergrund stehen.
- *Lian-Dan-Pai*, die *Schule der inneren Alchemie*, bei der die Lenkung des Qi im Vordergrund steht.

Und zum Abschluss noch eine kleine Übersicht über die bekanntesten Stile im Qi Gong, die sich über viele Jahrhunderte herausgebildet haben. Die Erklärungen zu einigen dieser Stile bieten Shaolin-Meister, die auf Youtube und Instagram vertreten sind, wie zum Beispiel Meister Shi Yan Lu, aber auch Meister Shi Heng Yi, leitender Meister des Shaolin Temple Europe, wobei für dich im gegenwärtigen Zusammenhang in erster Linie Shaolin Nei Gong von Bedeutung ist.

Die entsprechenden vertiefenden Erklärungen sowie die relevanten Übungen, demonstriert von Meister Shi Yan Lu und mir selbst, findest du auf www.bewater.jetzt

- *Ba Duan Jin*
  (Die 8 Brokate)
- *Baihe Qi Gong*
  (Weißer Kranich Qi Gong)
- *Chanmi Qi Gong*
  (Geheimes Chan Qi Gong)

- *Jing Luo Qi Gong*
  (Meridian Qi Gong)
- *Yi Jin Jing Qi Gong*
  (Transformation der Muskeln, Sehnen und Bänder)
- *Xi Sui Jing Qi Gong*
  (Knochenmarkwäsche)
- *Shaolin Nei Gong*
  (Innere Übungen im Shaolin)
- *Taiji Qi Gong*
- *Tiebushan*
  (Eisenhemd Qi Gong)
- *Waiqi Liaofa*
  (Medizinisches Qi Gong)
- *Wuqinxi*
  (Die 5 Tierformen des Huo Tou)

Uns ist klar, dass diese Informationen etwas verwirrend sein können. Deshalb sei zur Vereinfachung gesagt: Was all diese Qi Gong-Formen verbindet, ist der Umstand, dass sie Atmung, mentalen Fokus und kontemplative Bewegung integrieren. So schaffst du es, mithilfe kontrollierter, langsam fließender Bewegungen und fokussierter, tiefer Atmung die Körperenergien, auf die es ankommt, zu aktivieren und zu harmonisieren. Indem du dein *Qi* wahrnimmst, es aktivierst und mittels Imagination durch den Körper zu den jeweiligen Organen oder Körperregionen leitest, werden Körper und Geist synchronisiert und (energetische) Blockaden aufgelöst.

ZIEL

Das Ziel der Synchronisation besteht nun darin, zu lernen, den gedanklichen Fokus auf dem Atem halten zu können, um jederzeit im gegenwärtigen Moment die maximale Energiemenge zur Verfügung zu haben. Der Atemfokus sorgt dafür, dass keinerlei Energie in Vergangenheit oder Zukunft abfließen kann, wo sich Depression und Angst nähren könnten.

Regelmäßig praktiziertes Shaolin Qi Gong wirkt auf vielen Ebenen sehr gedeihlich und reicht von der Verbesserung des allgemeinen Wohlbefindens bis hin zur Stärkung des Immunsystems. Du spürst die Wirkung derart, dass du über deutlich mehr Energie verfügst und dich wesentlich schneller regenerieren kannst. Damit beugst du einer schädlichen Überaktivierung vor und kannst, wenn es nötig sein sollte, deine chronische Überaktivierung wieder auf ein dir zuträgliches Maß reduzieren. Ziel ist, und hier zitiere ich Hans Urach, weil er es so wunderbar sachlich auf den Punkt bringt, »*das Erreichen von innerer Ruhe und Gelassenheit aus eigener Kraft. Qi Gong ist ein Weg zu einem harmonischen und ausgeglichenen Zustand.*« Und ein Weg zu einem selbstwirksamen Leben im gegenwärtigen Moment!

- *Den Atem fokussieren und kontrollieren können*
  Wenn man dem Weg des Shaolin Kung Fu folgt, kommt man irgendwann an den Punkt, am dem die tatsächliche Bedeutung des Atems relevant wird, die weit über die bloße Bereitstellung von Sauerstoff hinausgeht. Der Atem ist das Instrument, mit dem du Körper und Geist steuern kannst. Mit seiner Hilfe kannst du mit Körper und Geist kommunizieren. Zudem kannst du über den Atem Körper und Geist verbindliche Anweisungen zukommen lassen, die sie befolgen MÜSSEN, weil unsere Biologie eben so funktioniert, wie sie funktioniert. Und er ist das Werkzeug, mit dem du dich im gegenwärtigen Moment verankern kannst, in deiner Mitte, zwischen Vergangenheit und Zukunft, dort wo die Dinge einfach nur sind – und nicht waren oder erst noch werden.

- *Energie im Hier und Jetzt konzentrieren können*
  Wenn du es unter allen Umständen schaffst, deinen Atem wirklich zu fokussieren, kannst du jederzeit auf 100 Prozent deiner Energie zugreifen. Und darüber hinaus kannst du dann sogar

selbstbestimmt entscheiden, welchen Aggregatzustand du einnehmen möchtest. Ob Eis, Wasser oder Dampf, es ist DEINE Wahl und du entscheidest selbstwirksam über deinen Zustand.

> *Der Atem ist der Schlüssel, der die Schatzkammer der Möglichkeiten von Körper und Geist zu entriegeln vermag. Der Atem ist der Schlüssel, der dir den Zugang zu deinem vollen Potenzial erschließt.*

WERKZEUGE

Nachfolgend stelle ich dir zwei weitere Werkzeuge vor, und auch hier gilt: Es sind nur Werkzeuge, die dazu dienen, dich deinem Ziel näher zu bringen und dir deinen Lebensweg gleichzeitig angenehmer und hilfreicher zu gestalten, denn wie wir mithilfe von Susuki Roshi bereits festgestellt haben: »*Wir müssen verstehen, dass wir schon im Bus sitzen …*« Allerdings gilt der erste Teil dieses Absatzes nur bedingt, weil es sich beim Atem eigentlich nicht um ein Werkzeug handelt, zumindest dann nicht, wenn es um das *natürliche Atmen* (Urach, 2014, S. 101 ff) geht, und darum geht es zuallererst …

- *Der Atem*

  Wie weiter oben bereits über die Bedeutung von Qi ausgeführt, ist die zentrale Energiequelle unserer Existenz der Sauerstoff, den wir mit der Atmung aufnehmen. Deshalb legen die Shaolin-Mönche höchsten Wert auf die Perfektionierung der Atmungsqualität sowie auf die Steigerung des Atemvolumens. Erreicht wird dies mittels des Herzstücks des Shaolin Qi Gong, dem Yi-jin-jing-Qi Gong. Es wirkt dabei aber nicht nur auf die Atmung als solches, sondern vielmehr auf die vielschichtigen und äußerst komplexen Prozesse im Inneren des Körpers, die mit dem Prozess des Atmens korrespondieren.

  Der Atem hilft dir also, sowohl Körper als auch Geist zu beruhigen und zu entspannen. Er hilft dir aber darüber hinaus auch, dich im gegenwärtigen Moment, in der Mitte zwischen Vergangenheit und Zukunft, zu sammeln, deine Energie zu bündeln und deine Selbstwirksamkeit zu entfalten.

Der *natürliche Atem* gibt den Takt vor, dem deine Bewegungen folgen. Das bedeutet, dass du bei den Übungen zunächst deinem Atem nachspürst und ihn seinen Rhythmus finden lässt. Erst dann folgen die Bewegungen. Du wirst sofort bemerken, dass sich das leichter liest, als es sich praktiziert. Deshalb empfehlen wir dir, mit einfachen, wenig komplexen Bewegungsabläufen zu beginnen, die zunächst keine Anstrengung darstellen sollten. Erst wenn es dir selbstverständlich gelingt, deine Bewegungen dem Atem folgen zu lassen, ohne dass diese ihn verändern (durch Anstrengung), solltest du dich den komplexeren und körperlich fordernden Übungen zuwenden. Es ist so, wie es Hans Urach in *Generating Energy* herausgearbeitet und hergeleitet hat:

> *»Der größte Feind des natürlichen Atems ist nach unserer Auffassung eine instrumentalistische Einstellung zum Atem. Das heißt, sobald das Atmen bewusst für einen bestimmten Zweck eingesetzt wird, der nichts mit ihm selbst zu tun hat, z.B., um bewusst Stress abzubauen, verliert es notgedrungen seine Natürlichkeit. Es ist dann bloßes Mittel zum Zweck und nicht Zweck an sich selbst.«* (Urach, 2014, S. 101)

Im Rahmen von Qi Gong sollten wir demnach die Selbstzweckhaftigkeit der natürlichen Atmung respektieren, und nicht versuchen, damit irgendetwas zu bezwecken. Es geht darum, den Atem ins Zentrum zu stellen, ohne den Selbstzweck des Atmens jemals aus den Augen zu verlieren. Unserer Ansicht nach kann nur derjenige den Atem beherrschen, der das verinnerlicht hat. Und mit *beherrschen* ist gemeint, dass man jederzeit den Atemfokus finden und behalten kann, so lange man möchte. Wer es schafft, sich im völligen Vertrauen auf die Existenz atmen zu lassen, wird in den Genuss dessen kommen, was Hans Urach als *»interagierende Lebensbewegung«* bezeichnet. Denn den Atem *tatsächlich* zu beherrschen, ist ein unmögliches Unterfangen. Du kannst das gerne selbst versuchen. Und nach spätestens einer Minute wirst du feststellen, dass nicht du es bist, der entscheiden kann, ob er nun atmet oder nicht. Es geht darum, auf den Atem zu vertrauen, nicht darum, ihn zu instrumentalisieren oder, wie Hans Urach es so wunderbar formuliert hat:

> *»Wir dürfen uns zwar der entstressenden inneren Weitung und Weite, dem inneren Fluss der Energie und der erfrischenden Entgiftung im Rahmen unseres natürlichen Atems bewusstwerden, aber bewusst ein natürliches Atmen zum Erreichen dieser Effekte herzustellen, ist performativ unmöglich.«* (Urach, 2014, S. 102)

Und frei zitiert und interpretiert nach Egger (Egger et al., 2006, S. 90) bedeutet das: Wenn du es schaffst, dass dein Denken und deine Imaginationsfähigkeit *für* deinen Körper – und nicht *gegen* ihn – arbeiten, er in der Lage ist, ganz natürliche Wege zu finden, um Grenzen zu überschreiten und so immer leistungsfähiger zu werden. Wenn es dir gelingt, eine entspannt-konzentrierte innere Haltung herzustellen, bist du in der Lage, die dir innewohnende Energie zu lenken, weil die Energie stets der Aufmerksamkeit folgt.

Und um es auf den Punkt zu bringen, noch einmal frei nach Urach: Wir streben diese entspannt-konzentrierte innere Haltung nicht primär deshalb an, weil wir über uns hinauswachsen wollen, sondern weil wir derjenige sein möchten, der wir eigentlich sind, ohne die erzwungene oder freiwillig hergestellte Distanz zwischen Sein und Schein. Denn Leid, Krankheit und Bösartigkeit gewinnen an Macht, wenn sich diese Distanz vergrößert, und sie verlieren an Macht, wenn du der sein kannst, der du tatsächlich bist.

- *Shaolin Nei Gong – die inneren Übungen*
  Das *Shaolin Nei Gong* hat, wie alle anderen Qi Gong-Stile, ebenfalls die Regulierung des gesamten Systems, das uns ausmacht, zum Ziel. Shaolin-Meister harmonisieren nacheinander die nachfolgend genannten Dimensionen und sorgen sodann für einen Gleichklang zwischen ihnen. Wichtig dabei ist, dass du diese Dimensionen nicht unabhängig voneinander, sondern vielmehr in direkter Abhängigkeit voneinander betrachtest, denn alle vier Dimensionen interagieren auf eine höchst komplexe Art und Weise. Die vier Dimensionen sind:

1. *Regulierung des Körpers (Tiao Sheng)*
   Für die Regulierung des Körpers spielt die Öffnung der Meridiane eine zentrale Rolle. Du erreichst dies durch eine gedeihliche Körperhaltung. Die Körperhaltung ist das Fundament eines wirkungsvollen Qi Gong.
2. *Regulierung der Atmung (Tiao Xi)*
   Bei der Regulierung der Atmung geht es im Kern darum, *verbrauchtes Qi* durch *neues Qi* zu ersetzen. Dabei ist das Wesen der Atmung von zentraler Bedeutung. Es ist die Atmung, die dich mit neuer Energie versorgt.
3. *Regulierung des Geistes (Tiao Shen)*
   Die Fähigkeit zur Regulierung des Geistes ist die Basis für deine Qi Gong-Praxis. Du findest deine emotionale Mitte und deine geistige Ruhe durch die Kombination von Haltung (buddhistische Psychologie), Bewegung (Qi Gong), Atmung (natürliche Atmung und Atmung als Meditationsobjekt) und Meditation.
4. *Regulierung des Qi (Tiao Qi)*
   Wenn es dir gelingt, die ersten drei Dimensionen zu beherrschen, hast du damit alle nötigen Voraussetzungen geschaffen, um dein Qi bewusst zu lenken und in bestimmten Bereichen des Körpers zu sammeln, wie auch die Shaolin-Meister es tun.

Und wenn du gerne sehen möchtest, was möglich ist, wenn du alle vier Dimensionen beherrschst, dann schau dir doch einfach das Video mit dem Titel ›Möglich ist, was du denken kannst!‹ (fast ganz unten auf der Startseite von https://www.kelisi.online*) an. Dann kannst du dir ein Bild davon machen und sehr schnell verstehen, dass du dein Potenzial noch nicht annähernd ausgeschöpft hast.*

ÜBUNGEN

Ein wesentlicher Teil des Übungsspektrums des *Shaolin Nei Gong* ist das *Nei Yang Gong*, womit die *inneren erhaltenden Übungen* gemeint sind, um die es nun gehen soll. Was sich so kompliziert anhört, sind einfach zu praktizierende meditative Atemübungen, die ohne Bewegungen des Körpers vonstatten gehen. Wichtig ist, dass du dabei nicht verkrampfst! Du musst üben, ohne dabei etwas erreichen zu wollen. So kannst du deinen Geist in eine entspannte Heiterkeit versetzen. Lerne über dich selbst zu lachen oder zumindest zu schmunzeln.

Und damit du all deine unnützen und hinderlichen Gedanken loslassen kannst, musst du lernen, deine Mitte zu finden und deinen Atemfokus zu halten, so wie wir es dir erklärt haben. Es ist außerdem von Wichtigkeit, dass du dabei in einer entspannten, aufrechten Haltung sitzt oder dich wie bei der *Vipassana-Meditation* hinlegst (auf den Rücken, Arme neben den Körper, Handflächen nach oben, die Beine leicht gespreizt). Deine Augen bleiben dabei halb geöffnet, ohne dass dein Blick an etwas haftet. Deinen Mund hältst du geschlossen.

- Am Morgen
  Der Zeitaufwand für die nachfolgende Übung beträgt zu Beginn der vierwöchigen Übungsphase (Schritt 2) in etwa 10 Minuten. Weite diesen Zeitraum in den vier Übungswochen allmählich auf 30 Minuten aus.

- Die erste Übung (als Fang bezeichnet) ist das Lockern

> *Dabei atmest du im Rhythmus deiner natürlichen Atmung. Atme dabei durch den Mund aus und versuche mit jedem Ausatmen bewusst die Spannung aus jedem einzelnen Bereich deines Körpers auszuatmen. Beginne beim Kopf, gehe dann über zu Gesicht, Nacken, Schultern, Oberarmen, Unterarmen, Fingern, Bauch und Becken und beginne dann erneut bei den Zehen, den Füßen, den Unterschenkeln, den Oberschenkeln bis zum Becken. Schließe diese Übung mit der Entspannung des Bauches ab. Wichtig: Dein Fokus liegt auf der Entspannung der jeweiligen Körperregion, nicht auf dem Atem. Lasse den Atem einfach in seiner völlig natürlichen Bewegung fließen.*

- Am Mittag
Der Zeitaufwand für die nachfolgende Übung beträgt zu Beginn der vierwöchigen Übungsphase (Schritt 2) in etwa 10 Minuten. Weite diesen Zeitraum in den vier Übungswochen allmählich auf 30 Minuten aus.

- Die zweite Übung ist dem Tiao Xi zuzuordnen

> *Bei dieser Übung atmest du durch die Nase sowohl ein als auch aus. Es ist wichtig, dass deine Zunge bei der Einatmung hinter den oberen Schneidezähnen am Gaumen locker anliegt. Die eingeatmete Luft wird zunächst nur kurz angehalten und danach doppelt so lange ausgeatmet. Während der Zeit des Ausatmens denkst du an ein vorgegebenes Wort, wie zum Beispiel ›Gelassenheit‹. Im Verlauf deiner Übungspraxis erhöhst du die Anzahl der Wörter immer weiter, bis du neun Wörter erreicht hast.*

> *Du kannst dir auch einen gedeihlichen Satz zurechtlegen und bei jedem Ausatmen jeweils erst ein Wort, dann zwei Wörter usw. denken, bis dein Satz in Gedanken vollständig ist (Beispiel: Der Atem nährt meinen Körper, der Atem beruhigt meinen Geist.). So erlernst du den Atemfokus und die Atemkontrolle, nachdem du dir (in Schritt 1) bewusst gemacht hast, welche Bedeutung der natürlichen Atmung zukommt.*

- Am Abend
  Der Zeitaufwand für die nachfolgende Übung beträgt zu Beginn der vierwöchigen Übungsphase (Schritt 2) in etwa 10 Minuten. Weite diesen Zeitraum in den vier Übungswochen allmählich auf 30 Minuten aus.

  - Die dritte Übung, die heute auch im Westen sehr bekannt ist

    > *Unsere dritte Übung, die sich ebenfalls aus dem Shaolin Nei Gong entwickelt hat, sind die 8 Brokate, das Ba Duan Jin. Diese Übung wird heute meist im Kontext von Kampfkünsten wie dem Taijiquan praktiziert. Das Ba Duan Jin integriert die Bewegungen mit der Kontrolle von Atem, Geist und Qi. Ba Duan Jin, das in verschiedensten Formen und Variationen gelehrt wird, kann auch von geschwächten und kranken Menschen praktiziert werden, da es auch im Sitzen und Liegen praktiziert werden kann. Es kann somit jedem Menschen eine große Hilfe sein. Ich habe beispielsweise in meiner Zeit im Rollstuhl gelernt, Qi Gong im Sitzen und Liegen zu praktizieren. Qi Gong war der zentrale Schlüssel, der mir den Zutritt zu meinem neuen Leben ermöglicht hat!*

Wie mächtig *Shaolin Qi Gong* ist, wird deutlich, wenn du dir klar machst, dass die *Shaolin Quanfa* (Shaolin-Faust-Fähigkeiten) ohne Qi Gong kaum denkbar, geschweige denn praktizierbar sind. Shaolin Qi Gong ist die Grundlage, sozusagen Basis und Seele aller Shaolin-Stile. Sie umfasst mehr als 360 chinesische Kampfkunst-Stile, *Wushu* genannt, die sich in irgendeiner Weise auf den Shaolin-Tempel beziehen.

Schritt 3 → MEDITATION

Den Atem beherrschen, Körper, Gedanken und Emotionen kontrollieren

Die Shaolin Meditation hat ihre Wurzeln in der buddhistischen Meditationspraxis. Begründet wurde sie von *Bodhidharma*, dem 28. Patriarchen des Buddhismus in Shaolin. Es ist davon auszugehen, dass die Meditationspraxis so alt ist wie das Leben selbst – und mindestens ebenso vielfältig. Bodhidharma und seine ihm nachfolgenden Schüler vereinigten die Schulen des indischen Buddhismus mit denen des chinesischen Taoismus. Für die Meditationspraxis bedeutete dies eine enorme Erweiterung des Betrachtungsraums. So gibt es eben nicht nur die sitzende Meditation, die wir hier im Westen vor Augen haben, sondern Formen im Stehen, im Gehen, im Liegen und viele weitere. Es geht darum, eine möglichst vollumfängliche Achtsamkeit für die Dinge des Augenblicks zu entwickeln und zu praktizieren. Jeder, der es schon einmal versucht hat, wird bestätigen, dass es weitaus schwieriger ist, als es klingt. Aber so vielfältig die Techniken auch sein mögen, so haben sie stets zum Ziel, einen *meditativen Zustand* zu erreichen.

Aber was bedeutet eigentlich ein meditativer Zustand?

So, und spätestens jetzt beginnt das Eis dünn zu werden. Denn das Deutungsspektrum reicht von der *Selbstbetrachtung*, wie sie *Marc Aurel* in seinem Buch *Meditation* (was ja *Selbstbetrachtung* bedeutet) beschreibt, bis hin zur Verwirklichung von *Ich-Losigkeit*, so wie es uns Jack Kornfield erklärt hat. Wir denken, dass sich diese Frage jeder Praktizierende im Laufe seiner Übungspraxis selbst beantworten kann, wenn er sie ernsthaft genug betreibt.

GRUNDLAGEN

Ein Grund, warum sich viele Menschen mit der Meditation so schwertun, ist der, dass sie praktisch den ganzen Tag über, und oftmals jeden Tag, in der Überaktivierung gefangen sind. Eine Folge davon kann sein, dass sie die Stille, die ihnen unweigerlich den Spiegel vorhält, gar nicht mehr ertragen können. Beobachte dich einmal selbst: Wie oft schaltest du Musik ein, den Fernseher oder das Internet, sobald du, nach der Arbeit, in deine (vielleicht) leere, stille Wohnung zurückkehrst. Warum glaubst du, tust du das? Vielleicht weil sich die Stille und Reizarmut *irgendwie bedrohlich* anfühlen? Schau dir die Grafik zur Überaktivierung weiter oben noch einmal genau an, dann wirst du erkennen, was du erkennen musst, um gedeihlich zu handeln.

Hat man diese Zusammenhänge erst einmal erkannt, ist der Rest ein Kinderspiel. Halten wir also fest: Der Versuch, mit Vollgas zum Stillstand zu kommen, funktioniert nicht, was kaum überraschen dürfte. Damit liegt auf der Hand, was zu tun ist. Du musst beginnen, den Fuß ganz langsam und allmählich immer mehr vom Gas zu nehmen. Im Kontext der Meditation bedeutet dies:

- *Eine Brücke in die Stille bauen*
  Beginne mit der Bewegungsmeditation, beispielsweise mit dem Ba Duan Jin, das du in Schritt 2 kennengelernt hast. Du kannst zu Beginn, wenn die Unruhe noch groß ist, gerne auch Kopfhörer benutzen und entsprechende Musik hören. Auf Youtube findest du sehr schöne Musik für *Qi Gong* und *Taijiquan*-Übungen. Wenn du spürst, dass du deine Anspannung besser kontrollieren kannst, verzichte auf die Musik, lasse den natürlichen

Atem kommen und gehen, und konzentriere dich auf die Bewegungen, die deinem natürlichen Atem folgen. Wenn du das Gefühl hast, gut damit zurechtzukommen, gehe bitte weiter zum nächsten Punkt.

Praktiziere deine Meditation nun im Liegen. Leg dich dazu so hin, wie wir es dir weiter oben schon für die *Vipassana-Meditation* erklärt haben. Suche dir nun eine geführte Meditation, die dich anspricht, und nutze wieder deine Kopfhörer. Wir legen dir zu Beginn die geführten Meditationen einer Lehrerin und von zwei Lehrern ans Herz. Beginne mit den Meditationen von *Thomas Andres*. Er wird dir helfen, dich zu entspannen, zur Ruhe zu kommen und deinen Atem zu fokussieren. Gehe dann weiter zu den Meditationen von *Jack Kornfield*. Er wird dir helfen, deine Meditationspraxis zu erden, indem er seine geführten Meditationen stets in Geschichten einbettet, die das Gelehrte illustrieren und einfach nur heilend wirken. Und zu guter Letzt wendest du dich *Ayya Khema* zu. Sie gibt ausführliche buddhistische Unterweisungen, die stets mit geführten Meditationen durchzogen sind. Ayya Khema ist einfach nur wunderbar, steht mit beiden Beinen fest im Leben und spricht eine einfache Sprache, die es einem leicht macht, die oft komplexen Zusammenhänge buddhistischer Psychologie zu verstehen. Sie wird deine Motivation, deinen Maßstab und deinen Standpunkt nachhaltig gedeihlich verändern.

Praktiziere deine Meditation nun im Sitzen. Sitze aufrecht, mit verschränkten Beinen (halber oder ganzer Lotussitz), und lege deine Handflächen übereinander (die linke Hand unter der rechten) in deinen Schoß. Du kannst zu Beginn auch hier gerne Kopfhörer benutzen und entsprechende Meditationsmusik hören. Auf Youtube findest du sehr schöne Meditationsmusik in verschiedenen Frequenzbereichen (verschiedene Frequenzen stimulieren verschiedene Chakren), die es dir leichter machen, zur

Ruhe zu kommen. Wenn du das Gefühl hast, gut damit zurechtzukommen, versuche es ohne Musik. Richte den Fokus auf deinen Atem (er ist dein Meditationsobjekt) und beobachte einfach nur, wie es dich atmet. Und wenn du an Orten meditieren möchtest oder musst, wo das Leben und seine Geräusche dich umspülen, dann mache genau diese Geräusche zum Objekt deiner Meditation. Jack Kornfield leitet hierzu beispielsweise eine großartige Übung an (Die Meditation des ausgedehnten Bewusstseins).

- *Meditation verstehen*
  Du siehst also, es gibt nicht den einen, ganz bestimmten meditativen Zustand. Es gibt zahllose meditative Zustände und jeder Mensch erfährt sie auf seine ganz persönliche, individuelle, subjektive Weise. Ich kann hier also nur für mich sprechen, wenn ich dir sage, dass meine meditativen Zustände ein Spektrum umfassen, das von Hyperfokus über absolute Entspannung bis zum Gefühl der völligen Körperlosigkeit reicht. Meditation ist so viel mehr, als die meisten Menschen, selbst diejenigen, die behaupten, dass sie Meditation praktizieren, denken. Je nachdem, welche Form du wählst (zum Beispiel Ruhe- oder Einsicht-Meditation), verändert sich ihr Inhalt. Hab daher keine Angst, dass du etwas falsch machst, wenn du nicht sofort zu schweben beginnst oder sich keine sofortige Erleuchtung einstellt. Versteh uns bitte nicht falsch: Wir schließen das keinesfalls aus, denn wir alle tragen die *Buddha-Natur* in uns, nur bedarf es hierzu einer unglaublichen Hingabe und einer umfassenden Übungspraxis. Ich habe mich zu Beginn mit der Meditation unglaublich schwergetan, weil ich ein getriebener Mensch war. Mittlerweile habe ich weit über 10.000 Stunden meditiert und habe sehr großes Mitgefühl mit dem verlorenen Menschen, der ich einst war. Was für eine wunderbare Entwicklung. Allerdings ist sie kein Anlass zum Übermut, sondern eher zur Demut, denn meine Lehrer haben mir übereinstimmend gesagt, dass es ab gut 90.000 Stunden erst so richtig

spannend werden soll. Das wären dann noch circa 73 Jahre, wenn ich jeden Tag drei Stunden meditiere, was ich tue. Aber selbst, wenn ich nur noch 25 Jahre Zeit haben sollte, werde ich es am Ende auf über 40.000 Stunden Meditation gebracht haben, und ich kann es kaum erwarten, zu sehen, wie ich die Existenz dann wahrnehme. Und natürlich steht dann auch die Frage im Raum, welchen Umgang mit dem Tod mir die Meditation ermöglicht …

- *Die Auswahl der geeigneten Meditationsform*
  Die Beantwortung dieser Frage hängt nach unserer Meinung davon ab, welchen Grad der Aktivierung bzw. Überaktivierung du aufweist. Wenn du beispielsweise in einem akuten *Burn-out* steckst, wird für dich Zen-Meditation, bei der du in völliger Stille stundenlang nur auf eine weiße Wand starrst, wahrscheinlich nicht praktizierbar sein. Du merkst also schon, dass die Auswahl der geeigneten Meditationsform eine höchst individuelle Angelegenheit ist. Wir empfehlen dir daher, verschiedene Formen auszuprobieren und bei der Meditationsform einzusteigen, die für dich praktikabel ist und dir guttut. Entwickle deine Meditationspraxis dann entsprechend der oben unter dem Punkt *Eine Brücke in die Stille bauen* dargestellten Hierarchie weiter. Aber grundsätzlich würden wir dir empfehlen, mit den aktiveren Formen zu beginnen, also beispielsweise mit der Gehmeditation, mit Qi Gong oder mit geführter Meditation, und dann, Schritt für Schritt, auf die Einsicht- und Ruhe-Meditation überzugehen. Ohne Druck und ohne das Gefühl, etwas erreichen zu müssen. Es genügt völlig, wenn es dir gelingt, dir selbst einfach nur beim Atmen zuzusehen.

- *Deine Meditationspraxis*
  Deine Meditationspraxis stellt sehr einfach zu erfüllende Anforderungen. Diese sind: Meditiere besser mäßig und regelmäßig als übermäßig und unregelmäßig. Das bedeutet konkret, dass

es besser ist, konsequent jeden Tag am Morgen und am Abend 10 Minuten zu meditieren, als zweimal in der Woche jeweils eine volle Stunde. Sehr gut wäre es, wenn es dir gelingt, am Morgen, am Mittag und am Abend jeweils eine halbe Stunde zu meditieren. Und wenn du einen besonders fordernden Tag erlebst, empfehlen wir dir, was die Shaolin-Meister tun: Atme zu jeder vollen Stunde fokussiert für 3 Minuten tief in deinen Unterbauch ein und wieder aus, oder gönne dir alle zwei volle Stunden eine zehnminütige Kurzmeditation zur Reduzierung von Spannung und Aktivierung in Form eines *Bodyscans.* Wichtig für deine Meditationspraxis ist vor allem die absolut konsequente Regelmäßigkeit, und zwar VOR ALLEM DANN, wenn du denkst, heute geht es gar nicht. GENAU DANN MUSST DU MEDITIEREN, *ohne jede Debatte* mit dir selbst!

ZIEL

Unser Ziel ist es, den Atem zu beherrschen, um Körper, Gedanken und Gefühle kontrollieren zu können. Wenn es dir gelingt, jederzeit zum Atem zurückzukehren, kannst du nicht nur mühelos deine Mitte finden, sondern darüber hinaus so lange dortbleiben, wie du möchtest – im gegenwärtigen Moment, im Hier und Jetzt.

- *Körper und Geist mithilfe des Atems kontrollieren können*
  Der Atem ist das Werkzeug, mit dem du sowohl auf den Körper als auch auf den Geist Einfluss nehmen kannst. Der Atem beruhigt deinen Körper und der Atem beruhigt deinen Geist. Der Atem gibt deinem Körper die Signale und legt damit den Modus fest, in den der Körper und der Geist versetzt werden. Atmest du etwa schnell und oberflächlich, schaltest du Körper und Geist in den Modus *Kampf oder Flucht.* Atmest du hingegen tief und langsam, schaltest du Körper und Geist in den Modus *Entspannung und Gelassenheit.* Beherrschst du also den Atem, und damit meine ich auch das Verständnis vom natürlichen Atem, dann

kannst du sowohl Körper als auch Geist kontrollieren. Wohlgemerkt, DU kannst Körper und Geist kontrollieren! Je besser du den Atem beherrschst, umso weniger Einfluss haben andere fühlende Wesen und Situationen auf dich. Je besser du den Atem beherrschst, umso *selbstwirksamer* bist du!

- *Reibungsverluste und Blockaden auflösen und loslassen können*
  Wenn es dir gelingt, den Atem zu beherrschen, dann beherrschst du auch Reibungsverluste und damit das Entstehen von Blockaden. Denn Reibungsverluste entstehen meist egogetrieben, während Blockaden meist durch Reibungsverluste bedingt sind. Vermeidest du Reibungsverluste, vermeidest du Blockaden. Und jetzt fragst du dich, was das mit dem Atem zu tun hat, richtig? Das ist ganz einfach. Da Reibungsverluste meist durch das Ego bedingt sind, musst du auch genau dort ansetzen. Die Nicht-Identifikation hat dich gelehrt, dass du weder der Körper noch der Geist und schon gar nicht *deine* Emotionen bist, sondern reines Bewusstsein. Damit ist das Bewusstsein nur an eine einzige Dimension gebunden, und das ist der Atem. Und wenn du beim Atem bist, dann kann dein Bewusstsein weder in die Vergangenheit noch in die Zukunft abdriften, dann bist du im gegenwärtigen Moment. Dann kann sich weder Depression noch Angst nähren, und wenn beide verhungern, dann lösen sich alle Reibungsverluste in Nichts auf, sämtliche Blockaden zerfallen zu Staub, und du bist zu 100 Prozent selbstbestimmt selbstwirksam.

WERKZEUGE

Nachfolgend stelle ich dir wieder zwei Werkzeuge vor, nämlich die Geistesruhe- und die Einsicht-Meditation. Und bitte denke auch hier wieder daran, dass es nur Werkzeuge sind. Und dass es ausschließlich darum geht, dass du glücklich wirst und *dein Leben* wieder spürst. Nur darum geht es!

- *Die Geistesruhe-Meditation (Samatha)*
  Mithilfe der *Samatha-Meditation* wirst du deine Konzentrationsfähigkeit trainieren und damit deinen Geist stabilisieren. Dazu entspannst du deinen Geist und fokussierst ein *Meditationsobjekt* (kasina). Dein Meditationsobjekt kann eine imaginierte Situation, ein bestimmter Gedanke, das OM-Mantra, Töne und Frequenzen, Düfte, eine Kerzenflamme oder aber dein Atem sein. So verhinderst du grüblerische, immer wiederkehrende Gedanken und peinigende Gefühle. Und indem du deinen Fokus auf die Dankbarkeit für *all das* legst, was dir zuteilgeworden ist, für all das Gute und all das Schmerzhafte, für alle fühlenden Wesen und für alle Dinge, und wenn du verstehst und zu der Einsicht gelangst, dass es dir *nur dann* gut gehen kann, wenn es dir gelingt, dich auch für Menschen zu freuen, die dir nicht unbedingt das Beste haben zuteilwerden lassen, überwindest du den Egoismus. Indem du die störenden Faktoren bewusst betrachtest, lösen sich diese allmählich auf. Dann entsteht das, was die Buddhisten den *einspitzigen Geist* (ekaggata) nennen, der das Fundament der Gemütsruhe bildet.

Auf diese Weise erfährst du eine *tiefe Entspannung* und eine *umfassende Sammlung des Geistes* (appanā-samādhi). Deine Konzentration durchläuft dabei verschiedene Stadien und kumuliert in einem Zustand, den man als gedankliche Leere oder *Nicht-Denken* (samatha-jhana) bezeichnen könnte.

Buddha sagt dazu:

> *»Lass die verwirrten Reaktionen hinter dir und werde geduldig wie die Erde; unbewegt vom Zorn, unerschüttert wie eine Säule, unerschüttert wie ein klarer und ruhiger Teich.«*

Die Geistesruhe-Meditation macht deinen Geist zu einem Teich, auf dessen stiller Oberfläche sich der Mond spiegeln kann. Sie lässt deinen Geist ruhig, friedlich und klar werden.

- *Die Einsicht-Meditation (Vipassana)*
  Das Fundament der Einsicht-Meditation bildet weder eine Religion noch eine irgendwie geartete Weltanschauung. Diese Form der Meditation hat einzig zum Ziel, die geistigen Unklarheiten aufzulösen, um so den Geist von Leid zu befreien. Durch die bewusste *Selbstbetrachtung* während der Meditation kannst du mithilfe der Vipassana-Meditation einen für dich gangbaren Weg der Veränderung deines Selbst finden und beschreiten, wobei der Schwerpunkt des Weges auf einer engen Geist-Körper-Interaktion liegt. Dein Fokus liegt bei der Vipassana-Meditation primär auf den körperlichen Empfindungen (vgl. Bodyscan), wodurch du gleichzeitig die Achtsamkeit deines Geistes trainierst.

  Denn es sind die körperlichen Empfindungen, die das Leben maßgeblich bestimmen und dabei zugleich den Geist beeinflussen. Fokussierst du den komplexen rückbezüglichen Regelkreis zwischen körperlichen und geistigen Empfindungen, kannst du mithilfe dieser Meditationsform eine Reise in die unendlichen Tiefen und Weiten deines eigenen Selbst unternehmen und so an die Wurzeln alles nicht Gedeihlichen gelangen. Einmal dort angelangt, kannst du alles nicht Gedeihliche mitsamt Wurzeln tilgen. Ist das erst einmal geschehen, kannst du nur noch ein ausgeglichenes Leben voller Liebe und Mitgefühl leben, alles andere wird dir schlicht nicht mehr möglich sein.

ÜBUNGEN

Die oben erklärten Meditationsformen sind Formen ohne Aktivität. Wenn du die Schritte 1 und 2 gewissenhaft absolviert und ebenso gewissenhaft praktiziert hast, sollte es dir nun möglich sein, diese Formen ebenfalls zu üben, auch, wenn sie dich der *Stille* überlassen …

- Am Morgen
  Der Zeitaufwand für die nachfolgende Übung beträgt zu Beginn der vierwöchigen Übungsphase (Schritt 3) in etwa 30 Minuten. Weite diesen Zeitraum in den vier Übungswochen allmählich auf mindestens 60 Minuten aus.
  - Samatha-Meditation
    Wie oben beschrieben.

- Am Abend
  Der Zeitaufwand für die nachfolgende Übung beträgt zu Beginn der vierwöchigen Übungsphase (Schritt 3) in etwa 30 Minuten. Weite diesen Zeitraum in den vier Übungswochen allmählich auf mindestens 60 Minuten aus.
  - Vipassana-Meditation
    Wie oben beschrieben.

Wenn du die drei Schritte gewissenhaft gemacht hast, beginne sie nach deinen Bedürfnissen zu kombinieren. Wenn dir beispielsweise nach bewusster Selbstbetrachtung oder nach einer geführten Meditation ist, dann folge diesem Impuls. Denn in Shaolin sagt man:

> *»Achte auf das, was du spürst, und verhalte dich entsprechend.«*

Und wenn dir nach *Ba Duan Jin* ist, dann folge, ebenfalls nach eingehender und bewusster Selbstbetrachtung, diesem Impuls und praktiziere *Qi Gong*. Gehe *niemals dogmatisch* vor, sondern achte stets darauf, was dir Körper und Geist sagen. Und wenn du sie wirklich genau verstanden hast, dann tue das, was auch wir tun, weil man es uns in Shaolin so gelehrt hat:

> *»Achte genau auf das Wesen der Dinge und gib den Dingen dann die Form, die deinem Wesen entspricht.«*

— Tue es mit ganzem Herzen – oder tue es nicht —

Am Ende dieses Buches hast du nun alles, was du brauchst, um von deinem *Wissen* und *Können* nun auch endlich ins *Tun* zu gelangen. All das, was du hier gelesen hast, praktizieren wir jeden einzelnen Tag, und glaub ja nicht, es wäre immer leicht. Gerade im Moment, in dem ich diese Zeilen schreibe (Juli 2023), machen mir, als Rheumatiker, die für einen Juli recht niedrigen Temperaturen zu schaffen, und das, obwohl wir doch angeblich den heißesten Juli aller Zeiten haben. Aber warum sage ich etwas, das du mir als Zynismus auslegen könntest? Nun, ganz einfach deshalb, weil ich dich abschließend noch einmal auf zwei Dinge aufmerksam machen möchte.

Zum einen: Du wirst dich nicht verändern, wenn du nicht bereit bist, dich zu verändern. Und auch dein Leben wird sich nicht zum Positiven hin verändern, wenn du nicht bereit bist, dein Leben zu verändern. Es geht also darum, dass du dir absolut klar darüber wirst, dass nur DU es in der Hand hast – gegen alle Reibungsverluste. Denn gedeihlich entstehen kann nur, was DU denken kannst, und nicht das, was irgendjemand *für dich* denkt!

»Niemand rettet uns, außer wir selbst. Niemand kann und niemand darf das. Wir müssen selbst den Weg gehen.« (Buddha)

Und zum zweiten: Es spielt keine Rolle, wie wenig wahrhaftig, also wahr, schön und gut das Außen ist. Wenn du dir zu eigen machst, was uns die Meister seit über 1500 Jahren zu lehren versuchen, wirst du erkennen, wer du im Innersten bist. Hast du das erkannt, wirst du dann auch erkennen, welchen Auftrag das Universum für dich vorgesehen hat. So besagt eine buddhistische Weisheit:

»Deine Arbeit besteht darin, deine Arbeit zu entdecken und dich ihr mit ganzem Herzen hinzugeben.«

Und wenn du wissen möchtest, worin genau dein Auftrag besteht, dann wird dir BE**WATER** dabei helfen, dies zu erkennen. Denn wenn du deinen Auftrag erkennst, ihn annimmst und ihm folgst, kannst du niemals scheitern. Im Gegenteil, du wirst prosperieren! Du scheiterst in der Regel nur dann, wenn du einen Auftrag annimmst, dem du gar nicht entsprechen kannst. Und zwar aus dem einfachen Grund, weil du für diesen Auftrag nicht die geeignete Person bist. Nur deshalb reicht dein Potenzial nicht aus. Und nicht, weil du nicht gut genug wärst. Nimmst du einen solchen Auftrag aber dennoch an, kann es problematisch werden. Und zwar, weil du dann, wenn du scheiterst, zu denken beginnst, dass du nicht gut genug wärst und dass dein Potenzial nicht genügen würde. Das ist falsch und hat zur Folge, dass in genau diesem Moment die Abwärtsspirale beginnt, die dafür sorgt, dass am Ende aus allem *Wissen* und allem *Können* eben KEIN *Tun* wird. Und weil das so wichtig ist, möchten wir dir das noch einmal in ein greifbares Bild übersetzen.

Stell dir vor, du bist ein genialer Gehirnchirurg. Du bist der weltbeste und der einzige Chirurg, der im Moment verfügbar ist. Nun passiert ein schwerer Unfall, bei dem einem Menschen die Hand zerquetscht wird. Da die Hand in der Unfallchirurgie als eine *Nicht-Jedermann-Zone* gilt, darf der weltbeste Gehirnchirurg diese Hand nicht operieren. Und selbst wenn er es versuchen würde, weil ja kein anderer zur Stelle ist, so wäre das Operationsergebnis sehr wahrscheinlich alles andere als im Sinne des Patienten. Wir möchten dir damit Folgendes sagen:

Geht ein Samen nicht auf, wenn er in den Boden eingebracht wird, liegt es oft gar nicht an der Qualität des Samens. Oftmals ist es die Beschaffenheit des Bodens, die dem Samen nicht zu entsprechen vermag.

Unsere besten Wünsche begleiten dich ...

BE**WATER** ist kein Zaubertrank und auch keine Wunderdroge, das haben wir dir bereits zu Beginn zu bedenken gegeben. BE**WATER** ist eine Anleitung, wie *du selbst* an dir arbeiten und zu dem fühlenden Wesen werden kannst, das du eigentlich sein solltest. Das Wesen, als das dich das Universum gedacht hat. So lautet eine buddhistische Weisheit:

»Wir sind, was wir denken. Alles, was wir sind, entsteht aus unseren Gedanken. Mit unseren Gedanken formen wir die Welt.«

Die Welt, die du dir wünschst, und das Leben, das du herbeisehnst, können nur dann entstehen, wenn du sie dir *denken* kannst. Jeder noch so kleine, nicht gedeihliche Gedanke ist ein Baustein für das Gefängnis, in dem du am Ende sitzen wirst, wenn du nicht lernst, *BESSER* zu *DENKEN*, als du es im Moment noch tust. Ganz im Sinne der folgenden buddhistischen Weisheit:

»Was du denkst, bist du. Was du bist, strahlst du aus. Was du ausstrahlst, ziehst du an.«

Du hast den Schlüssel in der Hand, der die Tür öffnen kann, um endlich in das Leben zu gelangen, das du dir so sehr wünschst – und das DEIN Leben ist. Denn wie eine weitere buddhistische Weisheit besagt:

> *»Letztendlich zählen nur drei Dinge: wie sehr du geliebt hast, wie sanft du gelebt hast und wie anmutig du Dinge loslassen konntest, die nicht für dich bestimmt waren.«*

Dein Veränderungsprozess

Ob du erfolgreich sein möchtest, oder ob du liebevolle, kraftspendende, vitalisierende Beziehungen zu anderen Menschen leben möchtest, oder ob du einfach nur glücklich sein willst, spielt überhaupt keine Rolle. Aber wenn du das möchtest, solltest du dir die nachfolgende Erkenntnis zu deinem Mantra machen und es dir *immer und immer* wieder ins Bewusstsein rufen:

> *»Alles, was uns widerfährt, ist das Ergebnis dessen, was wir selbst gedacht, gesagt oder getan haben. Wir allein sind für unser Leben verantwortlich.«* (Buddhistische Weisheit)

Du hast im Leben genau zwei Optionen. Entweder *du* lebst – oder *du wirst gelebt*! Entweder du versuchst, im vorauseilenden Gehorsam immer nur den vermeintlichen Wünschen und *Bedürfnissen anderer zu entsprechen*, oder du *entsprichst deinen eigenen Bedürfnissen*. Du musst verstehen, dass du nicht damit leben musst, was dir im Leben passiert. Es ist vielmehr so, dass immer nur das passiert, was *du* lebst. Du siehst also, es liegt ausschließlich in deiner Macht.

Du wirst morgen sein, was du heute DENKEN kannst!

Da du unweigerlich morgen zu dem Menschen werden wirst, den du dir heute denkst und ebenso in der Welt leben wirst, die du dir heute denkst, besteht die einzig realistische Chance auf ein glückliches Leben darin, gedeihlich denken zu lernen. Tust du das nicht, ist dein Schicksal besiegelt, weil du es zum Spielball *der Anderen* und *des Außen* machst. Wenn du das nicht möchtest, muss dein unumstößlicher Vorsatz lauten:

»Beherrsche deinen Geist oder er wird dich beherrschen.«
(Buddhistische Weisheit)

Und auch all jenen, die sich hin und wieder sagen, dass es bei ihnen noch nie funktioniert hat, dass sie bisher immer gescheitert sind, um nur mal ein paar unsinnige Sätze zu nennen, die wir alle von Zeit zu Zeit denken, lege ich die Worte von Buddha ans Herz, der schon vor über 2500 Jahren gesagt hat:

»Ganz gleich, wie beschwerlich das Gestern war,
stets kannst du im Heute von Neuem beginnen.«

Und selbst an die Zögerlichen, die stets der *skeptische, unangemessene Zweifel* (also das letzte der fünf Hindernisse) plagt, hat Buddha bereits gedacht, denn …

»Wer über jeden Schritt lange nachdenkt,
der steht sein Leben lang auf einem Bein.«

Stell dir dich als den Menschen vor, der sich für dich am besten anfühlt. Das bist du! Und stell dir nun das Leben vor, das sich für dich kohärent, also *handhabbar*, *verstehbar* und *sinnhaft* anfühlt. Denke nicht weiter nach, sondern tue nun das, was du gelernt hast, und du wirst zu genau diesem Menschen werden und genau das Leben erfahren, das für dich das richtige ist. In der Welt, in der du gerne leben möchtest – und zwar dann, wenn du erkennst:

»Das Leben ist kein Problem, das es zu lösen, sondern eine Wirklichkeit, die es zu erfahren gilt.«
(Buddhistische Weisheit)

Deine Übungspraxis

Wir haben es schon mehrmals gesagt und wiederholen es gerne, weil es wirklich so wichtig ist:

> *Unsere allerbesten Wünsche begleiten dich, aber dein Glück und dein Leid hängen nicht von unseren Wünschen für dich ab, sondern von DEINEM Denken, Fühlen und Handeln!*

Deine Ernährung

Gerade bei der Ernährung gilt: Achte auf das, was du fühlst, und gehe keinesfalls dogmatisch vor. Wir möchten dir damit sagen (und Meister Shi Yan Lu ist ein TCM-Ernährungsexperte), dass es bei deiner Ernährung nur einen einzigen Experten geben kann. Und dieser Experte bist DU! Du weißt, wenn du nach innen gehst, ganz genau, was du an Essen brauchst. Du weißt tief in dir, welche Nahrungsmittel dir helfen, besser zu funktionieren, welche dir Energie spenden, welche deiner Regeneration dienlich sind, kurz: du weißt und fühlst, was dir guttut! Wer – außer dir – könnte dir diese Fragen beantworten?

Dennoch möchten wir dir sagen, wie wir uns ernähren, denn offensichtlich hat sich diese Ernährung über 1500 Jahre bewährt. Ansonsten könnten die Meister wohl niemals diese Leistungen vollbringen …

- Wir essen nur zwei große Mahlzeiten pro Tag, die erste am Morgen, gegen 5 Uhr, und eine am Mittag, gegen 14 Uhr.
- Zwischendurch essen wir gesunde Snacks, wie naturbelassene Nüsse, etwas (getrocknetes) Obst o. ä.
- Wir trinken ausschließlich Wasser oder ungesüßten Tee, niemals eiskalt, und in der Menge dem Training angemessen.
- Unsere Hauptnahrungsmittel bestehen aus Hülsenfrüchten, Gemüse, Dinkelprodukten wie Brot (praktisch nie) und Nudeln, Glasnudeln, etwas Obst, Eiern und hin und wieder auch mal Fisch.
- Wir ernähren uns grundsätzlich vegetarisch. Ich spreche deshalb von grundsätzlich, weil wir, wenn wir eingeladen sind und es etwa Fleisch gibt, eine Ausnahme von unserer vegetarischen Ernährungsweise machen und auch das Fleisch essen. Wir essen es aus Respekt vor dem Lebewesen, dessen Tod uns ernährt, und aus Respekt vor unserem Gastgeber, den wir nicht in Verlegenheit bringen wollen. Aber wir selbst würden Fleisch weder kaufen noch essen. Traditionell wurde es so gehandhabt: Im Sommer, wenn die Felder den Tisch üppig deckten, haben sich die Mönche vegetarisch ernährt, aber im Winter, wenn das nicht möglich war oder die Vorräte knapp wurden, waren sie gezwungen, auf Fleisch zurückzugreifen oder zu hungern. Stell dir beispielsweise einmal die Höhenlagen in Tibet vor. Landwirtschaft ist dort eher schwierig, aber *Yaks* (eine in Hochasien verbreitete Rinderart) leben dort.
- Solltest du am Abend noch eine Mahlzeit benötigen, dann nimm diese möglichst vor 18 Uhr zu dir und achte darauf, dass es sich vorwiegend um leichte Kost handelt (keine Rohkost am Abend).

Dein Mental Training

Dein Mental Training bildet das Fundament und Rückgrat von allem. Wenn dein Denken den Strom nicht bereitstellen kann, wird die Maschine ›Körper‹ nur sehr ineffizient funktionieren. Deshalb gilt für dein Mental Training vor allem, lieber mäßig, aber dafür regelmäßig! Es ist wie bei allen Dingen, die nur dann funktionieren, wenn man sie übt. Oder wie Arnold Schwarzenegger sagt: »*It's all about repetition!*« Denke immer daran, dass dein mentales Training nicht nur bedeutet, aktiv, bewusst und gedeihlich zu denken. Dein mentales Training verändert sogar durch ständige Wiederholung die Struktur deines Gehirns so, dass gedeihliches Denken, Fühlen und Handeln habituell – und damit zu deiner Persönlichkeit – wird. Übe also lieber nicht zu lange, dafür aber umso konsequenter und am besten mehrmals am Tag!

Dein körperliches Training

Hier gilt dasselbe, was ich auch zur Ernährung sagte: Spüre deinem Körper nach und höre auf seine Botschaften. Absolviere keine Übungen, die dir nicht guttun oder Schmerzen (in den Gelenken) bereiten. Muskeln dürfen brennen und schmerzen. Sehnen, Bänder und Gelenke jedoch NICHT! Und auch hier gilt: Es macht keinen Sinn, zweimal pro Woche drei Stunden zu trainieren. Viel besser ist es, wenn du absolut konsequent und zuverlässig wie ein Uhrwerk jeden Tag 30 Minuten trainierst. Das habe ich vom Bodybuilding gelernt: Es gewinnt nicht derjenige, der sich im Training maximal ausbeutet und sich dabei ständig verletzt. Es gewinnt derjenige, der absolut konsequent, tagein tagaus mit einer stoischen Ruhe sein Training mit der am jeweiligen Tag maximal möglichen Leistung absolviert. Du siehst also, es geht hierbei nicht darum, jeden Tag die absolute Leistungsgrenze zu überbieten, sondern darum, die am jeweiligen Tag mögliche Leistungsfähigkeit optimal zu nutzen. In meinem Fall bedeutet das: Wenn mich mein Körper aufgrund meiner chronischen Erkrankung einbremst, deprimiert mich das nicht mehr wie früher. Ich nutze vielmehr die Möglichkeit, an diesem Tag mein mentales Training stärker voranzutreiben. Und wenn mich der Kopf im Stich lässt, weil es eben mal wieder besonders fordernd war, nutze ich den Körper, um den Geist wieder zur Ruhe zu bringen. Und an einem solchen Tag hat das körperliche Training dann eben Vorrang. So lehrt uns die Shaolin-Kultur:

»Erfasse das Wesen der Dinge und
gib den Dingen deine Form!«

Deine Meditation

Für deine Meditationspraxis gilt das gleiche wie für dein Mental Training. Lieber nicht zu lange, dafür aber umso regelmäßiger. Am besten morgens und abends. Und wenn du alle zwei Stunden ganz bewusst drei Minuten atmest, dann machst du schon sehr, sehr viel richtig! Und bedenke stets: Immer dann, wenn du denkst, dass du gerade auf gar keinen Fall meditieren kannst, genau dann MUSST du es tun! Und wenn du dein Mental Training gewissenhaft geübt hast, wirst du es auch schaffen, dich zu überwinden, keine skeptischen Zweifel aufkommen zu lassen und dich, ohne weiter darüber nachzudenken, konsequent und entschlossen zur Meditation zu begeben. Und schon nach ein paar Minuten wirst du spüren und dadurch erkennen, dass es die richtige und gedeihliche Entscheidung war. Mach das ein paar Mal und du wirst sehen, dass es dich vor, in oder nach schwierigen und belastenden Situationen zur Meditation zieht, denn dort, wo der Atem ist, ist für Schmerzen, Sorgen und Nöte kein Platz mehr.

Dein Denken und Handeln

Bedenke bitte, dass dein Geist nur mit den Inhalten arbeiten kann, die du ihm zur Verfügung stellst. Wenn das Horrorfilme oder deprimierende Nachrichten im Streaming oder auf Youtube sind, arbeitet dein Geist damit. Und wenn es buddhistische Unterweisungen von Ayya Khema oder Jack Kornfield sind, dann arbeitet er eben damit. Was wird dich wohl weiterbringen? Hast du dir das erst einmal bewusst gemacht, wirst du achtsamer im Hinblick auf all das sein, was du deinem Geist anbietest oder aufzwingst. Mach dir immer wieder klar, dass aus deinen Gedanken deine Emotionen werden, und dass sich aus deinen Emotionen dein Handeln ableitet. Und ein Handlungsimpuls benötigt Energie, die ein Geist, der entweder depressiv (auf die Vergangenheit referenzierend) oder aber ängstlich (auf die Zukunft referenzierend) ist, nicht bereitstellen kann. Du wirst das zunächst nur bemerken, weil dir die Dinge schwerer fallen als gewöhnlich, dann aber, wenn diese Reibungsverluste zu Blockaden werden, wirst du feststellen, dass manche Dinge für dich unmöglich werden.

Deine Tagesstruktur

Und auch hier gilt, nicht gegen deinen Körper zu arbeiten. Versuche achtsam herauszufinden, welche Schlafphase für dich am erholsamsten ist. Grundsätzlich ist es besser, früher schlafen zu gehen und früher in den Tag zu starten. Das gilt aber nicht für jeden und nicht unter allen Umständen. Es gibt Menschen, die tun sich morgens schwer und abends leicht, und umgekehrt. Dennoch gibt es aber so etwas wie eine *innere Uhr*, die an die Tageszeiten und das Sonnenlicht gekoppelt ist. Wichtig ist aber, dass du jede Nacht ungefähr 7–8 Stunden Schlaf bekommst! Wenn du, so wie wir, am Tag drei Stunden meditierst, wirst du feststellen, dass dein Schlafbedürfnis abnimmt. Mir reichen oft auch 5–6 Stunden, manchmal sogar nur 4, aber dann achte ich auf eine zweistündige Mittagsruhe. Apropos: Wenn es dir möglich ist, baue in deinen Tagesablauf eine 30–45-minütige Mittagsruhe ein. Das senkt deine Aktivierung und verhindert, dass du ausbrennst.

Strukturiere deinen Tag so, dass du genug Zeit für dich und deine Übungen hast. Denk daran, DU bist dein wichtigstes Projekt. Plane deine Übungspraxis so fest und gewissenhaft in deinen Tagesablauf ein, wie deine wichtigsten (beruflichen) Termine. Und wenn du dich drücken willst, überlege dir doch einmal Folgendes: Du gehst zur Arbeit, ob du Lust hast oder nicht. Du absolvierst zuverlässig auch die sinnlosesten Meetings in der Firma, und wenn dein Chef etwas von dir möchte, dann entsprichst du seinen Wünschen. Wieso glaubst du dann, du könntest dich vor deinen Übungen drücken, nur weil dir gerade nicht danach ist? Ist der Termin, den du mit dir und für dich hast, weniger wichtig als der Termin mit deinem Chef, der gerne möchte, dass du noch mehr oder noch effizienter arbeitest? Und nein, das ist keine rhetorische Frage! Ich meine das ernst!

Dein ›Notfallkoffer‹ bei akutem Stress

Gerade zu Beginn deiner Praxis kann es sein, dass sich alte Glaubenssätze, altes Denken, Fühlen und Handeln einschleichen, gerade dann, wenn du dich in einer belastenden Situation befindest. Wir haben dazu miteinander und mit vielen Menschen gesprochen, aber vor allem hat uns unsere wunderbare, sehr belesene und spirituell erfahrene Lektorin Ruth Kalmund darauf aufmerksam gemacht, dass es – für genau solche herausfordernden Situationen – so etwas wie eine *Soforthilfe* geben müsste. Das haben wir uns zu Herzen genommen und deshalb für dich einen *Notfallkoffer* gepackt, der allerlei Hilfreiches für akute Notsituationen enthält.

Allerdings haben wir uns gedacht, dass du in einem solchen Fall sicher nicht zu einem Buch greifen wirst. Deshalb haben wir den Notfallkoffer für dich digital verfügbar gemacht, damit du überall und jederzeit darauf zugreifen kannst. Er besteht aus Unterweisungen und Übungen im Videoformat. Einfach anklicken und mitmachen, dann wirst du sehr schnell wieder in der Lage sein, den äußeren Einflüssen zu widerstehen, dein Denken, Fühlen und Handeln zu kontrollieren und jederzeit wieder zu Wasser zu werden – und somit in den erstrebenswerten Zustand der Kohärenz zu gelangen.

Deinen Notfallkoffer findest du auf → www.bewater.jetzt

Und nun wünschen wir dir einen gedeihlichen Veränderungsprozess. Mögen alle deine Bedürfnisse gestillt werden und alle deine Wünsche in Erfüllung gehen. Auf den Punkt gebracht: Wir wünschen dir ein Leben in Frieden, Glück und Wohlbefinden, aber denke stets daran:

> *Unsere allerbesten Wünsche begleiten dich, aber dein Leid und dein Glück hängen nicht von unseren Wünschen für dich ab, sondern von DEINEM Denken, Fühlen und Handeln!*

Du bist BESSER, als du DENKST

»You must be shapeless, formless, like water. When you pour water in a cup, it becomes the cup. When you pour water in a bottle, it becomes the bottle. When you pour water in a teapot, it becomes the teapot. Water can drip and it can crash. Become like water my friend.« (Bruce Lee)

Amituofo!
Wir grüßen den Buddha in dir und in uns,
dein *Shaolin-Meister Shi Yan Lu* & *Kè lì sî*

Über die Autoren

SHAOLIN-MEISTER SHI YAN LU …

ist der leitende Meister im Shaolin Tempel Bodensee. Er gehört zur 34. Generation der kämpfenden Shaolin-Mönche und war einige Jahre Mitglied in der Gruppe der Meister, die die Kunst der Shaolin in Shows auf der ganzen Welt präsentieren. Nach einem schweren Unfall, den er als kleiner Junge erlitten hat, perfektionierte er durch jahrelanges hartes Training im Shaolin Tempel in China seinen Weg des Shaolin Kung Fu. Heute gehören neben verschiedenen Faust- und Waffenformen insbesondere der Freikampf und hartes Qi Gong zu seinen besonderen Fähigkeiten. Meister Lu ist außerdem zertifizierter Ernährungsberater nach den 5 Elementen (TCM – traditionelle chinesische Medizin), schreibt Bücher, hält Vorträge, gibt Seminare und ist gern gesehener Gast bei ZDF und SWR, in Fernsehshows und Reportagen. Er unterhält, neben dem Shaolin Tempel Bodensee, noch eine Schule, die in Schorndorf (bei Stuttgart) eine Institution mit fast 20-jähriger Tradition ist.

→ www.shaolintempel-bodensee.de

PROF. DR. DIPL. SOZ.-PÄD. CHRIS DORN ...

von den Shaolin einfach nur Kè lì sī genannt, weiß sehr genau, was Schmerzen und ein leidvoller Geist mit einem Menschen machen können, aber nicht nur, weil er es als Spezialist für komplexe Stresserkrankungen oft genug gesehen hat, sondern weil er es selbst erfahren *durfte*, und zwar auf die richtig harte Tour. Der promovierte Neuropsychologe und Professor für Psychologie und Sozialwissenschaften war, neben seiner Forschungs- und Lehrtätigkeit, fast 20 Jahre als Stress-Spezialist in eigener (non-profit-)Praxis tätig, bis das Leben dazwischenkam. Chris selbst betont jedoch stets, dass er für das Leid, mit dem das Leben ihn konfrontiert hat, zutiefst dankbar ist. So hat er es unter anderem auch Meister Shi Yan Lu zu verdanken, dass er noch am Leben ist, nicht mehr im Rollstuhl sitzen muss und mittlerweile wieder in der Lage ist, Dinge zu tun, die die meisten Menschen noch nicht oder nicht mehr tun können. Heute, mit Mitte 50, ist Chris nur noch Teilzeitprofessor und lebt als Shaolin ein *monastic life* nach dem Kodex der Shaolin. Er hat seinen Besitz verschenkt und dem materiellen Wohlstand und dem akademischen Betrieb den Rücken gekehrt. Er wohnt in einer 1-Zimmer-Mönchsklause in den Allgäuer Bergen und lebt so einfach wie möglich. Er ist stolz und dankbar, dass Meister Shi Yan Lu ihn als Teil seiner Familie betrachtet. Chris, der den Shaolin Tempel Bodensee mitbegründet hat, wirkt heute als Mental Trainer, Qi Gong Lehrer, Lehrer für Meditation und Achtsamkeit sowie als Coach und Mentor. Er hält Vorträge, gibt Seminare, schreibt Bücher und unterrichtet seine Schüler, zu denen mittlerweile auch sehr bekannte Persönlichkeiten gehören. Auf die Frage, was ihn – trotz seiner chronischen Erkrankung und der ständigen Schmerzen – antreibt, sagt er:

»Die Shaolin-Regeln besagen, dass man teilen soll, was man erhalten hat. Deshalb möchte ich all das Wertvolle teilen, das mir zuteilwurde, und zudem alles, was ich mir durch hartes Training und Selbstbeherrschung verdient habe. Es ist mein Privileg, denn teilen kann ich all das nur, weil mein Schicksal einem damals noch völlig fremden Shaolin-Meister eben nicht gleichgültig war. Aus diesem Privileg erwächst eine große Verpflichtung!«

→ www.kelisi.online

— Quellen —

Teil Verstehen

Wolters, J.; Dorn, Ch. (Hg. 2020)
Das heilsame Wesen und Wirken der buddhistischen Kampfkunst, oder: Mein Weg nach Shaolin. In: Budo. Vom Wesen und Wirken der Kampfkunst; Verlag BoD, Norderstedt.

Gudjons, H.; Traub, S. (2020)
Pädagogisches Grundwissen; utb GmbH; 13. aktual. Aufl. Edition

Dorn, Ch. (2015)
Salutogenese: Wie die Medialität die Kohärenz zerfrisst. Interdisziplinäre Psychosomatik, Medialität und Traumaprädisposition aus Sicht der Medien- und Sozialpsychologie; Verlag BoD, Norderstedt.

Dorn, Ch. (2015)
Digital Storytelling: Pädagogik und Therapie für medial sozialisierte Menschen: Erziehung – Bildung – Heilung; Verlag BoD, Norderstedt.

Dorn, Ch. (2003)
Mediale Sozialisation und eEducation. Neue Medien – Neue Menschen – Neue Didaktik: Eine Systementwicklung auf Basis der Analyse menschlicher Bewusstseins- und Handlungsstrukturen, vor dem Hintergrund einer immer komplexer und authentischer werdenden Medialität. (Dissertation, in der Österreichischen Nationalbibliothek verfügbar)

Franke, A. (1997)
Salutogenese: Zur Entmystifizierung der Gesundheit (Forum für Verhaltenstherapie und psychosoziale Praxis); dgvt-Verlag; 1. Edition

Engel, G. L. (1977)
The Need for a New Medical Model: A Challenge for Biomedicine; Science, New Series, Vol. 196, No. 4286 (Apr. 8, 1977), 129-136. Stable URL: http://links.jstor.org/sici?sici=0036-8075%2819770408%293%3A196%3A4286%3C129%3ATNFANM%3E2.0.C0%3B2-F

Teil Wissen

Antonovsky, A. (1993)
Gesundheitsforschung vs. Krankheitsforschung. In: Franke, A., Broda, M.; (Hrsg.): Psychosomatische Gesundheit. Versuch einer Abkehr vom Pathogenese-Konzept (S. 3–14), dgvt.

Nussbaum, M. (1995)
Objectification. Philosophy & Public Affairs. 24 (4): S. 249–291 https://onlinelibrary.wiley.com/doi/abs/10.1111/j.1088-4963.1995.tb00032.x

Antonovsky, A. (1997)
Salutogenese. Zur Entmystifizierung der Gesundheit. Deutsche Ausgabe, Franke, A., dgvt.
Was hält Menschen gesund? Band 6, Forschung und Praxis der Gesundheitsförderung; 1998.

Rabten, G. (1999)
Inneren Frieden bewahren; Edition Rabten.

Rinpotsche, G. (2001)
Egoismus besiegen; Edition Rabten.

Rinpotsche, G. (2003)
Essenzielle Punkte der Meditation; Edition Rabten.

Dorn, Ch. (2004)
Digital Storytelling: Erziehung zur medialen Mündigkeit durch Bildung zur medialen Reflexion. In: Mayer, H.-O. u. Treichel, D. (Hrsg.): *Handlungsorientiertes Lernen und eLearning: Grundlagen und Praxisbeispiele.* De Gruyter Oldenbourg; Reprint 2014 Edition.

Kornfield, J. (2004)
Meditation für Anfänger; Goldmann Arkana.

Conze, E. (2007)
Buddhistisches Denken; Insel Taschenbuch.

Ricard, M. (2011)
Meditation; Knaur.

Reichle, V. (2012)
Die Grundgedanken des Buddhismus; Fischer Taschenbuch Verlag.

Urach, H. (2014)
Generating Energy. Burnout-Prophylaxe und -Therapie durch Shaolin Qi Gong; disserta Verlag.

Dorn, Ch. (2015, verkürzte und aktualisierte Fassung der Dissertation von 2003 → in der Österreichischen Nationalbibliothek verfügbar)
Mediale Sozialisation und eEducation: Neue Medien – Neue Menschen – Neue Didaktik. Eine Konzeptentwicklung auf Basis der Analyse menschlicher Bewusstseins- und Handlungsstrukturen vor dem Hintergrund einer immer komplexer und authentischer werdenden Medialität; Verlag BoD.

Dorn, Ch. (2015)
Salutogenese: Wie die Medialität die Kohärenz zerfrisst. Interdisziplinäre Psychosomatik, Medialität und Traumaprädisposition aus Sicht der Medien- und Sozialpsychologie; Verlag BoD.

Dorn, Ch. (2015)
Digital Storytelling: Pädagogik und Therapie für medial sozialisierte Menschen: Erziehung – Bildung – Heilung; Verlag BoD.

Nehls, M. (2022)
Das erschöpfte Gehirn; Heyne.

Renner, H. (ohne Jahresangabe)
Was gesund hält – Wagnis Leben! (https://www.optipage.de/de/de_healthy.html)
Hüther, G. (2018)
Vortrag zum Thema »*Bildung für ein erfülltes Leben*« am 6.3.2018 im ausverkauften Kunsthaus in Weiz. (https://www.youtube.com/watch?v=FACRRrNwj4A)

Teil Können

Ellis, R. (2021)
Buddhas Mittlerer Weg: Erfahrungsbasiertes Lebensprinzip in seinem Wirken und Lehren; Neopubli, 5. Edition.
Anderssen-Reuster, U., Meibert, P., Meck, S.; (2015)
Psychotherapie und buddhistisches Geistestraining; Schattauer.
Dorn, Ch. (2015)
Salutogenese: Wie die Medialität die Kohärenz zerfrisst; BoD.
Dorn, Ch. (2015)
Digital Storytelling: Pädagogik und Therapie für medial sozialisierte Menschen: Erziehung – Bildung – Heilung; BoD.
Dorn, Ch. (2003/2015)
Mediale Sozialisation und eEducation: Neue Medien – Neue Menschen – Neue Didaktik: Eine Konzeptentwicklung auf Basis der Analyse menschlicher Bewusstseins- und Handlungsstrukturen vor dem Hintergrund einer immer authentischer werdenden Medialität; BoD.
Egger, R. (2015)
Die Shaolin Formel; Lotus Verlag/Random House; S. 116 ff.
Moestl, B. (2015)
Das Shaolin Prinzip. Die Kraft in dir verändert alles; Knaur Verlag.
Urach, H. (2014)
Generating Energy. Burnout-Prophylaxe und -Therapie durch Shaolin-Qi Gong; disserta Verlag.

Späth, Th.; Shi Yan Bao (2013)
Shaolin. In 8 Schritten zu mehr Energie und innerer Balance; Gräfe und Unzer Verlag.
Thich Nhat Hanh (2013)
Körper und Geist in Harmonie: Die Heilkraft buddhistischer Psychologie; Goldmann Verlag.
Kurz, F.; Kress, S. (2012)
Die Shaolin Mönche; Edition Braus; 1. Edition (16. April 2012)
Späth, Th.; Shi Yan Bao; Kunze, P. (2011)
Shaolin – Das Geheimnis der inneren Stärke; Neuauflage, Gräfe und Unzer Verlag.
Moestl, B. (2010)
Shaolin. Du musst nicht kämpfen, um zu siegen; Knaur Verlag.
Wolf, Ch. (2009)
Wie Dauerstress das menschliche Gehirn verändert; Welt Wissen; https://www.welt.de/wissenschaft/article4068242/Wie-Dauerstress-das-menschliche-Gehirn-veraendert.html
Servan-Schreiber, D. (2006)
Die Neue Medizin der Emotionen. Stress, Angst, Depression: Gesund werden ohne Medikamente; Goldmann.
Pfeffer, W. (2002)
Vision Tibet. Geheimnis des Heilens; Hans-Nietsch-Verlag.

Teil Tun

Urach, H. (2014)
Generating Energy: Burnout-Prophylaxe und -Therapie durch Shaolin-Qi Gong. Hamburg, disserta Verlag.
Schwendmann, B. (2016)
Dao Qigong. Die 24 Übungen: Eine Reise zur inneren Quelle für Wohlbefinden und Kraft. Bühl/Baden, ikotes Verlag.

Shifu Yan Lei (2009)
Instand Health: The Shaolin Qi Gong. Workout for Longevity. Published by Yan Lei Press.

Shi Yinggui; Vogl, E.; Syama (2008)
Shaolin Qi Gong. Energie in Bewegung. Burgrain, KOHA-Verlag GmbH.

Thich Nhat Hanh (2001)
Aus Angst wird Mut. Grundlagen buddhistischer Psychologie. 50 Verse über die Natur des Bewusstseins. Bielefeld, Theseus Verlag.

Hart, W. (2006)
Die Kunst des Lebens. Vipassana-Meditation nach S.N. Goenka. München, dtv.

Gesche Rabten (2007)
Lerne zu meditieren. Meditation im Alltag. Le Mont-Pèlerin, Schweiz; Edition Rabten.

Nairn, R. (2000)
Auf den Spuren des erleuchteten Drachen. Buddhistische Meditation. München, dtv.

Conze, E. (2000)
Buddhistisches Denken. Frankfurt am Main, Insel Verlag.

Gonsar Rinpotsche (2003)
Essentielle Punkte der Meditation. Le Mont-Pèlerin, Schweiz; Edition Rabten.

Lama Jigme Rinpoche (2006)
Unsere Gefühle, Schlüssel zu Freude und Glück. Erklärungen zur Lehre Buddhas. München, Brigitte Thelen (Hg.).

Draeger, D. F.; P'ng Chye Khim (2020)
Shaolin Kung Fu. The Original Training Techniques of the Shaolin Lohan Masters. Tokyo, Rutland (Vermont), Singapore; TUTTLE Publishing.

Thich Nhat Hanh (2013)
Die Heilkraft buddhistischer Psychologie. München, Wilhelm Goldmann Verlag.

Biedermann, K. D. (2002)
Meditieren. Schutz für Seele, Geist und Körper. Gesundheit, Gelassenheit, Lebensfreude und Schönheit gewinnen. Zürich, Oesch Verlag.

Ricard, M. (2011)
Meditation. München, Knaur Taschenbuch.

Kornfield, J. (2004)
Meditation für Anfänger. München, Arkana.

Reichle, V. (2012)
Die Grundgedanken des Buddhismus. Frankfurt am Main, Fischer Taschenbuch Verlag.

BE**WATER** – Der Online-Kurs

Wenn dir dein Leben zu schaffen macht, dann liegt das nicht an deinem Leben. Es liegt ausschließlich daran, wie *DEIN EGO* (das ist das, wofür du dich hältst!) das interpretiert, was du Tag für Tag wahrnimmst. Leider ist die Interpretation aufgrund unserer Sozialisation oft nicht gedeihlich, was oft zu körperlichen Schmerzen, emotionalem Leid und in der Folge zu Reibungsverlusten und Blockaden führt.

Gelingt es dir, lediglich das EGO aus dieser Gleichung zu entfernen, gehören Schmerzen und Leid der Vergangenheit an, denn nur DU entscheidest darüber, wie sich dein Leben anfühlt. Denn: Es sind selten die Schmerzen, die wirklich weh tun. Wirklich weh tut in der Regel nur Leid, und das erschaffst du – durch deine Gedanken, die dann deine Emotionen hervorbringen – pausenlos selbst.

DU BIST NICHT, WAS DU DENKST!
Du bist nicht, was auf deiner Visitenkarte steht. Du bist weder dieser Körper noch diese Gedanken oder Emotionen.

LASS MICH DIR ZEIGEN,
WER ODER BESSER WAS DU WIRKLICH BIST!

Aber bitte bedenke: Du bekommst in diesem Kurs absolut NICHTS, was deine Probleme löst. Aber dafür wirst du lernen, wie du all das loslassen kannst, was dich daran hindert, es selbst zu tun.

Weitere Informationen sowie eine kostenfreie Masterclass zu diesem Kurs findest du unter www.bewater.jetzt

Dawson Church

Bliss Brain

Angewandte neurowissenschaftliche Erkenntnisse für mehr Resilienz, Kreativität und Lebensfreude

ISBN 978-3-95628-044-3

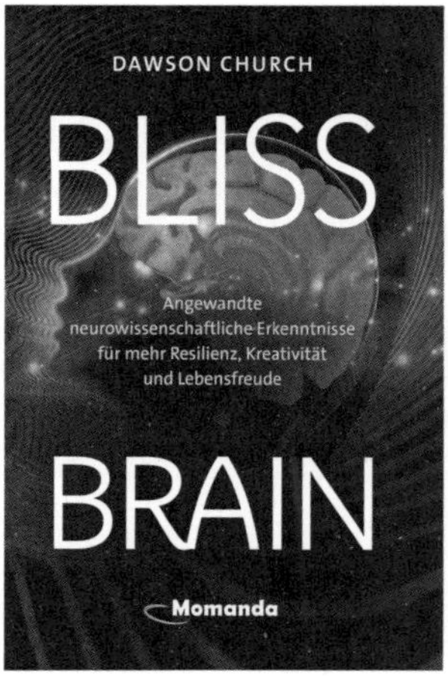

Das Buch *Bliss Brain* zeigt auf, wie du dein Gehirn neu vernetzen und so unverzüglich zu mehr Glück und Lebensfreude finden kannst.

Der preisgekrönte Autor, Forscher und Vordenker Dawson Church, Ph.D., bringt aktuelle Erkenntnisse der Neurowissenschaft mit höchst intensiven persönlichen Erfahrungen zusammen und zeigt auf, wie wir unser Gehirn neu vernetzen sowie unverzüglich mehr Glück und Lebensfreude finden können. Die Neuroplastizität ist inzwischen gut erforscht. Doch nur wenige Menschen haben bisher wirklich verstanden, wie schnell sich die Umbildung des Gehirns vollziehen kann, wie immens die Veränderungen sein können und wie sehr wir selbst diesen Prozess in der Hand haben. In seinem Buch *Bliss Brain* geht Dawson Church detailliert auf neueste wissenschaftliche Studien ein und findet fantastische Beweise für einen schnellen, radikalen Wandel im Gehirn.

Dawson Church gründete das National Institute for Integrative Healthcare (www.NIIH.org), das sich der Aufgabe verschrieben hat, evidenzbasierte psychologische und medizinische Techniken zu erforschen und deren Anwendung zu fördern. Seine bahnbrechenden Forschungsarbeiten wurden in angesehenen Wissenschaftsmagazinen veröffentlicht. Er ist Herausgeber von *Energy Psychology: Theory, Research & Treatment,* einer von Experten hoch geachteten Fachzeitschrift, und betätigt sich als Blogger für die *Huffington Post.* Über die Organisation EFT Universe (www.EFTUniverse.com) vermittelt er anderen Menschen, wie sie anhand der bahnbrechenden Erkenntnisse und Ansätze der Energiepsychologie ihre Gesundheit und sportliche Leistungsfähigkeit verbessern können.

Tom Mögele

Das MindFlow-Konzept

Wie Sie durch Nicht-Wollen und Nicht-Tun alles erreichen

ISBN 978-3-95628-009-2

Möglicherweise kennen Sie auch Menschen, die ihren Zielsetzungen und eigenen Vorgaben hinterherhetzen und sich deshalb häufig gestresst, kraft- und energielos fühlen? Genau hier setzt MindFlow an, ein System, das Tom Mögele über viele Jahre erforscht und entwickelt hat. Die zentrale Frage lautet nicht: Was können Sie erreichen und welche Ziele setzen Sie sich? Sondern: Was sind Sie bereit anzunehmen? Was sind Sie bereit, in Ihrem Leben zu empfangen?

In einem erhöhten Bewusstseinszustand, dem G4-Bewusstsein, in das Sie mithilfe dieses Buches einzutauchen lernen, sind alle Möglichkeiten vorhanden. Es ist alles da. Sie müssen nur bereit sein, es anzunehmen. Diese Bereitschaft ist häufig durch ein scheinbares Wollen und Tun verschüttet. Sie erfahren die genaue Bedeutung von dem Konzept des Nicht-Wollens und Nicht-Tuns, und wie es Ihnen gelingt, damit regelrecht alles in Ihrem Leben erreichen zu können.

Lösen Sie Ihre Blockaden auf und setzen Sie die Energie, die in der Blockade eingeschlossen ist, wieder frei, um das annehmen zu können, was Sie sich für Ihr Leben wahrhaft ersehnen! Alles richtet sich nach demjenigen aus, der die höchste Energie hat. Sie werden erfahren, wie Sie Ihr Energielevel erhöhen. Denn je mehr Energie Sie haben, desto leichter und schneller offenbaren sich Ihnen neue Möglichkeiten und neue Lösungen. Tom Mögele ist ein brillanter Redner auf seinen Seminaren und Workshops, darüber hinaus verfügt er über 25 Jahre Praxiserfahrung. Mit seinem MindFlow-System hat er schon mit zahlreichen Menschen gearbeitet, unter anderem mit bekannten Persönlichkeiten, von Top-Managern bis hin zu spirituellen Größen wie Seiner Heiligkeit dem Dalai Lama.